STRONG

고졸 검정고시
기출이 답이다

3년간
기출문제

시대에듀

머리글 PREFACE

인생의 새로운 갈림길에서 열심히 노력하며
성공을 꿈꾸는 진취적인 여러분께 악수를 청합니다.

1 **검정고시는 제2의 배움을 다시 시작할 수 있도록 정부가 보장하는 제도입니다.**

배움에는 흔히 끝이 없다고들 합니다. 검정고시는 부득이한 이유로 정규 학교 교육을 받지 못하거나 중도에 포기한 사람, 자신만의 꿈을 위해 새로운 길을 선택하는 사람들에게 또 다른 교육의 기회를 주어 제2의 인생을 다시 시작할 수 있도록 정부가 보장하는 제도입니다. 이를 통해 사회 진출의 기초를 마련할 수 있게 해 줍니다.

2 **검정고시는 자신과의 싸움이며, 미래에 대한 도전입니다.**

검정고시는 어려운 환경을 극복하고 미래를 개척하는 굳은 신념의 상징이라고 할 수 있습니다. 그래서 사회에서도 자신과의 싸움에서 이겨낸 사람의 인내심과 성실함을 높이 평가하고 있습니다.

3 **시험공부에는 왕도가 없습니다.**

매일 꾸준히 공부하는 것만이 합격의 지름길이며, 출제 문제의 의도를 파악하고 실력을 늘려간다면 반드시 원하는 목표에 도달할 것으로 확신합니다. 다만, 어떤 수험서를 선택하는가에 따라 수험 기간이 길어질 수도, 짧아질 수도 있습니다. 그래서 검정고시에 가장 효과적으로 대비할 수 있도록 본서를 출간하게 되었습니다.

4 **검정고시는 밝은 앞날을 약속하는 시험입니다.**

검정고시는 배움의 시기를 놓치거나 새로운 배움의 길을 선택한 사람들에게 더 많은 기회를 제공하는 시험이며, 이를 통해 얻게 되는 자신감과 실력은 사회의 어떤 분야에서든지 자신의 꿈을 이루는 데에 도움이 될 것입니다.

5 **수험생 모두에게 행운이 함께하기를 기원합니다.**

검정고시를 준비하는 모든 수험생이 희망과 용기를 가지고 학업에 전념할 수 있도록 도움이 되고자 하는 마음에서 본서를 출간한 만큼 수험생 모두에게 좋은 결과가 있기를 기원합니다.

고졸 검정고시 합격후기 REVIEW

더 많은 생생 후기는 시대에듀 ▶ 검정고시 ▶ 합격후기 게시판을 통해 확인하실 수 있습니다. 시대에듀 독자님께서도 합격의 주인공이 되어 노하우를 공유하고, 선물도 받아 가세요!

김*선

설명 맛집! 귀에 쏙쏙 박히는 설명 덕분에 100점 받았어요!

솔직히 붙으리라는 기대는 안 했습니다. 그런데 한국사 선생님이 귀에 쏙쏙 박히게 설명을 잘해 주더라고요. 그리고 문제를 풀어보니 한국사 100점으로 합격했습니다! 다른 과목도 모두 합격했습니다. 저는 아이 둘이 있는 아이 엄마입니다. 아이들한테 창피하지 않기 위해 공부를 시작했지만 일에 치여 정작 검정고시는 미루고 미루다 보니 32살이 되어버렸더라고요. 등록은 31살 때 해 두었지만 공부는 4개월밖에 안 했는데, 합격은 물론 100점이 나오다니! 공부에 의욕이 막 생기네요! "내가 할 수 있을까?"에 대한 물음에 "할 수 있다!"라는 대답을 해 주는 시대에듀! 지금은 믿고 다른 과목 결제 후 또 공부 중입니다. 설명 맛집! 귀에 쏙쏙 들어옵니다!

민*영

외국에서 살아 기초 지식이 없던 저도 한 번에 합격했어요!

저는 초등학교 4학년까지 한국에서 학교를 다니다가 아버지께서 직장을 말레이시아로 옮기게 되어 말레이시아의 국제 학교를 초5~고2까지 다녔습니다. 한국의 교육과정에 대해 아는 바가 없었고, 한국어도 익숙하지 않아서 처음에는 국어, 사회, 한국사 공부에 적응하는 것이 무척 힘들었습니다. 수학도 문제는 풀 수 있었지만, 문제를 내는 방식 때문에 고생을 많이 했습니다. 하지만 시대에듀의 온라인 수업을 들으면서, 이해가 안 되는 단어는 부모님의 도움을 받아 조금씩 한국의 교육과정에 적응할 수가 있었고, 시대에듀의 기출문제를 여러 번 반복해 풀면서 공부한 결과, 처음 도전에서 합격하게 되었습니다. 고졸 검정고시 합격에 도움을 주신 시대에듀의 강사님들과 시대에듀에 감사합니다.

김*유

4개월 공부하고 한 번에 합격했어요!

안녕하세요. 저는 26살에 고졸 검정고시에 합격한 시대에듀 회원입니다. 정말 공부에 담을 쌓고 살았기에 검정고시를 볼까 말까 많이 고민했어요. 검정고시 공부를 시작하기로 마음을 먹고 이곳 저곳 알아보다가 '시대에듀'라는 곳을 알게 되었습니다. 두근거리는 마음으로 강의를 들었는데 단번에 이해가 가기 시작하면서 할 수 있을 것 같다는 생각이 들었어요. 준비 기간이 짧다 보니 하루에 거의 9시간 정도를 공부했고 퀘스트 완료하듯이 순차적으로 진행했어요. 강의는 눈높이에 맞게 잘 설명해 주셨고, 교재는 알아보기 쉽게 핵심이 콕콕 들어있는 내용들만 있어서 공부하기 정말 편했어요. 그 결과, 4개월간의 공부 끝에 평균 70점 이상으로 합격했네요. 저의 합격에 도움을 주신 시대에듀 선생님들과 교재를 만들어 주신 편집자님께 정말 감사드린다는 말씀 전하고 싶습니다. 덕분에 좋은 성적 거뒀습니다!

◆ 시험 일정

구분	공고일	접수일	시험일	합격자 발표
제1회	2월 초순	2월 중순	4월 초 · 중순	5월 초 · 중순
제2회	6월 초순	6월 중순	8월 초 · 중순	8월 중 · 하순

◆ 시험 과목

구분	시험 과목	비고
고졸	필수: 국어, 수학, 영어, 사회, 과학, 한국사(6과목) 선택: 도덕, 기술 · 가정, 체육, 음악, 미술 중 1과목	7과목

◆ 시험 시간표

구분	과목	시간
1교시	국어	09:00~09:40(40분)
2교시	수학	10:00~10:40(40분)
3교시	영어	11:00~11:40(40분)
4교시	사회	12:00~12:30(30분)
중식(12:30~13:30)		
5교시	과학	13:40~14:10(30분)
6교시	한국사	14:30~15:00(30분)
7교시	선택 과목	15:20~15:50(30분)

※ 1교시 응시자는 시험 당일 08:40까지 지정 시험실에 입실해야 하며, 2~7교시 응시자는 해당 과목 시험 시간 10분 전까지 시험실에 입실해야 함.
※ 매 교시 시험 시작 시간(입실 시간)은 동일함.
※ 장애인 응시자의 경우, 원서 접수 시 신청자에 한하여 시험 시간을 과목당 10분 연장함. 단, 매 교시 시험 시작 시간은 동일함.

◆ 출제 기준 및 문항 형식

출제 기준	• 2015 개정 교육과정에서 출제 • 검정(또는 인정)교과서를 활용하는 교과의 출제 범위 ➡ 가급적 최소 3종 이상의 교과서에서 공통으로 다루고 있는 내용으로 출제(단, 국어와 영어의 경우 교과서 외의 지문 활용 가능) • 고졸 검정고시 '교과별' 출제 대상 과목 ➡ 2015 개정 교육과정에 따른 고등학교 과목에서 고졸 검정고시 교과별 출제 범위가 되는 대상 과목에서 출제 • 고등학교 졸업 정도의 지식과 그 응용 능력을 측정할 수 있는 수준으로 출제
문항 형식	• 과목별 문항 수: 25문항(단, 수학 20문항) • 문항당 배점: 4점(단, 수학 5점) • 과목별 배점: 100점 • 문제 형식: 4지 택 1형 필기시험

◆ 응시자격 및 제한

가. 응시자격

❶ 중학교 졸업자 및 이와 동등 이상의 학력이 있다고 인정된 사람

※ 3년제 고등기술학교 졸업(예정)자의 경우에도 중학교 졸업자 및 이와 동등 이상의 학력이 있다고 인정된 사람이어야 함.

❷ 고등학교에 준하는 각종 학교 졸업자 또는 졸업예정자와 중학교 또는 동등 이상의 학력이 있는 자를 대상으로 하는 3년제 직업훈련과정의 수료자

※ 본 공고문에서 졸업예정자라 함은 최종 학년에 재학 중인 자를 말함.

❸ 초 · 중등교육법시행령 제97조, 제101조, 제102조에 해당하는 자

❹ 보호소년 등의 처우에 관한 법률 시행령 제69조 제3호에 해당하는 자

나. 응시자격 제한

❶ 고등학교 또는 초 · 중등교육법시행령 제98조 제1항 제2호의 학교를 졸업한 자 또는 재학 중인 자(휴학 중인 자 포함)

※ 응시자격은 시험 시행일까지 유지해야 함(공고일 현재 재학 중이 아닌 자여서 적법하게 응시원서를 접수하였다 하더라도, 그 이후 시험일까지 편입학 등으로 재학생의 신분을 획득한 경우에는 응시자격을 박탈함).

❷ 공고일 이후 중학교 또는 초 · 중등교육법시행령 제97조 제1항 제2호의 학교를 졸업한 자

※ 단, 당해 연도 중학교 졸업자는 2월 말까지 재학생 신분에 해당되어 1회차 고졸 검정고시 응시가 제한됨.

❸ 공고일 기준으로 고시에 관하여 부정 행위를 한 자로서 처분일로부터 응시자격 제한 기간이 경과되지 아니한 자

❹ 고등학교 퇴학일로부터 공고일까지의 기간이 6개월 이상이 되지 않은 자

◆ 합격자 결정

가. 시험 합격

각 과목을 100점 만점으로 하여 전 과목 평균 60점 이상을 취득한 자를 합격자로 결정함.

※ 단, 평균이 60점 이상이라 하더라도 결시 과목이 있을 경우에는 불합격 처리함.

나. 과목 합격

❶ 시험 성적 60점 이상인 과목에 대해서는 과목 합격을 인정하고, 본인이 원하면 다음 회차의 시험부터 해당 과목의 시험을 면제하고 그 면제되는 과목의 성적을 시험 성적에 합산함.

❷ 기존 과목 합격자가 해당 과목을 재응시할 경우, 기존 과목 합격 성적과 상관없이 재응시한 과목 성적으로 합격 여부를 결정함.

※ 과목 합격자에게는 신청에 의해 과목 합격 증명서를 교부함.

◆ 구비 서류

공통 제출 서류	• 응시원서(소정 서식) 1부[접수처에서 교부] • 동일한 사진 2매(모자를 쓰지 않은 상반신, 3.5cm×4.5cm, 응시원서 제출 전 3개월 이내 촬영) • 본인의 해당 최종학력증명서 1부 • 응시수수료: 없음 • 신분증 지참[주민등록증, 외국인등록증, 운전면허증, 주민등록번호가 포함된 대한민국 여권(※ 주민등록번호가 없는 신규 여권은 여권정보증명서 지참), 청소년증, 주민등록번호가 포함된 장애인등록증(복지카드) 중 하나]

★ 상기 내용은 2024년도 제2회 검정고시 공고문을 참고하였습니다. 응시하고자 하는 시 · 도 교육청의 공고문을 반드시 확인하시기 바랍니다.

최신 기출 문항 핵심 키워드 KEYWORD

◆ 국어 ▶ 2024년도 제2회 기출문제

번호	출제 문제 핵심 키워드	번호	출제 문제 핵심 키워드
1번	화법) 공손성의 원리 파악하기	14번	문학) 고전 소설 – 서술상의 특징 파악하기
2번	화법) 말하기 방식 분석하기	15번	문학) 고전 시가 – 갈래의 특징 파악하기
3번	문법) 한글 맞춤법	16번	문학) 고전 시가 – 표현상의 특징 파악하기
4번	문법) 피동 표현 파악하기	17번	문학) 시나리오 – 갈래의 특징 파악하기
5번	문법) 중세 국어의 특징 파악하기	18번	문학) 시나리오 – 소재의 기능 파악하기
6번	작문) 글쓰기 개요 빈칸 채우기	19번	문학) 시나리오 – 세부 내용 파악하기
7번	작문) 고쳐쓰기의 적절성 파악하기	20번	독서) 서술상의 특징 파악하기
8번	문법) 음운 변동	21번	독서) 서술상의 의미 파악하기
9번	문학) 현대 시 – 표현상의 특징 파악하기	22번	독서) 단어의 사전적 의미
10번	문학) 현대 시 – 각 연의 내용 파악하기	23번	독서) 세부 내용 파악하기
11번	문학) 현대 시 – 화자의 태도 파악하기	24번	독서) 문맥에 맞는 접속어 고르기
12번	문학) 고전 소설 – 서술상의 특징 파악하기	25번	독서) 내용 전개 방식 파악하기
13번	문학) 고전 소설 – 지칭하는 대상 파악하기		

◆ 수학 ▶ 2024년도 제2회 기출문제

번호	출제 문제 핵심 키워드	번호	출제 문제 핵심 키워드
1번	다항식의 덧셈과 뺄셈	11번	원과 직선의 위치 관계
2번	인수정리	12번	좌표평면 위의 점의 대칭이동
3번	인수분해 공식	13번	집합의 뜻
4번	켤레복소수	14번	차집합
5번	이차방정식의 근의 판별	15번	충분조건, 필요조건
6번	이차방정식의 근과 계수의 관계	16번	합성함수의 함숫값
7번	이차함수의 최댓값	17번	역함수의 함숫값
8번	절댓값 기호를 포함한 일차부등식	18번	무리함수의 그래프의 평행이동
9번	좌표평면 위의 내분점	19번	순열
10번	점과 직선 사이의 거리	20번	조합

◆ 영어 ▶ 2024년도 제2회 기출문제

번호	출제 문제 핵심 키워드	번호	출제 문제 핵심 키워드
1번	'opportunity'의 의미	14번	빈칸에 들어갈 내용 유추하기
2번	'be aware of'의 의미	15번	대화의 주제 파악하기
3번	'due to'의 의미	16번	글의 목적 파악하기
4번	단어의 의미 관계	17번	안내문과 일치하지 않는 내용 파악하기
5번	안내문에서 언급되지 않은 내용 찾기	18번	글과 일치하지 않는 내용 파악하기
6번	'order'의 활용	19번	글의 주제 파악하기
7번	'that'의 활용	20번	빈칸에 들어갈 내용 유추하기
8번	'for'의 활용	21번	빈칸에 들어갈 내용 유추하기
9번	밑줄 친 표현의 의미 파악하기	22번	글의 문맥을 이해하고 적절한 곳에 문장 넣기
10번	대화 속 화자의 심정 파악하기	23번	글의 문맥을 이해하고 이어질 내용 찾기
11번	대화가 이루어지는 장소 파악하기	24번	빈칸에 들어갈 내용 유추하기
12번	대명사 'It(it)'이 가리키는 대상 찾기	25번	글의 주제 파악하기
13번	빈칸에 들어갈 내용 유추하기		

◆ 사회 ▶ 2024년도 제2회 기출문제

번호	출제 문제 핵심 키워드	번호	출제 문제 핵심 키워드
1번	시민 참여의 필요성과 사례	14번	한대 기후 지역의 전통 생활 모습
2번	인권	15번	자연재해
3번	입법권, 행정권	16번	사막화 방지 협약
4번	준법 의식	17번	도시화가 가져온 변화
5번	정부	18번	합계 출산율
6번	자유 무역 협정(FTA)	19번	동아시아 문화권
7번	수정 자본주의	20번	이슬람교
8번	포트폴리오	21번	인간과 자연의 공존을 위한 노력
9번	공동선	22번	세계화의 문제점
10번	사회 보험	23번	국경 없는 의사회(MSF)
11번	문화 병존	24번	정보화에 따른 문제점
12번	문화 사대주의, 문화 상대주의	25번	석유, 천연가스
13번	용광로 이론		

최신 기출 문항 핵심 키워드 KEYWORD

◆ 과학 ▶ 2024년도 제2회 기출문제

번호	출제 문제 핵심 키워드	번호	출제 문제 핵심 키워드
1번	태양광 발전	14번	뉴클레오타이드
2번	운동량	15번	세포 내 유전 정보의 흐름
3번	전자기 유도	16번	세포막을 통한 물질의 확산
4번	수평 방향으로 던진 물체의 운동	17번	자연 선택
5번	열효율	18번	생태계 구성 요소
6번	그래핀	19번	생태 피라미드
7번	원자의 전자 배치	20번	산소
8번	주기율표	21번	태양 에너지의 생성
9번	이온 결합 물질	22번	수권
10번	염기	23번	판의 경계
11번	중화 반응	24번	표준화석
12번	산화 환원 반응	25번	지구 내부 에너지
13번	유전적 다양성		

◆ 한국사 ▶ 2024년도 제2회 기출문제

번호	출제 문제 핵심 키워드	번호	출제 문제 핵심 키워드
1번	신석기 시대	14번	조선 총독부
2번	신라 진흥왕	15번	신채호
3번	선종	16번	3·1 운동
4번	묘청의 서경 천도 운동	17번	브나로드 운동
5번	『삼국유사』	18번	의열단
6번	조선 정조의 개혁 정치	19번	좌우 합작 운동
7번	대동법	20번	조소앙의 삼균주의
8번	미국과 조선의 관계	21번	6·25 전쟁
9번	14개조 개혁 정강	22번	경제 개발 5개년 계획
10번	일제의 국권 침탈 과정	23번	1980년대 대한민국의 민주주의 발전
11번	신민회	24번	금융 실명제
12번	전봉준	25번	남북 기본 합의서
13번	교육 입국 조서		

◆ 도덕 ▶ 2024년도 제2회 기출문제

번호	출제 문제 핵심 키워드	번호	출제 문제 핵심 키워드
1번	실천 윤리학	14번	식량 불평등 문제
2번	환경 윤리	15번	예술에 대한 도덕주의 입장
3번	맹자	16번	갈퉁의 평화론
4번	공리주의	17번	롤스의 정의관
5번	죽음에 대한 다양한 관점	18번	교정적 정의
6번	제물(齊物)	19번	정보 기술 발달에 따른 윤리적 문제
7번	요나스의 책임 윤리	20번	통일 비용
8번	시민 불복종의 정당화 조건	21번	니부어의 사회 윤리
9번	프롬이 제시한 사랑의 구성 요소	22번	소수자 우대 정책
10번	인간 중심주의, 동물 중심주의	23번	하버마스의 담론 윤리
11번	직업 윤리 의식	24번	종교 갈등
12번	과학 기술자의 윤리적 책임	25번	공직자 윤리
13번	사회 계약설		

◆ 2024년도 고졸 검정고시 출제 교육과정 개편 사항

출제 교육과정 변경	2020년도 고졸 검정고시	2024년도 고졸 검정고시
	2009 개정 교육과정	2015 개정 교육과정

※ 2021년도부터 2015 개정 교육과정을 바탕으로 문제 출제

	구분		2020년도 고졸 검정고시	2024년도 고졸 검정고시
출제 과목 변경	필수	국어	국어Ⅰ, 국어Ⅱ	국어
		수학	수학Ⅰ, 수학Ⅱ	수학
		영어	실용영어Ⅰ	영어
		사회	사회	통합사회
		과학	과학	통합과학
		한국사	한국사	한국사
	선택	도덕	생활과 윤리	생활과 윤리
		기술·가정	기술·가정	기술·가정
		체육	운동과 건강생활	체육
		음악	음악과 생활	음악
		미술	미술 문화	미술

이 책의 구성과 특징 STRUCTURES

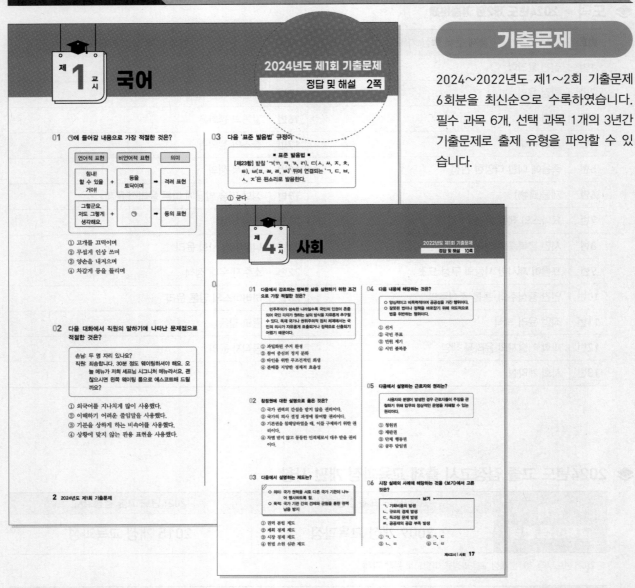

기출문제

2024~2022년도 제1~2회 기출문제 6회분을 최신순으로 수록하였습니다. 필수 과목 6개, 선택 과목 1개의 3년간 기출문제로 출제 유형을 파악할 수 있습니다.

★ 기출문제 온라인 제공 경로: sdedu.co.kr ➡ 학습자료실 ➡ 도서 업데이트 ➡ "검정고시" 검색

특별 제공 무료 해설 강의

2024년도 최신 기출문제까지 전 문항 해설 강의를 무료로 제공하고 있습니다. 혼자서도 쉽게 학습 가능합니다.

무료 해설 강의 QR 링크 ▶

정답 및 해설편

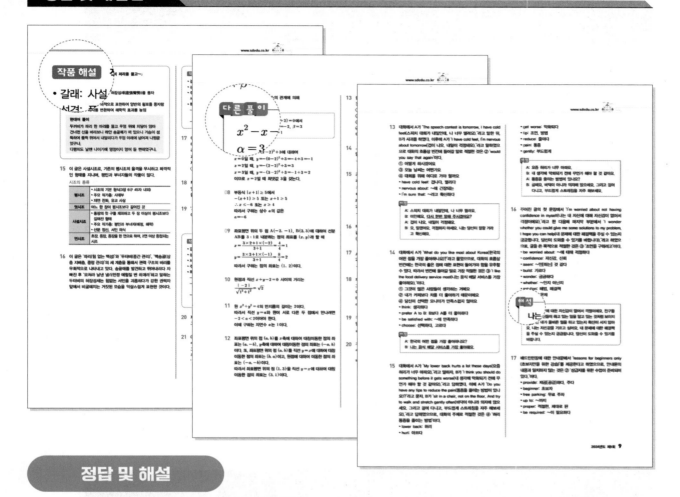

정답 및 해설

"작품 해설", "다른 풀이", "해석" 등 추가 자료를 적극 활용하여 복습하면 오답 정리를 하는 데 많은 도움이 될 것입니다.

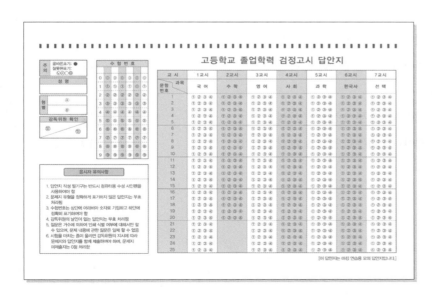

[이 답안지는 마킹 연습용 모의 답안지입니다.]

OMR(모의 답안지)

실제 시험과 유사한 마킹 연습용 모의 답안지입니다. 문제 풀이 후 채점 시 사용하여 실전 감각을 익힐 수 있습니다.

이 책의 차례 CONTENTS

기출문제편

2024년도 기출문제

제1회 상반기 기출문제   2
제2회 하반기 기출문제   33

2023년도 기출문제

제1회 상반기 기출문제   2
제2회 하반기 기출문제   32

2022년도 기출문제

제1회 상반기 기출문제   2
제2회 하반기 기출문제   33

정답 및 해설편

2024년도 기출문제

제1회 상반기 기출문제 정답 및 해설   2
제2회 하반기 기출문제 정답 및 해설   21

2023년도 기출문제

제1회 상반기 기출문제 정답 및 해설   2
제2회 하반기 기출문제 정답 및 해설   23

2022년도 기출문제

제1회 상반기 기출문제 정답 및 해설   2
제2회 하반기 기출문제 정답 및 해설   19

고·졸·검·정·고·시

2024년도

| 제1회 | 기출문제 |
| 제2회 | 기출문제 |

01 ㉠에 들어갈 내용으로 가장 적절한 것은?

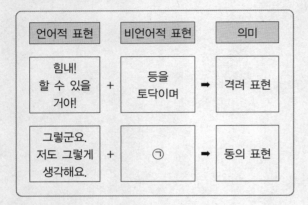

① 고개를 끄덕이며
② 무섭게 인상 쓰며
③ 양손을 내저으며
④ 차갑게 등을 돌리며

02 다음 대화에서 직원의 말하기에 나타난 문제점으로 적절한 것은?

> 손님: 두 명 자리 있나요?
> 직원: 죄송합니다. 30분 정도 웨이팅하셔야 해요. 오늘 메뉴가 저희 셰프님 시그니처 메뉴라서요. 괜찮으시면 왼쪽 웨이팅 룸으로 에스코트해 드릴까요?

① 외국어를 지나치게 많이 사용했다.
② 이해하기 어려운 줄임말을 사용했다.
③ 기분을 상하게 하는 비속어를 사용했다.
④ 상황에 맞지 않는 관용 표현을 사용했다.

03 다음 '표준 발음법' 규정이 적용되지 않는 것은?

> **■ 표준 발음법 ■**
> [제23항] 받침 'ㄱ(ㄲ, ㅋ, ㄳ, ㄺ), ㄷ(ㅅ, ㅆ, ㅈ, ㅊ, ㅌ), ㅂ(ㅍ, ㄼ, ㄿ, ㅄ)' 뒤에 연결되는 'ㄱ, ㄷ, ㅂ, ㅅ, ㅈ'은 된소리로 발음한다.

① 굳다
② 낙지
③ 답사
④ 볶음

04 다음을 참고하여 예문의 밑줄 친 부분에 사용된 상대 높임을 바르게 연결한 것은?

> 말하는 이가 듣는 이를 높이거나 낮추어 표현하는 방식을 상대 높임법이라고 한다. 상대 높임법은 대체로 문장을 끝맺는 종결 어미로 높임을 실현한다. 종결 어미에는 격식체와 비격식체가 있으며 다음과 같이 나누어진다.

격식체	하십시오체 / 하오체 / 하게체 / 해라체
비격식체	해요체 / 해체

	예문	상대 높임
①	할머니께서 진지를 <u>드셨어요</u>.	하십시오체
②	어머니께서도 공원에 <u>가신대</u>.	하오체
③	선생님께 먼저 과일을 <u>드리시게</u>.	하게체
④	아버지를 모시고 큰댁에 <u>다녀왔습니다</u>.	해요체

05 ㉠~㉣을 '한글 맞춤법'에 맞게 고친 것은?

> ㉠ 며칠 뒤에 공장 문이 ㉡ 닳힐 것이라는 소문이 ㉢ 금세 ㉣ 붉어져 나왔다.

① ㉠: 몇일
② ㉡: 닫힐
③ ㉢: 금새
④ ㉣: 불거져

[06~07]

(나)는 (가)를 토대로 작성한 글이다. 물음에 답하시오.

> (가) 초대 글 개요
> Ⅰ. 서두: ㉠ 계절을 소재로 글을 시작함.
> Ⅱ. 본문
> 1. 축제 안내
>   가. ㉡ 축제 날짜 및 장소를 밝힘.
>   나. ㉢ 다채로운 행사가 준비되어 있음을 강조함.
> 2. 초대의 말
>   가. 축제에 초대하는 내용을 정중하게 표현함.
>   나. ㉣ 방문객에게는 작은 기념품을 증정함을 알림.
> Ⅲ. 맺음말: 축제에 참여하여 즐거운 시간을 보내기를 바라는 내용을 강조함.
>
> (나) 모시는 글
> 따사로운 햇볕이 반가운 듯 나무들도 꽃망울을 터뜨리며 완연한 봄이 되었음을 알립니다. 더불어 설레는 마음으로 시작했던 새 학기도 어느덧 한 달이 지났습니다.
> ○○고등학교는 개교 50주년을 맞이하였습니다. 이를 기념하기 위하여 공연과 전시, 체험 활동 등 다채로운 행사가 가득한 축제를 정성껏 준비하였습니다.
> 여러 가지 일로 바쁘시겠지만 학교 축제에 참석하셔서 자리를 빛내 주시기 바랍니다. 잠시나마 일상의 스트레스를 날려 버릴 수 있는 즐거운 시간을 보내실 수 있도록 노력하겠습니다. 참석하시는 분들께는 작은 기념품도 증정할 예정입니다.
> (㉮   ) 감사합니다.

06 (가)의 ㉠~㉣ 중 (나)에 반영되지 않은 것은?

① ㉠   ② ㉡
③ ㉢   ④ ㉣

07 ㉮에 들어갈 내용을 〈조건〉에 따라 작성한 것으로 가장 적절한 것은?

> ── 조건 ──
> ○ 비유법을 활용할 것
> ○ 청유형 문장을 통해 참여를 촉구할 것

① 이번 축제가 우리 사이의 오작교가 되길 바랍니다.
② 이번 축제에서 친구와 행복한 추억을 만들어 봅시다.
③ 활짝 핀 봄꽃처럼 환한 미소가 가득한 축제를 함께 즐겨 봅시다.
④ 봄바람이 꽃망울을 열 듯 여러분의 마음을 열 수 있는 축제를 만들겠습니다.

08 ㉠~㉣에 나타난 중세 국어의 특징으로 적절하지 않은 것은?

> [훈민정음 언해]
> ㉠ 나·랏:말ᄊᆞ·미中듕國·귁·에달·아文문字·ᄍᆞ·와·로서르ᄉᆞᄆᆞᆺ·디아·니ᄒᆞᆯᄊᆡ·이런젼·ᄎᆞ·로어·린百·ᄇᆡᆨ姓·셩·이 ㉡ 니르·고·져·ᄒᆞᇙ·배이·셔·도 ㉢ ᄆᆞ·ᄎᆞᆷ:내 제 ㉣ ·ᄠᅳ·들시·러펴·디:몯ᄒᆞᇙ·노·미하·니·라
> ─ 『월인석보(月印釋譜)』 ─

① ㉠: 'ㆍ(아래 아)'가 사용되었다.
② ㉡: 두음 법칙을 지켜서 표기하였다.
③ ㉢: 소리의 높낮이를 방점으로 표시하였다.
④ ㉣: 이어 적기로 표기하였다.

[09~10]

다음 글을 읽고 물음에 답하시오.

> 이화(梨花)[1]에 월백(月白)하고 은한(銀漢)[2]이 삼경(三更)[3]인 제
> 일지(一枝)[4]춘심(一枝春心)을 자규(子規)[5]야 알랴마는
> 다정(多情)도 병인 양하여 잠 못 들어 하노라.
>
> — 이조년 —
>
> 1) 이화(梨花): 배꽃.
> 2) 은한(銀漢): 은하수.
> 3) 삼경(三更): 밤 열한 시에서 새벽 한 시 사이.
> 4) 일지(一枝): 하나의 나뭇가지.
> 5) 자규(子規): 두견새.

09 윗글에 대한 설명으로 적절하지 <u>않은</u> 것은?

① 4음보의 율격이 드러나고 있다.

② 후렴구가 반복적으로 나타나고 있다.

③ 색채 이미지를 사용하여 표현하고 있다.

④ 초장, 중장, 종장의 형태로 이루어져 있다.

10 윗글의 화자에 대한 설명으로 가장 적절한 것은?

① 봄밤에 느끼는 애상적인 정서를 드러내고 있다.

② 자신의 운명을 거부하려는 태도를 나타내고 있다.

③ 이상적인 세계를 동경하는 마음을 나타내고 있다.

④ 과거를 회상하며 후회하는 감정을 드러내고 있다.

[11~13]

다음 글을 읽고 물음에 답하시오.

> 이장은 민 씨를 흘기듯 노려보았다.
> "왜, 농민보고 농민 궐기 대회[1] 꼭 나오라 캤는데, 뭐가 잘못
> 됐나."
> 민 씨는 자신도 모르게 따지는 어조가 되었다.
> "군 전체가 모두 모여도 몇 명 안되었다면서요. 그런 자리에
> 황만근 씨가 꼭 가야 합니까. 아니, 황만근 씨만 가야 할 이유
> 라도 있습니까. 따로 황만근 씨한테 부탁을 할 정도로."
> "이 사람이 뭐라 카는 기라. 이장이 동민한테 농가 부채[2] 탕
> 감[3] 촉구 전국 농민 총궐기 대회가 있다. 꼭 참석해서 우리의
> 입장을 밝히자 카는데 뭐가 잘못됐단 말이라."
> "잘못이라는 게 아니고요, 다른 사람들은 다 돌아왔는데 왜
> 황만근 씨만 못 오고 있나 하는 겁니다."
> "내가 아나. 읍에 가 보이 장날이더라고. 보나 마나 어디서
> 술 처먹고 주질러 앉았을 끼라. 백 리 길을 깅운기를 끌고
> 갔으이 시간도 마이 걸릴 끼고."
> 다른 사람들은 말이 없었고 민 씨와 이장만이 공을 주고 받는
> 꼴이 되어 버렸다.
> "글세, 그 자리에 꼭 황만근 씨만 경운기를 끌고 갔어야 했느
> 냐 이 말입니다. 그것도 고장 난 경운기를."
> "깅운기를 끌고 오라는 기 내 말이라? 투쟁 방침이 그렇다카
> 이. 깅운기도 그렇지, 고장은 무신 고장, ⊙ 만그이가 그걸
> 하루 이틀 몰았나. 남들이 못 몬다 뿌이지."
> "그럼 이장님은 왜 경운기를 안 타고 가고 트럭을 타고 가셨
> 나요. 이장님부터 솔선수범을 해야지 다른 동민들이 따라 할
> 텐데, 지금 거꾸로 되었잖습니까."
> "내사 민사무소[4]에서 인원 점검하고 다른 이장들하고 의논
> 도 해야 되고 울매나 ⊙ 바쁜 사람인데 깅운기를 타고 언제
> 가고 말고 자빠졌나. 다른 동네 이장들도 민소 앞에서 모이
> 가이고 트럭 타고 갔는 거를. 진짜로 깅운기를 끌고 갔으마
> 군 대회에는 늦어도 한참 늦었지. 군청에 갔는데 비가 와 가
> 이고 온 사람도 및 없더마. 소리마 및 분 지르고 왔다. 군청까
> 지 깅운기를 타고 갈 수나 있던가. 국도에 차들이 미치괘이
> 맨구로 쌩쌩 달리는데 받히만 우얘라고. 다른 동네서는 자가
> 용으로 간 사람도 쌨어."
> "그러니까 국도를 갈 때는 여러 사람이 한꺼번에 경운기를
> 여러 대 끌고 가자는 거였잖습니까. 시위도 하고 의지도 보
> 여 준다면서요. 허허, 나 참."
> "아침부터 바쁜 사람 불러내 놓더이, 사람 말을 알아듣도 못
> 하고 엉뚱한 소리만 해 싸. 누구맨구로 반동가리가 났나."
> 기어이 민 씨는 버럭 소리를 지르고야 말았다.
> "반편은 누가 반편입니까. 이장이니 지도자니 하는 사람들이
> 모여서 방침을 정했으면 그대로 해야지, 양복 입고 자가용
> 타고 간 사람은 오고, 방침대로 ⓒ 경운기 타고 간 사람은
> 오지도 않고, 이게 무슨 경우냐구요."
> "이 자슥이 뉘 앞에서 눈까리를 똑바로 뜨고 소리를 뻑뻑 질
> 러 쌓노. 도시에서 쫄딱 망해 가이고 귀농을 했시모 암전하게
> 납작 엎드려 있어도 동네 사람 시키 줄까 말까 한데, 뭐라꼬?

내가 만그이 이미냐, 애비냐. ㉣ <u>나이 오십 다 된 기 어데를</u>
<u>가든동 오든동 지가 알아서 해야지, 목사리 끌고 따라다니</u>
<u>까?"</u>

– 성석제, 「황만근은 이렇게 말했다」 –

---

1) 궐기 대회: 어떤 문제의 해결책을 촉구하기 위하여 뜻있는 사람들이 함
　 께 일어나 행동하는 모임.
2) 부채: 남에게 빚을 짐. 또는 그 빚.
3) 탕감: 빚이나 요금, 세금 따위의 물어야 할 것을 덜어 줌.
4) 민사무소: '면사무소'의 방언(경상).

---

11 윗글에 대한 설명으로 가장 적절한 것은?

① 대화를 통해 인물 간의 갈등을 드러내고 있다.
② 서술자가 직접 경험한 사실을 객관적으로 제시하고
　 있다.
③ 자연물에 인격을 부여하여 인물의 심리를 보여 주
　 고 있다.
④ 과거와 현재를 교차하며 인물의 성격 변화를 보여
　 주고 있다.

12 윗글에서 알 수 있는 내용을 〈보기〉에서 골라 바르게
　　 묶은 것은?

┌─────────── 보기 ───────────┐
│ ㄱ. 대규모 토지 거래가 활발하게 이루어졌다.
│ ㄴ. 도시에서 농촌으로 귀농하는 사람이 있었다.
│ ㄷ. 산업화로 인해 농촌의 상권이 급격히 발달하였다.
│ ㄹ. 농촌 사회의 부채 문제 때문에 궐기 대회가 열렸다.
└───────────────────────────┘

① ㄱ, ㄴ　　　　　　② ㄴ, ㄷ
③ ㄴ, ㄹ　　　　　　④ ㄷ, ㄹ

13 ㉠~㉣ 중 지칭하는 대상이 나머지와 <u>다른</u> 것은?

① ㉠　　　　　　　② ㉡
③ ㉢　　　　　　　④ ㉣

[14~16]
다음 글을 읽고 물음에 답하시오.

┌──────────────────────────────────────┐
│ "백탑(白塔)이 현신함을 아뢰옵니다."
│ 　태복은 정 진사의 마두[1]다. 산모롱이에 가려 백탑은 아직 보
│ 이지 않는다. 재빨리 말을 채찍질했다. 수십 걸음도 못가서 모
│ 롱이를 막 벗어나자 눈앞이 어른어른하면서 갑자기 한 무더기
│ 의 검은 공들이 오르락내리락한다. 나는 오늘에야 알았다. 인
│ 생이란 본시 어디에도 의탁할 곳 없이 다만 하늘을 이고 땅을
│ 밟은 채 떠도는 존재일 뿐이라는 사실을. 말을 세우고 사방을
│ 돌아보다가, 나도 모르는 사이에 손을 들어 이마에 얹고 이렇
│ 게 외쳤다.
│ 　"훌륭한 울음터로다! 크게 한번 통곡할 만한 곳이로구나!"
│ 정 진사가 묻는다.
│ 　"하늘과 땅 사이의 툭 트인 경계를 보고 별안간 통곡을 생각
│ 하시다니, 무슨 말씀이신지?"
│ 　"그렇지, 그렇고말고! 아니, 아니고말고. 천고의 영웅은 울
│ 기를 잘했고, 천하의 미인은 눈물이 많았다네. 하지만 그들
│ 은 몇 줄기 소리 없는 눈물을 옷깃에 떨굴 정도였기에, 그들
│ 의 울음소리가 천지에 가득 차서 쇠나 돌에서 나오는 듯했다
│ 는 말은 들어 본 적이 없다네. 사람들은 다만 칠정(七情) 가
│ 운데서 오직 슬플 때만 우는 줄로 알 뿐, 칠정 모두가 울음을
│ 자아낸다는 것은 모르지. 기쁨[喜]이 사무쳐도 울게 되고, 노
│ 여움[怒]이 사무쳐도 울게 되고, 즐거움[樂]이 사무쳐도 울
│ 게 되고, 사랑함[愛]이 사무쳐도 울게 되고, 욕심[欲]이 사무
│ 쳐도 울게 되는 것이야. 근심으로 답답한 걸 풀어 버리는 데
│ 에는 소리보다 더 효과가 빠른 게 없지. 울음이란 천지간에
│ 서 우레와도 같은 것일세.
│ 　㉮ <u>지극한 정(情)이 발현되어 나오는 것이 저절로 이치에 딱</u>
│ <u>맞는다면 울음이나 웃음이나 무에 다르겠는가.</u> ㉠ <u>사람의 감</u>
│ <u>정이 이러한 극치를 겪지 못하다 보니 교묘하게 칠정을 늘어</u>
│ <u>놓고는 슬픔에다 울음을 짝지은 것일 뿐이야.</u> 이 때문에 상
│ 을 당했을 때 ㉡ <u>처음엔 억지로 '아이고' 따위의 소리를 울부</u>
│ <u>짖지.</u> 그러면서 ㉢ <u>참된 칠정에서 우러나오는 지극한 소리는</u>
│ 억눌러 버리니 그것이 저 천지 사이에 서리고 엉기어 꽉 뭉쳐
│ 있게 되는 것일세. 일찍이 가생(賈生)[2]은 울 곳을 얻지 못하
│ 고, ㉣ <u>결국 참다못해 별안간 선실(宣室)[3]을 향하여 한마디</u>
│ <u>길게 울부짖었다네.</u> 그러니 이를 듣는 사람들이 어찌 놀라고
│ 괴이하게 여기지 않았겠는가."
│ 　　　　　　　　　– 박지원, 「아, 참 좋은 울음터로구나!」 –
└──────────────────────────────────────┘

---

1) 마두(馬頭): 역마(驛馬)에 관한 일을 맡아보던 사람.
2) 가생(賈生): 가의(賈誼). 한나라 문제에게 등용되었으나 뜻을 이루지 못
　 하고 쫓겨났다. 장사왕과 양왕의 대부로 있으면서 당시 정치적 폐단에
　 대한 상소문을 올린 것으로 유명하다.
3) 선실(宣室): 임금이 제사 지내기 위해 목욕재계를 하는 곳.

14 윗글에 대한 설명으로 가장 적절하지 <u>않은</u> 것은?

① 특정 행동에 대한 통념을 반박하고 있다.
② 특정 행동과 관련한 내용을 나열하여 설명하고 있다.
③ 특정 장소에서 글쓴이가 깨달은 바를 드러내고 있다.
④ 특정 계절에 대한 글쓴이의 인식 변화를 보여주고 있다.

15 ㉠~㉣ 중 ㉮의 의미와 가장 유사한 것은?

① ㉠   ② ㉡
③ ㉢   ④ ㉣

16 윗글에 드러난 글쓴이의 생각으로 가장 적절한 것은?

① 근심을 풀기 위해 울수록 근심은 더 커진다.
② 인간의 칠정이 사무치면 울음과 연결될 수 있다.
③ 웃음과 울음은 원인이 되는 감정이 같을 수 없다.
④ 감정의 극치를 경험한 사람은 울음을 참아낼 수 있다.

[17~19]
다음 글을 읽고 물음에 답하시오.

내가 ㉠ 그의 이름을 불러 주기 전에는
그는 다만
하나의 ㉡ 몸짓에 지나지 않았다.   [A]

내가 그의 이름을 ㉢ 불러 주었을 때
그는 나에게로 와서
㉣ 꽃이 되었다.

내가 그의 이름을 불러 준 것처럼
나의 이 빛깔과 향기에 알맞은
누가 나의 이름을 불러다오.
그에게로 가서 나도
그의 꽃이 되고 싶다.

우리들은 모두
무엇이 되고 싶다.
너는 나에게 나는 너에게
잊혀지지 않는 하나의 눈짓이 되고 싶다.

– 김춘수, 「꽃」 –

17 윗글의 표현상 특징으로 가장 적절한 것은?

① 유사한 시구를 반복하여 운율을 형성하고 있다.
② 반어적 표현을 사용하여 화자의 소망을 드러내고 있다.
③ 명사형으로 종결하여 화자의 단호한 의지를 강조하고 있다.
④ 촉각적 이미지를 활용하여 시적 대상을 생생하게 표현하고 있다.

18 윗글의 화자가 추구하는 삶의 모습과 가장 가까운 것은?

① 외부 세계와 단절된 삶
② 미래를 예측하여 대비하는 삶
③ 타인과 진정한 관계를 맺는 삶
④ 타인에게 의지하지 않는 독립적인 삶

19 〈보기〉는 [A]를 재구성한 것이다. [A]의 ㉠~㉣과 〈보기〉의 밑줄 친 부분을 대응시켰을 때, 적절하지 않은 것은?

> ━━━━ 보기 ━━━━
>
> 내가 구슬을 꿰기 전에는
> 그것은 다만
> 하나의 돌멩이에 지나지 않았다.
>
> 내가 구슬을 엮어 주었을 때
> 그것은 나에게로 와서
> 보배가 되었다.

	[A]		〈보기〉
①	㉠	………	꿰기 전
②	㉡	………	돌멩이
③	㉢	………	엮어 주었을 때
④	㉣	………	보배

[20~22]
다음 글을 읽고 물음에 답하시오.

> 주어진 자료들을 대표하는 값으로 가장 유명하고 많이 활용되는 것이 평균이다. 한 집단을 평가할 때 또는 다른 집단과 비교할 때 평균은 유용한 수단이 된다. 그러나 평균이 대상을 잘 반영하는 대푯값이라고 판단하기 위해서는 전체 자료의 다양한 변수와 ㉠ 양상을 먼저 검토하는 것이 필요하다. 이런 점을 고려하지 않고 평균을 대푯값으로 삼으면 사실을 잘못 이해할 수 있다.
>
> 우리나라는 사계절이 뚜렷한 나라이다. 겨울에는 영하 10도 이하가 되기도 하고, 여름에는 30도 이상의 고온이 여러 날 ㉡ 지속되기도 한다. 이 때문에 우리나라 사람들은 계절별로 많은 옷을 가지고 있어야 한다. 그에 반해 미국의 하와이 지역은 월별 평균 기온이 연간 거의 변동 없이 유지된다. 그래서 보통의 경우는 반팔 옷으로 대부분의 시간을 지낼 수 있다. 만일 미국 하와이 지역의 사람이 우리나라의 연평균 기온이 12.5도라는 말만을 들었다면 어떤 생각을 할까? 자신이 사는 지역에 비해 일 년 내내 추운 곳이라고 생각하지는 않을까?
>
> 그렇다면 월별 평균 기온만으로 충분할까? 그렇지 않을 수 있다. 우리나라에서는 환절기에 감기 환자가 많아진다. 그 이유는 낮과 밤의 기온 차인 일교차가 심하기 때문이다. 그래서 우리가 보통 여행을 갈 때도 해당 지역, 해당 기간의 평균 기온만이 아니라 하루의 최고와 최저 기온을 알아야 한다. 즉 자료의 범위를 정해 다양한 요소를 ㉢ 고려할 수 있어야 하는 것이다.

> 평균은 편리한 방법으로 다양하게 사용될 수 있지만, 대푯값으로 잘못 사용되면 사실을 정확하게 판단하지 못하게 만들 가능성이 매우 높다. 현대 사회는 점점 더 많은 변수들에 의해 ㉣ 다변화되는 양상을 보이고 있다. ㉮ 이는 평균의 시대가 가고 있음을 나타낸다. 따라서 평균값을 이용하기에 적절한 상황과 적절하지 않은 상황을 파악하고, 전체 자료를 세분화하여 이해하고 분석하려는 태도를 지니는 것이 매우 중요하다.
> ― 최제호, 「'평균'의 시대가 가고 있다」 ―

20 윗글의 내용 전개 방식으로 가장 적절한 것은?

① 구체적인 사례를 제시하고 있다.
② 다양한 해결 방안을 비교하고 있다.
③ 전문가들의 서로 다른 견해를 인용하고 있다.
④ 문제가 해결된 이후의 상황을 가정하여 설명하고 있다.

21 ㉮의 이유로 가장 적절한 것은?

① 평균이 집단 간의 비교에 가장 유용해서
② 평균이 편리하고 다양하게 사용되는 경우가 있어서
③ 평균이 전체 자료를 세분화하여 이해하는 데 유용해서
④ 평균이 다양한 특성을 반영하지 못하는 경우가 있어서

22 ㉠~㉣의 사전적 의미로 적절하지 않은 것은?

① ㉠: 사물이나 현상의 모양이나 상태.
② ㉡: 어떤 상태가 오래 계속됨.
③ ㉢: 생각하고 헤아려 봄.
④ ㉣: 하나로 됨. 또는 그렇게 만듦.

[23~25]

다음 글을 읽고 물음에 답하시오.

> 도서관에서 책을 쉽게 찾으려면 먼저 컴퓨터로 책을 검색해야 한다. (㉠) 컴퓨터는 청구 기호를 알려줄 뿐 책을 직접 찾아 주지는 않는다. 청구 기호를 들고 책을 찾는 것은 사람의 몫이다.
>
> 청구 기호가 '410.912 ㅈ794ㅅ'인 책이 필요하다면 먼저 410번대의 책이 있는 책장을 찾아야 한다. 옆면에 400~413.8이라고 적힌 책장을 발견했다면 410.912에 해당하는 책은 이 책장의 오
>
> | 어410.8 ㄱ391ㅅ-1=2 | |
> |---|---|
> | 어 | ―――― 별치 기호 |
> | 410.8 | ―――― 분류 기호 |
> | ㄱ391ㅅ | ―――― 도서 기호 |
> | -1=2 | ―――― 부가 기호 |
>
> ▲ 도서 청구 기호의 구성
>
> 른쪽에 있을 가능성이 높다. 왜냐하면 분류 기호가 낮은 책부터 왼쪽에서 오른쪽 방향으로 책을 꽂기 때문이다. 또 맨 위층에 있는 책일수록 분류 기호가 낮고 아래로 갈수록 커진다.
>
> 분류 기호가 비슷한 책 사이에서는 숫자의 크기를 비교하자. 410.9가 있다면 그 오른쪽에 410.911이 있고, 410.912는 더 오른쪽에 있다. 모든 숫자가 같다면 도서 기호의 문자는 국어사전에서처럼 'ㄱ, ㄴ, ㄷ……' 또는 'ㅏ, ㅐ, ㅑ, ㅒ……' 순으로 비교하면 된다.
>
> 청구 기호 앞에 한글이나 영어 알파벳이 붙어 있는 경우가 있는데 이것을 '별치 기호'라고 한다. 이는 책의 특성이나 이용 목적에 따라 별도의 장소에 책을 보관한다는 뜻이다. 예를 들어, '어'라고 적힌 책은 일반 자료실이 아닌 어린이 자료실에 가야 찾을 수 있다.
>
> 한 명의 저자가 같은 제목의 책을 연속물로 내는 경우는 '-' 기호를, 도서관에서 같은 책을 여러 권 보관한다면 '=' 기호를 써서 분류하기도 한다. '-1=2'라는 표시는 연속물의 제1권이며, 같은 책을 적어도 두 권을 보관하고 있는데 그중 둘째 책이라는 뜻이다. 때로는 책이 나온 해를 표현하기 위해 '2011' 같은 연도를 붙이기도 한다.
>
> – 이재웅, 「도서 분류의 원리」 –

23 ㉠에 들어갈 말로 가장 적절한 것은?

① 그래서
② 그런데
③ 이처럼
④ 왜냐하면

24 윗글을 읽고 이해한 내용으로 적절하지 않은 것은?

① 책이 나온 연도를 청구 기호에 붙이기도 하는구나.
② 별치 기호가 있으면 별도의 장소에서 찾아야 하는구나.
③ 같은 책장의 아래층에 있는 책은 위층에 있는 책보다 분류 기호가 낮겠구나.
④ 도서 기호는 국어사전에서처럼 자음 또는 모음 순으로 비교하면 되는구나.

25 윗글의 내용을 바탕으로 〈보기〉의 책을 아래 책장에 꽂으려고 할 때 적절한 위치는?

> **● 보기 ●**
>
> 〈청구 기호〉 315.741 ㅂ123ㅌ

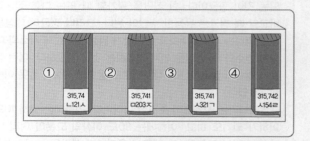

① 315.74 ㄴ121ㅅ
② 315.741 ㅁ203ㅈ
③ 315.741 ㅅ321ㄱ
④ 315.742 ㅅ154ㄹ

01 두 다항식 $A = 3x^2 + x$, $B = x^2 + 3x$에 대하여 $A + B$는?

① $4x^2 - 4x$ ② $4x^2 - 2x$

③ $4x^2 + 2x$ ④ $4x^2 + 4x$

02 등식 $x^2 + x + 3 = x^2 + ax + b$가 x에 대한 항등식일 때, 두 상수 a, b에 대하여 $a + b$의 값은?

① 2 ② 4

③ 6 ④ 8

03 다항식 $x^3 + 2x^2 + 2$를 $x - 1$로 나누었을 때, 나머지는?

① 1 ② 3

③ 5 ④ 7

04 다항식 $x^3 + 3x^2 + 3x + 1$을 인수분해한 식이 $(x + a)^3$일 때, 상수 a의 값은?

① -2 ② -1

③ 1 ④ 2

05 복소수 $4 + 3i$의 켤레복소수가 $a + bi$일 때, 두 실수 a, b에 대하여 $a + b$의 값은? (단, $i = \sqrt{-1}$)

① 1 ② 2

③ 3 ④ 4

06 두 수 1, 3을 근으로 하고 x^2의 계수가 1인 이차방정식이 $x^2 - ax + 3 = 0$일 때, 상수 a의 값은?

① 1 ② 2

③ 3 ④ 4

07 $-1 \leq x \leq 1$일 때, 이차함수 $y = x^2 + 4x + 1$의 최솟값은?

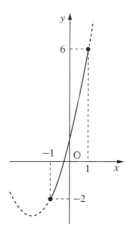

① -2 ② -1

③ 0 ④ 1

08 사차방정식 $x^4 + 2x^2 - a = 0$의 한 근이 1일 때, 상수 a의 값은?

① -1 ② 1

③ 3 ④ 5

09 연립방정식 $\begin{cases} 2x + y = 8 \\ x^2 - y^2 = a \end{cases}$의 해가 $x = 3$, $y = b$일 때, 두 상수 a, b에 대하여 $a + b$의 값은?

① 5 ② 7

③ 9 ④ 11

10 이차부등식 $(x-2)(x-4) \leq 0$의 해는?

① $x \leq 2$

② $x \geq 4$

③ $2 \leq x \leq 4$

④ $x \leq 2$ 또는 $x \geq 4$

11 수직선 위의 두 점 A (1), B (6)에 대하여 선분 AB를 $2:3$으로 내분하는 점 P의 좌표는?

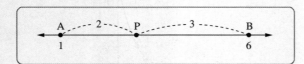

① 3 ② $\dfrac{7}{2}$

③ 4 ④ $\dfrac{9}{2}$

12 직선 $y = x - 3$에 평행하고, 점 $(0, 4)$를 지나는 직선의 방정식은?

① $y = -x + 2$ ② $y = -x + 4$

③ $y = x + 2$ ④ $y = x + 4$

13 중심의 좌표가 $(-2, 2)$이고 x축과 y축에 동시에 접하는 원의 방정식은?

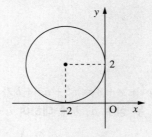

① $(x-2)^2 + (y-2)^2 = 4$

② $(x+2)^2 + (y-2)^2 = 4$

③ $(x-2)^2 + (y+2)^2 = 4$

④ $(x+2)^2 + (y+2)^2 = 4$

14 좌표평면 위의 점 $(3, -2)$를 원점에 대하여 대칭이동한 점의 좌표는?

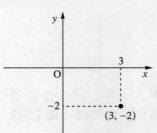

① $(-3, 2)$ ② $(-2, 3)$

③ $(2, -3)$ ④ $(3, 2)$

15 두 집합 $A = \{1,\ 2,\ 3,\ 4\}$, $B = \{3,\ 4\}$에 대하여 $A - B$는?

① $\{1\}$ ② $\{1,\ 2\}$
③ $\{3,\ 4\}$ ④ $\{1,\ 2,\ 3\}$

16 전체집합이 $U = \{x \mid x$는 9 이하의 자연수$\}$일 때, 다음 조건의 진리집합은?

> x는 3의 배수이다.

① $\{1,\ 3,\ 5\}$
② $\{3,\ 6,\ 9\}$
③ $\{1,\ 3,\ 5,\ 7\}$
④ $\{2,\ 4,\ 6,\ 8\}$

17 두 함수 $f : X \to Y$, $g : Y \to Z$가 그림과 같을 때, $(g \circ f)(2)$의 값은?

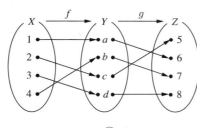

① 5 ② 6
③ 7 ④ 8

18 유리함수 $y = \dfrac{1}{x-2} + 3$의 그래프는 유리함수 $y = \dfrac{1}{x}$의 그래프를 x축의 방향으로 a만큼, y축의 방향으로 b만큼 평행이동한 것이다. 두 상수 a, b에 대하여 $a + b$의 값은?

① 3 ② 4
③ 5 ④ 6

19 그림과 같이 입체도형을 그린 4개의 포스터가 있다. 이 중에서 서로 다른 2개의 포스터를 택하여 출입문의 상단과 하단에 각각 붙이는 경우의 수는?

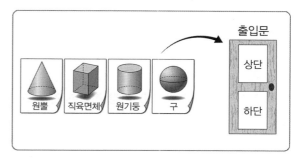

① 12 ② 13
③ 14 ④ 15

20 그림과 같이 4종류의 수학 수행 과제가 있다. 이 중에서 서로 다른 3종류의 수학 수행 과제를 선택하는 경우의 수는?

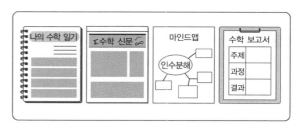

① 1 ② 2
③ 3 ④ 4

[01~03]

다음 밑줄 친 부분의 뜻으로 가장 적절한 것을 고르시오.

01

I will call the restaurant and make a reservation.

① 변경　　　　② 예약
③ 취소　　　　④ 칭찬

02

You need to keep in mind, "Slow and steady wins the race."

① 명심하다　　② 사용하다
③ 정돈하다　　④ 참여하다

03

Do not use your cellphone while you are driving.

① 대신에　　　② 동안에
③ 만약에　　　④ 처음에

04 다음 밑줄 친 두 단어의 의미 관계와 다른 것은?

It's easy to say you'll do something, but difficult to actually do it.

① heavy － light
② noisy － silent
③ painful － painless
④ rapid － quick

05 다음 콘서트 안내문에서 언급되지 않은 것은?

Fundraising Concert
• When: April 17th, 6-9 p.m.
• Where: Lobby of Children's Hospital
• Light snacks will be offered.
All funds will be donated to Children's Hospital.

① 날짜　　　　② 장소
③ 출연진　　　④ 기금 용도

[06~08]

다음 빈칸에 공통으로 들어갈 말로 가장 적절한 것을 고르시오.

06

○ Could you _____ my bag for me?
○ My school will _____ a music festival next month.

① hold　　　　② like
③ meet　　　　④ walk

07

○ I don't know _____ he is honest or not.
○ You will miss the bus _____ you don't leave now.

① if　　　　　② that
③ what　　　　④ which

08

○ About 60 to 70% of your body consists _____ water.
○ The garden is full _____ beautiful flowers.

① for　　　　　② in
③ of　　　　　④ to

09 다음 대화에서 밑줄 친 표현의 의미로 가장 적절한 것은?

> A: I'm having a hard time right now.
> B: Don't worry. I'm here for you, no matter what.
> A: Thank you. Your support means everything to me.
> B: Anytime. A friend in need is a friend indeed.

① 진정한 배움에는 지름길이 없다.
② 몸이 건강해야 마음도 건강하다.
③ 필요할 때 있는 친구가 진정한 친구다.
④ 사귀는 친구를 보면 그 사람을 알 수 있다.

10 다음 대화에서 알 수 있는 B의 심정으로 가장 적절한 것은?

> A: I've been waiting for 30 minutes. What happened?
> B: Sorry, but I thought we were meeting at 2 o'clock.
> A: No, that's the time the baseball game starts, so we were supposed to meet 30 minutes earlier.
> B: Oh, I totally forgot. I'm sorry for keeping you waiting.

① 미안하다   ② 안심하다
③ 지루하다   ④ 행복하다

11 다음 대화가 이루어지는 장소로 가장 적절한 것은?

> A: Did you get our tickets? Where are our seats?
> B: Let me see. J11 and J12.
> A: Great. Let's buy some snacks before we go in.
> B: That sounds good.

① 병원   ② 약국
③ 은행   ④ 영화관

12 다음 글에서 밑줄 친 them이 가리키는 것으로 가장 적절한 것은?

> Studies have shown that flowers have positive effects on our moods. Participants reported feeling less depressed and anxious after receiving them. In addition, they showed a higher sense of enjoyment and overall satisfaction.

① flowers   ② moods
③ participants   ④ studies

[13~14]
다음 대화의 빈칸에 들어갈 말로 가장 적절한 것을 고르시오.

13

> A: The speech contest is tomorrow. I have cold feet.
> B: Sorry, _____?
> A: I have cold feet. I'm nervous about tomorrow.
> B: Oh, I see. Don't worry. I'm sure that you will do well.

① how would you like it
② would you say that again
③ what is the weather like today
④ where should I go for the contest

14

> A: What do you like most about Korea?
> B: _____.

① That is what lots of people think
② That's because I prefer tea to coffee
③ I like the food delivery service most
④ I'm not satisfied with the monitor you chose

15 다음 대화의 주제로 가장 적절한 것은?

> A: My lower back hurts a lot these days.
> B: I think you should do something before it gets worse.
> A: Do you have any tips to reduce the pain?
> B: Well, sit in a chair, not on the floor. And try to walk and stretch gently often.

① 의자를 고르는 방법
② 바닥을 청소하는 방법
③ 바른 자세로 걷는 방법
④ 허리 통증을 줄이는 방법

16 다음 글을 쓴 목적으로 가장 적절한 것은?

> I'm worried about not having confidence in myself. My friends always seem to know what they're doing, but I'm never sure I'm doing the right thing. I want to build my confidence. I wonder whether you could give me some solutions to my problem. I hope you can help.

① 책을 추천하려고
② 방송을 홍보하려고
③ 조언을 구하려고
④ 초대를 수락하려고

17 다음 배드민턴장에 대한 안내문의 내용과 일치하지 않는 것은?

> **Central Badminton Center**
> **Open Times:**
> • Monday to Friday, 10 a.m. to 9 p.m.
> **We provide:**
> • lessons for beginners only
> • free parking for up to 4 hours a day
> *proper shoes and clothes are required.*

① 평일 오전 10시부터 오후 9시까지 운영한다.
② 상급자를 위한 수업이 준비되어 있다.
③ 하루 4시간까지 무료 주차가 가능하다.
④ 적절한 신발과 옷이 필요하다.

18 다음 rice에 대한 설명과 일치하지 않는 것은?

> Rice is one of the major crops in the world. Since its introduction and cultivation, rice has been the main food for most Asians. In fact, Asian countries produce and consume the most rice worldwide. These days, countries in Africa have also increased their rice consumption.

① 세계의 주요 작물 중 하나이다.
② 대부분의 아시아 사람들의 주식이다.
③ 아시아 국가에서 가장 많이 생산한다.
④ 아프리카 국가에서 소비가 감소하고 있다.

19 다음 글의 주제로 가장 적절한 것은?

> When you go abroad, you may find yourself in a place where the people, language, and customs are different from your own. Learning about cultural differences can be a useful experience. It can help you understand the local people better. It could also help you understand yourself and your own culture more.

① 사람들과 소통하는 방법
② 지역 문화 보존의 필요성
③ 해외여행을 할 때 주의할 점
④ 문화적 차이를 배우는 것의 유용성

[20~21]
다음 글의 빈칸에 들어갈 말로 가장 적절한 것을 고르시오.

20

> Eating dinner lasts a long time in France because it is meant to be enjoyed with family and friends. French people don't ____ this process. Trying to finish dinner quickly can be interpreted as a sign of being impolite.

① enjoy
② rush
③ serve
④ warn

21

In life, it's important to take _____ for any choices that you make. If the result of your choice isn't what you wanted, don't blame others for it. Being in charge of your choices will help you learn from the results.

① conflict   ② desire

③ help   ④ responsibility

22 글의 흐름으로 보아 다음 문장이 들어가기에 가장 적절한 곳은?

On the other hand, there is a big advantage to it.

Taking online classes can be good and bad. (①) If you take classes online, you may worry about the lack of face-to-face communication. (②) Taking courses online makes it difficult to create strong relationships with your teachers and classmates. (③) You are free to take online classes anywhere, anytime. (④) By simply turning on your computer, you can start studying.

23 다음 글의 바로 뒤에 이어질 내용으로 가장 적절한 것은?

Walking dogs is a common activity in the park. But with more people doing this, problems are arising in the park. To avoid these issues, please follow these guidelines when you walk your dog.

① 반려견을 키우면 좋은 점
② 반려견 산책 시 지켜야 할 사항
③ 반려견 관련 산업의 발전 가능성
④ 반려견이 아이들 정서에 미치는 영향

[24~25]
다음 글을 읽고 물음에 답하시오.

Have you noticed that shoes and socks are displayed together? They are items strategically placed with each other. Once you've already decided to buy a pair of shoes, why not buy a pair of socks, too? Remember that the placement of items in a store is not _____. It seems that arranging items gives suggestions to customers, in a way that is not obvious, while they shop.

24 윗글의 빈칸에 들어갈 말로 가장 적절한 것은?

① accurate   ② enough

③ positive   ④ random

25 윗글의 주제로 가장 적절한 것은?

① 소비자 교육의 효과
② 상품 가격 결정의 원리
③ 전략적 상품 진열 방식
④ 매체 속 다양한 광고의 유형

01 질 높은 정주 환경을 조성하기 위한 조건으로 적절한 것을 〈보기〉에서 고른 것은?

> **보기**
> ㄱ. 깨끗한 자연환경 ㄴ. 안락한 주거 환경
> ㄷ. 생활 시설의 부족 ㄹ. 빈부 격차의 심화

① ㄱ, ㄴ ② ㄱ, ㄷ
③ ㄴ, ㄷ ④ ㄷ, ㄹ

02 인권의 특성에 대한 설명으로 적절한 것을 〈보기〉에서 고른 것은?

> **보기**
> ㄱ. 누구나 침범할 수 있는 권리이다.
> ㄴ. 타인에게 양도할 수 있는 권리이다.
> ㄷ. 인간이 태어나면서부터 가지는 천부적 권리이다.
> ㄹ. 인간이라면 누구나 누릴 수 있는 기본적 권리이다.

① ㄱ, ㄴ ② ㄱ, ㄷ
③ ㄴ, ㄷ ④ ㄷ, ㄹ

03 다음에서 설명하는 기본권은?

> ○ 국가의 의사 결정 과정에 참여할 수 있는 권리이다.
> ○ 선거권, 공무 담임권, 국민 투표권 등이 있다.

① 사회권 ② 평등권
③ 청구권 ④ 참정권

04 다음에서 설명하는 경제 체제로 적절한 것은?

> ○ 시장에서의 자유로운 경쟁을 통해 상품의 생산, 교환, 분배, 소비가 이루어진다.
> ○ 개인이 재산을 자유롭게 획득하고 사용할 수 있는 사유 재산 제도를 바탕으로 한다.

① 법치주의 ② 자본주의
③ 공동체주의 ④ 자문화 중심주의

05 ㉠에 들어갈 내용으로 알맞은 것은?

> 헌법 제37조 ② 국민의 모든 자유와 권리는 국가 안전 보장·질서 유지 또는 (㉠)을/를 위하여 필요한 경우에 한하여 법률로써 제한할 수 있으며, 제한하는 경우에도 자유와 권리의 본질적인 내용을 침해할 수 없다.

① 기후 변화 ② 공공복리
③ 문화 동화 ④ 비폭력성

06 ㉠, ㉡에 들어갈 사회 복지 제도는?

> ○ (㉠)은/는 일정 수준의 소득이 있는 개인과 정부, 기업이 보험료를 분담하여 구성원의 사회적 위험에 대비하는 제도이다. 그 예로 국민 건강 보험이 있다.
> ○ (㉡)은/는 저소득 계층이 최소한의 삶을 꾸릴 수 있도록 국가가 전액 지원하여 돕는 제도이다. 그 예로 국민 기초 생활 보장 제도가 있다.

	㉠	㉡
①	사회 보험	공공 부조
②	공공 부조	사회 보험
③	개인 보험	공공 부조
④	공공 부조	개인 보험

07 시장 실패에 대한 사례로 가장 적절한 것은?

① 자원이 효율적으로 배분된다.
② 공공재의 공급 부족 문제가 발생한다.
③ 생산량이 증가할수록 단위당 생산 비용이 감소한다.
④ 소비자가 윤리적인 가치 판단을 하고 상품을 소비한다.

08 편익에 대한 설명으로 적절한 것을 〈보기〉에서 고른 것은?

> **● 보기 ●**
> ㄱ. 선택을 통해 얻게 되는 이익이다.
> ㄴ. 경기 침체와 동시에 물가가 상승하는 현상이다.
> ㄷ. 대가를 지급하고 난 뒤 회수할 수 없는 비용이다.
> ㄹ. 금전적인 이익뿐 아니라 비금전적인 것도 포함한다.

① ㄱ, ㄴ
② ㄱ, ㄹ
③ ㄴ, ㄷ
④ ㄷ, ㄹ

09 ㉠에 들어갈 내용으로 옳은 것은?

> ○ 노동조합을 통해 사용자와 자주적으로 교섭할 수 있는 권리이다.
> ○ **헌법 제33조** ① 근로자는 근로 조건의 향상을 위하여 자주적인 단결권·(㉠) 및 단체 행동권을 가진다.

① 문화권
② 자유권
③ 행복 추구권
④ 단체 교섭권

10 바람직한 생애 주기별 금융 설계에 대한 설명으로 가장 적절한 것은?

① 현재의 소득만을 고려한다.
② 생애 주기 전체를 고려하여 설계한다.
③ 중·장년기에는 저축하지 않고 소득의 전액을 지출한다.
④ 생애 주기의 각 단계에 따라 필요한 자금의 크기는 같다고 본다.

11 다음에서 설명하는 문화 변동의 요인은?

> ○ 문화 변동의 내재적 변동 요인이다.
> ○ 이미 존재하고 있었지만 알려지지 않은 문화 요소를 찾아낸 것이다.

① 발견
② 전파
③ 비교 우위
④ 절대 우위

12 다음 퀴즈에 대한 정답으로 옳은 것은?

> 한 사회에서 부, 권력, 명예 등의 사회적 자원이 개인이나 집단에 차등적으로 분배되어 사회 구성원들이 차지하는 위치가 서열화되어 있는 상태를 무엇이라 하나요?

① 사회 불평등
② 소비자 주권
③ 문화 상대주의
④ 스태그플레이션

13 ㉠에 들어갈 내용으로 적절한 것은?

> **■ 수업 주제: 분배적 정의의 실질적 기준 ■**
> ○ 분배적 정의의 실질적 기준: (㉠), 업적, 능력
> ○ (㉠)에 따른 분배의 의미: 인간다운 삶을 보장하기 위해 기본적인 욕구를 충족할 수 있도록 분배하는 것이다. 사회적 약자를 위해 더 많은 재화를 사용할 수 있다.

① 담합
② 독점
③ 필요
④ 특화

14 다음에 해당하는 기후 지역으로 옳은 것은?

> ○ 분포 지역: 북극해 연안
> ○ 전통 산업: 사냥·어로·순록 유목
> ○ 전통 의복: 동물의 가죽이나 털로 만든 두꺼운 옷

① 열대 기후 지역
② 건조 기후 지역
③ 온대 기후 지역
④ 한대 기후 지역

15 ㉠에 들어갈 내용으로 가장 적절한 것은?

> ■ 사막화 ■
> ○ 의미: 사막 주변 지역이 사막으로 변화하는 현상
> ○ 사례 지역: 사하라 사막 이남의 사헬 지대
> ○ 원인: (㉠   )

① 녹지 확대
② 인구 감소
③ 과도한 목축
④ 일조량 부족

16 다음에서 설명하는 자연관은?

> ○ 인간을 자연보다 우월한 존재로 여기고, 인간의 이익이나 행복을 먼저 고려하는 관점이다.
> ○ 산업화·도시화 과정에서 발생한 환경 파괴의 주된 요인으로 지적받기도 한다.

① 문화 사대주의
② 생태 중심주의
③ 인간 중심주의
④ 직접 민주주의

17 ㉠, ㉡에 해당하는 종교는?

> ○ (㉠): 주로 인도에서 신봉하는 다신교로, 소를 신성시한다.
> ○ (㉡): 성지인 메카를 향해 기도하며, 돼지고기와 술을 금기시한다.

	㉠	㉡
①	불교	힌두교
②	이슬람교	힌두교
③	불교	이슬람교
④	힌두교	이슬람교

18 저출산 문제 해결 방안으로 적절한 것을 〈보기〉에서 고른 것은?

> ● 보기 ●
> ㄱ. 보육 시설 확충   ㄴ. 산아 제한 정책 실시
> ㄷ. 출산 장려금 지원   ㄹ. 개발 제한 구역 확대

① ㄱ, ㄷ   ② ㄱ, ㄹ
③ ㄴ, ㄷ   ④ ㄴ, ㄹ

19 교통·통신의 발달이 가져온 변화로 가장 적절한 것은?

① 시공간의 제약이 크게 줄었다.
② 지역 간의 교류가 단절되었다.
③ 경제 활동의 범위가 축소되었다.
④ 다른 지역과의 접근성이 낮아졌다.

20 다음에서 설명하는 용어는?

> 기업의 규모가 커지면, 일반적으로 본사나 연구소는 자본과 기술 확보가 유리한 대도시에, 제품을 생산하는 공장은 저임금 노동력이 풍부한 지역에 각각 설립하게 된다.

① 공정 무역   ② 공간적 분업
③ 탄소 발자국   ④ 지리적 표시제

21 ㉠에 들어갈 내용으로 옳은 것은?

> ■ 학습 주제: (㉠)의 문제점 ■
> ○ 개인 정보 유출로 인한 사생활 침해
> ○ 프로그램 불법 복제 같은 사이버 범죄 증가

① 교외화　　　　　② 정보화
③ 님비 현상　　　　④ 열섬 현상

22 다음에서 설명하는 문화권을 지도의 A~D에서 고른 것은?

> 리오그란데 강 이남 지역으로, 남부 유럽의 문화가 전파되어 주로 에스파냐어와 포르투갈어를 사용하고 가톨릭을 믿는다. 원주민(인디오)과 아프리카인, 유럽인의 문화가 혼재되어 나타난다.

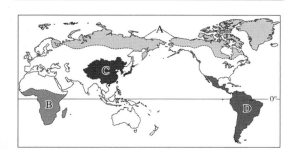

① A　　　　　② B
③ C　　　　　④ D

23 다음에서 설명하는 용어는?

> 일정한 지역 안의 인구를 성별, 연령별 등의 기준으로 나누어 본 것으로, 해당 지역의 사회·경제적 특성을 파악하는 데 유용하다.

① 인구 절벽　　　　② 인구 과잉
③ 인구 구조　　　　④ 인구 이동

24 다음에 대해 설명한 내용으로 가장 적절한 것은?

> ○ 그린피스(Greenpeace)
> ○ 국경 없는 의사회(MSF)

① 국제 비정부 기구이다.
② 자국의 이익 실현을 최우선으로 한다.
③ 국제 분쟁 지역에 평화 유지군을 파견한다.
④ 국가를 회원으로 하는 정부 간 국제기구이다.

25 ㉠에 들어갈 내용으로 옳은 것은?

> 자원의 특징 중 하나로 언젠가는 고갈된다는 성질을 자원의 (㉠)이라고 한다.

① 도시성　　　　　② 동질성
③ 유한성　　　　　④ 편리성

01 다음에서 설명하는 발전 방식은?

○ 파도 상황에 따라 전력 생산량이 일정하지 않다.
○ 파도의 운동 에너지를 전기 에너지로 전환한다.

① 파력 발전　　　　② 화력 발전
③ 원자력 발전　　　④ 태양광 발전

02 그림은 전기 에너지의 생산과 수송 과정을 나타낸 것이다. 이에 대한 설명으로 옳은 것만을 〈보기〉에서 모두 고른 것은?

765 kV　　22.9 kV　　㉠
발전소　　변전소　　주상 변압기　　가정

─ 보기 ─
ㄱ. 발전소에서 전기 에너지를 생산한다.
ㄴ. ㉠에 해당하는 전압은 22.9 kV보다 작다.
ㄷ. 수송 과정에서 손실되는 전기 에너지는 없다.

① ㄱ　　　　　　　② ㄷ
③ ㄱ, ㄴ　　　　　④ ㄴ, ㄷ

03 표는 같은 직선상에서 운동하는 물체 A~D의 처음 운동량과 나중 운동량을 나타낸 것이다. 물체 A~D 중 받은 충격량의 크기가 가장 큰 것은?

운동량(kg·m/s) 물체	처음 운동량	나중 운동량
A	2	5
B	3	7
C	3	8
D	4	10

① A　　　　　　　② B
③ C　　　　　　　④ D

04 그림은 고열원에서 100 J의 열에너지를 공급받아 W의 일을 하는 열기관을 나타낸 것이다. 열기관에서 저열원으로 50 J의 열에너지를 방출할 때, 열기관이 한 일 W의 양은?

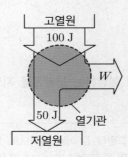

고열원
100 J
W
50 J　열기관
저열원

① 30 J　　　　　　② 40 J
③ 50 J　　　　　　④ 60 J

05 다음은 태양 내부에서 일어나는 반응에 대한 설명이다. ㉠에 해당하는 원소는?

고온·고압인 태양에서 수소 원자핵이 융합하여
[㉠] 원자핵이 생성되는 동안 줄어든 질량이 에너지로 전환된다.

① 질소　　　　　　② 칼슘
③ 헬륨　　　　　　④ 나트륨

06 그림은 자유 낙하하는 물체의 위치를 일정한 시간 간격으로 나타낸 것이다. A~D 지점 중 물체의 속도가 가장 빠른 지점은? (단, 중력 가속도는 $10 \, m/s^2$이고, 공기 저항은 무시한다.)

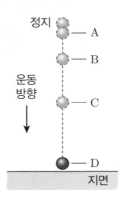

정지 — A

— B

운동 방향 — C

— D

지면

① A
② B
③ C
④ D

07 그림과 같이 자석을 코일 속에 넣을 때 발생하는 유도 전류의 방향을 변화시킬 수 있는 요인으로 옳은 것만을 〈보기〉에서 모두 고른 것은?

검류계

코일

─────── 보기 ───────

ㄱ. 자석의 극을 바꾼다.
ㄴ. 자석을 더 빠르게 넣는다.
ㄷ. 더 강한 자석을 사용한다.

① ㄱ
② ㄷ
③ ㄱ, ㄴ
④ ㄴ, ㄷ

08 그림은 주기율표의 일부를 나타낸 것이다. 임의의 원소 A~D 중 원자가 전자 수가 가장 큰 원소는?

주기＼족	1	2		16	17	18
1						
2	A			B		
3	C				D	

① A
② B
③ C
④ D

09 그림은 나트륨 이온의 생성 과정을 모형으로 나타낸 것이다. 나트륨 원자가 잃은 전자의 개수는?

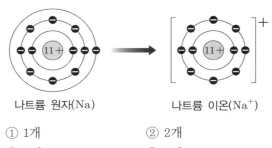

나트륨 원자(Na)   나트륨 이온(Na^+)

① 1개
② 2개
③ 3개
④ 4개

10 다음에서 설명하는 화학 결합에 의해 형성된 물질은?

┌─────────────────────────────┐
○ 금속 원소와 비금속 원소 사이에서 형성된다.
○ 양이온과 음이온의 정전기적 인력에 의해 형성된다.
└─────────────────────────────┘

① 은(Ag)
② 구리(Cu)
③ 산소(O_2)
④ 염화 나트륨(NaCl)

11 다음 중 산화 환원 반응의 사례가 <u>아닌</u> 것은?

① 도시가스를 연소시킨다.
② 철이 공기 중에서 붉게 녹슨다.
③ 산성화된 토양에 석회 가루를 뿌린다.
④ 사과를 깎아 놓으면 산소와 반응하여 색이 변한다.

12 그림은 묽은 염산과 묽은 황산의 이온화된 모습을 나타낸 것이다. 두 수용액에 공통적으로 존재하는 ㉠에 해당하는 이온은? (단, ●, □, ○는 서로 다른 이온이다.)

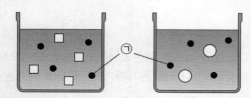

묽은 염산(HCl 수용액)   묽은 황산(H_2SO_4 수용액)

① 산화 이온(O^{2-})
② 수소 이온(H^+)
③ 염화 이온(Cl^-)
④ 황산 이온(SO_4^{2-})

13 그림은 단위체의 결합으로 물질 A가 만들어지는 과정을 나타낸 것이다. A에 해당하는 물질은?

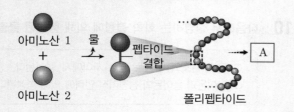

아미노산 1 + 아미노산 2 → (물) → 펩타이드 결합 → 폴리펩타이드 → A

① 핵산
② 단백질
③ 포도당
④ 글리코젠

14 그림은 서로 다른 지역에 서식하는 여우의 형태를 나타낸 것이다. 이러한 여우의 형태 차이에 영향을 주는 환경 요인은?

북극여우   붉은여우   사막여우

① 물
② 산소
③ 온도
④ 토양

15 다음은 안정된 생태계의 개체 수 피라미드에서 생태계 평형이 깨진 후 평형을 회복하는 과정의 일부를 설명한 것이다. ㉠과 ㉡에 들어갈 말로 옳게 짝지어진 것은?

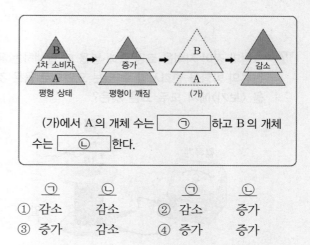

B 1차 소비자 / A
평형 상태 → 증가 / 평형이 깨짐 → B / A (가) → 감소

(가)에서 A의 개체 수는 ㉠ 하고 B의 개체 수는 ㉡ 한다.

	㉠	㉡		㉠	㉡
①	감소	감소	②	감소	증가
③	증가	감소	④	증가	증가

16 다음은 생명 시스템 유지에 필요한 물질에 대한 설명이다. ㉠에 해당하는 것은?

○ 만일 ㉠ 이/가 없다면 음식을 먹어도 영양소를 소화, 흡수할 수 없다.
○ 생명체는 물질대사를 하며, 물질대사에는 ㉠ 이/가 관여한다.

① 녹말   ② 효소
③ 인지질   ④ 셀룰로스

17 그림은 DNA에서 RNA가 전사되는 과정을 나타낸 것이다. ㉠에 해당하는 염기는? (단, 돌연변이는 없다.)

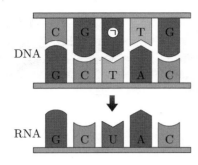

① A
② T
③ G
④ C

18 세포막을 경계로 세포 안팎에 농도가 다른 용액이 있을 때, 물 분자가 세포막을 통해 농도가 낮은 곳에서 높은 곳으로 이동하는 현상은?

① 삼투
② 호흡
③ 광합성
④ 이화 작용

19 다음 설명에 해당하는 것은?

○ 일정 지역에 서식하는 생물종의 다양한 정도이다.
○ 서식하는 생물종이 많고 그 분포가 고르게 나타날 수록 높다.

① 개체
② 군집
③ 개체군
④ 종 다양성

20 화산 활동과 관련된 설명으로 옳은 것만을 〈보기〉에서 모두 고른 것은?

┌─────── 보기 ───────┐
ㄱ. 화산 활동은 태양 에너지에 의해 일어난다.
ㄴ. 대규모의 화산 폭발은 주변의 지형을 변화시킨다.
ㄷ. 화산 활동은 온천, 지열 발전 등과 같이 이롭게 활용되기도 한다.
└─────────────────┘

① ㄱ
② ㄷ
③ ㄱ, ㄴ
④ ㄴ, ㄷ

21 다음은 규산염 사면체에 대한 설명이다. ㉠에 해당하는 것은?

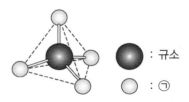

● : 규소
○ : ㉠

┌─────────────────────────────────┐
│ 규산염 광물을 구성하는 기본 구조는 규소 원자 1개와 │
│ [㉠] 원자 4개가 공유 결합을 이룬 사면체이다. │
└─────────────────────────────────┘

① 산소
② 질소
③ 탄소
④ 마그네슘

22 그림은 지구 시스템을 이루는 각 권의 상호 작용을 나타낸 것이다. 해저 지진 활동으로 인해 지진 해일이 발생하는 것에 해당하는 상호 작용은?

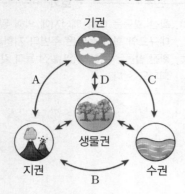

① A
② B
③ C
④ D

23 다음 설명에 해당하는 현상은?

> 화석 연료 등의 사용으로 온실 기체의 농도가 크게 증가하여 지구의 평균 기온이 상승하는 현상이다.

① 황사
② 사막화
③ 엘니뇨
④ 지구 온난화

24 그림은 판의 이동과 맨틀 대류를 나타낸 것이다. A ~D 중 발산형 경계에 해당하는 것은?

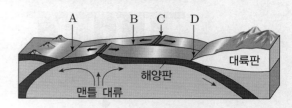

① A
② B
③ C
④ D

25 그림은 지질 시대 동안 생물 과의 수 변화와 대멸종 시기를 나타낸 것이다. A 에서 멸종한 생물은?

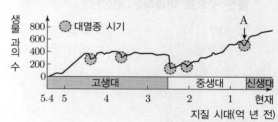

① 공룡
② 매머드
③ 삼엽충
④ 화폐석

01 다음에서 설명하는 유물은?

경기 연천 전곡리에서 발견된 구석기 시대의 대표적인 유물로 주로 사냥을 하거나 가죽을 벗기는 등의 용도로 사용하였다.

① 해국도지 ② 주먹도끼
③ 수월관음도 ④ 임신서기석

02 ㉠에 들어갈 내용으로 옳은 것은?

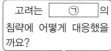

고려는 ㉠ 의 침략에 어떻게 대응했을까요?

서희의 외교 담판과 강감찬의 귀주 대첩으로 물리칠 수 있었어요.

① 거란 ② 미국
③ 영국 ④ 일본

03 ㉠에 해당하는 인물은?

고려 무신 집권기 보조 국사 ㉠ 은/는 세속화된 불교를 개혁하기 위해 정혜쌍수와 돈오점수를 내세우며 수선사를 중심으로 결사 운동을 펼쳤다.

① 지눌 ② 원효
③ 이순신 ④ 장수왕

04 ㉠에 들어갈 내용으로 옳은 것은?

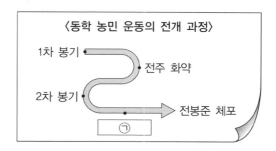

〈동학 농민 운동의 전개 과정〉

1차 봉기 → 전주 화약
2차 봉기 → 전봉준 체포
㉠

① 국학 설치 ② 사비 천도
③ 우금치 전투 ④ 고구려 멸망

05 ㉠에 들어갈 내용으로 옳은 것은?

〈세도 정치 시기의 ㉠ 〉
○ 원인: 정치 기강이 문란해져 관원의 부패가 심해짐.
○ 결과: 전정·군정·환곡의 부담으로 백성들의 삶이 매우 힘들어짐.

① 회사령 ② 삼정 문란
③ 발췌 개헌 ④ 정읍 발언

06 자료와 관련한 정책으로 옳은 것은?

유생들이 반발하자 흥선 대원군이 크게 노하여 "이곳은 존경받는 선현을 제사하는 곳인데 지금은 붕당의 근거지로 도둑의 소굴이 되지 않았더냐."라고 말하였다.

① 서원 철폐
② 녹읍 설치
③ 교정도감 폐지
④ 동·서 대비원 설치

07 다음에서 설명하는 정치 세력은?

○ 인물: 김옥균, 박영효, 김윤식, 김홍집
○ 특징: 서양의 근대적 제도와 과학 기술을 수용하고자 함.

① 호족
② 무신
③ 개화파
④ 오경박사

08 다음에서 설명하는 유물은?

〈역사 유물 카드〉
• 출토지: 충남 부여 능산리
• 용도: 종교 행사 등에서 향을 피움.
• 특징: 불교와 도교 세계를 함께 표현함.

① 택리지
② 상평통보
③ 곤여만국전도
④ 백제 금동 대향로

09 다음 정책을 펼친 조선의 국왕은?

○ 임진왜란 이후 피해 극복을 위해 노력함.
○ 명과 후금의 싸움에 말려들지 않고 실리를 취하려 함.

① 광해군
② 혜공왕
③ 법흥왕
④ 고국천왕

10 다음 질문에 대한 답으로 옳은 것은?

한국사 골든벨

이들은 누구일까요? 고종이 을사늑약의 불법성을 알리기 위해 만국 평화 회의에 파견한 이준, 이상설, 이위종을 일컫는 말입니다.

① 중추원
② 도병마사
③ 중서문하성
④ 헤이그 특사

11 ㉠에 들어갈 내용으로 옳은 것은?

1920년대 농민들은 소작료 인하, 소작권 이동 반대 등을 요구하는 쟁의를 벌였다. 특히   ㉠   은/는 소작료를 낮추는 데 성공하여 전국의 농민 운동을 자극하였다.

① 6 · 3 시위
② 이자겸의 난
③ 강조의 정변
④ 암태도 소작 쟁의

12 다음에서 설명하는 신문은?

○ 순 한글, 국한문, 영문 세 종류로 발행
○ 영국인 베델이 발행인으로 참여한 일간 신문

① 독사신론
② 동경대전
③ 대한매일신보
④ 조선왕조실록

13 다음 설명에 해당하는 일제의 식민 지배 방식은?

3 · 1 운동을 계기로 일제는 무단 통치로는 한국을 지배하기 어렵다고 판단하여 한글 신문의 발행을 허용하는 등 문화적 제도의 혁신을 내세웠다.

① 기인 제도
② 문화 통치
③ 대통령 중심제
④ 친명 배금 정책

www.sdedu.co.kr

14 다음에서 설명하는 인물은?

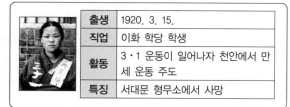

출생	1920. 3. 15.
직업	이화 학당 학생
활동	3·1 운동이 일어나자 천안에서 만세 운동 주도
특징	서대문 형무소에서 사망

① 김흠돌   ② 나운규
③ 유관순   ④ 윤원형

15 ㉠에 들어갈 내용으로 옳은 것은?

개항 이후 일본으로 곡물 수출이 늘어나자 곡물 가격이 오르고 사람들의 피해가 커졌다. 이에 일부 지방관들은 ㉠ 을/를 선포하여 곡물 유출을 막고자 하였다.

① 방곡령
② 봉사 10조
③ 교육 입국 조서
④ 좌우 합작 7원칙

16 다음 설명에 해당하는 활동으로 옳은 것은?

○ 파견 목적: 독립 투쟁을 위한 국내 침투
○ 파견 요원: 미국 전략 정보국(OSS)의 훈련을 마친 한국 광복군

① 위화도 회군
② YH 무역 사건
③ 국내 진공 작전
④ 서경 천도 운동

17 ㉠에 들어갈 내용으로 옳은 것은?

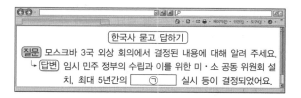

한국사 묻고 답하기

질문 모스크바 3국 외상 회의에서 결정된 내용에 대해 알려 주세요.
답변 임시 민주 정부의 수립과 이를 위한 미·소 공동 위원회 설치, 최대 5년간의 ㉠ 실시 등이 결정되었어요.

① 신탁 통치   ② 제가 회의
③ 나·제 동맹   ④ 독서삼품과

18 다음에서 설명하는 기구는?

○ 1948년 10월에 설치
○ 반민족 행위자 조사 및 처벌을 위한 기구

① 정당성
② 식목도감
③ 건국 준비 위원회
④ 반민족 행위 특별 조사 위원회

19 ㉠에 들어갈 내용으로 옳은 것은?

〈역사의 한 장면〉

이 사진은 1920년대 조선 물산 장려회의 거리 행진 모습입니다. 행진에 참여한 사람들은 '㉠' 라는/이라는 구호를 외쳤습니다.

① 선 건설 후 통일
② 유신 헌법 철폐하라
③ 조선 사람 조선 것
④ 근로 기준법 준수하라

20 ㉠에 들어갈 내용으로 옳은 것은?

〈수행 평가 보고서〉
○ 주제: 4 · 19 혁명
○ 조사 내용
　– 배경: 3 · 15 부정 선거
　– 전개: 전국적으로 시위 발생, ㉠

① 집강소 설치
② 기묘사화 발생
③ 노비안검법 실시
④ 이승만 대통령의 하야

21 ㉠에 들어갈 내용으로 옳은 것은?

〈6 · 25 전쟁의 전개 과정〉
㉠ → 인천 상륙 작전 → 1 · 4 후퇴 → 정전 협정

① 자유시 참변
② 미쓰야 협정
③ 별기군 창설
④ 북한군의 남침

22 다음에서 설명하는 정부는?

○ 대북 화해 협력 정책(햇볕 정책) 추진
○ 남북 정상 회담 개최와 6 · 15 남북 공동 선언 발표

① 장면 내각
② 김대중 정부
③ 노태우 정부
④ 이명박 정부

23 다음에서 설명하는 사건은?

전두환 등 신군부 세력이 불법적으로 병력을 동원하여 계엄 사령관을 비롯한 군의 주요 지휘관들을 몰아내고 군권을 장악하였다.

① 3포 왜란
② 거문도 사건
③ 12 · 12 군사 반란
④ 임술 농민 봉기

24 밑줄 친 ㉠에 해당하는 운동은?

㉠ 국민 여러분의 적극적인 협조로 국제 통화 기금(IMF) 지원금을 조기 상환했습니다.

속보 외환 위기 극복, IMF 지원금 200억 달러 전액 상환

① 형평 운동
② 금 모으기 운동
③ 교조 신원 운동
④ 문자 보급 운동

25 ㉠에 들어갈 내용으로 옳은 것은?

〈박정희 정부 시기의 경제 상황〉
　– 경제 개발 5개년 계획 추진
　– ㉠

① 원산 총파업
② 상평창 설치
③ 당백전 발행
④ 경부 고속 국도 건설

01 다음 설명에 해당하는 용어는?

> 윤리적 문제 상황에서 두 가지 이상의 도덕 원칙 사이에 갈등과 충돌이 전개되는 상황

① 딜레마
② 이데아
③ 가상 현실
④ 정언 명령

02 (가)에 들어갈 윤리 사상은?

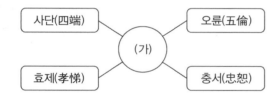

① 도가
② 불교
③ 법가
④ 유교

03 다음 주제들을 다루는 실천 윤리 분야로 가장 적절한 것은?

> ○ 통일이 지향해야 할 윤리적 가치는 무엇인가?
> ○ 국제 사회의 각종 분쟁을 해결하기 위한 방안은 무엇인가?

① 성 윤리
② 평화 윤리
③ 직업 윤리
④ 생명 윤리

04 다음 설명에 해당하는 도덕 원리 검사 방법은?

> 도덕 원리를 모든 사람에게 적용했을 때 나타나는 결과에 문제가 없는지 확인하는 방법

① 포섭 검사
② 기술 영향 검사
③ 사실 판단 검사
④ 보편화 결과 검사

05 다음에서 설명하는 사회 갈등의 종류는?

> **도덕신문** 　2024년 ○월 ○일
>
> 급속한 사회 변화에 따라 연령 및 시대별 경험의 차이로 인한 갈등이 심화되고 있다. 기술이나 규범의 변화에 빠르게 적응하는 이들과 상대적으로 그렇지 못한 이들 사이의 갈등이 커지고 있는 것이다.

① 지역 갈등
② 남녀 갈등
③ 노사 갈등
④ 세대 갈등

06 바람직한 토론 자세로 적절하지 <u>않은</u> 것은?

① 토론의 규칙과 절차를 준수한다.
② 논리적으로 타당한 근거를 제시한다.
③ 자기 생각의 오류 가능성을 배제한다.
④ 타인의 의견과 인격을 존중하는 태도를 갖는다.

07 다음에서 소개하는 윤리 사상가는?

◈ 도덕 인물 카드 ◈
- 이익 평등 고려의 원칙을 근거로 동물 해방론을 주장함.
- 공리주의 관점에서 해외 원조의 필요성을 강조함.
- 대표 저서: 『동물 해방』, 『실천 윤리학』

① 싱어 　　　　② 칸트
③ 슈바이처 　　④ 아리스토텔레스

08 공리주의 입장에 대한 비판점으로 가장 적절한 것은?

① 행위의 결과보다 동기를 중시한다.
② 의무 의식과 선의지를 과도하게 강조한다.
③ 소수의 권리와 이익이 훼손될 우려가 있다.
④ 사회 전체의 행복보다 개인의 행복을 우선한다.

09 ㉠에 들어갈 용어로 가장 적절한 것은?

탐구 주제: 〈　　㉠　　〉
- 필요성: 인간의 욕망은 무한하고 재화는 한정되어 있기 때문임.
- 핵심 질문: 재화를 누구에게 얼마만큼 나눌 것인가?

① 규범적 정의 　　② 교정적 정의
③ 분배적 정의 　　④ 형벌적 정의

10 프롬(Fromm, E.)의 진정한 사랑에 대한 설명으로 옳지 않은 것은?

① 상대를 지배하고 소유하는 것
② 상대의 독특한 개성을 이해하는 것
③ 상대의 요구에 책임 있게 반응하는 것
④ 상대의 생명과 성장에 적극적인 관심을 갖는 것

11 ㉠에 들어갈 용어로 적절한 것은?

① 공정 무역 　　② 생명 공학
③ 사이버 범죄 　④ 시민 불복종

12 생명 복제를 반대하는 입장의 대답으로 옳은 것은?

질문	대답
생명 복제는 생명의 존엄성을 훼손하는가?	A
생명 복제는 자연의 질서에 어긋나는 행위인가?	B

	①	②	③	④
A	예	예	아니오	아니오
B	예	아니오	예	아니오

13 공직자가 지녀야 할 덕목에 해당하지 않는 것은?

① 성실 　　② 부패
③ 정직 　　④ 책임

14 과학 기술자가 지녀야 할 윤리적 자세를 〈보기〉에서 고른 것은?

보기
ㄱ. 다양한 자료들을 표절한다.
ㄴ. 연구 결과를 위조하거나 변조한다.
ㄷ. 인류의 삶의 질 향상을 위해 노력한다.
ㄹ. 과학 기술의 위험성과 부작용을 충분히 검토한다.

① ㄱ, ㄴ 　　② ㄱ, ㄷ
③ ㄴ, ㄹ 　　④ ㄷ, ㄹ

15 다음 내용과 같은 주장을 한 사상가는?

> 집단의 도덕성은 개인의 도덕성보다 현저히 떨어진다.

> 개인의 도덕성 함양뿐만 아니라 사회 정책과 제도의 개선이 필요하다.

① 벤담
② 칸트
③ 니부어
④ 베카리아

16 바람직한 통일 한국의 모습으로 적절하지 <u>않은</u> 것은?

① 대립하는 무력 국가
② 자유로운 민주 국가
③ 창조적인 문화 국가
④ 정의로운 복지 국가

17 B에 들어갈 내용으로 가장 적절한 것은?

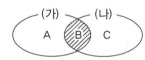

> (가): 동물 중심주의
> (나): 생명 중심주의

① 동물을 인간만을 위한 수단으로 여긴다.
② 도덕적 고려의 범위에 동물이 포함된다.
③ 인간만이 도덕적 지위를 지닌다고 본다.
④ 무생물을 도덕적 고려의 대상으로 여긴다.

18 다음 내용에 해당하는 윤리 문제는?

> 정식으로 음반을 구입하지 않고 인터넷에서 불법으로 노래 파일을 내려 받는 행위

① 정보 격차
② 저작권 침해
③ 보이스 피싱
④ 사이버 따돌림

19 (가), (나)에 들어갈 내용으로 적절하지 <u>않은</u> 것은?

> **주제: 대중문화를 윤리적으로 규제해야 하는가?**
>
> 찬성 논거 규제를 통해 (가)　반대 논거 규제를 하면 (나)

① (가): 성 상품화를 예방할 수 있다.
② (가): 청소년을 폭력적 문화로부터 보호할 수 있다.
③ (나): 다양한 문화가 폭넓게 창조된다.
④ (나): 창작자의 표현할 자유와 권리가 침해된다.

20 다음 설명에 해당하는 것은?

> ○ 이주민의 고유한 문화와 자율성을 존중하여 문화 다양성을 실현하고자 함.
> ○ 대표적으로 샐러드 볼 이론이 있음.

① 동화주의
② 다문화주의
③ 문화 사대주의
④ 자문화 중심주의

21 다음은 서술형 평가 문제와 학생 답안이다. 밑줄 친 ㉠~㉢ 중 옳지 <u>않은</u> 것은?

> 문제: 의복 문화와 관련된 윤리적 문제와 바람직한 자세를 서술하시오.
>
> 〈학생 답안〉
> 윤리적 문제로 ㉠ 유행에 무비판적으로 동조하는 유행 추구 현상과 ㉡ 무분별한 명품 소비로 사치 풍조를 조장하는 명품 선호 현상이 있다. 따라서 ㉢ 타인의 신념에 따라 수동적인 소비를 실천하고, ㉣ 환경을 고려하여 과도한 욕망을 절제할 필요가 있다.

① ㉠
② ㉡
③ ㉢
④ ㉣

22 다음 설명에 해당하는 것은?

> 상호 무관심한 사람들이 무지의 베일하에서 합의를 통해 정의의 원칙을 도출하는 가상적 상황

① 판옵티콘　　　　　② 윤리적 공백
③ 원초적 입장　　　　④ 공유지의 비극

24 ㉠에 들어갈 용어로 가장 적절한 것은?

> 요나스(Jonas, H.)는 "너의 행위의 결과가 인류의 존속 가능성을 파괴하지 않도록 행위하라."라고 주장하면서 　㉠　를 고려하는 책임 윤리를 강조한다.

① 과거 세대　　　　② 부모 세대
③ 기성 세대　　　　④ 미래 세대

23 다음에서 예술과 윤리의 관계에 대한 학생의 입장은?

교사: 예술과 윤리의 관계를 어떻게 바라보아야 할까요?

학생: 예술은 인간에게 올바른 품성을 함양하게 하고 도덕적 교훈이나 모범을 제공해야 합니다.

① 도덕주의
② 자유주의
③ 예술 지상주의
④ 현실 지상주의

25 다음에서 해외 원조에 대한 노직(Nozick, R.)의 관점에만 '✔'를 표시한 학생은?

관점＼학생	A	B	C	D
• 해외 원조는 자발적 선택이다.	✔			✔
• 해외 원조는 윤리적 의무이다.		✔		
• 해외 원조는 질서 정연한 사회가 되도록 돕는 것이다.			✔	✔

① A　　　　　② B
③ C　　　　　④ D

01 [수정 후]에 반영된 언어 예절에 대한 설명으로 가장 적절한 것은?

[수정 전]	⇨	[수정 후]
은수야, 네 축구공 줘!		은수야, 네 축구공 좀 빌려줄 수 있겠니?

① 자신의 탓으로 돌려서 말한다.
② 자신을 낮추어 겸손하게 말한다.
③ 상대방의 부담을 덜어 주며 말한다.
④ 상대방과의 친밀도를 강조하며 말한다.

02 다음 발표에서 확인할 수 있는 말하기 방법으로 가장 적절한 것은?

> 발표자 : 여러분, 판다를 아시나요? (대답을 들은 후) 역시 이 자리에도 판다를 아시는 분들이 많군요. 오늘은 알고 보면 부지런한 동물인 판다에 관해 발표하려고 합니다.

① 발표의 근거 자료를 신뢰하는지 청중에게 묻고 있다.
② 발표 내용을 청중이 정확히 이해하도록 예를 들고 있다.
③ 발표의 중심 화제를 청중이 알고 있는지 확인하고 있다.
④ 발표 내용의 순서를 제시하여 청중의 이해를 돕고 있다.

03 다음 '한글 맞춤법' 규정을 잘못 적용한 것은?

> **■ 한글 맞춤법 ■**
> [제5항] 한 단어 안에서 뚜렷한 까닭 없이 나는 된소리는 다음 음절의 첫소리를 된소리로 적는다. 다만 'ㄱ, ㅂ' 받침 뒤에서 나는 된소리는, 같은 음절이나 비슷한 음절이 겹쳐 나는 경우가 아니면 된소리로 적지 아니한다.

① 그릇에 밥을 담뿍 담았다.
② 벌레를 보고 법석을 떨었다.
③ 상대 팀은 예상보다 훨씬 강했다.
④ 얼마 전 다친 상처에 딱찌가 앉았다.

04 다음 피동 표현이 사용되지 않은 것은?

> 피동 표현은 일부 능동사의 어간에 피동 접미사 '-이-, -히-, -리-, -기-'를 붙여서 만들 수 있다.

① 들판이 눈으로 덮였다.
② 눈가에 눈물이 맺혔다.
③ 오빠가 구슬을 굴렸다.
④ 과일이 그릇에 담겼다.

05 ⓐ~ⓓ에 나타난 중세 국어의 특징으로 적절하지 않은 것은?

> ㉠ 孔·공 子·ᄌᆞ會증子·ᄌᆞ두·려닐·러ᄀᆞᆯᄋᆞ·샤
> ·ᄃᆡ·몸·이며 ㉡ 얼굴·이며머·리털·이·며·솔·ᄒᆞᆺ父
> ·부母:모·씌받ᄌ·온거·시·라敢·감·히헐·워샹히
> ·오·디아·니·홈·이:효·도·이비·르·소미·오 ㉢ ·몸
> ·을셰·워道:도·를行ᄒᆡᆼ·ᄒᆞ야일·홈·을後:후世·셰
> ·예 ㉣ :베퍼·뻐父·부母:모롤·현·뎌케·홈·이:효·도
> ·인무·ᄎᆞᆷ·이니·라
>
> — 『소학언해』 —

① ㉠: 주격 조사 'ㅣ'가 쓰였다.
② ㉡: 이어 적기로 표기되었다.
③ ㉢: 방점으로 성조를 나타내었다.
④ ㉣: 어두 자음군이 사용되었다.

[06~07]

다음 개요를 읽고 물음에 답하시오.

> **제목: 인터넷에 지나치게 연결된 삶, 과잉 연결 시대**
>
> Ⅰ. 서론: 과잉 연결 시대의 의미와 문제 제기
> Ⅱ. 본론: 과잉 연결의 문제점과 일상에서의 대응 방안
>
> | 문제점 | | 대응 방안 |
> |---|---|---|
> | 사이버 범죄에 쉽게 노출될 수 있음. | ⇨ | ㉠ |
> | 인간과 인간의 진정한 소통을 가로막음. | ⇨ | 가족이나 친구들과 함께 있는 순간만큼은 인터넷 연결 끊기 |
>
> Ⅲ. 결론: ㉡ 과잉 연결 해소를 위한 적절한 대응 권유

06 ㉠에 들어갈 내용으로 가장 적절한 것은?

① 개인 정보 보호에 힘쓰기
② 자료의 가공을 자유롭게 허용하기
③ 인터넷 접속 환경을 편리하게 개선하기
④ 학습 형태를 대면에서 비대면으로 전환하기

07 다음은 ㉡을 구체화한 결과이다. ⓐ~ⓓ의 고쳐쓰기 방안으로 적절하지 않은 것은?

> 인터넷 과잉 연결 시대를 살아가는 우리는 범죄 노출과 소통 부재 등의 문제에 직면해 있다. 이렇게 많은 문제점이 있음에도 모든 ⓐ 연결과 끊는 것은 어렵다. ⓑ 운동 능력은 연습량에 비례하여 향상된다. ⓒ 다다익선(多多益善)이란 말처럼 과도한 연결이 오히려 해가 될 수 있음을 깨닫고, '위험한 편리'보다 '안전한 불편'을 선택해 보는 것은 ⓓ 어떨까?

① ⓐ: 조사를 잘못 사용했으므로 '연결이'로 바꾼다.
② ⓑ: 중심 내용과 어울리지 않으므로 삭제한다.
③ ⓒ: 문맥상 '과유불급(過猶不及)'으로 고친다.
④ ⓓ: 맞춤법에 어긋난 표현이므로 '어떻까'로 수정한다.

08 다음에서 설명하고 있는 음운 변동이 적용된 것은?

> 'ㄱ, ㄷ, ㅂ'이 뒤에 오는 비음 'ㄴ, ㅁ'의 영향을 받아 각각 비음 'ㅇ, ㄴ, ㅁ'으로 교체되어 발음되는 현상

① 축하[추카]
② 밥집[밥찝]
③ 굳이[구지]
④ 국물[궁물]

[09~11]

다음 글을 읽고 물음에 답하시오.

> 까마득한 날에
> 하늘이 처음 열리고
> 어데 닭 우는 소리 들렸으랴
>
> 모든 산맥들이
> 바다를 연모(戀慕)해 휘달릴 때도
> 차마 이곳을 범하던 못하였으리라
>
> 끊임없는 광음(光陰)[1]을
> 부지런한 계절이 피어선 지고
> 큰 강물이 비로소 길을 열었다

지금 눈 나리고
매화 향기 홀로 아득하니   [A]
내 여기 가난한 노래의 씨를 뿌려라

다시 천고(千古)²⁾의 뒤에
백마 타고 오는 초인(超人)³⁾이 있어
이 광야에서 목 놓아 부르게 하리라

　　　　　　　　　　　　– 이육사, 「광야」 –

1) 광음(光陰): 햇빛과 그늘, 즉 낮과 밤이라는 뜻으로 시간이나 세월을 이르는 말.
2) 천고(千古): 아주 오랜 세월.
3) 초인(超人): 보통 사람으로는 생각할 수 없을 만큼 뛰어난 능력을 가진 사람.

09 윗글에 대한 설명으로 가장 적절한 것은?

① 시간의 흐름에 따라 시상을 전개하고 있다.
② 음성 상징어를 활용해 리듬감을 형성하고 있다.
③ 반어적 표현을 통해 시적 상황을 부각하고 있다.
④ 미완의 문장 종결을 통해 시적 여운을 주고 있다.

10 각 연의 내용으로 적절하지 <u>않은</u> 것은?

① 1연에서는 새로운 세상이 열리는 모습을 그리고 있다.
② 2연에서는 외부 세력에 대한 호감을 드러내고 있다.
③ 3연에서는 끊이지 않는 세월의 흐름을 보여 주고 있다.
④ 5연에서는 미래에 출현할 존재를 제시하고 있다.

11 [A]에서 알 수 있는 화자의 태도로 가장 적절한 것은?

① 인간이 자연에 순응하는 세계를 지향하고자 한다.
② 고독한 상황에서 부정적 현실을 극복하고자 한다.
③ 타인의 삶에 비추어 자신의 과거를 성찰하고자 한다.
④ 주어진 환경 속에서 자신의 운명을 회피하고자 한다.

[12~14]
다음 글을 읽고 물음에 답하시오.

박씨가 구슬발을 드리우고 부채를 쥐고 불을 붙이니, 불길이 오랑캐 진영을 덮쳐 오랑캐 장졸이 대열을 잃고 타 죽고 밟혀 죽으며 남은 군사는 살기를 도모하여 다 도망하는지라. 용골대가 할 수 없어,
"이미 화친을 받았으니 대공을 세웠거늘, 부질없이 ㉠ <u>조그만 계집</u>을 시험하다가 공연히 장졸만 다 죽였으니, 어찌 분하고 한스럽지 않으리오."
하고 회군하여 나설 제, ㉡ <u>왕대비</u>와 세자, 대군이며 장안 미색을 데리고 가는지라.
박씨가 시비 계화를 시켜 외치기를,
"무지한 오랑캐야, 너희 왕 놈이 무식하여 은혜지국(恩惠之國)¹⁾을 침범하였거니와, 우리 왕대비는 데려가지 못하리라. 만일 그런 뜻을 두면 너희들은 본국에 돌아가지 못하리라."
〈중략〉
박씨가 또 계화를 시켜 외치기를,
"너희가 일양 그리하려거든 내 재주를 구경하라."
하더니, 이윽고 공중으로 두 줄기 무지개가 일어나며, 모진 비가 천지를 뒤덮게 오며, 음풍이 일어나며, 백설이 날리며, 얼음이 얼어 오랑캐 군중의 말 발이 땅에 붙어 한 걸음도 옮기지 못하는지라. 그제야 오랑캐 장수들이 황겁하여 아무리 생각하여도 모두 함몰할지라. 마지못하여 오랑캐 장수들이 투구를 벗고 창을 버려, 피화당 앞에 나아가 꿇어 애걸하기를,
"오늘날 이미 화친(和親)²⁾을 받았으나 왕대비는 아니 모셔 갈 것이니, ㉢ <u>박 부인</u> 덕택에 살려 주옵소서."
하고 여러 가지로 사정을 말하여 애걸하거늘, 박씨가 주렴 안에서 꾸짖기를,
"너희들을 씨 없이 죽일 것이로되, 천시(天時)³⁾를 생각하고 용서하거니와, 너희 놈이 본디 간사하여 넘치는 죄를 지었으나 이번은 아는 일이 있어 살려 보내나니, 조심하여 들어가며, 우리 세자, 대군을 부디 태평히 모셔 가라. 만일 그렇지 아니하면 ㉣ <u>내 오랑캐를 씨도 없이 멸하리라.</u>"
　　　　　　　　　　– 작자 미상, 「박씨전」 –

1) 은혜지국(恩惠之國): 은혜나 혜택을 베푼 나라.
2) 화친(和親): 나라와 나라 사이에 다툼 없이 가까이 지냄.
3) 천시(天時): 하늘의 도움이 있는 시기.

12 윗글에 대한 설명으로 가장 적절한 것은?

① 1인칭 주인공 시점에서 사건을 서술한다.
② 속담을 활용하여 인물의 심리를 묘사한다.
③ 인간을 위기에서 구하는 동물이 나타난다.
④ 초월적 능력을 발휘하는 인물이 등장한다.

13 ㉠~㉣ 중 가리키는 대상이 나머지와 <u>다른</u> 것은?

① ㉠   ② ㉡

③ ㉢   ④ ㉣

14 윗글에서 알 수 있는 내용으로 적절하지 <u>않은</u> 것은?

① '박씨'는 오랑캐의 용맹함을 두려워하고 있다.

② '박씨'는 오랑캐가 큰 죄를 지었다고 말하고 있다.

③ '박씨'는 '계화'를 통해 자신의 의사를 전달하고 있다.

④ '박씨'는 오랑캐에게 세자와 대군을 잘 모셔가라고 말하고 있다.

[15~16]

다음 글을 읽고 물음에 답하시오.

> 두터비 파리를 물고 두험[1] 우희 치다라 안자
> 것넌산 바라보니 백송골(白松骨)[2]이 떠 잇거늘 가슴이 금즉
> 하여 풀덕 뛰여 내닷다가 두험 아래 잣바지거고
> 모쳐라[3] 날낸 낼식만졍[4] 에헐질 번 하괘라[5]
>
>   – 작자 미상 –
>
> 1) 두험: 풀, 짚 또는 가축의 배설물 따위를 썩힌 거름.
> 2) 백송골(白松骨): 흰 송골매.
> 3) 모쳐라: 마침.
> 4) 낼식만졍: 나이기에 망정이지.
> 5) 에헐질 번 하괘라: 멍이 들 뻔 하였구나.

15 윗글에 대한 설명으로 가장 적절한 것은?

① 10구체 형식을 갖추고 있다.

② 중장이 다른 장에 비해 길다.

③ 동일한 후렴구가 반복되고 있다.

④ 수미상관 구조로 이루어져 있다.

16 윗글의 표현상 특징에 대한 설명으로 가장 적절한 것은?

① 공감각적 심상을 통해 주제를 부각하고 있다.

② 해학적인 표현을 통해 대상을 희화화하고 있다.

③ 색채 이미지의 대비를 통해 계절감을 드러내고 있다.

④ 명령형 종결 표현을 통해 화자의 의지를 강조하고 있다.

[17~19]

다음 글을 읽고 물음에 답하시오.

> **[앞부분 줄거리]** 실제 나이는 열여섯 살이지만 선천성 조로증으로 신체 나이가 여든 살이 넘은 소년 '아름'은 이제 서른세 살이 된 젊은 부모 '대수', '미라'와 함께 살아가고 있다. 이들은 '아름'의 치료비를 마련하려고, '아름'의 사연을 소개하는 텔레비전 방송에 출연한다.
>
> **S# 17. 아름이의 방(낮~해 질 녘)**
> 아빠의 과거를 생각하며 글을 쓰던 아름이. 갑자기 얼굴이 일그러진다. 밀려오는 심장의 통증. 대수가 눈치챌까 봐 힘겹게 걸어가 방문을 닫고는, 약통에서 진통제를 꺼내 먹고 진정하려 한다. 식은땀이 흐르고, 그렇게 괴로워하다가 약에 취해 꾸부린 채 까무룩 잠이 드는 아름이.
>
> 컷 투(cut to).[1] 시간 경과.
> 바닥에 엎드린 채 잠든 아름이의 주름진 손가락이 보인다. 어느새 불그스레 희미해진 햇살이 작은 창으로 길게 스며들고 있다. 그때 '띵' 전자 우편 수신을 알리는 소리. 잠에서 깨는 아름이.
> 접속해 보면 편지함에 ㉠ 편지 한 통이 와 있다. 보낸 사람 이름은 '이서하', 제목은 '아름에게'. 아름이, 고개를 갸웃거리며 편지를 열어 보면 편지 내용이 화면에 채워진다.
>
> *안녕? 나는 이서하라고 해. 열여섯 살, 너랑 같은 나이야.*
> *네 전자 우편 주소는 방송국을 통해 겨우 받아 냈어.*
> *아마 나도 아픈 아이란 걸 알고 알려 준 것 같아.*
> *방송을 본 후 너와 친구가 될 수 있을 것 같다는 생각이 들었어.*
> *물론 아름이 너만큼은 아니겠지만, 일 분이 영원처럼 느껴지는 시간에 대해, 나도 조금은 알고 있거든, 행운을 빌어.*
>
> **아름** 이서하?
>
> 두근두근, 갑자기 가슴이 뛰고, 목이 바짝바짝 타면서, 온몸에 열기가 느껴지는 아름이.

S# 18. 아름이의 방, 집 앞 골목길(낮~밤)

서하(소리) (귀여운 말투로) 안녕? 나는 이서하라고 해. 너랑 같은 나이야.

환청으로 아름이의 귓가에 자꾸만 반복되는 서하의 목소리. 아름이, 책상 앞에 앉았지만 집중이 되질 않는다. 그렇게 날이 바뀌어도 떠나질 않는 환청.

컷 투(cut to). 침대에 누워 있는 아름이. 밤이 되어도 귓가에서 떠나질 않는 서하의 목소리.

서하(소리) (농염한 말투로) 안녕? 나는 이서하라고 해. 너랑 같은 나이야.

침대에서 벌떡 일어나는 아름이. 눈 밑에 눈 그늘이 내려와 있고 좀처럼 잠이 올 것 같지 않다.

컷 투(cut to). 집 앞 골목길의 아름이. 계속해서 귓가에 맴도는 목소리.

서하(소리) (청순한 말투로) 안녕? 나는 이서하라고 해. 너랑 같은 나이야.
    – 김애란 원작, 최민석 외 각본, 「두근두근 내 인생」 –

1) 컷 투(cut to): 한 장면에서 다른 장면으로 전환할 때 컷으로 바꾸는 촬영 기법.

17 윗글에 대한 설명으로 가장 적절한 것은?

① 무대 위에서 사건이 전개되고 있다.
② 장과 막을 구성단위로 사용하고 있다.
③ 등장인물이 관객과 직접 소통하고 있다.
④ 촬영을 고려한 전문 용어를 사용하고 있다.

18 ㉠의 기능으로 가장 적절한 것은?

① '아름'에게 경제적 어려움을 느끼게 한다.
② '아름'에게 투병 생활의 고통을 느끼게 한다.
③ '아름'에게 죽음에 대한 두려움을 느끼게 한다.
④ '아름'에게 또래 아이에 대한 설렘을 느끼게 한다.

19 윗글에서 알 수 있는 내용으로 적절하지 <u>않은</u> 것은?

① '아름'은 심장 통증으로 고통받고 있다.
② '서하'는 '아름'이 출연한 방송을 보았다.
③ '서하'는 집에 직접 찾아와서 '아름'을 만났다.
④ '아름'은 '대수'에게 걱정을 끼치지 않으려고 한다.

[20~22]
다음 글을 읽고 물음에 답하시오.

생명 과학이나 생명 공학 연구 활동에 종사하는 대부분의 과학자들은 인간 배아[1] 복제를 포함한 배아 연구를 정부가 규제하는 것은 과학자들의 연구 자유를 ㉠ 침해하는 행위라고 주장한다. 과학의 발전은 인위적으로 막아서는 안 되며, 과학자의 자유로운 연구를 보장해야 한다는 논리이다. ㉮ 이와 같은 입장에서는 인간 배아 복제를 지속적으로 연구해 그 기술을 발전시키고 응용하면 암과 같은 난치병을 치료할 수 있으며, 우리나라의 과학 기술 경쟁력을 높일 수 있다고 주장한다. 그런데 이러한 주장을 비판하는 입장에서는 인간 배아 복제를 ㉡ 초래할 수 있는 연구에 엄격한 사회적 규제를 가해야 한다고 주장한다. 이들은 인간 배아 복제가 엄연한 생명체인 배아를 조작하고 실험하고 죽이는 일련의 비도덕적 행위를 수반하므로 연구의 자유라는 ㉢ 미명하에 허용될 수 없는 일이라고 본다. 아울러 이들은 만약 인간 배아 복제를 허용하게 된다면 이는 곧 인간 개체 복제, 즉 인간 복제로 나아가게 되는 길을 열어 주게 될 것이므로 사전에 강력하게 규제할 필요가 있다고 주장한다.

이상에서 살펴본 바와 같이 생명 복제를 둘러싼 논쟁의 이면에는 연구의 자유를 어떻게 볼 것인가 하는 ㉣ 쟁점이 자리하고 있다. 이처럼 과학 연구의 자유와 한계를 어디까지로 설정할 것인가 하는 문제는 과학 연구에서 매우 중요한 논란거리가 되어 왔다.

    – 이영희, 「과학 연구의 자유와 규제」 –

1) 배아: 단세포인 수정란이 다세포가 되기 위하여 연속적으로 분열하는 체세포 분열의 과정을 시작한 이후의 개체.

20 윗글에 대한 설명으로 가장 적절한 것은?

① 구체적인 통계 자료를 활용하고 있다.
② 화제에 대한 상반된 입장을 제시하고 있다.
③ 질문을 통해 독자의 호기심을 유발하고 있다.
④ 대상과 관련한 개인적인 경험을 제시하고 있다.

21 ㉮에 해당하는 내용으로 가장 적절한 것은?

① 과학 발전을 인위적으로 막아서는 안 된다.
② 과학자의 연구 자유는 과학 발전과 관련이 없다.
③ 배아 복제 연구는 엄격한 사회적 규제가 필요하다.
④ 배아 복제 연구는 난치병 치료에 도움이 되지 않는다.

22 ㉠~㉣의 사전적 의미로 적절하지 않은 것은?

① ㉠: 침범하여 해를 끼침.
② ㉡: 일의 결과로서 어떤 현상을 생겨나게 함.
③ ㉢: 그럴듯하게 내세운 명목이나 명칭.
④ ㉣: 어떤 일을 서로 양보하여 협의함.

[23~25]
다음 글을 읽고 물음에 답하시오.

실학자들은 천주교와 함께 유입된 서양화를 대상의 '참다운 형상'을 묘사하는 데 적합한 화법으로 여겨 적극적으로 받아들였다. 그런데 서양화법에 매료되었던 실학자들의 태도를 보면, 한 가지 특이한 사실이 발견된다.

박지원, 박제가, 홍대용과 같은 이용후생 학파(북학파)는 주로 서양화의 회화적 표현에 관심이 많았다. 이에 반해 이익이나 정약용 같은 경세치용 학파는 회화의 원리나 그림을 그릴 때 사용되는 기구에 더 많은 주의를 기울였다. 그들의 학문적 지향이 다르듯, 서양화법에 대한 인식 또한 특정 방면으로 나타나는 것이 흥미롭다.

조선 후기 실학자들의 관심을 받으며 유입된 서양화법은 다양한 분야의 그림에 영향을 끼쳤다. ⑦ 서양화법의 유행은 그리 오래 지속되지 않았다. 그 까닭은 무엇일까? 아마도 '눈'에 보이는 현상보다 '정신'을 중요시한 동양화의 전통이 강하게 작용했기 때문이라고 여겨진다.

[A] 예로부터 동양에서는 눈에 보이는 사실을 그대로 옮겨 그리기보다 '마음'으로 해석하여 표현하고자 했다. 그 결과 동양의 화가들은 먹과 선을 위주로 대상의 의미와 느낌을 전달하는 데 주력했다. 반면 서양에서는 눈에 보이는 것을 그대로 화폭에 담으려고 원근법과 화려한 색을 사용하여 사실적인 표현을 추구했다. 동양화와 서양화에 나타나는 이 같은 차이는 정신적인 것을 추구하는 동양인과 눈에 보이는 현상에 집중하는 서양인의 삶에 대한 태도의 차이에서 비롯된 것으로 보인다. 세상을 바라보는 인식과 태도의 차이가 결과적으로 그만큼 다른 회화적 표현을 낳았던 듯하다.

– 김정숙 외, 「실학, 조선의 르네상스를 열다」 –

23 윗글의 내용과 일치하는 것은?

① 서양화법의 유행은 조선 시대 전반에 걸쳐 지속되었다.
② 이용후생 학파는 회화에 사용되는 기구에 관심이 많았다.
③ 이용후생 학파와 경세치용 학파는 학문적 지향이 달랐다.
④ 서양의 화가들은 먹과 선을 통해 대상의 의미를 드러내고자 했다.

24 ⑦에 들어갈 말로 가장 적절한 것은?

① 그러면   ② 따라서
③ 이처럼   ④ 하지만

25 [A]에 대한 설명으로 가장 적절한 것은?

① 동양화와 서양화의 개념을 정의하고 있다.
② 동양화와 서양화의 공통점을 분석하고 있다.
③ 동양화와 서양화의 회화적 표현이 서로 다른 이유를 제시하고 있다.
④ 동양화와 서양화의 작가에 대한 잘못된 통념을 반박하고 있다.

01 두 다항식 $A = 2x^3 + 3x$, $3x + 2$에 대하여 $A - B$는?

① $2x^3 - 2$ 　　② $2x^3 + 2$

③ $2x^3 - x$ 　　④ $2x^3 + x$

02 다항식 $x^3 - 3x^2 + a$가 $x - 2$로 나누어떨어질 때, 상수 a의 값은?

① 1 　　② 2

③ 3 　　④ 4

03 다항식 $x^3 - 3^3$을 인수분해한 식이 $(x - 3)(x^2 + ax + 9)$일 때, 상수 a의 값은?

① 1 　　② 3

③ 5 　　④ 7

04 복소수 $5 - 3i$의 켤레복소수가 $5 + ai$일 때, 실수 a의 값은? (단, $i = \sqrt{-1}$)

① 1 　　② 3

③ 5 　　④ 7

05 이차방정식 $x^2 - 2x + a = 0$이 중근을 가질 때, 상수 a의 값은?

① 1 　　② 2

③ 3 　　④ 4

06 이차방정식 $x^2 - x - 6 = 0$의 서로 다른 두 실근을 α, β라고 할 때, $\alpha + \beta$의 값은?

① -6 　　② -1

③ 1 　　④ 6

07 $0 \leq x \leq 3$일 때, 이차함수 $y = -(x - 2)^2 + 3$의 최댓값은?

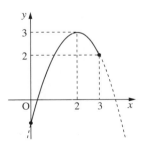

① -1 　　② 0

③ 2 　　④ 3

08 그림은 부등식 $|x+1| \geq 5$의 해를 수직선 위에 나타낸 것이다. 상수 a의 값은?

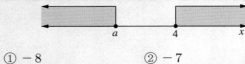

① -8 ② -7

③ -6 ④ -5

09 좌표평면 위의 두 점 $A(-2, -1)$, $B(2, 3)$에 대하여 선분 AB를 $3:1$로 내분하는 점의 좌표는?

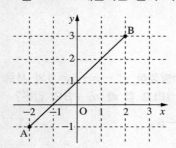

① $(-1, 0)$ ② $(1, 2)$

③ $(1, 3)$ ④ $(2, 1)$

10 원점과 직선 $x+y-2=0$ 사이의 거리는?

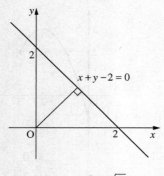

① 1 ② $\sqrt{2}$

③ $\sqrt{3}$ ④ 2

11 자연수 a에 대하여 직선 $y=a$와 원 $x^2+y^2=4$가 서로 다른 두 점에서 만날 때, a의 값은?

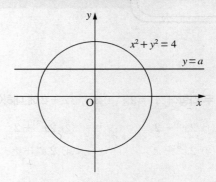

① 1 ② 2

③ 3 ④ 4

12 좌표평면 위의 점 $(1, 3)$을 직선 $y=x$에 대하여 대칭이동한 점의 좌표는?

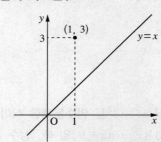

① $(-1, -3)$ ② $(-1, 3)$

③ $(3, -1)$ ④ $(3, 1)$

13 다음 중 집합인 것은?

① 작은 동물의 모임

② 유명한 가수의 모임

③ 키가 큰 사람의 모임

④ 7 이하의 자연수의 모임

14 두 집합 $A = \{2,\ 4,\ 6,\ 8\}$, $B = \{6,\ 7,\ 8\}$에 대하여 $A - B$는?

① $\{2, 4\}$ ② $\{2, 6\}$

③ $\{4, 8\}$ ④ $\{6, 8\}$

15 다음 두 조건 '$p : x - 2 = 0$', '$q : x^2 - a = 0$'에 대하여 p가 q이기 위한 충분조건이 되도록 하는 상수 a의 값은?

① 1   ② 2

③ 3   ④ 4

16 두 함수 $f : X \rightarrow Y$, $g : Y \rightarrow Z$가 그림과 같을 때, $(g \circ f)(1)$의 값은?

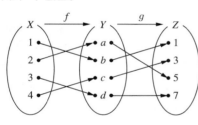

① 1   ② 3

③ 5   ④ 7

17 함수 $f(x) = 2x + 1$에 대하여 $f^{-1}(5)$의 값은?
(단, f^{-1}는 f의 역함수이다.)

① 1   ② 2

③ 3   ④ 4

18 무리함수 $y = \sqrt{x - 2} + 4$의 그래프는 무리함수 $y = \sqrt{x}$의 그래프를 x축의 방향으로 a만큼, y축의 방향으로 b만큼 평행이동한 것이다. 두 상수 a, b에 대하여 $a + b$의 값은?

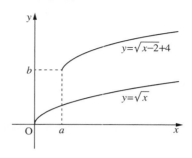

① 2   ② 4

③ 6   ④ 8

19 그림과 같이 한국 문화를 알리는 4종류의 카드가 각각 한 장씩 있다. 이 중에서 서로 다른 3장의 카드를 택하여 일렬로 나열하는 경우의 수는?

K – 미용   K – 영화   K – 음식   K – 음악

① 12   ② 16

③ 20   ④ 24

20 그림은 유네스코에 등재된 우리나라 세계 기록 유산 중 5개를 나타낸 것이다. 이 중에서 서로 다른 2개의 세계 기록 유산을 선택하는 경우의 수는?

일성록   난중일기   동의보감   훈민정음   승정원일기

① 6   ② 8

③ 10   ④ 12

[01~03]

다음 밑줄 친 부분의 뜻으로 가장 적절한 것을 고르시오.

01

> I am lucky to have the opportunity to learn from him.

① 갈등　　　　② 기회
③ 법칙　　　　④ 인기

02

> Many people are aware of the health risks of energy drinks.

① 걷다　　　　② 놓다
③ 묻다　　　　④ 알다

03

> Our trip to the beach was canceled due to the storm.

① 게다가　　　　② 대신에
③ 때문에　　　　④ 반면에

04 다음 밑줄 친 두 단어의 의미 관계와 다른 것은?

> Every flower in the garden is beautiful, but I really love this red rose.

① color － gray
② sport － basketball
③ north － south
④ language － English

05 다음 마술 공연 안내문에서 언급되지 않은 것은?

> **The Great Magics Show**
> Come and be amazed!
> ○ **Date**: August 17th, 2 p.m.-5 p.m.
> ○ **Location**: The Grand Hotel
> ○ **Tickets**: 20,000 won
> *There is a parking area behind the hotel.*

① 관람 장소　　　　② 관람 연령
③ 티켓 가격　　　　④ 주차 정보

[06~08]

다음 빈칸에 공통으로 들어갈 말로 가장 적절한 것을 고르시오.

06

> ○ We will _____ ice cream for dessert.
> ○ Please put the books in alphabetical _____.

① drive　　　　② order
③ respect　　　　④ work

07

> ○ She believes _____ she can pass the exam.
> ○ He bought a car _____ is quiet and fast.

① that　　　　② what
③ where　　　　④ why

08

> ○ France is famous _____ the Eiffel Tower.
> ○ He called his friends and asked _____ help.

① for　　　　② of
③ on　　　　④ out

09 다음 대화에서 밑줄 친 표현의 의미로 가장 적절한 것은?

> A: Ah! There's a spider as big as my hand!
> B: As big as your hand? Really?
> A: Yes, it's huge!
> B: Let me check. <u>Seeing is believing</u>.

① 남의 것이 더 좋아 보인다.
② 눈으로 확인해야 믿을 수 있다.
③ 겉모습만으로 판단해서는 안 된다.
④ 눈에서 멀어지면 마음도 멀어진다.

10 다음 대화에서 알 수 있는 A의 심정으로 가장 적절한 것은?

> A: Finally, I booked tickets to see my favorite band!
> B: That's awesome! When is the concert?
> A: It's on Friday. I can't wait to see them perform live.
> B: You're so lucky. Enjoy it!

① 미안하다   ② 속상하다
③ 창피하다   ④ 행복하다

11 다음 대화가 이루어지는 장소로 가장 적절한 것은?

> A: Can you show me some short hairstyles?
> B: Sure. Here are some pictures. Do you like any of them?
> A: I like this one. Can you cut my hair like this?
> B: Absolutely, we can start right away.

① 식당   ② 약국
③ 미용실   ④ 세탁소

12 다음 글에서 밑줄 친 <u>It</u>이 가리키는 것으로 가장 적절한 것은?

> Exercise can help you maintain a healthy weight. It burns calories and builds muscle, which is important for overall health. <u>It</u> will also help you feel more energetic and productive so you can focus on your work. By staying active, you can prevent many health problems.

① exercise   ② heart
③ problem   ④ stay

[13~14]
다음 대화의 빈칸에 들어갈 말로 가장 적절한 것을 고르시오.

13

> A: _____?
> B: Not too often, maybe once a week. How about you?
> A: I eat out almost every day. It's easier with my schedule.
> B: Yes, I understand.

① Are there any restaurants around here
② What kind of food do you eat
③ Where can I get easy recipes
④ How often do you eat out

14

> A: How can I improve my communication skills?
> B: One way is to _____.

① eat more fruit and vegetables
② buy baking soda for your mom
③ wear gloves to keep your hands warm
④ practice speaking with people regularly

15 다음 대화의 주제로 가장 적절한 것은?

> A: Do you know the benefits of drinking tea?
> B: Sure. It can help you relax and reduce stress. Do you like to drink tea?
> A: Yes, I do. I heard it can also help with digestion.

① 차 재배의 어려움
② 차를 우려내는 방법
③ 차를 마시는 것의 장점
④ 국가별 차의 종류와 특징

16 다음 글을 쓴 목적으로 가장 적절한 것은?

> I live downstairs and have been hearing a lot of noise from your apartment lately. I can't sleep at night. Please keep the noise levels down, especially during the late hours. This would be greatly appreciated.

① 거절하려고   ② 동의하려고
③ 사과하려고   ④ 요청하려고

17 다음 동아리 안내문의 내용과 일치하지 <u>않는</u> 것은?

> **BREAKDANCING CLUB**
> join us to learn some moves!
> ○ Tuesdays at 5:00 p.m. in Margaret Hall
> ○ No dance experience is required.
> ○ Bring your sneakers.
> ○ For more information, email us at dancer@email.com.

① 매주 화요일에 참여할 수 있다.
② 댄스 경험이 없어도 참여 가능하다.
③ 동아리 가입 시 운동화가 제공된다.
④ 이메일로 추가 문의를 할 수 있다.

18 다음 Paradise Resort에 대한 설명과 일치하지 <u>않는</u> 것은?

> Paradise Resort is located in Thailand. The resort is next to the ocean, so you can enjoy swimming and fishing. Also, there are many diving spots where you can observe colorful marine life. The resort has restaurants where you can enjoy various dishes from around the world. Come visit us in paradise!

① 태국에 위치해 있다.
② 수영과 낚시를 즐길 수 있다.
③ 다이빙은 안전상의 이유로 금지된다.
④ 세계 여러 나라의 음식을 먹을 수 있다.

19 다음 글의 주제로 가장 적절한 것은?

> Let me give you some tips that could make you look taller. First, avoid loose clothes. Many of you might prefer big and oversized clothes, but they can make you appear short. Second, wear similar colors. Wearing different colors divides your body and can cause you to look shorter.

① 옷을 저렴하게 구입하는 방법
② 키가 커 보이게 옷을 입는 방법
③ 신체 치수를 정확히 측정하는 방법
④ 나에게 어울리는 색상을 찾는 방법

[20~21]
다음 글의 빈칸에 들어갈 말로 가장 적절한 것을 고르시오.

20

> Film-making can be _____ because it requires careful planning and teamwork. Finding the right locations, making schedules with actors, and managing a budget are all difficult tasks. Weather and technical issues during filming can also cause delays.

① challenging   ② selfish
③ independent   ④ wearable

21

What is a 3D printer? It's like a normal printer but a little _____. First, we don't put in ink but other materials like plastic or metal. Next, using software, we don't print out paper but real-life products like toys and even houses. Isn't that amazing?

① common
② different
③ frequent
④ wrong

22 글의 흐름으로 보아 다음 문장이 들어가기에 가장 적절한 곳은?

However, heavy snow fell unexpectedly.

On New Year's Day, my friend and I planned to climb a mountain near my town. (①) It stopped us from going up the mountain because it could have been dangerous. (②) As a result, we stayed indoors. (③) We were very disappointed but we hope to try again. (④)

23 다음 글의 바로 뒤에 이어질 내용으로 가장 적절한 것은?

Today, pets such as dogs, cats, and rabbits hold a special place in their owners' hearts. Many people spend a lot of time with their pets. Some people spend much money on them. Pets can mean a lot to their owners. Here are some reasons why.

① 반려동물을 입양할 때 유의할 점
② 반려동물이 주인들에게 중요한 이유
③ 가정에서 키울 수 있는 반려동물의 종류
④ 반려동물을 건강하게 키울 수 있는 방법

[24~25]

다음 글을 읽고 물음에 답하시오.

Humans are social beings. We cannot live alone and need support from others. We should try to do things in cooperation. When we work as a team, we can be more successful. Helen Keller once said, "Alone we can do so little; together we can do so much." None of us is as smart as all of us. When we keep this in mind, I'm sure that we will _____ a better society.

24 윗글의 빈칸에 들어갈 말로 가장 적절한 것은?

① build
② forget
③ submit
④ trick

25 윗글의 주제로 가장 적절한 것은?

① 협력의 중요성
② 사회적 약자의 의미
③ 목표 설정의 필요성
④ 계획적인 생활의 장점

01 ㉠에 들어갈 내용으로 가장 적절한 것은?

> 학습 주제: ㉠ 의 필요성과 사례
> ○ 필요성: 시민의 권리를 능동적으로 행사하여 민주주의를 실현함으로써 시민으로서의 행복감을 높이기 위함.
> ○ 사례: 민원 제기, 청원 운동, 집회 참가 등

① 편익
② 시민 참여
③ 규모의 경제
④ 불완전 경쟁

02 ㉠에 들어갈 용어로 옳은 것은?

> 근대에 들어와 인간이라면 누구나 기본적 권리를 누릴 수 있다는 사상이 확산되었다. 이를 바탕으로 프랑스에서도 시민 혁명이 일어나 '인간과 시민의 권리 선언(1789)'을 통해 천부 ㉠ 을 명시적으로 언급함으로써 ㉠ 확립의 계기를 마련하였다.

① 억압
② 인권
③ 종전
④ 채권

03 ㉠, ㉡에 들어갈 내용으로 옳은 것은?

> 우리나라 헌법에서는 권력 분립의 원리를 실현하기 위해 ㉠ 은 국회에, ㉡ 은 정부에, 사법권은 법원에 속한다고 규정하고 있다.

	㉠	㉡		㉠	㉡
①	건강권	주거권	②	입법권	행정권
③	참정권	사회권	④	청구권	단결권

04 ㉠에 들어갈 내용으로 가장 적절한 것은?

> 시민 스스로 법을 지키려는 자세인 ㉠ 은 사회적 측면에서도 매우 중요하다. 구성원들의 ㉠ 이 잘 확립되어야 정의 실현 및 사회 질서 유지가 가능하기 때문이다.

① 유동성
② 기회비용
③ 준법 의식
④ 인플레이션

05 다음에서 설명하는 경제 주체는?

> ○ 조세 정책을 세워 소득 불평등을 완화한다.
> ○ 공정 거래 위원회를 통해 불공정 거래 행위를 규제한다.

① 정부
② 기업가
③ 노동자
④ 소비자

06 다음에서 설명하는 것은?

> 특정 국가 간에 무역 특혜를 부여하기 위해 관세나 무역 장벽을 완화하거나 제거하기로 맺은 약정

① 브렉시트(Brexit)
② 님비(NIMBY) 현상
③ 누리 소통망(SNS)
④ 자유 무역 협정(FTA)

07 다음 주장이 반영된 자본주의 체제는?

> 대공황을 극복하기 위해서는 정부가 지출을 확대하여 실업자를 구제하는 등 적극적으로 시장에 개입해야 한다.

① 연고주의
② 상업 자본주의
③ 수정 자본주의
④ 자유 방임주의

08 ㉠에 들어갈 용어로 가장 적절한 것은?

> "계란을 한 바구니에 담지 말라."라는 격언은 투자의 위험을 줄이기 위해 다양한 금융 자산으로 ㉠ 을/를 구성해 분산 투자를 해야 함을 의미한다.

① 빨대 효과
② 외부 효과
③ 포트폴리오
④ 사이버 불링

09 다음에서 설명하는 용어는?

> 사회 구성원 전체의 이익이 개인의 이익과 조화를 이룸으로써 공동체 모두에게 유익한 것

① 공동선
② 희소성
③ 무임승차
④ 인간 소외

10 사회 복지 제도 중 사회 보험의 사례를 〈보기〉에서 고른 것은?

> ┌─── 보기 ───
> ㄱ. 국민연금   ㄴ. 고용 보험
> ㄷ. 돌봄 서비스   ㄹ. 재개발 사업

① ㄱ, ㄴ
② ㄱ, ㄹ
③ ㄴ, ㄷ
④ ㄷ, ㄹ

11 다음에서 설명하는 문화 변동 양상은?

> 기존의 문화 요소와 다른 사회로부터 전파된 문화 요소가 함께 공존하는 현상

① 발견
② 소멸
③ 문화 동화
④ 문화 병존

12 ㉠, ㉡에 들어갈 문화 이해 태도로 옳은 것은?

> ○ ㉠ 는 다른 문화를 더 우월한 것으로 믿고 자신의 문화를 무시하거나 낮게 평가하는 태도이다.
> ○ ㉡ 는 문화의 우열을 가릴 수 없다고 보며, 해당 사회의 환경과 역사적 맥락 속에서 문화를 바라보는 태도이다.

	㉠	㉡
①	문화 사대주의	문화 상대주의
②	문화 사대주의	자문화 중심주의
③	자문화 중심주의	문화 사대주의
④	자문화 중심주의	문화 상대주의

13 ㉠에 들어갈 내용으로 옳은 것은?

> ┌─────────────────────────┐
> │ ○○국 △△신문   ○○○○년 ○월 ○일 │
> │ **다문화 정책이 나아갈 방향** │
> │ 현재 다문화 정책은 다양한 문화를 우리 사회의 주류 문화에 동화시키려는 ㉠ 이론을 바탕으로 하고 있다. 앞으로는 다양한 인종과 문화가 어울릴 수 있는 샐러드 볼 이론을 바탕으로 하는 정책이 필요할 것이다. │
> └─────────────────────────┘

① 효용
② 용광로
③ 유리 천장
④ 로컬 푸드

14 한대 기후 지역의 전통 생활 모습으로 옳지 <u>않은</u> 것은?

① 순록 유목을 한다.
② 오아시스 주변에서 농업을 한다.
③ 폐쇄적인 가옥 구조가 나타난다.
④ 동물의 털가죽으로 의복을 만든다.

15 다음에서 설명하는 자연재해로 옳은 것은?

○ 분류: 기후적 요인에 의한 자연재해
○ 영향: 교통 혼란, 비닐하우스나 축사 등의 붕괴
○ 대책: 자가용 이용 자제, 신속한 제설 작업

① 가뭄　　　　　② 지진
③ 폭설　　　　　④ 화산

16 국제 환경 문제 해결을 위한 협약으로 옳지 <u>않은</u> 것은?

① 교토 의정서
② 차티스트 운동
③ 몬트리올 의정서
④ 사막화 방지 협약

17 도시화가 가져온 변화로 옳은 것은?

① 열섬 현상이 사라졌다.
② 직업의 다양성이 증가하였다.
③ 도시의 인공 건축물이 감소하였다.
④ 공업 중심의 사회에서 농업 중심의 사회로 변화하였다.

18 다음에서 설명하는 용어는?

한 여성이 가임 기간(15~49세) 동안 낳을 것으로 예상되는 평균 출생아 수를 말한다.

① 고령화　　　　② 인구 구조
③ 인구 이동　　　④ 합계 출산율

19 지도에 표시된 (가) 문화권에 대한 설명으로 옳은 것은?

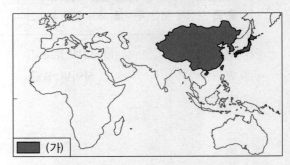

① 불교 문화가 나타난다.
② 고대 유럽 문명의 발원지이다.
③ 대표적인 원주민은 마오리족이다.
④ 사하라 사막 이남의 아프리카 지역이다.

20 이슬람교에 대한 설명으로 옳은 것은?

① 다신교이다.
② 소를 신성한 동물로 여긴다.
③ 돼지고기 먹는 것을 금기시한다.
④ 갠지스 강에서 종교 의식으로 목욕을 한다.

21 인간과 자연의 공존을 위한 노력으로 옳지 않은 것은?

① 지속 가능한 발전을 추구한다.
② 생태 통로를 만들어 동물을 보호한다.
③ 인간의 이익을 위해 자연을 훼손한다.
④ 생태계 구성원으로서 환경친화적 가치관을 가진다.

22 다음에서 강조하는 세계화의 문제점으로 가장 적절한 것은?

> 세계화가 진행되면서 각 사회가 가지고 있는 고유한 문화가 사라질 수 있습니다. 예컨대 영어 사용이 확산되면서 영어를 제외한 다른 언어들이 소멸될 위기에 처해 있습니다.

① 저출산   ② 플랜테이션
③ 공간적 분업   ④ 문화의 획일화

23 다음에서 설명하는 국제기구에 해당하는 것은?

> ○ 국제 비정부 기구이다.
> ○ 전쟁·기아·질병·자연재해 등으로 고통받는 세계 각 지역의 주민들을 구호하기 위해 설립한 단체이다.

① 국제 통화 기금(IMF)
② 세계 무역 기구(WTO)
③ 국경 없는 의사회(MSF)
④ 경제 협력 개발 기구(OECD)

24 ㉠에 들어갈 내용으로 가장 적절한 것은?

> 정보화에 따른 문제점: ㉠
> ○ 개인의 행동이나 기록이 정보화 기기에 노출되는 빈도가 늘어남.
> ○ 폐회로 텔레비전(CCTV)의 발전으로 개인이 감시나 통제를 받을 수 있음.

① 환경 난민
② 사생활 침해
③ 자원 민족주의
④ 산아 제한 정책

25 밑줄 친 ㉠, ㉡에 대한 설명으로 옳은 것은?

> 오늘날 주로 사용되는 에너지 자원에는 ㉠ 석유, ㉡ 천연가스 등이 있다.

① ㉠은 고생대 지층에만 매장되어 있다.
② ㉠은 연소하면서 오염 물질을 배출하지 않는다.
③ ㉡은 18세기 산업 혁명의 주요 동력원이 되었다.
④ ㉠은 ㉡보다 현재 세계에서 소비량이 더 많다.

01 다음 설명에 해당하는 발전 방식은?

> 태양 전지를 사용하여 태양의 빛에너지를 전기 에너지로 직접 전환하며, 일조량에 따라 전력 생산량이 달라질 수 있다.

① 수력 발전　　　　② 조력 발전
③ 파력 발전　　　　④ 태양광 발전

02 그림과 같이 마찰이 없는 수평면에서 질량이 2 kg 인 물체가 6 m/s 의 일정한 속력으로 운동할 때 이 물체의 운동량(kg · m/s)의 크기는?

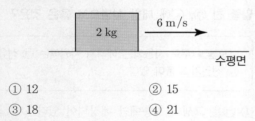

① 12　　　　② 15
③ 18　　　　④ 21

03 다음 설명에서 ㉠에 공통으로 해당하는 것은?

> ○ 코일 근처에서 자석을 움직이면 코일에 전류가 유도되는데 이러한 현상을 　㉠　(이)라 한다.
> ○ 변압기는 　㉠　을/를 이용하여 전압을 변화시키는 장치로, 각 코일에 걸린 전압은 코일의 감은 수에 비례한다.

① 열효율　　　　② 핵발전
③ 전자기 유도　　　　④ 초전도 현상

04 그림은 수평 방향으로 던진 공의 위치를 일정한 시간 간격으로 나타낸 것이다. A 와 B 지점에서의 물리량이 같은 것만을 〈보기〉에서 모두 고른 것은? (단, 중력 가속도는 10 m/s^2 이고, 공기 저항은 무시한다.)

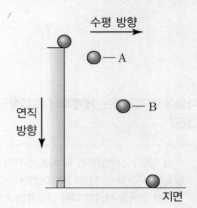

> ─── 보기 ───
> ㄱ. 공의 수평 방향 속력
> ㄴ. 공의 연직 방향 속력
> ㄷ. 공에 작용하는 힘의 크기

① ㄴ　　　　② ㄷ
③ ㄱ, ㄴ　　　　④ ㄱ, ㄷ

05 어떤 열기관이 75 J의 열에너지를 공급받아 외부에 15 J의 일을 하고 60 J의 열에너지를 방출할 때 이 열기관의 열효율은?

① 10 %　　　　② 15 %
③ 20 %　　　　④ 25 %

06 다음은 그래핀에 대한 설명이다. ㉠에 해당하는 것은?

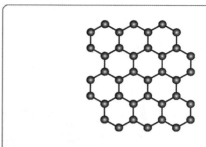

○ 전기 전도성이 뛰어나다.
○ [㉠] 원자가 육각형 모양으로 배열된 평면 구조이다.

① 규소　　　　　　② 산소
③ 질소　　　　　　④ 탄소

07 다음은 원자의 전자 배치를 나타낸 것이다. 13족 원소는?

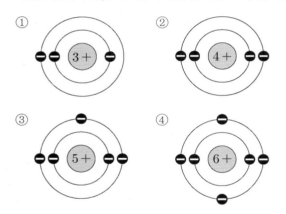

08 그림은 주기율표의 일부를 나타낸 것이다. 원소 (가)~(라) 중 가장 바깥 전자 껍질의 전자 수가 8개이고 반응성이 거의 없는 것은?

주기 \ 족	1	2		16	17	18
1						
2				(가)		(나)
3	(다)				(라)	

① (가)　　　　　　② (나)
③ (다)　　　　　　④ (라)

09 이온 결합 물질에 대한 설명으로 옳은 것만을 〈보기〉에서 모두 고른 것은?

보기

ㄱ. 산소 기체(O_2)가 해당한다.
ㄴ. 수용액 상태에서 전류가 흐른다.
ㄷ. 양이온과 음이온의 정전기적 인력에 의해 생성된다.

① ㄱ　　　　　　② ㄴ
③ ㄱ, ㄷ　　　　④ ㄴ, ㄷ

10 다음 중 물에 녹아 염기성을 나타내는 물질은?

① HCl　　　　　② $Ca(OH)_2$
③ H_2SO_4　　　④ CH_3COOH

11 그림은 수산화 나트륨($NaOH$) 수용액에 A 수용액을 넣어 중화 반응시키는 과정을 나타낸 것이다. A에 해당하는 것은?

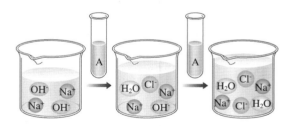

① HCl　　　　　② HNO_3
③ H_2CO_3　　　④ H_2SO_4

12 다음 화학 반응에서의 반응 물질 중 산화되는 것은?

$$2CuO \ + \ C \ \rightarrow \ 2Cu \ + \ CO_2$$
산화 구리(Ⅱ)　　탄소　　구리　　이산화 탄소

① CuO　　　　　② C
③ Cu　　　　　④ CO_2

13 다음 설명에서 ㉠에 해당하는 것은?

> 같은 종의 무당벌레 개체군에서 겉날개의 색과 반점 무늬가 개체마다 달라지면 ㉠ 이/가 증가한다.

① 생물 대멸종
② 외래종 도입
③ 서식지 단편화
④ 유전적 다양성

14 다음 설명에 해당하는 물질은?

> ○ 핵산을 구성하는 기본 단위체이다.
> ○ 염기 및 당과 인산으로 구성되어 있다.

① 지질
② 포도당
③ 아미노산
④ 뉴클레오타이드

15 그림은 세포 내 유전 정보의 흐름을 나타낸 것이다. ㉠, ㉡에 해당하는 것은?

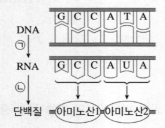

	㉠	㉡
①	번역	전사
②	전도	번역
③	전사	번역
④	전사	전도

16 그림은 세포막의 구조와 세포막을 통한 물질 A와 B의 이동을 나타낸 것이다. 이에 대한 설명으로 옳은 것만을 〈보기〉에서 모두 고른 것은?

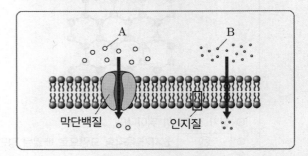

> ── 보기 ──
> ㄱ. A는 막단백질을 통해 이동한다.
> ㄴ. B는 인지질 사이로 확산한다.
> ㄷ. 세포막은 막단백질로만 구성되어 있다.

① ㄱ
② ㄷ
③ ㄱ, ㄴ
④ ㄴ, ㄷ

17 다음 설명에서 ㉠에 해당하는 것은?

> 항생제를 반복적으로 사용하다 보면 세균 집단 내에 항생제 내성 세균의 비율이 증가하게 된다. 이러한 현상은 다윈의 ㉠ (으)로 설명할 수 있다.

① 자연 선택
② 생태계 평형
③ 생태 피라미드
④ 생명 중심 원리

18 다음 설명에서 밑줄 친 ㉠, ㉡이 해당되는 생태계 구성 요소는?

> 한 그루의 ㉠ 참나무를 관찰했더니 ㉡ 햇빛을 강하게 받은 잎이 약하게 받은 잎보다 두꺼운 것이 확인되었다.

	㉠	㉡
①	생산자	분해자
②	생산자	비생물적 요인
③	소비자	분해자
④	소비자	비생물적 요인

19 그림은 어떤 안정된 생태계의 개체 수 피라미드를 나타낸 것이다. 이 생태계에 대한 설명으로 옳은 것만을 〈보기〉에서 모두 고른 것은?

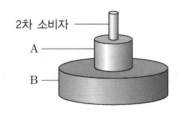

2차 소비자
A
B

─ 보기 ─
ㄱ. A는 1차 소비자이다.
ㄴ. 참새는 B에 해당한다.
ㄷ. 상위 영양 단계로 갈수록 개체 수는 증가한다.

① ㄱ
② ㄷ
③ ㄱ, ㄴ
④ ㄴ, ㄷ

20 다음 설명에서 ㉠에 공통으로 해당하는 것은?

> ○ 지구의 지각을 구성하는 암석은 주로 규소와 ㉠ 이/가 결합한 규산염 광물로 이루어져 있다.
> ○ ㉠ 은/는 사람을 구성하는 원소 중 가장 많은 질량을 차지한다.

① 수소
② 탄소
③ 산소
④ 칼슘

21 다음 설명에서 ㉠, ㉡에 해당하는 것은?

> 태양 중심부에서는 ㉠ 원자핵 4개가 융합하여 ㉡ 원자핵 1개로 변환되는 수소 핵융합 반응이 일어난다.

	㉠	㉡		㉠	㉡
①	수소	철	②	수소	헬륨
③	헬륨	철	④	헬륨	수소

22 그림은 어느 해역의 깊이에 따른 수온 변화를 나타낸 것이다. 층 A~C에 대한 설명으로 옳은 것만을 〈보기〉에서 모두 고른 것은?

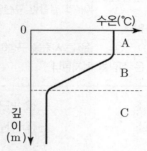

― 보기 ―

ㄱ. A에서는 기권과 상호 작용이 일어난다.
ㄴ. B에서는 깊어질수록 수온이 높아진다.
ㄷ. C는 수온 약층이다.

① ㄱ   ② ㄴ
③ ㄱ, ㄷ   ④ ㄴ, ㄷ

23 그림의 A, B는 판의 경계를 나타낸 것이다. 이에 대한 설명으로 옳은 것만을 〈보기〉에서 모두 고른 것은?

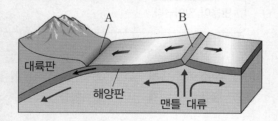

― 보기 ―

ㄱ. A는 발산형 경계이다.
ㄴ. B에서는 판이 생성된다.
ㄷ. A, B에서는 모두 해구가 발달한다.

① ㄱ   ② ㄴ
③ ㄱ, ㄷ   ④ ㄴ, ㄷ

24 그림은 서로 다른 지질 시대 A~C의 표준화석을 나타낸 것이다. 오래된 시대부터 순서대로 나열한 것은?

시대	A	B	C
표준화석	삼엽충	암모나이트	매머드

① A − B − C
② A − C − B
③ B − A − C
④ C − A − B

25 다음 현상을 일으키는 지구 시스템의 주된 에너지원은?

○ 지진과 화산 활동을 일으킨다.
○ 맨틀 대류를 일으켜 판을 이동시킨다.

① 조력 에너지
② 풍력 에너지
③ 바이오 에너지
④ 지구 내부 에너지

01 다음 설명에 해당하는 시대는?

> ○ 농경과 목축을 시작하여 식량을 생산함.
> ○ 대표적인 유물은 빗살무늬 토기임.

① 구석기 시대   ② 신석기 시대
③ 청동기 시대   ④ 철기 시대

02 ㉠에 들어갈 국왕으로 옳은 것은?

> | 신라를 다스린 ㉠의 업적을 말해 볼까요? | 한강 유역 확보, 대가야 정복 등이 있어요. | 정복한 영토에 순수비를 세웠어요. |

① 세종   ② 공민왕
③ 광해군   ④ 진흥왕

03 다음에서 설명하는 불교의 종파는?

> ○ 경전 공부보다 참선 수행을 강조함.
> ○ 호족 세력의 적극적인 후원을 받음.
> ○ 대표적인 사원으로 '9산 선문'이 있음.

① 서학   ② 선종
③ 대종교   ④ 천도교

04 ㉠에 들어갈 내용으로 옳은 것은?

> 인종은 묘청, 정지상 등 서경 세력을 등용하였다. 이들은 칭제 건원과 금국 정벌, ㉠ 등을 주장하였다. 이들의 주장이 좌절되자 묘청은 반란을 일으켰다.

① 개항 반대
② 녹읍 폐지
③ 서경 천도
④ 반민족 행위자 처벌

05 다음 질문에 대한 답으로 옳은 것은?

> 일연이 불교의 입장에서 신화, 설화 등을 수록한 역사서로, 단군의 이야기가 포함된 이 책은 무엇일까요?

① 택리지   ② 삼국유사
③ 홍길동전   ④ 대동여지도

06 ㉠에 들어갈 내용으로 옳은 것은?

> 〈수행 평가 계획서〉
> 주제: 정조의 개혁 정치
> ○ 1모둠: 영조의 탕평책 계승
> ○ 2모둠: ㉠

① 규장각 설치
② 유신 헌법 제정
③ 수선사 결사 결성
④ 통리기무아문 설치

07 다음에서 설명하는 정책은?

> ○ 배경: 방납의 폐단
> ○ 내용: 공납을 토산물 대신 쌀, 옷감, 동전 등으로 납부
> ○ 결과: 공인의 등장, 상품 화폐 경제의 발달

① 대동법
② 양천제
③ 전시과
④ 호포제

08 다음에서 설명하는 나라는?

> ○ 제너럴셔먼호 사건을 구실로 신미양요를 일으킴.
> ○ 서구 열강 중 최초로 조선과 근대적 조약을 체결함.

① 독일
② 미국
③ 영국
④ 베트남

09 밑줄 친 '개혁 정강'의 내용으로 옳은 것은?

> 1884년 급진 개화파는 우정총국 개국 축하연을 이용하여 갑신정변을 일으켰다. 이들은 개혁 정강을 마련하여 근대적 개혁을 추진하려 했으나, 청군의 개입으로 실패하였다.

① 율령 반포
② 모내기법 보급
③ 정동행성 설치
④ 인민 평등권 보장

10 다음에서 ㉠ 시기에 들어갈 사건은?

◆ 일제의 국권 침탈 과정 ◆

| 1904년 러일 전쟁 발발 | → | ㉠ | → | 1910년 한국 병합 조약 체결 |

① 붕당 형성
② 예송 논쟁
③ 무신 정권 수립
④ 을사늑약 체결

11 다음에서 설명하는 단체는?

> ○ 1907년 안창호, 양기탁 등이 비밀 결사로 조직함.
> ○ 실력 양성을 도모하고 국외 독립운동 기지를 건설함.

① 별기군
② 비변사
③ 승정원
④ 신민회

12 다음에서 설명하는 인물은?

> ◆ 한국사 인물 카드 ◆
> ○ 별칭: 녹두 장군
> ○ 주요 활동: 동학 농민 운동 주도
> ○ 사망: 우금치 전투 이후 체포되어 1895년 처형

① 이황
② 강감찬
③ 전봉준
④ 을지문덕

13 ㉠에 들어갈 내용으로 옳은 것은?

> 2차 갑오개혁 시기에 ㉠ 이/가 반포되었다. 이로 인해 소학교, 외국어 학교, 사범 학교 등 많은 관립 학교가 세워지며 근대적 교육 제도가 마련되었다.

① 교육 입국 조서
② 신라 촌락 문서
③ 조선 혁명 선언
④ 7·4 남북 공동 성명

14 ㉠에 들어갈 내용으로 옳은 것은?

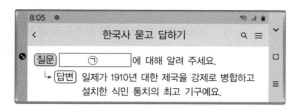

질문 [㉠]에 대해 알려 주세요.
↳ 답변 일제가 1910년 대한 제국을 강제로 병합하고 설치한 식민 통치의 최고 기구예요.

① 삼별초　　　　② 도병마사
③ 제가 회의　　　④ 조선 총독부

15 ㉠에 들어갈 인물로 옳은 것은?

〈조별 과제: 민족주의 사학자와 저서 알아보기〉
○ 1조: 박은식 – 한국통사, 한국독립운동지혈사
○ 2조: [㉠] – 조선사연구초, 조선상고사

① 궁예　　　　　② 신채호
③ 이성계　　　　④ 정약용

16 교사의 질문에 대한 답으로 옳지 <u>않은</u> 것은?

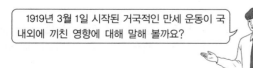

1919년 3월 1일 시작된 거국적인 만세 운동이 국내외에 끼친 영향에 대해 말해 볼까요?

① 강화도 조약이 체결되었어요.
② 대한민국 임시 정부가 수립되었어요.
③ 중국의 5 · 4 운동에 영향을 주었어요.
④ 일제가 통치 방식을 이른바 문화 통치로 바꿨어요.

17 ㉠에 들어갈 민족 운동은?

1931년 동아일보는 문맹 퇴치와 미신 타파를 목표로 농촌 계몽 운동을 전개하였다. 이 운동은 러시아어로 '민중 속으로'라는 뜻의 [㉠]으로 불리기도 하였다.

① 북벌 운동　　　② 새마을 운동
③ 브나로드 운동　④ 금 모으기 운동

18 ㉠에 해당하는 단체는?

*연표로 보는 [㉠]의 활동

1919	1923	1924
김원봉을 중심으로 만주 지역에서 결성	김상옥, 종로 경찰서에 폭탄 투척	김지섭, 일본 왕궁에 폭탄 투척

① 의열단
② 보안회
③ 황국 협회
④ 통일 주체 국민 회의

19 다음 설명에 해당하는 것은?

○ 제1차 미 · 소 공동 위원회 결렬 이후 중도 좌파 여운형, 중도 우파 김규식을 중심으로 한반도 통일 정부 수립을 목적으로 추진
○ 냉전 체제가 격화되고 여운형이 암살당하면서 약화

① 형평 운동
② 위정척사 운동
③ 좌우 합작 운동
④ 국채 보상 운동

20 ㉠에 들어갈 내용으로 옳은 것은?

> 1941년 대한민국 임시 정부는 조소앙의 ㉠ 를 기초로 하여 건국 강령을 발표하였다. ㉠ 는 정치, 경제, 교육에서의 균등을 바탕으로 개인과 개인, 민족과 민족, 국가와 국가 간의 균등을 추구하자는 주장이다.

① 삼균주의　　　　② 돈오점수
③ 시무 28조　　　　④ 최혜국 대우

21 밑줄 친 '전쟁'으로 옳은 것은?

> 전쟁이 교착 상태에 빠지자, 소련은 국제 연합에 정전을 제안하였다. 정전 협상은 군사 분계선, 포로 송환 문제 등으로 2년여 동안이나 이어졌고, 마침내 1953년 7월 27일 판문점에서 정전 협정이 체결되었다.

① 임오군란　　　　② 임진왜란
③ 6·25 전쟁　　　　④ 청산리 대첩

22 ㉠에 들어갈 내용으로 옳은 것은?

> 장면 정부의 정책을 수정·보완하여 박정희 정부가 추진한 경제 정책이야.

한국사 스피드 퀴즈

① 사창제
② 진대법
③ 친명배금 정책
④ 경제 개발 5개년 계획

23 ㉠에 들어갈 내용으로 옳은 것은?

> 〈1980년대 대한민국의 민주주의 발전〉
> 5·18 민주화 운동 → ㉠ → 대통령 직선제 개헌

① 아관 파천
② 5·10 총선거
③ 6월 민주 항쟁
④ 모스크바 3국 외상 회의

24 다음 설명에 해당하는 제도는?

> ○ 김영삼 정부에서 투명한 금융 거래 정착과 부당한 정치 자금 거래 근절 등을 목적으로 시행
> ○ 금융 거래에서 실제 이름을 사용해야 하는 제도

① 농지 개혁　　　　② 노비안검법
③ 금융 실명제　　　　④ 황국 신민화 정책

25 ㉠에 들어갈 내용으로 옳은 것은?

> 제1조　남과 북은 서로 상대방의 체제를 인정하고 존중한다.
> 제9조　남과 북은 상대방에 대하여 무력을 사용하지 않으며 상대방을 무력으로 침략하지 아니한다.
> 　　　　　　　－ ㉠ (1991) －

① 과전법
② 전주 화약
③ 국가 총동원법
④ 남북 기본 합의서

01 다음에서 설명하는 윤리학은?

> **주제: ○○ 윤리학**
> • 의미: 현실의 구체적인 문제 원인을 분석하고 타당한 해결책을 제시하는 것을 목표로 하는 윤리학
> • 예: 생명 윤리, 정보 윤리 등
> ⋮

① 실천 윤리학
② 기술 윤리학
③ 이론 윤리학
④ 메타 윤리학

02 환경 윤리 영역의 쟁점에 해당하는 것은?

① 안락사를 인정할 수 있는가?
② 성적 욕망과 사랑의 차이는 무엇인가?
③ 자연은 개발의 대상인가, 보존의 대상인가?
④ 통일이 지향해야 할 윤리적 가치는 무엇인가?

03 다음에서 소개하는 윤리 사상가는?

> **◈ 도덕 인물 카드 ◈**
> • 사단(四端)에 근거한 성선설을 주장함.
> • 일정한 생업[恒産]이 있어야 바른 마음[恒心]을 지킬 수 있다고 주장함.

① 노자
② 맹자
③ 순자
④ 묵자

04 다음 설명에 해당하는 윤리 이론은?

> ○ 도덕과 입법의 원리로 최대 다수의 최대 행복을 주장함.
> ○ 쾌락은 선이고 고통은 악이며, 행복이 삶의 목적이라고 봄.

① 의무론
② 덕 윤리
③ 공리주의
④ 진화 윤리

05 (가)에 들어갈 용어로 적절한 것은?

> **탐구 주제:〈 (가) 〉에 대한 다양한 관점**
> • 장자: 기(氣)가 흩어지는 것으로 자연적이고 필연적인 과정
> • 플라톤: 영혼이 육체로부터 해방되어 이데아 세계로 들어가는 것
> • 에피쿠로스: 인간을 구성하던 원자가 흩어져 개별 원자로 돌아가는 것

① 죽음
② 행복
③ 성찰
④ 희망

06 다음 설명에 해당하는 것은?

> ○ 좌망(坐忘)과 심재(心齋)를 통해 이룰 수 있음.
> ○ 세상 만물을 차별하지 않고 한결같이 보는 상태

① 제물(齊物)
② 오륜(五倫)
③ 효제(孝悌)
④ 충서(忠恕)

07 다음 설명에 해당하는 사상가는?

> ○ 주장: "너의 행위의 결과가 인류의 존속 가능성을 파괴하지 않도록 행위하라."
> ○ 특징: 인간과 자연, 미래 세대에 대한 책임 윤리를 강조함.

① 밀 ② 벤담
③ 요나스 ④ 베이컨

08 ㉠에 들어갈 내용으로 가장 적절한 것은?

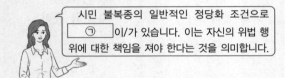

> 시민 불복종의 일반적인 정당화 조건으로 [㉠]이/가 있습니다. 이는 자신의 위법 행위에 대한 책임을 져야 한다는 것을 의미합니다.

① 익명성 ② 비폭력성
③ 처벌 감수 ④ 공동선 추구

09 ㉠에 공통으로 들어갈 용어로 적절한 것은?

> 프롬(Fromm, E.)은 "(㉠)은/는 자유의 소산이지 결코 지배의 소산이 아닙니다. (㉠)이/가 지배의 관계로 타락하지 않기 위해서는 존경이 필요합니다."라고 주장하였다.

① 애국 ② 사랑
③ 정의 ④ 책임

10 B에 들어갈 내용으로 가장 적절한 것은?

> (가): 인간 중심주의
> (나): 동물 중심주의

① 인간은 도덕적 고려의 대상이다.
② 모든 생명체는 도덕적 지위를 갖는다.
③ 생태계 전체가 도덕 공동체의 범위이다.
④ 생태계의 안정을 위해 각 생명체의 희생을 강요한다.

11 다음 설명에 해당하는 직업 윤리 의식은?

> 프랑스 종교 개혁자 칼뱅(Calvin, J.)은 직업을 '신으로부터 부름을 받은 자기 몫의 일'이라고 주장하면서 자신의 직업에 충실히 종사하는 것이 바로 신의 명령에 따르는 것이라고 말했다.

① 소명 의식 ② 경로 사상
③ 장인 정신 ④ 특권 의식

12 교사의 질문에 대한 대답으로 적절하지 않은 것은?

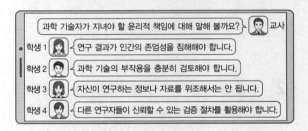

> 과학 기술자가 지녀야 할 윤리적 책임에 대해 말해 볼까요? 교사
> 학생 1 ── 연구 결과가 인간의 존엄성을 침해해야 합니다.
> 학생 2 ── 과학 기술의 부작용을 충분히 검토해야 합니다.
> 학생 3 ── 자신이 연구하는 정보나 자료를 위조해서는 안 됩니다.
> 학생 4 ── 다른 연구자들이 신뢰할 수 있는 검증 절차를 활용해야 합니다.

① 학생 1 ② 학생 2
③ 학생 3 ④ 학생 4

13 다음에서 설명하는 국가 권위의 정당화 근거는?

> 생명과 자유, 재산을 보장받기 위해 개인 간 합의를 통해 국가를 수립함.

① 겸애 ② 중용
③ 상업화 ④ 사회 계약

14 다음에서 설명하는 윤리적 문제로 가장 적절한 것은?

> **도덕신문**   2024년 ○월 ○일
>
> A 국가 사람들이 비만으로 건강을 해치고 있는 반면, B 국가에는 굶주림으로 고통받는 사람들이 있다. A 국가와는 다르게 B 국가에서는 심각한 영양실조와 기아가 대물림되는 악순환이 반복된다.

① 동물 복지 문제
② 식량 불평등 문제
③ 사이버 폭력 문제
④ 사생활 침해 문제

15 예술에 대한 도덕주의 입장에서 A, B에 들어갈 대답으로 옳은 것은?

질문	대답
예술의 미적 가치만을 추구해야 하는가?	A
예술은 사회의 도덕적 성숙에 기여해야 하는가?	B

	①	②	③	④
A	예	예	아니요	아니요
B	예	아니요	예	아니요

16 갈퉁(Galtung, J.)의 평화에 대한 내용 중 (가), (나)에 해당하는 용어는?

(가)	전쟁, 테러, 범죄, 폭행 등과 같은 직접적 폭력이 없는 상태
(나)	직접적 폭력은 물론 가난, 차별 등 구조적·문화적 폭력도 사라져 인간다운 삶을 누릴 수 있는 상태

	(가)	(나)
①	적극적 평화	종교적 평화
②	소극적 평화	적극적 평화
③	종교적 평화	소극적 평화
④	종교적 평화	적극적 평화

17 롤스(Rawls, J.)의 정의관에 대한 설명으로 옳지 않은 것은?

① 절차가 공정하면 그 결과도 공정하다.
② 모든 사람은 기본적 자유에서 평등한 권리를 지닌다.
③ 무지의 베일을 쓴 개인들은 차등의 원칙에 합의할 수 있다.
④ 국가는 개인의 소유권만을 보호하는 역할을 수행해야 한다.

18 다음에서 처벌에 대한 응보주의적 관점에만 '✔'를 표시한 학생은?

관점 \ 학생	A	B	C	D
• 범죄 행위에 상응하는 형벌을 내려야 한다.	✔			✔
• 자신의 행위에 책임질 수 있는 자율적 주체를 전제로 한다.		✔		✔
• 범죄 강도와 상관없이 범죄 예방의 가장 효과적인 방법은 종신 노역형이다.	✔	✔	✔	

① A
② B
③ C
④ D

19 ㉠에 들어갈 용어로 적절한 것은?

> 매체가 발달한 현대 사회에서는 정보를 교환하고 처리하는 과정에서 사적인 정보가 노출될 수 있다. 이를 방지하기 위해 개인 정보를 언제, 누구에게, 어느 범위까지 알리고 또한 이용하도록 할 것인지를 통제하는 정보의 (㉠)이 강조되고 있다.

① 조작권
② 거주권
③ 선거권
④ 자기 결정권

20 다음 설명에 해당하는 용어는?

> 통일 과정과 통일 이후 남북한 격차를 해소하기 위해 부담해야 할 비용

① 통일 비용
② 경쟁 비용
③ 기회 비용
④ 통일 편익

21 다음은 서술형 평가 문제와 학생 답안이다. 밑줄 친 ㉠~㉣ 중 옳지 <u>않은</u> 것은?

> 문제: 사회 윤리에 대한 니부어(Niebuhr, R.)의 기본 입장을 서술하시오.
>
> 〈학생 답안〉
> 니부어는 ㉠ 개인의 도덕성과 집단의 도덕성을 구분하며, ㉡ 집단의 도덕성은 개인의 도덕성보다 현저히 떨어진다는 점을 주장하였다. 즉, ㉢ 개인이 양심적이고 도덕적일지라도 사회는 이기적이며 비도덕적일 수 있다. 따라서 ㉣ 사회 문제 해결을 위해서는 제도의 개선보다 개인의 도덕성 함양이 필요하다.

① ㉠
② ㉡
③ ㉢
④ ㉣

22 (가), (나)에 들어갈 내용으로 적절하지 <u>않은</u> 것은?

> 〈소수자 우대 정책의 윤리적 쟁점〉
>
> | 찬성 논거 | 반대 논거 |
> | --- | --- |
> | (가) | (나) |
> | ⋮ | ⋮ |

① (가): 사회적 약자를 배려할 수 있다.
② (가): 부당한 차별을 극대화할 수 있다.
③ (나): 역차별로 새로운 사회 갈등을 유발할 수 있다.
④ (나): 개인의 노력과 성취에 따른 업적을 간과할 수 있다.

23 하버마스(Habermas, J.)의 이상적 담화 상황의 조건에 대해 적절하게 말하지 <u>않은</u> 학생은?

① 학생 1
② 학생 2
③ 학생 3
④ 학생 4

24 종교 간 갈등 해결을 위한 자세로 적절하지 <u>않은</u> 것은?

① 타 종교에 대한 관용의 태도를 지닌다.
② 힘의 논리에 따라 종교 간의 질서를 확립한다.
③ 종교 간의 차이를 이유로 타인을 억압하지 않는다.
④ 종교 간의 대화를 통해 타 종교에 대한 이해를 높인다.

25 공직자가 지녀야 할 바람직한 태도만을 〈보기〉에서 모두 고른 것은?

> ┌─── 보기 ───┐
> ㄱ. 정직과 성실   ㄴ. 봉사와 책임
> ㄷ. 청탁과 비리   ㄹ. 청렴과 연대 의식

① ㄱ
② ㄴ, ㄷ
③ ㄷ, ㄹ
④ ㄱ, ㄴ, ㄹ

고·졸·검·정·고·시

2023년도

| 제1회 | 기출문제 |
| 제2회 | 기출문제 |

01 다음에 대한 설명으로 가장 적절한 것은?

> '부추'를 강원, 경북, 충북에서는 '분추'라고 부르고 일부 경상, 전남에서는 '솔'이라고 한다. 일부 충청에서는 '졸'이라고 부르며 경상, 전북, 충청에서는 '정구지'라고 부르기도 한다.

① 세대에 따라 사용하는 어휘가 다르다.
② 성별에 따라 사용하는 어휘가 다르다.
③ 지역에 따라 같은 대상을 다르게 표현한다.
④ 직업에 따라 같은 대상을 다르게 표현한다.

02 다음 속담에서 강조하는 우리말의 담화 관습으로 가장 적절한 것은?

> ○ 발 없는 말이 천 리 간다.
> ○ 화살은 쏘고 주워도, 말은 하고 못 줍는다.
> ○ 가루는 칠수록 고와지고, 말은 할수록 거칠어진다.

① 말은 신중하게 해야 한다.
② 하고 싶은 말은 참지 않아야 한다.
③ 상대방의 말은 귀 기울여 들어야 한다.
④ 질문에 답할 때에는 신속하게 해야 한다.

03 피동 표현이 사용되지 않은 것은?

① 동생이 엄마에게 업혔다.
② 아이가 모기에게 물렸다.
③ 토끼가 사냥꾼에게 잡혔다.
④ 그가 친구에게 사실을 밝혔다.

04 다음 규정에 맞게 발음하지 않은 것은?

> ■ 표준 발음법 ■
> [제14항] 겹받침이 모음으로 시작된 조사나 어미, 접미사와 결합되는 경우에는, 뒤엣것만을 뒤 음절 첫소리로 옮겨 발음한다(이 경우, 'ㅅ'은 된소리로 발음함).

① 값을 깎지 마세요. → [갑쓸]
② 넋이 나간 표정이다. → [넉씨]
③ 닭을 키운 적이 있다. → [다글]
④ 앉아 있기가 힘들다. → [안자]

05 다음 높임법이 나타난 문장이 아닌 것은?

> 객체 높임법은 목적어나 부사어가 지시하는 대상 즉, 서술의 객체를 높이는 방법이다.

① 나는 어머니를 모시고 집에 갔다.
② 선생님께서는 우리를 사랑하신다.
③ 자세한 내용은 아버지께 여쭤 보세요.
④ 주말에는 할아버지를 찾아뵙고 싶습니다.

[06~07]

(나)는 (가)를 토대로 작성한 글이다. 물음에 답하시오.

(가) 작문 상황

- 작문 과제: ○○고등학교의 문제점을 찾아 해결 방안을 제안하는 건의문 쓰기
- 예상 독자: ○○고등학교 교장 선생님

(나) 글의 초고

교장 선생님께

안녕하세요? 저는 1학년 김△△입니다.

우리 학교는 주변 상권과 거리가 먼 곳에 위치하고 있어 학생들의 학교 매점 이용률이 매우 높습니다. 그런데 최근 저를 비롯해 매점에서 식품을 사 ㉠ 먹을 학생들이 배탈 난 일이 있었습니다. ㉡ 저희 아버지께서도 위장염으로 오랫동안 고생을 하고 계십니다. 이러다 보니 매점에서 판매하는 식품의 안전이 염려되어 한 가지 건의를 ㉢ 들이려고 합니다.

학교 매점에서 유해·불량 식품을 판매하지 않도록 '교내 식품 안전 지킴이' 제도를 도입해 주세요. 어린이 식생활 안전 관리 특별법에 의하면 초·중·고교 매점은 학생들에게 안전하고 영양가 있는 식품을 공급하도록 노력해야 합니다. ㉣ 하지만 우리 학교 매점에서는 그러한 노력을 소홀히 하고 있습니다.

학부모와 학생으로 구성된 '교내 식품 안전 지킴이' 제도를 도입하여 학생들에게 식품 안전 기초 교육을 실시하고 매점에서 유해 불량 식품을 판매하지 않도록 감독한다면, 학생들이 안전한 먹거리를 섭취하고 바람직한 식습관을 형성할 수 있을 것입니다.

다시 한 번 '교내 식품 안전 지킴이' 제도를 도입해 주시기를 당부 드립니다. 감사합니다.

1학년 김△△ 올림

---

06 다음 중 (나)에 반영된 내용이 <u>아닌</u> 것은?

① 자신의 경험과 관련지어 문제 상황을 드러낸다.
② 예상 독자가 수행할 수 있는 해결 방안을 제시한다.
③ 건의 내용이 받아들여졌을 때 예상되는 효과를 제시한다.
④ 주장을 뒷받침하기 위해 구체적인 설문 조사 결과를 제시한다.

---

07 ㉠~㉣을 고쳐 쓴 방안으로 적절하지 <u>않은</u> 것은?

① ㉠: 시간 표현이 잘못되었으므로 '먹은'으로 고친다.
② ㉡: 글의 통일성을 해치는 문장이므로 삭제한다.
③ ㉢: 맞춤법에 어긋나므로 '드리려고'로 수정한다.
④ ㉣: 잘못된 접속어를 사용하였으므로 '그래서'로 바꾼다.

---

08 ㉠~㉣에 나타난 중세 국어의 특징으로 적절하지 <u>않은</u> 것은?

㉠ 孔·공子·ㅈ ·曾증子·ㅈ ·ㄷ·려닐·러골ㅇ·샤 ·딘·몸·이며얼굴·이며머·리털·이·며·솔·흔 ㉡ 父·부母:모·씌받ㅈ·온거·시·라敢:감·히헐·위샹히·오·디아·니:홈·이·효·도·익비·르·소미·오·몸·을세·워道·도·를行힝·ㅎ·야 ㉢ 일·홈·을後:후世·셰·예·베퍼·뻐 ㉣ 父·부母:모롤:현·뎌케:홈·이·효·도·익무·춤·이니·라

－『소학언해』(1587) －

---

① ㉠: 모음 뒤에서 주격 조사 'ㅣ'가 사용되었다.
② ㉡: 어두 자음군이 사용되었다.
③ ㉢: 이어 적기로 표기되었다.
④ ㉣: 조사가 모음 조화에 따라 표기되었다.

[09~11]

다음 글을 읽고 물음에 답하시오.

㉠ 매운 계절(季節)의 채찍에 갈겨
마침내 ㉡ 북방(北方)으로 휩쓸려 오다.
하늘도 그만 지쳐 끝난 ㉢ 고원(高原)
서릿발 칼날진 그 위에 서다.
어데다 무릎을 꿇어야 하나?
한 발 재겨 디딜 곳조차 없다.
이러매 눈 감아 생각해 볼밖에
겨울은 강철로 된 ㉣ 무지개인가 보다.

－ 이육사, 「절정」 －

---

09 ㉠~㉣ 중 시적 의미가 가장 이질적인 것은?

① ㉠
② ㉡
③ ㉢
④ ㉣

---

10 윗글의 표현상 특징으로 가장 적절한 것은?

① 동일한 구절을 반복하여 주제를 강조하고 있다.
② 상징적 표현을 사용하여 화자의 상황을 부각하고 있다.
③ 의인법을 활용하여 시적 대상과의 친밀감을 드러내고 있다.
④ 수미 상관을 활용하여 화자의 암울한 처지를 강조하고 있다.

11 다음을 참고할 때, 시인이 윗글을 통해 드러내려고 한 가치로 가장 적절한 것은?

> 이육사는 조선은행 대구 지점 폭발물 사건에 연루되어 수감 생활을 하는 등 열일곱 차례 옥고를 치른 항일 운동가였다.

① 편리성과 효율성을 중요시하는 자세
② 자연과 인간이 공존해야 한다는 신념
③ 운명에 순응하며 현실에 만족하는 태도
④ 극한의 상황에서도 꺾이지 않는 항일 의지

[12~14]
다음 글을 읽고 물음에 답하시오.

> [앞부분의 줄거리] 1930년대의 어느 농촌, 스물여섯 살 '나'는 성례를 시켜 주겠다는 장인의 말에 데릴사위로 들어와 새경 한 푼 받지 못한 채 일을 한다. 하지만 장인은 성례를 계속 미루며, '나'를 머슴처럼 부려 먹기만 한다. 억울한 '나'는 장인과 함께 구장에게 가서 의견을 묻기로 한다.

구장님도 내 이야기를 자세히 듣더니 퍽 딱한 모양이었다. 하기야 구장님뿐만 아니라 누구든지 다 그럴 게다. ㉠ <u>길게 길러 둔 새끼손톱으로 코를 후벼서 저리 탁 튀기며</u>
"그럼 봉필 씨! 얼른 성례 시켜 주구려, 그렇게까지 제가 하구 싶다는 걸……."
하고 내 짐작대로 말했다. 그러나 이 말에 장인님이 삿대질로 눈을 부라리고
"아, 성례구 뭐구 기집애년이 미처 자라야 할 게 아닌가?"
하니까 고만 멀쑥해서 입맛만 쩍쩍 다실 뿐이 아닌가……
"㉡ <u>그것두 그래!</u>"
"그래, 거진 사 년 동안에도 안 자랐다니 그 킨 은제 자라지유? 다 그만두구 사경¹⁾ 내슈……."
"글쎄, 이 자식아! 내가 크질 말라구 그랬니, 왜 날 보구 떼냐?"
"㉢ <u>빙모님은 참새만 한 것이 그럼 어떻게 앨 낳지유?</u> (사실 장모님은 점순이보다도 귓배기 하나가 적다.)"
그러나 이 말에는 별반 신통한 귀정²⁾을 얻지 못하고 도루 논으로 돌아와서 모를 부었다. 왜냐면, 장인님이 뭐라구 귓속말로 수군수군하고 간 뒤다. 구장님이 날 위해서 조용히 데리구 아래와 같이 일러 주었기 때문이다. (㉣ <u>뭉태의 말은 구장님이 장인님에게 땅 두 마지기 얻어 부치니까 그래 꾀였다고 하지만 난 그렇게 생각 않는다.</u>)

[가]
> "자네 말두 하기야 옳지. 암, 나이 찼으니까 아들이 급하다는 게 잘못된 말은 아니야. 하지만 농사가 한창 바쁠 때 일을 안 한다든가 집으로 달아난다든가 하면 손해죄루 그것두 징역을 가거든! (여기에 그만 정신이 번쩍 났다.) 왜 요전에 삼포 말서 산에 불 좀 놓았다구 징역 간 거 못 봤나. 제 산에 불을 놓아두 징역을 가는 이땐데 남의 농사를 버려주니 죄가 얼마나 더 중한가. 그리고 자넨 정장³⁾을(사경 받으러 정장 가겠다 했다.) 간대지만, 그러면 괜스레 죌 들쓰고 들어가는 걸세. 또, 결혼두 그렇지. 법률에 성년이란 게 있는데 스물하나가 돼야지 비로소 결혼을 할 수가 있는 걸세. 자넨 물론 아들이 늦을 걸 염려하지만, 점순으로 말하면 인제 겨우 열여섯이 아닌가. 그렇지만 아까 빙장님의 말씀이 올 갈에는 열 일을 제치고라두 성례를 시켜 주겠다 하시니 좀 고마울 겐가. 빨리 가서 모 붓든 거나 마저 붓게. 군소리 말구 어서 가."

– 김유정, 「봄·봄」 –

1) 사경: 새경. 머슴이 주인에게서 일한 대가로 받는 돈이나 물건.
2) 귀정: 그릇되었던 일이 바른길로 돌아옴.
3) 정장: 소송을 제기하기 위해 소장(訴狀)을 관청에 냄.

12 윗글의 특징으로 적절하지 <u>않은</u> 것은?

① 주로 인물의 대화를 통해 사건이 전개되고 있다.
② 작품 밖의 서술자가 인물의 심리를 묘사하고 있다.
③ 어리숙한 인물의 언행을 통해 해학성을 드러내고 있다.
④ 농촌을 배경으로 설정하여 당시의 생활상을 그리고 있다.

13 (가)에 나타난 구장의 설득 방법으로 적절하지 <u>않은</u> 것은?

① '나'의 잘못을 언급하며 대화를 시작하고 있다.
② 징역 간다는 말로 '나'에게 겁을 주고 있다.
③ 결혼에 대한 법률적 근거를 제시하고 있다.
④ 성례의 가능성을 제시하며 '나'를 회유하고 있다.

14 ㉠~㉣에 대한 설명으로 적절하지 <u>않은</u> 것은?

① ㉠: 무관심한 '구장'의 모습을 희화화하고 있다.
② ㉡: '구장'의 우유부단한 성격을 드러내고 있다.
③ ㉢: '나'는 장인의 말에 근거를 들어 대응하고 있다.
④ ㉣: '나'는 '뭉태'의 말에 전적으로 동의하고 있다.

[15~16]

다음 글을 읽고 물음에 답하시오.

> 속세에 묻힌 분들, 이내 생애 어떠한가.
> 옛사람 풍류에 미칠까 못 미칠까.
> 이 세상 남자 몸이 나만 한 이 많건마는
> 자연에 묻혀 산다고 즐거움을 모르겠는가.
> 초가집 몇 칸을 푸른 시내 앞에 두고
> 송죽 울창한 곳에 풍월주인 되었구나.
> 엊그제 겨울 지나 새 봄이 돌아오니
> 복숭아꽃, 살구꽃은 석양에 피어 있고
> 푸른 버들, 향긋한 풀은 가랑비에 푸르도다.
> 칼로 재단했는가, 붓으로 그려 냈는가.
> 조물주의 솜씨가 사물마다 신비롭구나.
> 수풀에 우는 새는 봄 흥취에 겨워 소리마다 교태로다.
> 물아일체이니 흥이야 다를쏘냐.
>
> – 정극인, 「상춘곡」 –

15 윗글에서 확인할 수 있는 가사의 특징으로 알맞은 것은?

① 4음보의 율격이 주로 나타난다.

② 후렴구를 사용하여 연을 나눈다.

③ 4구체, 8구체, 10구체의 형식이 있다.

④ 초장, 중장, 종장의 3장으로 구성된다.

16 윗글의 화자에 대한 설명으로 적절하지 <u>않은</u> 것은?

① 세속적 공간을 떠나 자연에 묻혀 살고 있다.

② 옛사람의 풍류와 비교하며 자부심을 드러내고 있다.

③ 큰 고을의 주인이 되어 임금의 은혜에 감사하고 있다.

④ 아름다운 봄의 풍경을 감상하며 흥취를 느끼고 있다.

[17~19]

다음 글을 읽고 물음에 답하시오.

> [가]
> 좌수(座首) 별감(別監) 넋을 잃고 이방, 호방 혼을 잃고 나졸들이 분주하네. 모든 수령 도망갈 제 거동 보소. 인궤[1] 잃고 강정 들고, 병부(兵符)[2] 잃고 송편 들고, 탕건[3] 잃고 용수[4] 쓰고, 갓 잃고 소반 쓰고. 칼집 쥐고 오줌 누기. 부서지는 것은 거문고요 깨지는 것은 북과 장고라. 본관 사또가 똥을 싸고 멍석 구멍 생쥐 눈 뜨듯 하고, 안으로 들어가서,
> "어, 추워라. 문 들어온다 바람 닫아라. 물 마르다 목 들여라."

〈중략〉

어사또 분부하되,

"너 같은 년이 수절한다고 관장(官長)[5]에게 포악하였으니 살기를 바랄쏘냐. 죽어 마땅하되 내 수청도 거역할까?"

춘향이 기가 막혀,

"내려오는 관장마다 모두 명관(名官)이로구나. 어사또 들으시오. 층암절벽(層巖絕壁) 높은 바위가 바람 분들 무너지며, 청송녹죽(靑松綠竹) 푸른 나무가 눈이 온들 변하리까. 그런 분부 마옵시고 어서 바삐 죽여 주오." 하며,

"향단아, 서방님 어디 계신가 보아라. 어젯밤에 옥 문간에 와 계실 제 천만당부 하였더니 어디를 가셨는지 나 죽는 줄 모르는가."

어사또 분부하되, "얼굴 들어 나를 보라."

하시니 춘향이 고개 들어 위를 살펴보니, 걸인으로 왔던 낭군이 분명히 어사또가 되어 앉았구나. 반웃음 반울음에,

"얼씨구나, 좋을씨고 어사 낭군 좋을씨고. 남원 읍내 가을이 들어 떨어지게 되었더니, 객사에 봄이 들어 이화춘풍(李花春風) 날 살린다. 꿈이냐 생시냐? 꿈을 깰까 염려로다."

– 작자 미상, 『춘향전』 –

1) 인궤: 관아에서 쓰는 각종 도장을 넣어 두던 상자.
2) 병부(兵符): 군대를 동원하는 표지로 쓰던 동글납작한 나무패.
3) 탕건: 벼슬아치가 갓 아래 받쳐 쓰던 관(冠)의 하나.
4) 용수: 죄수의 얼굴을 보지 못하도록 머리에 씌우는 둥근 통 같은 기구.
5) 관장(官長): 관가의 장(長). 고을의 원을 높여 이르던 말.

17 윗글에 대한 설명으로 알맞은 것은?

① 판소리로 공연되기도 하였다.

② 궁중에서 발생하여 민간으로 유입되었다.

③ 조선 시대 양반 계층에 한하여 향유되었다.

④ 우리 문자가 없었던 시기라 한자로 기록되었다.

18 (가)에 대한 설명으로 적절하지 <u>않은</u> 것은?

① 유사한 문장 구조를 반복하여 운율감을 드러내고 있다.

② 음성 상징어를 활용하여 긴박한 상황을 나타내고 있다.

③ 비유적 표현을 사용하여 인물의 행동을 보여 주고 있다.

④ 단어의 위치를 의도적으로 뒤바꾸어 웃음을 유발하고 있다.

19 윗글에서 확인할 수 있는 내용으로 알맞은 것은?

① '춘향'은 '어사또'의 수청 제안을 거절하였다.

② '어사또'는 지난밤에 옥 문간에서 '걸인'을 만났다.

③ '춘향'은 내려오는 관장을 모두 긍정적으로 평가하였다.

④ '향단'은 '어사또'의 정체를 알고 기쁨의 눈물을 흘렸다.

[20~22]
다음 글을 읽고 물음에 답하시오.

(가) 현대인의 삶의 질이 점차 향상됨에 따라 도시공원에 대한 관심도 함께 높아지고 있다. 도시공원은 자연 경관을 보호하고, 사람들의 건강과 휴양, 정서 생활을 위하여 도시나 근교에 만든 공원을 말한다. 또한, 도시공원은 휴식을 취할 수 있는 공간인 동시에 여러 사람과 만날 수 있는 소통의 장이기도 하다.

(나) 도시공원은 사람들이 선호하는 도시 시설 가운데 하나이지만 노인, 어린이, 장애인, 임산부 등 사회적 약자에게는 '그림의 떡'인 경우가 많다. 사회적 약자들은 그들의 신체적 제약으로 인해 도시공원에 접근하거나 이를 이용하기에 열악한 상황에 놓여 있기 때문이다.

(다) 우선, 도시공원이 대중교통을 이용해서 가기 어려운 위치에 있는 경우가 많다. 또한 공원에 간다 하더라도 사회적 약자를 미처 배려하지 못한 시설물이 대부분이다. 동선이 복잡하거나 안내 표시가 없어서 불편을 겪는 경우도 있다. 이런 물리적·사회적 문제점들로 인해 실제 공원을 ⊙ 찾

는 사회적 약자는 처음 공원 설치 시 기대하였던 인원보다 매우 적은 편이다.

(라) 도시공원은 일반인뿐 아니라 사회적 약자들도 동등하게 이용할 수 있는 공간이어야 한다. 이를 위해서는 ㉮ <u>사회적 약자를 배려한 도시공원 계획이 우선적으로 마련되어야 한다.</u> 사회적 약자에게 필요한 것은 아무리 작은 쌈지공원[1]이라도 편안하게 접근하여 여러 사람과 소통하거나 쉴 수 있도록 조성된 공간이다.

– 이훈길, 『도시를 걷다』 –

1) 쌈지 공원: 빌딩 사이의 자투리땅에 조성한 공원.

20 (가)~(라)의 중심 내용으로 적절하지 <u>않은</u> 것은?

① (가): 도시공원의 정의와 기능

② (나): 사회적 약자가 선호하는 도시 시설

③ (다): 사회적 약자의 도시공원 이용이 어려운 이유

④ (라): 바람직한 도시공원의 요건

21 밑줄 친 부분이 ⊙과 가장 유사한 의미로 쓰인 것은?

① 국산품을 <u>찾는</u> 손님이 많다.

② 산을 <u>찾는</u> 사람들이 늘고 있다.

③ 떨어진 바늘을 <u>찾는</u> 일은 어렵다.

④ 마음의 안정을 <u>찾는</u> 것이 좋겠다.

22 윗글을 고려하여 떠올린 ㉮의 구체적인 방안으로 적절하지 <u>않은</u> 것은?

① 공원 내에서 이동하기 쉽도록 동선을 설계한다.

② 공원 내에 바닥 조명을 설치하여 방향 유도 체계를 만든다.

③ 공원 내에 사회적 약자와 일반인의 공간을 분리하여 설계한다.

④ 대중교통을 이용해서 접근하기 쉬운 곳에 공원을 배치한다.

[23~25]
다음 글을 읽고 물음에 답하시오.

니체는 '망각은 새로운 것을 ㉠ 수용하게 하는 적극적이고 능동적인 힘'이라고 말하였다. 잊어버린다는 사실은 과거에 ㉡ 구속되지 않고 현재를 살아가게 하는 원동력이 된다는 것이다. 그런데 자연스레 잊혀야 할 일들이 도무지 잊히지 않아 괴로워하는 사람들이 있다. 그들은 인터넷에 남아 있는 잊고 싶은 과거의 흔적이나 뜻하지 않게 퍼진 사진 때문에 고통받고 있다.

이러한 현실을 고려하여 '잊힐 권리'의 법적 보장 문제가 논의될 필요가 있다. '잊힐 권리'란 인터넷에 공개된 이용자 정보에 대해 당사자가 검색되는 것을 원하지 않을 경우, 해당 포털 사이트에 검색 결과의 삭제를 요구할 수 있는 권리를 말한다. ㉢ 노출되길 원하지 않았던 정보가 인터넷에 유출되어 정신적 피해를 입고 있는 사람들에게는 자신의 정보가 올라간 사이트를 찾아다니며 일일이 삭제 요청을 하는 것 외에는 대응 수단이 없다. 그러나 이런 방식에는 분명 한계가 있으므로 법적으로 ㉣ 확실하게 잊힐 권리를 보장해야 한다. 해당 정보가 단순한 개인 정보라면 사생활을 보호하기 위해서라도 그 정보의 삭제를 요청할 수 있는 권리를 지켜 주어야 한다. ㉮ 잊힐 권리의 보장으로 '알 권리'라고 하는 또 다른 권리가 침해된다고 주장하는 사람들도 있다. 잊힐 권리를 보장하게 되면 법적인 권력이나 자본을 소유한 사람들에게 악용될 소지가 크다는 것이다. 그러나 더욱 바람직하고 건강한 사회를 만들기 위해 잊힐 권리의 법적 보장에 대해 꼭 한번 고민해 볼 필요가 있다.

– 윤용아, 『잊힐 권리와 알 권리』 –

23 윗글을 읽은 후, 타인과 소통하며 이해를 확장하기 위해 한 활동으로 적절하지 <u>않은</u> 것은?

① 이 글에 나타난 '잊힐 권리'에 대한 핵심 내용을 요약한다.
② 친구들과 함께 '잊힐 권리'의 필요성을 주제로 토의를 진행한다.
③ 전문가를 대상으로 '잊힐 권리'의 법적 보장에 대한 인터뷰를 실시한다.
④ 인터넷 게시판에서 '잊힐 권리'의 법적 보장을 논제로 한 토론에 참여한다.

24 ㉮가 제시할 근거로 가장 적절한 것은?

① '알 권리'를 인정하면 사생활을 보호할 수 있기 때문이다.
② '알 권리'를 인정하면 망각이 쉽게 일어날 수 있기 때문이다.
③ '잊힐 권리'를 인정하면 정보 비공개로 인해 공익이 저해될 수 있기 때문이다.
④ '잊힐 권리'를 인정하면 정보 유출로 인한 고통이 늘어날 수 있기 때문이다.

25 ㉠~㉣을 고유어로 바꾸고자 할 때, 적절하지 <u>않은</u> 것은?

① ㉠: 받아들이게
② ㉡: 얽매이지
③ ㉢: 드러나길
④ ㉣: 올바르게

01 두 다항식 $A = x^2 + 2x$, $B = 2x^2 - x$에 대하여 $A + B$는?

① $x^2 - x$ ② $x^2 + x$

③ $3x^2 - x$ ④ $3x^2 + x$

02 등식 $x^2 + ax + 3 = x^2 + 5x + b$가 x에 대한 항등식일 때, 두 상수 a, b에 대하여 $a - b$의 값은?

① 2   ② 4

③ 6   ④ 8

03 다항식 $2x^3 + 3x^2 - 1$을 $x - 1$로 나누었을 때, 나머지는?

① 2   ② 3

③ 4   ④ 5

04 다항식 $x^3 - 6x^2 + 12x - 8$을 인수분해한 식이 $(x - a)^3$일 때, 상수 a의 값은?

① 1   ② 2

③ 3   ④ 4

05 복소수 $5 + 4i$의 켤레복소수 $a + bi$일 때, 두 실수 a, b에 대하여 $a + b$의 값은? (단, $i = \sqrt{-1}$)

① 1   ② 3

③ 5   ④ 7

06 두 수 3, 4를 근으로 하고 x^2의 계수가 1인 이차방정식이 $x^2 - 7x + a = 0$일 때, 상수 a의 값은?

① 3   ② 6

③ 9   ④ 12

07 $-3 \le x \le 0$일 때, 이차함수 $y = x^2 + 2x - 1$의 최솟값은?

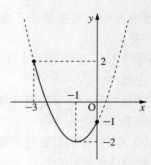

① -2 ② -1

③ 1   ④ 2

08 사차방정식 $x^4 + 2x^2 + a = 0$의 한 근이 1일 때, 상수 a의 값은?

① -3 ② -1

③ 1 ④ 3

09 연립방정식 $\begin{cases} x + y = 6 \\ xy = a \end{cases}$의 해가 $x = 4$, $y = b$일 때, 두 상수 a, b에 대하여 $a + b$의 값은?

① 9 ② 10

③ 11 ④ 12

10 이차부등식 $(x + 3)(x - 2) \geq 0$의 해는?

① $x \geq -3$

② $-3 \leq x \leq 2$

③ $x \geq 2$

④ $x \leq -3$ 또는 $x \geq 2$

11 수직선 위의 두 점 $A(1)$, $B(5)$에 대하여 선분 AB를 $3 : 1$로 내분하는 점 P의 좌표는?

① 3 ② $\dfrac{7}{2}$

③ 4 ④ $\dfrac{9}{2}$

12 점 $(-2, 1)$을 지나고 기울기가 3인 직선의 방정식은?

① $y = -3x + 1$

② $y = -3x + 7$

③ $y = 3x + 1$

④ $y = 3x + 7$

13 중심의 좌표가 $(2, 1)$이고 y축에 접하는 원의 방정식은?

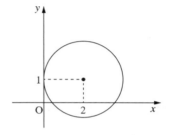

① $(x - 2)^2 + (y - 1)^2 = 1$

② $(x - 2)^2 + (y - 1)^2 = 4$

③ $(x - 1)^2 + (y - 2)^2 = 1$

④ $(x - 1)^2 + (y - 2)^2 = 4$

14 좌표평면 위의 점 $(2, 4)$를 y축에 대하여 대칭이동한 점의 좌표는?

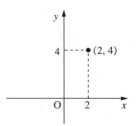

① $(-2, -4)$ ② $(-2, 4)$

③ $(4, -2)$ ④ $(4, 2)$

15 두 집합 $A = \{1, \, a-1, \, 5\}$, $B = \{1, \, 3, \, a+1\}$ 에 대하여 $A = B$일 때, 상수 a의 값은?

① 3

② 4

③ 5

④ 6

16 명제 '평행사변형이면 사다리꼴이다.'의 대우는?

① 사다리꼴이면 평행사변형이다.

② 평행사변형이면 사다리꼴이 아니다.

③ 사다리꼴이 아니면 평행사변형이 아니다.

④ 평행사변형이 아니면 사다리꼴이 아니다.

17 두 함수 $f : X \to Y$, $g : Y \to Z$ 가 그림과 같을 때, $(g \circ f)(3)$의 값은?

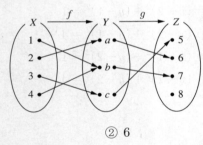

① 5

② 6

③ 7

④ 8

18 유리함수 $y = \dfrac{1}{x-2} - 1$의 그래프는 유리함수

$y = \dfrac{1}{x}$의 그래프를 x축의 방향으로 a만큼, y축의

방향으로 b만큼 평행이동한 것이다. 두 상수 a, b에 대하여 $a+b$의 값은?

① -1

② 1

③ 3

④ 5

19 그림과 같이 3명의 수학자 사진이 있다. 이 중에서 서로 다른 2명의 사진을 택하여 수학 신문의 1면과 2면에 각각 싣는 경우의 수는?

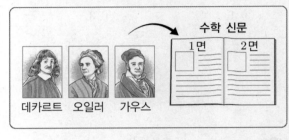

① 4

② 5

③ 6

④ 7

20 그림과 같이 수학 진로 선택 과목이 있다. 이 중에서 서로 다른 2과목을 선택하는 경우의 수는?

① 3

② 4

③ 5

④ 6

[01~03]
다음 밑줄 친 부분의 뜻으로 가장 적절한 것을 고르시오.

01

It is my <u>duty</u> to take out the trash at home on Sundays.

① 갈등
② 노력
③ 의무
④ 자유

02

People need to <u>depend on</u> each other when working as a team.

① 찾다
② 내리다
③ 의존하다
④ 비난하다

03

I have met a lot of nice people, <u>thanks to</u> you.

① 덕분에
② 대신에
③ 불구하고
④ 제외하고

04 다음 밑줄 친 두 단어의 의미 관계와 <u>다른</u> 것은?

A <u>polite</u> gesture in one country may be a <u>rude</u> one in another.

① smart － wise
② right － wrong
③ safe － dangerous
④ same － different

05 다음 행사 광고문에서 언급되지 <u>않은</u> 것은?

K-POP CONCERT 2023
Eight World-famous K-pop Groups Are Performing!
Date: June 8th (Thursday) 2023
Location: World Cup Stadium
Time: 7:30 p.m. － 9:30 p.m.

① 날짜
② 장소
③ 시간
④ 입장료

[06~08]
다음 빈칸에 공통으로 들어갈 말로 가장 적절한 것을 고르시오.

06

○ We had to _____ up in order to get a better view.
○ I can't _____ people who don't follow rules in public.

① fail
② begin
③ stand
④ remind

07

○ Jinsu, _____ museum will you visit tomorrow?
○ A dictionary is a book _____ has explanations of words.

① how
② which
③ when
④ where

08

○ My tastes are different _____ yours.
○ English words come _____ a wide variety of sources.

① for
② off
③ from
④ about

09 다음 대화에서 밑줄 친 표현의 의미로 가장 적절한 것은?

> A: Look, Junho. I finally got an A on my math exam!
> B: You really did well on your exam. What's your secret?
> A: I've been studying math everyday, staying up late even on weekends.
> B: You are a good example of 'no pain, no gain.'

① 철이 뜨거울 때 내려쳐라.
② 수고 없이 얻는 것은 없다.
③ 시간은 화살처럼 빨리 지나간다.
④ 필요할 때 친구가 진정한 친구이다.

10 다음 대화에서 알 수 있는 B의 심정으로 가장 적절한 것은?

> A: It's raining cats and dogs.
> B: Raining cats and dogs? Can you tell me what it means?
> A: It means it's raining very heavily.
> B: Really? I'm interested in the origin of the expression.

① 불안   ② 슬픔
③ 흥미   ④ 실망

11 다음 대화가 이루어지는 장소로 가장 적절한 것은?

> A: Good morning, how may I help you?
> B: Wow, it smells really good in here.
> A: Yes, the bread just came out of the oven.
> B: I'll take this freshly baked one.

① 제과점   ② 세탁소
③ 수영장   ④ 미용실

12 다음 글에서 밑줄 친 It이 가리키는 것으로 가장 적절한 것은?

> Smiling reduces stress and lowers blood pressure, contributing to our physical well-being. It also increases the amount of feel-good hormones in the same way that good exercise does. And most of all, a smile influences how other people relate to us.

① friend   ② smiling
③ country   ④ exercising

[13~14]
다음 대화의 빈칸에 들어갈 말로 가장 적절한 것을 고르시오.

13

> A: Matt, _____?
> B: How about the N Seoul Tower? We can see the whole city from the tower.
> A: After that, let's walk along the Seoul City Wall.
> B: Perfect! Now, let's go explore Seoul.

① where shall we go first
② what do you do for a living
③ how often do you come here
④ why do you want to be an actor

14

> A: What should I do to make more friends?
> B: It's important to _____.

① get angry easily
② cancel your order now
③ check your reservation
④ be nice to people around you

15 다음 대화의 주제로 가장 적절한 것은?

> A: Can you share any shopping tips?
> B: Sure. First of all, always keep your budget in mind.
> A: That's a good point. What else?
> B: Also, don't buy things just because they're on sale.
> A: Thanks! Those are great tips.

① 현명하게 쇼핑하는 방법
② 일기를 써야 하는 이유
③ 건축 시 기둥의 중요성
④ 계단을 이용할 때의 장점

16 다음 글을 쓴 목적으로 가장 적절한 것은?

> Many people have difficulty finding someone for advice. You may have some personal problems and don't want to talk to your parents or friends about them. Why don't you join our online support group? We are here to help you.

① 거절하려고
② 권유하려고
③ 비판하려고
④ 사과하려고

17 다음 기타 판매 광고문의 내용과 일치하지 <u>않는</u> 것은?

> **For Sale**
>
> **Features**: It's a guitar with six strings.
> **Condition**: It's used but in good condition.
> **Price**: $150 (original price: $350)
> **Contact**: If you have any questions, call me at 014 - 4365 - 8704.

① 줄이 여섯 개 있는 기타이다.
② 새것이라 완벽한 상태이다.
③ 150달러에 판매된다.
④ 전화로 문의 가능하다.

18 다음 Earth Hour campaign에 대한 설명과 일치하지 <u>않는</u> 것은?

> Why don't we join the Earth Hour campaign? It started in Sydney, Australia, in 2007. These days, more than 7,000 cities around the world are participating. Earth Hour takes place on the last Saturday of March. On that day people turn off the lights from 8:30 p.m. to 9:30 p.m.

① 호주 시드니에서 시작하였다.
② 칠천 개 이상의 도시가 참여한다.
③ 3월 마지막 주 토요일에 열린다.
④ 사람들은 그날 하루 종일 전등을 끈다.

19 다음 글의 주제로 가장 적절한 것은?

> Recent research shows how successful people spend time in the morning. They wake up early and enjoy some quiet time. They exercise regularly. In addition, they make a list of things they should do that day. Little habits can make a big difference towards being successful.

① 인간의 기본적인 욕구와 특성
② 운동 전 스트레칭이 중요한 이유
③ 합창에서 반드시 지켜야 할 규칙
④ 성공한 사람들의 아침 시간 활용 방법

[20~21]
다음 글의 빈칸에 들어갈 말로 가장 적절한 것을 고르시오.

20

> People who improve themselves try to understand what they did wrong, so they can do better the next time. The process of learning from mistakes makes them smarter. For them, every _____ is a step towards getting better.

① love   ② nation
③ village   ④ mistake

21

I'd like to have a parrot as a _____. Let me tell you why. First, a parrot can repeat my words. If I say "Hello" to it, it will say "Hello" to me. Next, it has gorgeous, colorful feathers, so just looking at it will make me happy. Last, parrots live longer than most other animals kept at home.

① pet ② word
③ color ④ plant

22 글의 흐름으로 보아 다음 문장이 들어가기에 가장 적절한 곳은?

However, despite its usefulness, plastic pollutes the environment severely.

Plastic is a very useful material. (①) Its usefulness comes from the fact that plastic is cheap, lightweight, and strong. (②) For example, plastic remains in landfills for hundreds or even thousands of years, resulting in soil pollution. (③) The best solution to this problem is to create eco-friendly alternatives to plastic. (④)

23 다음 글의 바로 뒤에 이어질 내용으로 가장 적절한 것은?

Beans have been with us for thousands of years. They are easy to grow everywhere. More importantly, they are high in protein and low in fat. These factors make beans one of the world's greatest superfoods. Now, let's learn how beans are cooked in a variety of ways around the world.

① 콩 재배의 역사
② 콩의 수확 시기
③ 콩 섭취의 부작용
④ 콩의 다양한 요리법

[24~25]

다음 글을 읽고 물음에 답하시오.

Volunteering gives you a healthy mind. According to one survey, 96 % of volunteers report feeling happier after doing it. If you help others in the community, you will feel better about yourself. It can also motivate you to live with more energy that can help you in your ordinary daily life. Therefore, you will have a more _____ view of life.

24 윗글의 빈칸에 들어갈 말로 가장 적절한 것은?

① shy ② useless
③ unhappy ④ positive

25 윗글의 주제로 가장 적절한 것은?

① 외로움의 유용함
② 달 연구의 어려움
③ 자원봉사가 주는 이점
④ 온라인 수업 도구의 다양성

01 ㉠에 들어갈 내용으로 옳은 것은?

> 우리나라 법 체계에서 (㉠)은/는 국가의 통치 조직과 운영 원리 및 국민의 기본적 인권을 규정한 최고의 법이다.

① 명령 ② 법률
③ 조례 ④ 헌법

02 다음 설명에 해당하는 기본권은?

> 다른 기본권이 침해되었을 때, 이를 구제하도록 요구할 수 있는 권리이다. 청원권 등이 이에 해당한다.

① 자유권 ② 참정권
③ 청구권 ④ 평등권

03 ㉠에 들어갈 용어로 옳은 것은?

> (㉠)은/는 인간이라면 누구나 누릴 수 있는 기본적인 권리이다. 모든 사람이 차별 없이 누리는 보편성, 사람이라면 누구나 태어나면서부터 가지는 천부성, 박탈당하지 않고 영구히 보장되는 항구성, 누구도 침범할 수 없는 불가침성을 특성으로 한다.

① 능력 ② 의무
③ 인권 ④ 정의

04 다음 설명에 해당하는 것은?

> ○ 선택을 통해 얻게 되는 이익이다.
> ○ 물질적이고 금전적인 이익뿐 아니라 즐거움이나 성취감 같은 비금전적인 것도 포함한다.

① 편익 ② 희소성
③ 금융 자산 ④ 암묵적 비용

05 다음 설명에 해당하지 <u>않는</u> 것은?

> ○ 정부를 구성 단위로 하는 국제 사회의 행위 주체이다.
> ○ 국가들 사이의 이해관계를 조정하거나 국가 간 분쟁을 중재한다.

① 유럽 연합(EU)
② 다문화 사회
③ 세계 무역 기구(WTO)
④ 경제 협력 개발 기구(OECD)

06 ㉠에 들어갈 용어로 가장 적절한 것은?

> **탐구 활동 보고서**
>
> 주제: ㉠
> ○ 정의: 시장에서 자원의 배분이 효율적으로 이루어지지 못하는 상태
> ○ 사례: 독과점 문제 발생, 외부 효과의 발생, 공공재의 공급 부족

① 남초 현상
② 시장 실패
③ 규모의 경제
④ 소비자 주권

07 다음 헌법 조항에 나타난 제도로 가장 적절한 것은?

> 제40조 입법권은 국회에 속한다.
> 제66조 ④ 행정권은 대통령을 수반으로 하는 정부에 속한다.
> 제101조 ① 사법권은 법관으로 구성된 법원에 속한다.

① 권력 분립 제도
② 사회 보장 제도
③ 위헌 법률 심판
④ 헌법 소원 심판

08 다음에서 설명하는 것은?

> ○ 의미: 국가가 생활 유지 능력이 없거나 생활이 어려운 국민의 최저 생활을 보장하고 자립을 지원하는 제도
> ○ 종류: 국민 기초 생활 보장 제도 등

① 공공 부조
② 재무 설계
③ 정주 환경
④ 지리적 표시제

09 다음에서 설명하는 자산 관리의 원칙은?

> ○ 원금에 비해 얻을 수 있는 이익의 정도
> ○ 금융 상품의 가격 상승이나 이자 수익을 기대할 수 있는 정도

① 다양성   ② 수익성
③ 유동성   ④ 편재성

10 문화를 우열 관계로 인식하는 태도로 옳은 것을 〈보기〉에서 고른 것은?

> ┌─────────── 보기 ───────────┐
> ㄱ. 문화 상대주의   ㄴ. 자유 방임주의
> ㄷ. 문화 사대주의   ㄹ. 자문화 중심주의
> └────────────────────────────┘

① ㄱ, ㄴ   ② ㄱ, ㄹ
③ ㄴ, ㄷ   ④ ㄷ, ㄹ

11 ㉠에 들어갈 내용으로 가장 적절한 것은?

> **학습 주제: (㉠)의 사례 조사하기**
> ○ 사례 1: 이산화탄소 배출을 줄이기 위해 지역 농산물을 구매한다.
> ○ 사례 2: 생산자들에게 정당한 몫을 주는 공정 무역 커피를 구매한다.

① 뉴딜 정책   ② 유리 천장
③ 윤리적 소비   ④ 샐러드 볼 이론

12 다음에서 설명하는 것은?

> 두 차례의 세계 대전을 겪은 뒤, 국제 연합(UN) 총회에서 인류가 당연히 누려야 할 권리를 규정하고 인권 보장의 국제적 기준을 제시한 선언이다.

① 권리 장전
② 바이마르 헌법
③ 세계 인권 선언
④ 미국 독립 선언

13 다음에 해당하는 문화 변동 양상은?

> 한 문화가 다른 문화에 흡수되어 소멸하는 현상

① 문화 갈등   ② 문화 성찰
③ 문화 병존   ④ 문화 동화

14 한대 기후의 특성에 따른 생활 모습으로 옳은 것을 〈보기〉에서 고른 것은?

> ── 보기 ──
> ㄱ. 순록 유목
> ㄴ. 이동식 화전 농업
> ㄷ. 가축의 털로 만든 옷
> ㄹ. 통풍을 위한 큰 창문

① ㄱ, ㄴ ② ㄱ, ㄷ
③ ㄴ, ㄹ ④ ㄷ, ㄹ

15 다음에서 설명하는 자연재해는?

> ○ 분류: 지형적 요인에 의한 자연재해
> ○ 원인: 급격한 지각 변동
> ○ 현상: 높은 파도가 빠른 속도로 해안으로 밀려옴.

① 가뭄 ② 폭설
③ 지진 해일 ④ 열대 저기압

16 ㉠, ㉡에 해당하는 화석 연료로 옳은 것은?

> ○ (㉠): 18세기 산업 혁명기에 증기기관의 연료로 사용
> ○ (㉡): 현재 세계에서 가장 소비량이 많은 에너지 자원

	㉠	㉡		㉠	㉡
①	석유	천연가스	②	석유	석탄
③	석탄	천연가스	④	석탄	석유

17 ㉠에 들어갈 내용으로 가장 적절한 것은?

> **이슬람교 문화의 특징**
> ○ 금기 음식: 돼지고기, 술
> ○ 전통 의상: ㉠

① 게르 ② 판초
③ 부르카 ④ 마타도르

18 다음에서 설명하는 것은?

> ○ 대도시의 기능과 영향력이 주변 지역으로 확대되면서 형성되는 생활권이다.
> ○ 집과 직장의 거리가 멀어지는 사람들이 많아진다.

① 대도시권
② 누리 소통망(SNS)
③ 커뮤니티 매핑
④ 지리 정보 시스템(GIS)

19 ㉠에 들어갈 내용으로 옳은 것은?

> **(㉠)의 원인**
> ○ 도시의 아스팔트 도로와 콘크리트 구조물의 증가
> ○ 도시 내부의 인공 열 발생

① 슬럼 ② 열섬 현상
③ 빨대 효과 ④ 제노포비아

20 인구 분포에 영향을 미치는 사회적 요인으로 옳은 것은?

① 사막
② 온화한 기후
③ 험준한 산지
④ 풍부한 일자리

21 다음에 해당하는 분쟁 지역을 지도의 A~D에서 고른 것은?

> 카슈미르 지역에서 발생한 인도와 파키스탄의 분쟁

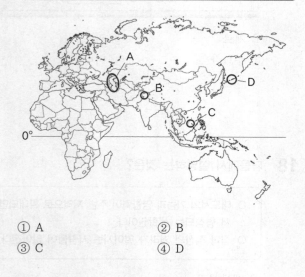

① A
② B
③ C
④ D

22 정보화로 인한 생활 양식의 변화로 적절하지 <u>않은</u> 것은?

① 시공간의 제약이 완전히 사라졌다.
② 원격 진료나 원격 교육이 가능해졌다.
③ 전자 상거래를 통해 물건을 구매할 수 있게 되었다.
④ 가상공간을 통해 개인의 정치적 의견을 토론할 수 있게 되었다.

23 산업화가 가져온 변화로 옳은 것을 〈보기〉에서 고른 것은?

> ──── 보기 ────
> ㄱ. 녹지 면적 증가
> ㄴ. 농업 중심 사회 형성
> ㄷ. 직업의 다양성 증가
> ㄹ. 도시화의 촉진

① ㄱ, ㄴ
② ㄱ, ㄷ
③ ㄴ, ㄹ
④ ㄷ, ㄹ

24 다음에서 설명하는 것은?

> 각종 개발 사업이 시행되기 전에 환경에 미치게 될 영향을 예측하고 평가하여 환경 오염을 줄이려는 방안을 마련하는 제도이다.

① 용광로 정책
② 공적 개발 원조
③ 환경 영향 평가
④ 핵 확산 금지 조약

25 ㉠에 들어갈 내용으로 옳은 것은?

> 〈환경 문제 해결을 위한 노력〉
> 1. 환경 보호를 위한 국제 비정부 기구의 노력
>   ○ 주요 활동: 환경 오염 유발 행위 감시 활동
>   ○ 단체: ㉠

① 그린피스(Greenpeace)
② 브렉시트(Brexit)
③ 국제 통화 기금(IMF)
④ 세계 보건 기구(WHO)

01 그림은 핵분열 반응을 나타낸 것이다. 다음 중 이 반응을 이용하는 핵발전의 연료에 해당하는 것은?

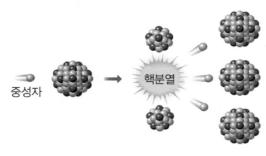

중성자 → 핵분열

① 바람　　　　　② 석탄
③ 수소　　　　　④ 우라늄

02 열효율이 20 %인 열기관에 공급된 열에너지가 100 J 일 때 이 열기관이 한 일은?

① 10 J　　　　　② 20 J
③ 30 J　　　　　④ 40 J

03 그림은 자유 낙하하는 물체를 같은 시간 간격으로 나타낸 것이다. 구간 A ~ C에서 물체의 운동에 대한 설명으로 옳은 것은? (단, 공기 저항은 무시한다.)

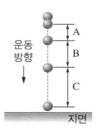

운동 방향 ↓

A
B
C
지면

① A에서 가속도는 0이다.
② B에서 속도는 일정하다.
③ C에서 물체에 작용하는 힘은 0이다.
④ A와 B에서 물체에 작용하는 힘의 방향은 같다.

04 그림은 질량이 다른 두 물체 A, B가 수평면에서 각각 일정한 속도로 운동하고 있는 모습을 나타낸 것이다. 두 물체의 운동량의 크기가 같을 때 B의 속도 v는?

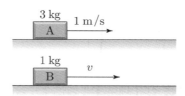

3 kg A　1 m/s

1 kg B　v

① 3 m/s
② 5 m/s
③ 7 m/s
④ 9 m/s

05 다음 설명에 해당하는 신소재는?

○ 그래핀이 튜브 형태로 결합된 구조이다.
○ 구리보다 열전도율이 뛰어나다.

① 고무　　　　　② 유리
③ 나무　　　　　④ 탄소 나노 튜브

06 설탕과 염화 나트륨($NaCl$)에 대한 설명으로 옳은 것만을 〈보기〉에서 모두 고른 것은?

> • 보기 •
> ㄱ. 설탕은 이온 결합 물질이다.
> ㄴ. 설탕을 물에 녹이면 대부분 이온이 된다.
> ㄷ. $NaCl$은 수용액 상태에서 전기가 통한다.

① ㄱ　　　　　　② ㄷ
③ ㄱ, ㄴ　　　　④ ㄴ, ㄷ

07 그림은 전기 에너지의 생산과 수송 과정을 나타낸 것이다. 이에 대한 설명으로 옳지 <u>않은</u> 것은?

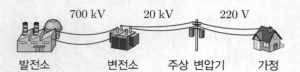

발전소　　　변전소　　　주상 변압기　　　가정

① 발전소는 전기 에너지를 생산하는 곳이다.
② 변전소는 전압을 바꾸는 역할을 한다.
③ 전력 수송 과정에서 전력 손실은 발생하지 않는다.
④ 주상 변압기는 전압을 220 V로 낮추어 가정으로 전기 에너지를 공급한다.

08 그림은 산소와 네온 원자의 전자 배치를 나타낸 것이다. 산소 원자가 안정한 원소인 네온과 같은 전자 배치를 하기 위해 얻어야 하는 전자의 개수는?

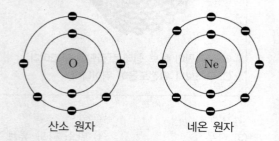

산소 원자　　　　　네온 원자

① 1개
② 2개
③ 3개
④ 4개

09 다음 설명의 ㉠에 해당하는 것은?

> 질산 은($AgNO_3$) 수용액에 구리(Cu) 선을 넣어 두면 구리는 전자를 잃어 구리 이온(Cu^{2+})으로 산화되고, 은 이온(Ag^+)은 전자를 얻어 은(Ag)으로 ___㉠___ 된다.

① 산화　　　　　② 연소
③ 중화　　　　　④ 환원

10 수산화 나트륨($NaOH$) 수용액은 붉은색 리트머스 종이를 푸른색으로 변하게 하는 성질이 있다. 다음 물질의 수용액 중 이와 같은 성질을 나타내는 것은?

① HCl　　　　　② KOH
③ HNO_3　　　　④ H_2SO_4

11 다음 화학 반응식에서 수소 이온(H^+)과 수산화 이온(OH^-)이 반응하는 개수비는?

> $$H^+ + OH^- \rightarrow H_2O$$

	H^+		OH^-			H^+		OH^-
①	1	:	1		②	1	:	2
③	2	:	1		④	3	:	2

12 그림은 단백질의 형성 과정을 나타낸 것이다. 단백질을 구성하는 단위체 A는?

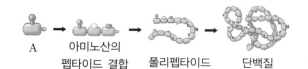

A → 아미노산의 펩타이드 결합 → 폴리펩타이드 → 단백질

① 녹말
② 핵산
③ 포도당
④ 아미노산

13 다음 설명의 ㉠에 해당하는 것은?

> 한 생물종 내에서도 개체마다 유전자가 달라 다양한 형질이 나타난다. 하나의 종에서 나타나는 유전자의 다양한 정도를 ㉠ 이라고 한다.

① 군집
② 개체군
③ 유전적 다양성
④ 생태계 다양성

14 다음 중 생물이 생명 유지를 위해 생명체 내에서 물질을 분해하거나 합성하는 모든 화학 반응을 무엇이라고 하는가?

① 삼투
② 연소
③ 확산
④ 물질대사

15 그림과 같이 광합성이 일어나는 식물의 세포 소기관은?

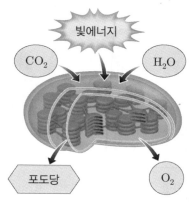

① 핵
② 엽록체
③ 세포막
④ 미토콘드리아

16 그림은 세포 내 유전 정보의 흐름을 나타낸 것이다. ㉠과 ㉡에 해당하는 물질은?

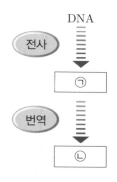

	㉠	㉡
①	단백질	단백질
②	단백질	RNA
③	RNA	단백질
④	RNA	RNA

17 다음 설명에 해당하는 것은?

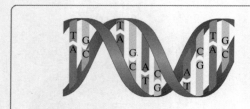

○ 이중 나선 구조이다.
○ A, G, C, T의 염기 서열로 유전 정보를 저장한다.

① 지방　　　　　　　② 효소
③ 단백질　　　　　　④ DNA

18 그림은 생태계의 구성 요소 중 생물적 요인을 나타낸 것이다. A에 해당하는 생물은?

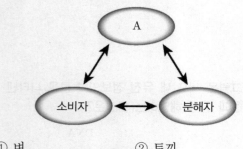

① 벼　　　　　　　　② 토끼
③ 독수리　　　　　　④ 곰팡이

19 그림은 어느 지질 시대의 표준 화석을 나타낸 것이다. 이 생물이 번성하였던 지질 시대는?

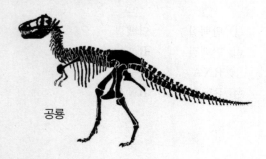

① 신생대
② 중생대
③ 고생대
④ 선캄브리아 시대

20 그림은 지구 내부의 층상 구조를 나타낸 것이다. A~D는 각각 지각, 맨틀, 외핵, 내핵 중 하나이다. 액체 상태인 층은?

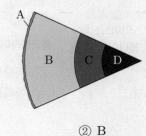

① A　　　　　　　　② B
③ C　　　　　　　　④ D

21 다음 판의 경계에 발달하는 지형은?

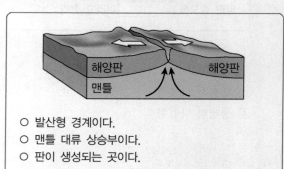

○ 발산형 경계이다.
○ 맨틀 대류 상승부이다.
○ 판이 생성되는 곳이다.

① 해령　　　　　　　② 해구
③ 호상 열도　　　　④ 변환 단층

22 그림은 지구 시스템을 이루는 각 권의 상호 작용을 나타낸 것이다. A ~ D 중 화산 활동에 의한 화산 가스가 대기 중에 방출되는 것에 해당하는 상호 작용은?

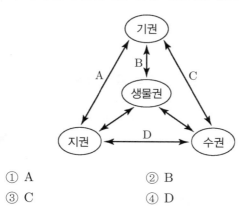

① A

② B

③ C

④ D

23 다음 설명의 ㉠에 해당하는 것은?

태평양의 적도 부근에서 부는 무역풍이 몇 년에 한 번씩 약해지면서 남적도 해류의 흐름이 느려져서, 동태평양 적도 해역의 표층 수온이 평상시보다 높아진다. 이러한 현상을 [㉠]라고 한다.

① 사막화

② 산사태

③ 엘니뇨

④ 한파

24 그림은 수소 기체 방전관에서 나온 빛의 방출 스펙트럼을 분광기를 이용하여 맨눈으로 관찰한 것을 나타낸 것이다. 이에 대한 설명으로 옳은 것만을 〈보기〉에서 모두 고른 것은?

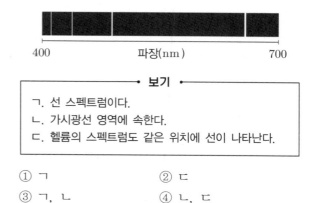

┌─────── 보기 ───────┐

ㄱ. 선 스펙트럼이다.

ㄴ. 가시광선 영역에 속한다.

ㄷ. 헬륨의 스펙트럼도 같은 위치에 선이 나타난다.

└──────────────────┘

① ㄱ

② ㄷ

③ ㄱ, ㄴ

④ ㄴ, ㄷ

25 그림은 질량이 태양 정도인 별의 중심부에서 핵융합 반응이 모두 끝났을 때의 내부 구조를 나타낸 것이다. ㉠에 해당하는 원소는?

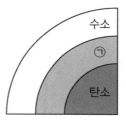

① 헬륨

② 산소

③ 철

④ 우라늄

01 ㉠에 들어갈 유물로 옳은 것은?

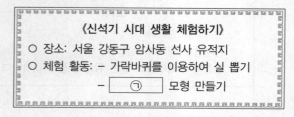

《신석기 시대 생활 체험하기》
○ 장소: 서울 강동구 암사동 선사 유적지
○ 체험 활동: - 가락바퀴를 이용하여 실 뽑기
　　　　　　　 - 　㉠　 모형 만들기

① 상평통보
② 비파형 동검
③ 빗살무늬 토기
④ 불국사 3층 석탑

02 ㉠에 들어갈 내용으로 옳은 것은?

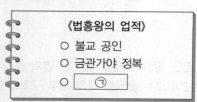

《법흥왕의 업적》
○ 불교 공인
○ 금관가야 정복
○ 　㉠

① 율령 반포
② 훈민정음 창제
③ 사심관 제도 실시
④ 전민변정도감 설치

03 다음 설명에 해당하는 문서는?

일본 도다이사 쇼소인에서 발견된 문서이다. 이 문서에는 서원경(충북 청주)에 속한 촌락을 비롯한 4개 촌락의 인구 수, 토지의 종류와 크기, 소와 말의 수 등이 기록되어 있어 당시의 경제 상황을 알 수 있다.

① 공명첩
② 시무 28조
③ 영남 만인소
④ 신라 촌락 문서

04 ㉠에 들어갈 내용으로 옳은 것은?

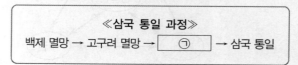

《삼국 통일 과정》
백제 멸망 → 고구려 멸망 → 　㉠　 → 삼국 통일

① 귀주 대첩
② 매소성 전투
③ 봉오동 전투
④ 한산도 대첩

05 두 학생의 대화 내용에 해당하는 인물은?

고려의 승려로 해동 천태종을 창시했지.

그래. 그는 교리 연구와 실천적 수행을 병행해야 한다는 교관겸수를 주장하기도 했어.

① 김구
② 의천
③ 안중근
④ 전태일

06 다음 내용이 원인이 되어 일어난 사건은?

○ 명성 황후 시해 사건
○ 단발령 실시

① 갑신정변
② 병자호란
③ 을미의병
④ 무신 정변

07 ㉠에 들어갈 내용으로 옳은 것은?

> ≪수행 평가 계획서≫
> ○ 주제: 고려 광종의 정책
> ○ 조사할 내용: ⎡ ㉠ ⎤, 과거제 등

① 신문지법
② 노비안검법
③ 치안 유지법
④ 국가 총동원법

08 다음 사건이 일어난 시기에 대한 설명으로 옳은 것은?

> ○ 홍경래의 난(1811)
> ○ 임술 농민 봉기(1862)

① 권문세족이 농장을 확대하였다.
② 세도 가문이 권력을 독점하였다.
③ 진골 귀족들이 왕위 쟁탈전을 벌였다.
④ 일제가 황국 신민화 정책을 추진하였다.

09 ㉠에 들어갈 내용으로 가장 적절한 것은?

> 질문 고려 양인 중 ⎡ ㉠ ⎤에 대해 알려 주세요.
> 답변 ↳ 과거 응시와 거주 이전에 제한이 있었습니다.
> ↳ 일반 군현민에 비해 많은 세금을 부담해야 했습니다.

① 노비
② 향리
③ 하급 장교
④ 향·소·부곡민

10 다음에서 설명하는 조선의 교육 기관은?

> ○ 사림의 주도로 설립되기 시작함.
> ○ 지방 양반의 권위를 강화하는 역할을 함.
> ○ 선현에 대한 제사와 학문 연구 및 교육을 담당함.

① 서원
② 광혜원
③ 우정총국
④ 경성 제국 대학

11 ㉠에 들어갈 용어로 옳은 것은?

> 조선에서는 사헌부, 사간원, 홍문관의 ⎡ ㉠ ⎤을/를 두어 정사를 비판하고 관리의 비리를 감찰하게 하여 권력의 독점과 부정을 방지하였다.

① 3사
② 비변사
③ 식목도감
④ 군국기무처

12 ㉠에 들어갈 내용으로 옳은 것은?

> 1866년 프랑스는 병인박해를 구실로 강화도를 공격하였다. 이에 맞서 양헌수 부대가 정족산성에서 승리하여 프랑스군이 철수하였다. 이 과정에서 조선은 ⎡ ㉠ ⎤

① 쌍성총관부를 탈환하였다.
② 나·제 동맹을 결성하였다.
③ 백두산정계비를 건립하였다.
④ 외규장각 도서를 약탈당하였다.

13 다음 질문에 대한 학생의 답으로 옳은 것은?

> 한국사 골든벨

> 동학 농민군이 탐관오리 처벌, 조세 제도 개혁, 사회적 악습 폐지 등을 위해 설치한 농민 자치 기구는 무엇일까요?

① 집강소
② 성균관
③ 국문 연구소
④ 조선 총독부

14 다음에서 설명하는 민족 운동은?

○ 준비 과정에서 민족주의 세력과 사회주의 세력이 연대함.
○ 1926년 순종의 장례일에 맞추어 시위를 전개함.

① 새마을 운동
② 서경 천도 운동
③ 6·10 만세 운동
④ 5·18 민주화 운동

15 ㉠에 들어갈 내용으로 옳은 것은?

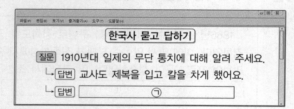

한국사 묻고 답하기

질문 1910년대 일제의 무단 통치에 대해 알려 주세요.
└ 답변 교사도 제복을 입고 칼을 차게 했어요.
└ 답변 ㉠

① 골품제를 실시하였어요.
② 삼청 교육대를 설치하였어요.
③ 사사오입 개헌을 단행하였어요.
④ 헌병 경찰 제도를 실시하였어요.

16 ㉠에 들어갈 인물로 옳은 것은?

1932년 일제는 훙커우 공원에서 상하이 사변의 승리를 축하하는 기념식을 열었다. 이때 ㉠ 이 폭탄을 던져 일본의 군 장성과 고관들을 처단하였다. 이를 계기로 중국 국민당 정부는 한국 독립운동을 적극 지원하게 되었다.

① 일연
② 김유신
③ 윤봉길
④ 정약용

17 다음에서 설명하는 일제의 식민지 지배 정책은?

○ 배경: 제1차 세계 대전 이후 일본에서 쌀값이 폭등함.
○ 전개: 일제가 한국을 식량 공급지화함.
○ 결과: 한국의 식량 사정이 악화되고 농민의 부담이 증가함.

① 대동법
② 탕평책
③ 의정부 서사제
④ 산미 증식 계획

18 ㉠에 들어갈 내용으로 옳은 것은?

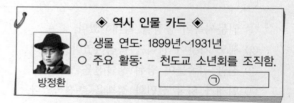

◆ 역사 인물 카드 ◆

○ 생몰 연도: 1899년~1931년
○ 주요 활동: ‐ 천도교 소년회를 조직함.
방정환   ‐ ㉠

① 현량과를 시행함.
② 『삼국사기』를 저술함.
③ 어린이날 제정을 주도함.
④ 이토 히로부미를 처단함.

19 밑줄 친 ㉠에 해당하는 민주화 운동은?

1987년 전두환 대통령의 4·13 호헌 조치에 맞서 시민들은 ㉠호헌 철폐와 독재 타도를 외치며 전국적으로 시위를 전개하였다. 결국 전두환 정부는 국민의 요구에 굴복하여 대통령 직선제 개헌안을 수용하였다.

① 3·1 운동
② 6월 민주 항쟁
③ 국채 보상 운동
④ 금 모으기 운동

20 ㉠에 들어갈 내용으로 옳은 것은?

> 1945년 개최된 [㉠]에서 한국의 임시 민주 정부 수립, 이를 위한 미·소 공동 위원회 설치, 신탁 통치 실시 등이 결정되었다.

① 신민회
② 화백 회의
③ 조선 물산 장려회
④ 모스크바 3국 외상 회의

21 다음 전쟁의 결과로 옳지 <u>않은</u> 것은?

> 1950년 6월 25일, 북한의 남침으로 발발하였다. 이후 인천 상륙 작전, 1·4 후퇴를 거쳐 38도선 일대에서 공방전이 지속되다가 1953년 7월 27일 정전 협정이 체결되었다.

① 강화도 조약이 체결되었다.
② 남북 분단이 고착화되었다.
③ 많은 군인과 민간인이 희생되었다.
④ 이산가족과 전쟁고아가 발생하였다.

22 ㉠에 들어갈 내용으로 옳은 것은?

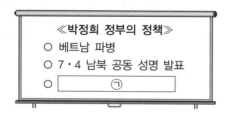

《박정희 정부의 정책》
○ 베트남 파병
○ 7·4 남북 공동 성명 발표
○ [㉠]

① 별기군 창설
② 유신 헌법 제정
③ 독서삼품과 실시
④ 한·일 월드컵 대회 개최

23 다음에서 설명하는 정부는?

> ○ 삼백 산업 발달
> ○ 3·15 부정 선거 자행

① 이승만 정부　　② 노태우 정부
③ 김대중 정부　　④ 이명박 정부

24 다음에서 설명하는 군사 조직은?

> ○ 1940년에 대한민국 임시 정부가 창설함.
> ○ 총사령관에 지청천, 참모장에 이범석이 취임함.
> ○ 미국 전략 정보국(OSS)과 협력하여 국내 진공 작전을 계획함.

① 별무반　　　　② 삼별초
③ 장용영　　　　④ 한국 광복군

25 ㉠에 들어갈 내용으로 옳은 것은?

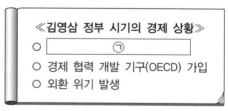

《김영삼 정부 시기의 경제 상황》
○ [㉠]
○ 경제 협력 개발 기구(OECD) 가입
○ 외환 위기 발생

① 당백전 발행
② 방곡령 선포
③ 진대법 실시
④ 금융 실명제 실시

01 다음 설명에 해당하는 윤리학은?

> 도덕적 언어의 의미 분석과 도덕적 추론의 정당성을 검증하기 위한 논리 분석을 주된 목표로 하는 윤리학

① 메타 윤리학
② 실천 윤리학
③ 신경 윤리학
④ 기술 윤리학

02 다음에서 소개하는 윤리 사상가는?

> ◈ 도덕 인물 카드 ◈
> ○ 중국 춘추 시대 사상가
> ○ 도가 사상의 창시자로 무위자연을 강조함.
> ○ 『도덕경』에 그의 사상이 잘 나타남.

① 묵자
② 노자
③ 순자
④ 맹자

03 도덕적 탐구에 대한 설명으로 옳지 <u>않은</u> 것은?

① 도덕 판단이나 행위의 정당화에 중점을 둔다.
② 도덕적 사고를 통해 이루어지는 지적 활동이다.
③ 도덕적 탐구에는 도덕적 추론 능력이 필요하다.
④ 도덕적 탐구 과정에서는 정서적 측면을 배제해야 한다.

04 다음 설명에 해당하는 것은?

> ○ 세상 모든 존재는 서로 의지한다는 불교의 근본 교리
> ○ 모든 존재와 현상은 여러 가지 원인[因]과 조건[緣], 즉 인연에 의해 생겨남.

① 심재(心齋)
② 연기(緣起)
③ 오륜(五倫)
④ 정명(正名)

05 ㉠에 들어갈 사상은?

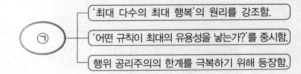

> '최대 다수의 최대 행복'의 원리를 강조함.
> '어떤 규칙이 최대의 유용성을 낳는가?'를 중시함.
> 행위 공리주의의 한계를 극복하기 위해 등장함.

① 의무론
② 덕 윤리
③ 자연법 윤리
④ 규칙 공리주의

06 다음에서 설명하는 자연관으로 옳은 것은?

> ○ 과학적 지식을 활용하여 인간이 자연을 정복해야 한다.
> ○ 자연은 단순한 기계로서 도덕적 고려 대상에서 제외된다.

① 인간 중심주의
② 동물 중심주의
③ 생명 중심주의
④ 생태 중심주의

07 다음 설명에 해당하는 것은?

> 정의롭지 못한 법과 정책을 변화시키려는 목적을 가지고 의도적으로 법을 위반하는 행위

① 공정 무역
② 시민 불복종
③ 합리적 소비
④ 주민 투표제

08 다음은 서술형 평가 문제와 답안이다. 밑줄 친 ㉠~㉣ 중 옳지 않은 것은?

> 문제: 과학 기술자의 사회적 책임에 대해 설명하시오.
>
> 〈답안〉
> 과학 기술자는 ㉠ 인류 복지 향상을 위해 사회적 책임을 다해야 한다. ㉡ 자신의 연구 결과가 사회에 미칠 영향력을 인식해야 하고, ㉢ 자신만의 이익을 위해 연구 결과를 조작해야 한다. 또한, ㉣ 연구 활동이 인간 존엄성을 해치지 않는지 항상 성찰해야 한다.

① ㉠
② ㉡
③ ㉢
④ ㉣

09 대중문화의 건전한 발전을 위한 자세로 옳은 것은?

① 획일화된 문화 상품을 생산해야 한다.
② 대중문화를 무비판적으로 수용해야 한다.
③ 거대 자본으로 대중문화를 지배해야 한다.
④ 주체적인 자세로 대중문화를 감상해야 한다.

10 평화적인 남북통일 실현을 위해 가져야 할 올바른 자세를 〈보기〉에서 고른 것은?

> ┌─────── 보기 ───────
> ㄱ. 군사비 증강에 집중하여 무력 통일을 도모한다.
> ㄴ. 통일 시기와 과정은 민주적 절차에 따라 추진한다.
> ㄷ. 남북 교류와 협력을 통해 서로 간에 신뢰를 형성한다.
> ㄹ. 통일 기반 조성을 위한 노력보다 체제 통합을 우선한다.

① ㄱ, ㄴ
② ㄱ, ㄹ
③ ㄴ, ㄷ
④ ㄷ, ㄹ

11 부부간의 바람직한 윤리적 자세로 옳지 않은 것은?

① 부부는 서로 신의를 지켜야 한다.
② 부부는 동등한 존재임을 인식해야 한다.
③ 부부는 상대방을 존중하고 배려해야 한다.
④ 부부는 고정된 성 역할을 절대시해야 한다.

12 ㉠에 들어갈 내용으로 가장 적절한 것은?

> 동화주의의 대표적 이론은 (㉠)입니다. 비주류 문화를 주류 문화에 녹여서 하나로 통합시켜야 한다는 입장입니다.

① 용광로 이론
② 모자이크 이론
③ 샐러드 볼 이론
④ 국수 대접 이론

13 다음에서 롤스(Rawls, J.)의 관점에만 '✓'를 표시한 학생은?

관점 \ 학생	A	B	C	D
○ 분배 절차가 공정하면 분배 결과도 공정하다.		✓		✓
○ 재산이 많을수록 기본적 자유를 더 많이 가져야 한다.	✓		✓	
○ 사회적 약자에게 경제적 이익을 분배해서는 안 된다.		✓	✓	

① A
② B
③ C
④ D

14 칸트(Kant, I.)의 도덕 법칙에 대한 설명으로 옳은 것을 〈보기〉에서 고른 것은?

보기

ㄱ. 보편화가 가능해야 한다.
ㄴ. 정언 명령의 형식이어야 한다.
ㄷ. 인간 존엄성과는 무관해야 한다.
ㄹ. 행위의 동기보다 결과를 중시해야 한다.

① ㄱ, ㄴ
② ㄱ, ㄷ
③ ㄴ, ㄹ
④ ㄷ, ㄹ

15 인공 임신 중절에 대한 반대 근거로 적절하지 않은 것은?

① 태아는 생명권을 지닌다.
② 태아는 생명이 있는 인간이다.
③ 태아에 대한 소유권은 임신한 여성에게 있다.
④ 태아는 인간으로 발달할 잠재성을 지니고 있다.

16 다음 중 윤리적 소비를 실천한 학생은?

① 학생 1
② 학생 2
③ 학생 3
④ 학생 4

17 예술에 대한 도덕주의 입장으로 옳은 것을 〈보기〉에서 고른 것은?

보기

ㄱ. 예술의 자율성만을 강조해야 한다.
ㄴ. 예술에 대한 윤리적 규제가 필요하다.
ㄷ. 미적 가치를 제외한 모든 가치를 부정해야 한다.
ㄹ. 예술의 목적은 도덕적 교훈을 제공하는 것이다.

① ㄱ, ㄴ
② ㄱ, ㄷ
③ ㄴ, ㄹ
④ ㄷ, ㄹ

18 바람직한 의사소통을 위해 갖춰야 할 태도로 옳은 것은?

① 대화의 상대방을 무시하는 태도
② 타인의 주장을 거짓으로 간주하는 태도
③ 진실한 마음으로 상대를 속이지 않는 태도
④ 자신의 오류 가능성을 인정하지 않는 태도

19 전문직 종사자가 지녀야 할 윤리적 자세로 옳은 것은?

① 높은 수준의 직업적 양심과 책임 의식을 지녀야 한다.
② 직무의 공공성보다는 개인적 이익만을 중시해야 한다.
③ 전문성 함양보다 독점적 지위 보장을 우선시해야 한다.
④ 전문 지식을 통해 얻은 뇌물은 정당함을 알아야 한다.

20 교사의 질문에 대한 대답으로 적절하지 <u>않은</u> 것은?

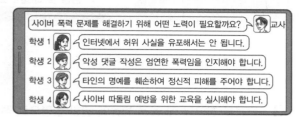

사이버 폭력 문제를 해결하기 위해 어떤 노력이 필요할까요? 교사

학생 1 | 인터넷에서 허위 사실을 유포해서는 안 됩니다.
학생 2 | 악성 댓글 작성은 엄연한 폭력임을 인지해야 합니다.
학생 3 | 타인의 명예를 훼손하여 정신적 피해를 주어야 합니다.
학생 4 | 사이버 따돌림 예방을 위한 교육을 실시해야 합니다.

① 학생 1   ② 학생 2
③ 학생 3   ④ 학생 4

21 다음 설명에 해당하는 형벌에 대한 관점은?

> 형벌의 목적은 범죄 예방을 통해 사회 전체의 이익을 증대시키는 것이다.

① 국수주의   ② 공리주의
③ 이기주의   ④ 신비주의

22 다음 설명에 해당하는 개념은?

> ○ 의미: 자신의 인간관, 가치관, 세계관 등을 전체적으로 검토하고 반성하는 과정
> ○ 방법: 증자의 일일삼성(一日三省), 이황의 경(敬) 등

① 인종 차별
② 부패 의식
③ 윤리적 성찰
④ 유전자 조작

23 ㉠, ㉡에 들어갈 사랑과 성에 대한 관점으로 옳은 것은?

| (㉠) | 결혼이라는 합법적 테두리 내에서 이루어진 성적 관계만이 정당하다. |
| (㉡) | 타인에게 피해를 주지 않고 성인이 자발적으로 동의한다면 사랑 없는 성적 관계도 가능하다. |

	㉠	㉡
①	중도주의	보수주의
②	보수주의	자유주의
③	자유주의	중도주의
④	보수주의	중도주의

24 기후 변화에 따른 문제점이 <u>아닌</u> 것은?

① 생태계 교란
② 새로운 질병의 유행
③ 자연재해의 증가
④ 인류의 안전한 삶 보장

25 다음 내용에 해당하는 국제 관계에 대한 입장은?

> ○ 국가는 이성적 존재이기 때문에 국제 분쟁은 국제법, 국제기구 등 제도의 개선으로 해결할 수 있다고 봄.
> ○ 대표적 사상가: 칸트

① 이상주의   ② 제국주의
③ 현실주의   ④ 지역주의

01 다음 대화에 나타난 특징으로 가장 적절한 것은?

> 환자 머리에 이데마¹⁾가 있어 만니톨²⁾을 주사하고 있습니다.
>
> 환자가 많이 아파하는 것 같으면 엔시드³⁾를 주고 저에게 알려 주세요.
>
> 전공의   신경외과장
>
> 1) 이데마(edema): 부종, 몸이 붓는 증상.
> 2) 만니톨(mannitol): 부종의 치료에 이용되는 약제.
> 3) 엔시드(ensid): 진통제, 통증 완화제.

① 신조어를 사용하고 있다.
② 전문어를 사용하고 있다.
③ 지역 방언을 사용하고 있다.
④ 관용 표현을 사용하고 있다.

02 수정 후에 반영된 언어 예절에 대한 설명으로 가장 적절한 것은?

> [수정 전] 선생님께서 주신 자료가 너무 어려워서 그러는데, 혹시 쉬운 자료가 있을까요?
> ↓
> [수정 후] 선생님께서 주신 자료를 제가 잘 이해하지 못해서 그러는데, 혹시 쉬운 자료가 있을까요?

① 상대를 칭찬하며 말한다.
② 자신의 탓으로 돌려 말한다.
③ 상대의 의견에 동의하며 말한다.
④ 자신의 능력을 과시하며 말한다.

03 다음을 참고할 때 음운 변동에 관한 설명으로 적절한 것은?

■ 자음 체계표(일부) ■			
조음 방법 \ 조음 위치	두 입술	윗잇몸	여린입천장
파열음	ㅂ	ㄷ	ㄱ
비음	ㅁ	ㄴ	ㅇ
유음		ㄹ	

① 심리[심니]: 앞 자음 'ㅁ'이 뒤 자음 'ㄹ'과 조음 방법이 같아짐.
② 종로[종노]: 앞 자음 'ㅇ'이 뒤 자음 'ㄹ'과 조음 위치가 같아짐.
③ 신라[실라]: 앞 자음 'ㄴ'이 뒤 자음 'ㄹ'과 조음 방법이 같아짐.
④ 국물[궁물]: 앞 자음 'ㄱ'이 뒤 자음 'ㅁ'과 조음 위치가 같아짐.

04 다음 한글 맞춤법 규정을 잘못 적용한 것은?

> ■ 한글 맞춤법 ■
> [제15항] 용언의 어간과 어미는 구별하여 적는다.
> [붙임 1] 두 개의 용언이 어울려 한 개의 용언이 될 적에, 앞말의 본뜻이 유지되고 있는 것은 그 원형을 밝히어 적고, 그 본뜻에서 멀어진 것은 밝히어 적지 아니한다.

① 인구가 늘어나다
② 갯벌이 드러나다
③ 집으로 돌아가다
④ 단추가 떨어지다

05 다음을 참고할 때 〈보기〉의 ㉠에 들어갈 말로 가장 적절한 것은?

> 다른 사람의 말을 직접 인용할 때는 인용할 내용에 큰따옴표가 붙고 조사 '라고'가 사용된다. 간접 인용할 때는 인용할 내용에 조사 '고'가 붙고, 경우에 따라 인용문의 인칭 대명사, 종결 어미가 바뀐다.

─── 보기 ───

직접 인용 표현 "너의 취미가 뭐야?"라고 물었다.

↓

간접 인용 표현 (㉠) 물었다

① 나의 취미가 뭐냐고
② 그의 취미가 뭐냐고
③ 나의 취미가 뭐냐라고
④ 그의 취미가 뭐냐라고

06 ㉠에 들어갈 내용으로 가장 적절한 것은?

> **주제: 의약품 개발을 위한 동물 실험 반대**
> Ⅰ. 서론: 동물 실험에 대한 문제 제기
> Ⅱ. 본론: 동물 실험을 반대하는 근거
>   1. 동물 실험은 비윤리적이라는 점에서 문제가 있다.
>   2. 동물 실험 결과를 인간에게 그대로 적용할 수 없다.
>   3. ㉠
> Ⅲ. 결론: 동물 실험이 금지되어야 함을 강조

① 동물 실험을 대체할 실험 방안이 있다.
② 동물 실험이 인간에게 가져다주는 이익이 크다.
③ 동물 실험이 동물 학대를 의미하는 것은 아니다.
④ 동물 실험으로 의약품 개발 비용을 절감할 수 있다.

07 ㉠~㉢을 고쳐 쓴 것으로 적절하지 않은 것은?

> 메모는 기억을 ㉠ 유지되는 가장 좋은 방법이다. ㉡ 충분한 수면은 기억력 향상에 도움을 준다. 여러 가지 생각이 동시에 떠오르거나 기발한 생각이 스쳐 갈 때 이를 메모해 두면 유용하다. 과거에는 메모가 필요한 순간에 메모지나 필기구가 ㉢ 없더라도 불편한 경우가 종종 있었다. ㉣ 그리고 지금은 휴대 전화의 기능을 활용하여 전보다 쉽게 메모할 수 있게 되었다.

① ㉠: '기억을'과 호응하도록 '유지하는'으로 수정한다.
② ㉡: 통일성을 해치는 문장이므로 삭제한다.
③ ㉢: 문맥을 고려하여 '없어서'로 고친다.
④ ㉣: 잘못된 접속어를 사용하였으므로 '따라서'로 바꾼다.

08 ㉠~㉣에 나타난 중세 국어의 특징으로 적절하지 않은 것은?

> 불·휘 ㉠ 기·픈남·ᄀᆞᆫ ㉡ ᄇᆞᄅ·매아·니:뮐·ᄊᆡ
> 곶:됴·코여·름·하ᄂᆞ·니
> :ᄉᆡ·미기·픈 ㉢ ·므·른·ᄀᆞᄆ·래아·니그·츨·ᄊᆡ
> ㉣ :내·히이·러바·ᄅ·래·가ᄂᆞ·니
>   – 「용비어천가」 제2장 –

① ㉠: 소리 나는 대로 표기하고 있다.
② ㉡: 현재 쓰이지 않는 모음이 있었다.
③ ㉢: 모음 조화를 지키고 있다.
④ ㉣: 주격 조사 '히'가 사용되었다.

[09~11]
다음 글을 읽고 물음에 답하시오.

나 보기가 역겨워
가실 때에는
말없이 고이 보내 드리우리다.

영변(寧邊)에 약산(藥山)
진달래꽃
아름 따다 가실 길에 뿌리우리다.

가시는 걸음걸음
놓인 그 꽃을
㉠ 사뿐히 즈려밟고 가시옵소서.

나 보기가 역겨워
가실 때에는
죽어도 아니 눈물 흘리우리다.

– 김소월, 「진달래꽃」 –

09 윗글의 표현상 특징으로 적절하지 <u>않은</u> 것은?

① 설의법을 사용하여 주제 의식을 강조하고 있다.
② 유사한 종결 어미를 반복하여 리듬감을 형성하고 있다.
③ 반어적 표현을 활용하여 화자의 감정을 강조하고 있다.
④ 수미상관 구조를 통해 형태적 안정감을 형성하고 있다.

10 ㉠에 나타난 화자의 정서로 가장 적절한 것은?

① 고향에 대한 그리움
② 무기력한 삶에 대한 후회
③ 임을 향한 헌신적인 사랑
④ 정처 없이 떠도는 삶의 비애

11 윗글과 〈보기〉에 공통으로 나타나는 우리나라 시가 문학의 특징으로 가장 적절한 것은?

> ● 보기 ●
>
> 아리랑 아리랑 아라리요 / 아리랑 고개로 넘어간다
> 나를 버리고 가시는 임은 / 십 리도 못 가서 발병 난다
> – 경기 민요 「아리랑」 –

① 3음보 율격을 지닌다.
② 자연 친화적 태도를 보인다.
③ 절기에 따른 풍속을 노래한다.
④ 마지막 구절 첫머리에 감탄사를 쓴다.

[12~13]
다음 글을 읽고 물음에 답하시오.

> 십 년을 경영하여 초려 삼간 지어 내니
> 나 한 간 달 한 간에 청풍 한 간 맛져 두고
> 강산 은 들일 듸 업스니 둘러 두고 보리라
> – 송순, 「십 년을 경영하여~」 –

12 윗글의 화자에 대한 설명으로 가장 적절한 것은?

① 세속적 삶을 지향하고 있다.
② 멀리 있는 임금을 걱정하고 있다.
③ 자연 속에서 소박하게 살고 있다.
④ 후학 양성에 대한 포부를 밝히고 있다.

13 ㉠~㉣ 중 윗글의 강산 과 의미가 가장 유사한 것은?

> ㉠ 잔 들고 혼자 앉아 먼 ㉡ 뫼를 바라보니
> 그리던 ㉢ 님이 오다 반가움이 이러하랴
> ㉣ 말씀도 웃음도 아녀도 못내 좋아하노라
> – 윤선도, 「만흥」 –

① ㉠
② ㉡
③ ㉢
④ ㉣

[14~16]

다음 글을 읽고 물음에 답하시오.

"김병국 부친 되십니다."

중위가 나를 소개했다. 그리고 덧붙여, 내가 예편된 대위 출신으로 육이오 전쟁에 참전한 상이용사라고 말했다.

"그렇습니까. 반갑습니다. 저는 윤영구라 합니다. 앉으시지요."

윤 소령이 나를 회의용 책상으로 안내해 간이 철제 의자를 권했다. ㉠ 그는 호인다운 인상에 목소리가 시원시원하여, 중위의, 파견 대장은 인간적이란 말에 한결 신뢰감을 주었다.

"불비한 자식을 둬서 죄, 죄송합니다. 자식 놈과 얘기해 보셨다면 아, 알겠지만 천성이 착한 놈입니다."

의자에 앉으며 내가 말했다.

"어젯밤 마침 제가 부대에서 숙식할 일이 있어 장시간 ㉡ 그 친구와 얘기를 나눠 봤지요. 똑똑한 젊은이더군요."

"요즘 제 딴에는 뭐 조류와 환경 오염 실태를 여, 연구한답시고…… . 모르긴 하지만 그 일 때문에 시, 심려를 끼치지 않았나 하는데요?"

"그렇습니다. 그러나 자제분은 군 통제 구역 출입이 어떤 처벌을 받는지 알 텐데도 무모한 행동을 했어요. 설령 하는 일이 정당하다면 사전에 부대 양해나 협조부터 요청해야지요."

〈중략〉

[A] 윤 소령은 당번병을 불러 김병국 군을 데려오라고 말했다. 한참 뒤, 사병과 함께 병국이 파견 대장실로 들어왔다. 땟국 앉은 꾀죄죄한 그의 몰골이 중병 환자 같았다. 점퍼와 검정 바지도 펄투성이여서 하수도 공사를 하다 나온 듯했다. 병국은 움푹 꺼진 동태눈으로 나를 보았다.

"㉢ 이 녀석아, 넌 도대체 어, 어떻게 돼먹은 놈이냐! 통금 시간에 허가증 없이 해안 일대에 모, 못 다니는 줄 뻔히 알면서."

내가 노기를 띠고 아들에게 소리쳤다.

"본의는 아니었어요. 사흘 사이 동진강 하구 삼각주에서 갑자기 새들이 집단으로 죽기에 그 이유를 좀 알아보려던 게……."

병국이 머리를 떨구었다.

"그래도 변명은!"

"고정하십시오. 자제분 의도나 진심은 충분히 파악했으니깐요." 윤 소령이 말했다.

병국은 간밤에 쓴 진술서에 손도장을 찍고, 각서 한 장을 썼다. 내가 그 각서에 연대 보증을 섬으로써 우리 부자가 파견대 정문을 나서기는 정오가 가까울 무렵이었다. 부대에서 나올 때 집으로 찾아왔던 중위가 병국이 사물을 인계했다. 닭털 침낭과 등산 배낭, 이인용 천막, 그리고 걸레 조각처럼 늘어진 바다오리와 꼬마물떼새 시신이 각 열 구씩이었다.

"죽은 새는 뭘 하게?"

웅포리 쪽으로 걸으며 내가 물었다.

"해부를 해서 사인을 캐 보려구요."

"폐, 폐수 탓일까?"

"글쎄요…… ."

"㉣ 너도 시장할 테니 아바이집으로 가서 저, 점심 요기나 하자."

나는 웅포리 정 마담을 만나 이잣돈을 받아 오라던 아내 말을 떠올렸다. 병국이는 식사 따위에 관심이 없어 보였다.

"아버지, 아무래도 새를 독살하는 치들이 있는 것 같아요."

"그걸 어떻게 아니?"

"갑자기 떼죽음당하는 게 이상하잖아요? 물론 전에도 새나 물고기가 떼죽음하는 경우가 있었지만, 이번은 뭔가 다른 것 같아요."

"물 탓이야. 이제 동진강은 강물이 아니고 도, 독물이야. 조만간 이곳에서 새떼가 자취를 감추고 말 게야."

– 김원일, 「도요새에 관한 명상」 –

14 윗글을 읽고 이해한 것으로 가장 적절한 것은?

① '나'는 '병국'의 일에 무관심하다.

② '병국'은 '윤 소령'의 입장을 동정한다.

③ '나'는 '윤 소령'의 행동에 실망감을 느낀다.

④ '병국'은 새들의 떼죽음에 의혹을 품고 있다.

15 [A]에 대한 설명으로 가장 적절한 것은?

① 과거 회상을 통해 사건의 원인을 밝히고 있다.

② 외양 묘사를 통해 인물의 처지를 보여 주고 있다.

③ 이국적 소재를 활용하여 인물의 상황을 강조하고 있다.

④ 장면의 빈번한 전환으로 갈등의 심화를 보여 주고 있다.

16 ㉠~㉣ 중 가리키는 대상이 다른 것은?

① ㉠   ② ㉡

③ ㉢   ④ ㉣

[17~19]

다음 글을 읽고 물음에 답하시오.

> [앞부분 줄거리] 명나라 때 홍무와 부인 양씨는 뒤늦게 계월을 낳아, 남자 옷을 입혀 기른다. 난을 피하다가 부모와 헤어진 계월을 여공이 구해 평국이라는 이름을 지어 주고, 아들 보국과 함께 곽 도사에게 수학하게 한다. 평국은 보국과 함께 과거에 급제하고, 서달의 난이 일어나자 출전하여 공을 세운다. 그 후 평국은 병이 들어 어의에게 진맥을 받고 난 뒤 여자임이 밝혀진다.

계월이 천자께 ㉠ 상소를 올리자 임금께서 보셨는데 상소의 내용은 다음과 같았다.

'한림학사 겸 대원수 좌승상 청주후 평국은 머리를 조아려 백 번 절하고 아뢰옵나이다. 신첩이 다섯 살이 되기 전에 장사랑의 난에 부모를 잃었사옵니다. 그리고 도적 맹길의 환을 만나 물속의 외로운 넋이 될 뻔한 것을 여공의 덕으로 살아났사옵니다. 오직 한 가지 생각을 했으니, 곧 여자의 행실을 해서는 규중에서 늙어 부모의 해골을 찾지 못할 것이라는 점입니다. 그래서 여자의 행실을 버리고 남자의 옷을 입어 황상을 속이옵고 조정에 들었사오니 신첩의 죄는 만 번을 죽어도 아깝지 않습니다. 이에 감히 아뢰어 죄를 기다리옵고 내려 주셨던 유지(諭旨)[1]와 인수(印綬)[2]를 올리옵나이다. 임금을 속인 죄를 물어 신첩을 속히 처참하옵소서.'

천자께서 글을 보시고 용상(龍床)을 치며 말씀하셨다.
"평국을 누가 여자로 보았으리오? 고금에 없는 일이로다. 천하가 비록 넓으나 문무(文武)를 다 갖추어 갈충보국(竭忠報國)[3]하고, 충성과 효도를 다하며 조정 밖으로 나가서는 장수가 되고 들어와서는 재상이 될 만한 재주를 가진 이는 남자 중에도 없을 것이로다. 평국이 비록 여자지만 그 벼슬을 어찌 거두겠는가?"

[중간 줄거리] 천자의 중매로 계월과 보국은 혼인을 하게 된다. 혼인 후 계월은 규중에서 지내다가 오랑캐를 진압하라는 천자의 명을 받는다.

평국이 엎드려 아뢰었다.
"신첩이 외람되게 폐하를 속이고 공후의 작록을 받아 영화로이 지낸 것도 황공했사온데 폐하께서는 죄를 용서해 주시고 신첩을 매우 사랑하셨사옵니다. 신첩이 비록 어리석으나 힘을 다해 성은을 만분의 일이나 갚으려 하오니 폐하께서는 근심하지 마옵소서."
천자께서 이에 크게 기뻐하시고 즉시 수많은 군사와 말을 징발해 주셨다. 그리고 벼슬을 높여 평국을 대원수로 삼으시니 원수가 사은숙배(謝恩肅拜)하고 위의를 갖추어 친히 붓을 잡아 보국에게 전령(傳令)을 내렸다.
"적병의 형세가 급하니 중군장은 급히 대령하여 군령을 어기지 마라."

보국이 전령을 보고 분함을 이기지 못해 부모에게 말했다.
"계월이 또 소자를 중군장으로 부리려 하오니 이런 일이 어디에 있사옵니까?"
여공이 말했다.
"전날 내가 너에게 무엇이라 일렀더냐? 계월이를 괄시하다가 이런 일을 당했으니 어찌 계월이가 그르다고 하겠느냐? 나랏일이 더할 수 없이 중요하니 어쩔 수 없구나."

– 작자 미상, 『홍계월전』 –

1) 유지(諭旨): 임금이 신하에게 내리던 글.
2) 인수(印綬): 벼슬에 임명될 때 임금에게 받는 도장을 몸에 차기 위한 끈.
3) 갈충보국(竭忠報國): 충성을 다해 나라의 은혜를 갚음.

17 윗글에 대한 설명으로 가장 적절한 것은?

① 인물의 말을 통해 대상을 평가하고 있다.
② 다른 사물에 빗대어 대상을 비판하고 있다.
③ 계절의 변화를 통해 비극적 상황을 강조하고 있다.
④ 꿈과 현실을 교차하여 인물의 과거를 보여 주고 있다.

18 윗글의 인물에 대한 설명으로 가장 적절한 것은?

① '천자'는 '여공'을 중군장으로 삼고자 한다.
② '평국'은 '천자'로부터 능력을 인정받고 있다.
③ '보국'은 대원수인 '계월'의 권위를 인정하고 있다.
④ '여공'은 '계월'이 아닌 '보국'의 편을 들어 주고 있다.

19 ㉠의 중심 내용으로 가장 적절한 것은?

① 자신의 혼인을 부탁하고 있다.
② '천자'를 속인 죄에 대해 벌을 청하고 있다.
③ 벼슬을 거두지 말아 달라고 간청하고 있다.
④ 여성에 대한 차별을 없애 달라고 요구하고 있다.

[20~22]

다음 글을 읽고 물음에 답하시오.

> 부탄의 마을 치몽은 한눈에 봐도 가난한 마을이다. 전기가 들어오지 않는 마을답게 변변한 세간도 없다. 그러나 매 순간 몸과 마음을 다해 손님을 접대한다. 활쏘기를 구경하려고 걸음을 멈추면 집으로 뛰어 들어가 돗자리를 꺼내 온다. 논두렁길을 걷다 보면 어린 소년이 뛰어와 옷 속에 품은 달걀을 수줍게 내민다. 이 동네 사람들은 행복해 보일 뿐만 아니라 우리를 행복하게 해 주기 위해서는 무엇이든 할 준비가 되어 있는 것 같았다. 가진 게 별로 없는데도 아무렇지 않아 보였으며 빈한한 살림마저도 기꺼이 나누며 살아가는 듯하였다.
>
> 또한, 치몽에서는 늘 몸을 움직여야만 한다. 집 바깥에 있는 화장실에 가기 위해서도, 공동 수돗가에서 물을 받기 위해서도 움직여야만 한다. 빨래는 당연히 손으로 해야 하고, 쌀도 키로 골라야 하며, 곡물은 맷돌을 돌려 갈아야 한다. 난방이 되지 않아 실내에서는 옷을 두껍게 입어야만 하며, 생활에 필요한 모든 것은 몸을 써야만 얻을 수 있다. 그런데 그 불편함이 이상하게도 살아 있음을 실감케 한다. 일상의 모든 자질구레한 일에 몸을 써야만 하는 이 나라 사람들에게 부탄 정부가 2005년에 노골적으로 물었다. "당신은 행복합니까?"라고. 그 질문에 단지 3.3퍼센트만이 행복하지 않다고 대답하였다고 한다. 이들의 이러한 모습을 보면 몸이 편한 것과 행복은 별 상관이 없는 것 같다는 생각이 들곤 한다.
>
> ㉠이 나라에서의 삶은 그야말로 사는 것이다. 텔레비전으로 보고, 인터넷으로 검색하고, 카메라로 찍는 삶이 아니라 몸을 움직여 직접 만들고 경험하는 삶이다. 그러다 보니 부탄에서 일과 놀이는 ㉡ 으로 연결되어 있다. 그들은 노는 듯 일하고 일하듯 논다. 진정한 호모 루덴스[1]다. 이런 그들에게 놀이는 돈을 지불해야 얻을 수 있는 상품이 아니다. 이 나라 사람들은 아직 노동하기 위해 살지는 않는다.
>
> – 김남희, 「왜 당신의 시간을 즐기지 않나요」 –

1) 호모 루덴스(Homo ludens): '노는 인간' 또는 '유희하는 인간'이라는 뜻으로 역사학자 하위징아(Huizinga, J.)가 제창한 개념.

20 윗글의 서술상 특징으로 적절한 것을 〈보기〉에서 고른 것은?

> ──── 보기 ────
> ㄱ. 구체적인 예를 들고 있다.
> ㄴ. 비슷한 상황을 열거하고 있다.
> ㄷ. 상대의 주장을 반박하고 있다.
> ㄹ. 새로운 이론을 제시하고 있다.

① ㄱ, ㄴ   ② ㄱ, ㄷ
③ ㄴ, ㄹ   ④ ㄷ, ㄹ

21 ㉠과 가장 거리가 먼 것은?

① 불편해도 살아 있음을 느끼는 삶
② 대중 매체를 통해 놀이를 즐기는 삶
③ 몸을 움직여 직접 만들고 경험하는 삶
④ 가진 것이 별로 없어도 나누며 사는 삶

22 ㉡에 들어갈 말로 가장 적절한 것은?

① 대립적   ② 일시적
③ 유기적   ④ 수동적

[23~25]
다음 글을 읽고 물음에 답하시오.

라면이 국수나 우동과 다른 점은 면을 한 번 튀겨서 익혔다는 것이다. 그래서 끓이지 않고도 먹을 수 있고, 끓여서 먹더라도 금방 익혀 먹을 수 있다. 심지어 컵라면은 지속적으로 끓일 필요도 없고 단지 끓는 물을 붓기만 해도 먹을 수 있다. 그런데 왜 하필 3분을 기다려야 하는 걸까? 컵라면을 먹을 때마다 3분이 얼마나 긴 시간인지를 새삼 깨닫는다.

컵라면의 면은 봉지 라면에 비해 더 가늘거나 납작하다. 면의 표면적을 넓혀 뜨거운 물에 더 많이 닿게 하기 위해서다. 그리고 컵라면의 면을 꺼내 보면 ㉠ 위쪽은 면이 꽉 짜여 빽빽하지만, 아래쪽은 면이 성글게 엉켜 있다. 이는 중량을 줄이기 위해서가 아니고 따뜻한 물은 위로, 차가운 물은 아래로 내려가는 대류 현상 때문이다. 컵라면 용기에 물을 부으면 위쪽보다는 아래쪽이 덜 식는다. 따라서 뜨거운 물이 위로 올라가려고 하는데 이때 면이 아래쪽부터 빽빽하게 들어차 있으면 물의 대류 현상에 방해가 된다. 위아래의 밀집도가 다른 컵라면의 면 형태는 뜨거운 물의 대류 현상을 원활하게 하여 물을 계속 끓이지 않아도 면이 고르게 익도록 하는 과학의 산물이다.

컵라면 면에는 화학적 비밀도 있다. 봉지 라면과 비교하였을 때 컵라면 면에는 밀가루 그 자체보다 정제된 전분이 더 많이 들어가 있다. 라면은 밀가루로 만든 면을 기름에 튀겨 전분을 알파화[1]한 것이다. 하지만 밀가루에는 전분 외에 단백질을 포함한 다른 성분도 들어 있다. 면에 이런 성분을 빼고 순수한 전분의 비율을 높이면 그만큼 알파화가 많이 일어나므로 뜨거운 물을 부었을 때 복원되는 시간도 빨라진다. 전분을 많이 넣을수록 면이 불어나는 시간이 빨라져 더 빨리 먹을 수 있게 되는 것이다. 하지만 전분이 너무 많이 들어가면 면이 익는 시간이 빨라지는 만큼 불어 터지는 속도도 빨라져 컵라면을 다 먹기도 전에 곤죽이 되고 만다.

– 이은희, 「라면의 과학」 –

1) 알파화: 물과 열을 가해 전분을 익혀 먹기 쉽게 만드는 과정이나 상태.

23 윗글에 반영된 글쓰기 계획으로 적절하지 <u>않은</u> 것은?

① 과학 용어를 사용하여 설명해야지.
② 대상과 관련된 경험을 제시해야지.
③ 다른 대상과 대조하여 설명해야지.
④ 구체적인 통계 자료를 활용해야지.

24 윗글을 통해 알 수 있는 내용으로 가장 적절한 것은?

① 컵라면의 면은 단백질과 전분으로만 이루어져 있다.
② 국수나 우동의 면은 모두 한 번 튀겨서 익힌 것이다.
③ 면이 납작해지면 뜨거운 물에 닿는 표면적이 넓어진다.
④ 면에 전분 외에 다른 성분의 비율을 높이면 알파화가 많이 일어난다.

25 ㉠의 이유로 가장 적절한 것은?

① 대류 현상을 방해하기 위해서
② 전분의 비율을 낮추기 위해서
③ 컵라면의 중량을 줄이기 위해서
④ 면이 고르게 익도록 하기 위해서

01 두 다항식 $A = 2x^2 + x$, $B = x^2 - 1$에 대하여 $A + 2B$는?

① $4x^2 + x + 2$ ② $4x^2 - x + 2$
③ $4x^2 + x - 2$ ④ $4x^2 - x - 2$

02 등식 $(x-2)^2 = x^2 - 4x + a$가 x에 대한 항등식일 때, 상수 a의 값은?

① 2   ② 4
③ 6   ④ 8

03 다항식 $x^3 - 3x + 7$을 $x - 1$로 나누었을 때, 나머지는?

① 5   ② 6
③ 7   ④ 8

04 다항식 $x^3 + 9x^2 + 27x + 27$을 인수분해한 식이 $(x + a)^3$일 때, 상수 a의 값은?

① 1   ② 2
③ 3   ④ 4

05 $i(2+i) = a + 2i$일 때, 상수 a의 값은?
(단, $i = \sqrt{-1}$)

① -3 ② -1
③ 1   ④ 3

06 두 수 2, 4를 근으로 하고 x^2의 계수가 1인 이차방정식이 $x^2 - 6x + a = 0$일 때, 상수 a의 값은?

① 2   ② 4
③ 6   ④ 8

07 $0 \le x \le 3$일 때, 이차함수 $y = -x^2 + 4x + 1$의 최댓값은?

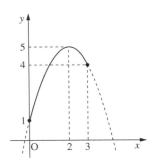

① 2   ② 3
③ 4   ④ 5

08 사차방정식 $x^4 - 3x^2 + a = 0$의 한 근이 2일 때, 상수 a의 값은?

① -4 ② -1
③ 2   ④ 5

09 연립방정식 $\begin{cases} x + 2y = 10 \\ x^2 + y^2 = a \end{cases}$의 해가 $x = 2$, $y = b$일 때, 두 상수 a, b에 대하여 $a + b$의 값은?

① 15　　　　　② 18

③ 21　　　　　④ 24

10 이차방정식 $(x+1)(x-4) \leq 0$의 해는?

① $x \geq -1$

② $x \leq 4$

③ $-1 \leq x \leq 4$

④ $x \leq -1$ 또는 $x \geq 4$

11 좌표평면 위의 두 점 $A(-1, 1)$, $B(2, 4)$에 대하여 선분 AB를 $1 : 2$로 내분하는 점의 좌표는?

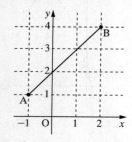

① $(-2, 0)$　　　　② $(0, -2)$

③ $(0, 2)$　　　　④ $(2, 0)$

12 직선 $y = x + 2$에 수직이고, 점 $(4, 0)$을 지나는 직선의 방정식은?

① $y = -x + 3$

② $y = -x + 4$

③ $y = x - 3$

④ $y = x - 4$

13 중심의 좌표가 $(3, 1)$이고 x축에 접하는 원의 방정식은?

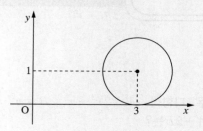

① $(x-3)^2 + (y-1)^2 = 1$

② $(x-3)^2 + (y-1)^2 = 9$

③ $(x-1)^2 + (y-3)^2 = 1$

④ $(x-1)^2 + (y-3)^2 = 9$

14 좌표평면 위의 점 $(2, 3)$을 직선 $y = x$에 대하여 대칭이동한 점의 좌표는?

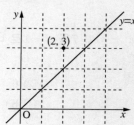

① $(-2, -3)$　　　　② $(-2, 3)$

③ $(3, -2)$　　　　④ $(3, 2)$

15 두 집합 $A = \{1, 3, 6\}$, $B = \{3, 5, 6\}$에 대하여 $A \cap B$는?

① $\{1, 3\}$　　　　② $\{1, 5\}$

③ $\{3, 6\}$　　　　④ $\{5, 6\}$

16 전체집합이 $U = \{1, 2, 3, 4, 5, 6\}$일 때, 다음 조건의 진리집합은?

> x는 짝수이다.

① $\{1, 3, 5\}$ ② $\{2, 4, 6\}$
③ $\{3, 4, 5\}$ ④ $\{4, 5, 6\}$

17 함수 $f : X \to Y$가 그림과 같을 때, $f^{-1}(c)$의 값은? (단, f^{-1}는 f의 역함수이다.)

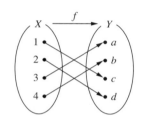

① 1 ② 2
③ 3 ④ 4

18 무리함수 $y = \sqrt{x-a} + b$의 그래프는 무리함수 $y = \sqrt{x}$의 그래프를 x축의 방향으로 1만큼, y축의 방향으로 4만큼 평행이동한 것이다. 두 상수 a, b에 대하여 $a + b$의 값은?

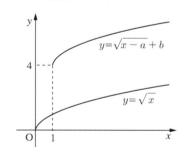

① 4 ② 5
③ 6 ④ 7

19 그림과 같이 등산로의 입구에서 쉼터까지 가는 길은 4가지, 쉼터에서 전망대까지 가는 길은 2가지가 있다. 입구에서 쉼터를 거쳐 전망대까지 길을 따라 가는 경우의 수는? (단, 같은 지점은 두 번 이상 지나지 않는다.)

① 5 ② 6
③ 7 ④ 8

20 그림과 같이 6종류의 과일이 있다. 이 중에서 서로 다른 2종류의 과일을 선택하는 경우의 수는?

① 15 ② 18
③ 21 ④ 24

[01~03]
다음 밑줄 친 부분의 뜻으로 가장 적절한 것을 고르시오.

01

> Reading books is a great way to gain <u>knowledge</u>.

① 균형
② 목표
③ 우정
④ 지식

02

> She is never going to <u>give up</u> her dream even if she meets difficulties.

① 서두르다
② 자랑하다
③ 포기하다
④ 화해하다

03

> Many animals like to play with toys. <u>For example</u>, dogs enjoy playing with balls.

① 갑자기
② 반면에
③ 예를 들면
④ 결론적으로

04 다음 밑줄 친 두 단어의 의미 관계와 <u>다른</u> 것은?

> <u>Spring</u> is my favorite <u>season</u> because of the beautiful flowers and warm weather.

① apple － fruit
② nurse － job
③ triangle － shape
④ shoulder － country

05 다음 광고문에서 언급되지 <u>않은</u> 것은?

> ***Cheese Fair***
> ○ **Date:** September 10th (Sunday), 2023
> ○ **Activities:**
>   - Tasting various kinds of cheese
>   - Baking cheese cakes
> ○ **Entrance Fee:** 10,000 won

① 날짜
② 장소
③ 활동 내용
④ 입장료

[06~08]
다음 빈칸에 공통으로 들어갈 말로 가장 적절한 것을 고르시오.

06

> ○ Are you ready to _____ your project to the class?
> ○ Stop worrying about the past and live in the _____.

① grow
② lose
③ forget
④ present

07

> ○ John, _____ many countries are there in Asia?
> ○ He doesn't know _____ far it is from here.

① how
② when
③ where
④ which

08

○ He needs to focus _____ studying instead of playing games.

○ Bring a jacket which is easy to put _____ and take off.

① as
② of
③ on
④ like

09 다음 대화에서 밑줄 친 표현의 의미로 가장 적절한 것은?

A: How would you describe your personality, Sumi?
B: I tend to be cautious. I try to follow the saying, "Look before you leap."
A: Oh, you think carefully before you do something.

① 많으면 많을수록 좋다.
② 남이 가진 것이 더 좋아 보인다.
③ 행동하기 전에 신중하게 생각해라.
④ 오늘 할 일을 내일로 미루지 마라.

10 다음 대화에서 알 수 있는 A의 심정으로 가장 적절한 것은?

A: I'd like to return these headphones.
B: Why? Is there a problem?
A: I'm not satisfied with the sound. It's not loud enough.

① 감사
② 불만
③ 안도
④ 행복

11 다음 대화가 이루어지는 장소로 가장 적절한 것은?

A: There are so many people in this restaurant!
B: Right. This place is well known for its pizza.
A: Yeah. Let's order some.

① 식당
② 은행
③ 문구점
④ 소방서

12 다음 글에서 밑줄 친 it이 가리키는 것으로 가장 적절한 것은?

These days I'm reading a book, *Greek and Roman Myths*. The book is so interesting and encourages imagination. Moreover, it gives me more understanding about western arts because the myths are a source of western culture.

① book
② pencil
③ language
④ password

[13~14]
다음 대화의 빈칸에 들어갈 말로 가장 적절한 것을 고르시오.

13

A: _____, cycling or walking?
B: I like cycling rather than walking.
A: Why do you like it?
B: Because I think cycling burns more calories.

① Where can I rent a car
② When does the show start
③ Why do you want to learn English
④ Which type of exercise do you prefer

14

A: How can we show respect to others?
B: I believe we should _____.
A: That's why you are a good listener.

① watch a movie
② exchange this bag
③ turn left at the next street
④ listen carefully when others speak

15 다음 대화의 주제로 가장 적절한 것은?

> A: Whenever I see koalas in trees, I wonder why they hug trees like that.
> B: Koalas hug trees to cool themselves down.
> A: Oh, that makes sense. Australia has a very hot climate.

① 코알라의 사회성
② 코알라 연구의 어려움
③ 코알라가 나무를 껴안고 있는 이유
④ 코알라처럼 나뭇잎을 먹는 동물들의 종류

16 다음 글을 쓴 목적으로 가장 적절한 것은?

> I'm writing this e-mail to confirm my reservation. I booked a family room at your hotel for two nights. We're two adults and one child. We will arrive in the afternoon on December 22nd. I look forward to your reply.

① 확인하려고　　　② 안내하려고
③ 소개하려고　　　④ 홍보하려고

17 다음 경기 안내문의 내용과 일치하지 <u>않는</u> 것은?

> ***Tennis Competition***
> ○ Only beginners can participate.
> ○ We will start at 10:00 a.m. and finish at 5:00 p.m.
> ○ Lunch will not be served.
> ○ If it rains, the competition will be canceled.

① 초보자만 참여할 수 있다.
② 오전 10시에 시작해서 오후 5시에 끝난다.
③ 점심은 제공되지 않는다.
④ 비가 와도 경기는 진행된다.

18 다음 Santa Fun Run에 대한 설명과 일치하지 <u>않는</u> 것은?

> The Santa Fun Run is held every December. Participants wear Santa costumes and run 5 km. They run to raise money for sick children. You can see Santas of all ages walking and running around.

① 매년 12월에 열린다.
② 참가자들은 산타 복장을 입는다.
③ 멸종 위기 동물을 돕기 위해 모금을 한다.
④ 모든 연령대의 산타를 볼 수 있다.

19 다음 글의 주제로 가장 적절한 것은?

> Do you suffer from feelings of loneliness? In such cases, it may be helpful to share your feelings with a parent, a teacher or a counselor. It is also important for you to take positive actions to overcome your negative feelings.

① 인터넷의 역할
② 여름 피서지 추천
③ 외로움에 대처하는 방법
④ 청소년의 다양한 취미 활동 소개

[20~21]
다음 글의 빈칸에 들어갈 말로 가장 적절한 것을 고르시오

20

> For most people, the best _____ for sleeping is on your back. If you sleep on your back, you will have less neck and back pain. That's because your neck and spine will be straight when you are sleeping.

① letter　　　　② position
③ emotion　　　④ population

21

Here are several steps to _____ your problems. First, you need to find various solutions by gathering all the necessary information. Second, choose the best possible solution and then put it into action. At the end, evaluate the result. I'm sure these steps will help you.

① solve
② dance
③ donate
④ promise

22 글의 흐름으로 보아 다음 문장이 들어가기에 가장 적절한 곳은?

Instead, we start with a casual conversation about less serious things like the weather or traffic.

When you first meet someone, how do you start a conversation? (①) We don't usually tell each other our life stories at the beginning. (②) This casual conversation is referred to as small talk. (③) It helpsus feel comfortable and get to know each other better. (④) It's a good way to break the ice.

23 다음 글의 바로 뒤에 이어질 내용으로 가장 적절한 것은?

English proverbs may seem strange to non-native speakers and can be very hard for them to learn and remember. One strategy for remembering English proverbs more easily is to learn about their origins. Let's look at some examples.

① 꽃말의 어원에 관한 예시
② 영어 속담의 기원에 관한 예시
③ 긍정적인 마음가짐에 대한 예시
④ 친환경적인 생활 습관에 대한 예시

[24~25]
다음 글을 읽고 물음에 답하시오.

A book review is a reader's opinion about a book. When you write a review, begin with a brief summary or description of the book. Then state your _____ of it, whether you liked it or not and why.

24 윗글의 빈칸에 들어갈 말로 가장 적절한 것은?

① flight
② opinion
③ gesture
④ architecture

25 윗글의 주제로 가장 적절한 것은?

① 창의력의 중요성
② 진로 탐색의 필요성
③ 온라인 수업의 장점
④ 독서 감상문 쓰는 법

01 다음에서 강조하는 행복한 삶을 실현하기 위한 조건으로 가장 적절한 것은?

> 남을 돕고 남과 더불어 살아가려는 노력은 다른 사람을 행복하게 만들 뿐만 아니라 자신에게도 진정한 행복감을 가져다준다. 내적으로 성찰하고 옳은 일을 실천하는 것을 통해 개인은 만족감과 행복감을 얻을 수 있다.

① 경제 성장
② 기업가 정신
③ 도덕적 실천
④ 낙후된 주거 환경

02 ㉠에 들어갈 내용으로 옳은 것은?

> 우리나라가 시행하고 있는 (㉠)로 사회 보험과 공공 부조, 사회 서비스를 들 수 있다. 이러한 제도의 시행을 통해 사회 계층의 양극화를 완화하고 인간의 존엄성을 보장할 수 있다.

① 선거 제도
② 권력 분립 제도
③ 사회 복지 제도
④ 헌법 소원 심판 제도

03 ㉠에 들어갈 내용으로 가장 적절한 것은?

> 학습 주제: (㉠)의 의미와 목적
> ○ 의미: 국민의 기본권을 제한하거나 국민에게 의무를 부과할 때에는 의회에서 제정된 법률에 근거해야 함.
> ○ 목적: 통치자의 자의적 지배 방지, 국민의 자유와 권리 보장

① 법치주의
② 인권 침해
③ 준법 의식
④ 시민 불복종

04 다음에서 설명하는 자산 관리의 원칙은?

> 모든 금융 상품은 정도의 차이가 있을 뿐 원금을 보전하는 데 위험이 따른다. 따라서 금융 상품을 선택할 때에는 투자한 자산의 가치가 온전하게 보전될 수 있는 가능성의 정도를 고려해야 한다.

① 공익성
② 안전성
③ 접근성
④ 정당성

05 문화 변동의 내재적 요인으로 옳은 것을 〈보기〉에서 고른 것은?

> ──────── 보기 ────────
> ㄱ. 발견   ㄴ. 발명
> ㄷ. 문화 동화   ㄹ. 문화 전파

① ㄱ, ㄴ
② ㄱ, ㄹ
③ ㄴ, ㄷ
④ ㄷ, ㄹ

06 사회적 소수자에 대한 설명으로 가장 적절한 것은?

① 사회에서 항상 평등하게 대우받는다.
② 인종이라는 단일 기준에 의해 규정된다.
③ 우리 사회에서 장애인, 이주 외국인만 해당된다.
④ 자신들이 차별받는 집단의 구성원이라는 인식이 존재한다.

07 다음에서 설명하는 근로자의 권리는?

> 근로자들이 근로 조건의 향상을 위해 자주적으로 노동조합이나 그 밖의 단결체를 조직·운영하거나 그에 가입하여 활동할 수 있는 권리이다.

① 단결권
② 선거권
③ 청구권
④ 환경권

08 시장 실패의 사례로 적절하지 않은 것은?

① 불완전 경쟁
② 보편 윤리 확산
③ 외부 효과 발생
④ 공공재의 공급 부족

09 ㉠에 들어갈 내용으로 가장 적절한 것은?

> 자문화 중심주의는 자기 문화를 기준으로 다른 문화를 부정적으로 평가하고, 문화 사대주의는 다른 문화를 우월한 것으로 믿고 자기 문화를 낮게 평가한다. 즉, 자문화 중심주의와 문화 사대주의는 문화의 상대성을 인정하지 않고 (㉠)는 공통점이 있다.

① 다양한 문화의 공존을 추구한다
② 문화의 우열을 가릴 수 없다고 본다
③ 특정 문화를 기준으로 다른 문화를 평가한다
④ 각 문화가 해당 사회의 맥락에서 갖는 고유한 의미를 존중한다

10 다음 헌법 조항의 의의로 가장 적절한 것은?

> **헌법 제37조** ② 국민의 모든 자유와 권리는 국가 안전 보장·질서 유지 또는 공공복리를 위하여 필요한 경우에 한하여 법률로써 제한할 수 있으며, 제한하는 경우에도 자유와 권리의 본질적인 내용을 침해할 수 없다.

① 대도시권 형성
② 직업 분화 촉진
③ 윤리적 소비 실천
④ 국민의 기본권 보장

11 ㉠에 들어갈 내용으로 가장 적절한 것은?

> □□신문　○○○○년 ○월 ○일
> **세계화, 어떻게 바라보아야 할까**
> 세계화에 따라 자유 무역이 확대되면서 높은 기술력과 자본을 가진 선진국과 상대적으로 경쟁력을 갖추지 못한 개발 도상국 간의 경제적 차이로 국가 간 (㉠)이/가 초래될 수 있다.

① 사생활 침해
② 인터넷 중독
③ 빈부 격차 심화
④ 문화 다양성 보장

12 다음 설명에 해당하는 것은?

> ○ 국제 사회의 행위 주체에 해당함.
> ○ 대표적인 예로 주권 국가들을 구성원으로 하는 국제 연합(UN), 세계 무역 기구(WTO)가 있음.

① 국가
② 다국적 기업
③ 자유 무역 협정
④ 정부 간 국제기구

13 다음 설명에 해당하는 것은?

> ○ 의미: 새로운 정보 기술에 접근할 수 있는 능력을 보유한 자와 그렇지 못한 자 사이에 발생하는 경제적·사회적 격차
> ○ 해결 방안: 정보 소외 계층에게 장비와 소프트웨어 제공 및 정보 활용 교육 실시

① 정보 격차
② 규모의 경제
③ 문화의 획일화
④ 지역 이기주의

14 건조 기후 지역의 전통 생활 모습으로 옳은 것을 〈보기〉에서 고른 것은?

> ───── 보기 ─────
> ㄱ. 순록 유목
> ㄴ. 고상식 가옥
> ㄷ. 오아시스 농업
> ㄹ. 지붕이 평평한 흙벽돌집

① ㄱ, ㄴ
② ㄱ, ㄷ
③ ㄴ, ㄹ
④ ㄷ, ㄹ

15 다음에서 설명하는 자연재해는?

> 주로 여름철 장마와 태풍의 영향으로 집중 호우 시 발생한다. 피해를 줄이기 위해서 제방 건설, 댐과 저수지 건설, 삼림 조성 등의 대책을 수립하고 시행해야 한다. 또한 예보와 경보 체계를 구축하고 지속적인 하천 관리가 필요하다.

① 가뭄
② 지진
③ 홍수
④ 화산

16 다음 설명에 해당하는 용어로 가장 적절한 것은?

> ○ 한 국가 내에서 도시에 거주하는 사람들과 도시 수가 증가하면서 도시적 생활 양식과 도시 경관이 확대되는 현상
> ○ 영향: 인공 건축물 증가, 지표의 포장 면적 증가

① 도시화
② 남초 현상
③ 유리 천장
④ 지리적 표시제

17 다음에서 설명하는 용어로 가장 적절한 것은?

> 인간이 만든 시설물에 의해 야생 동물들의 서식지가 분리되는 것을 막기 위해 인공적으로 만든 길

① 열섬
② 생태 통로
③ 외래 하천
④ 업사이클링

18 힌두교에 대한 설명으로 옳은 것을 〈보기〉에서 고른 것은?

> ───── 보기 ─────
> ㄱ. 메카를 성지로 한다.
> ㄴ. 인도의 주요 종교이다.
> ㄷ. 무함마드를 유일신으로 믿는다.
> ㄹ. 소를 신성시하여 소고기 식용을 금기시한다.

① ㄱ, ㄷ
② ㄱ, ㄹ
③ ㄴ, ㄷ
④ ㄴ, ㄹ

19 다음 설명에 해당하는 것은?

> 석유 자원의 수출을 통해 자국의 경제적 이익을 추구하기 위해 결성된 것으로, 원유의 생산량과 공급량을 조절함으로써 세계 경제에 큰 영향을 끼치고 있다.

① 브렉시트(Brexit)
② 공적 개발 원조(ODA)
③ 국제 통화 기금(IMF)
④ 석유 수출국 기구(OPEC)

20 다음 설명에 해당하는 지역으로 옳은 것은?

> 중국의 남쪽에 위치한 바다로, 중국, 타이완, 베트남, 필리핀, 말레이시아 및 브루나이 등 여섯 나라로 둘러싸인 해역을 말한다. 다량의 원유와 천연가스가 매장되어 있는 것으로 추정되고 있어 영유권 갈등이 발생하고 있다.

① 북극해 ② 남중국해
③ 카스피해 ④ 쿠릴 열도

21 다음에서 설명하는 문화권을 지도의 A~D에서 고른 것은?

> 사하라 사막 이남의 중 · 남부 아프리카 일대로, 열대 기후 지역이 넓게 분포한다. 토속 종교의 영향이 남아 있으며, 부족 단위의 공동체 생활을 하는 주민이 많다.

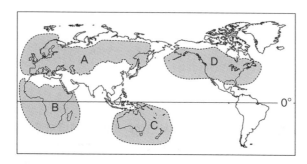

① A ② B
③ C ④ D

22 다음에서 설명하는 용어로 가장 적절한 것은?

> ○ 의미: 느림의 삶을 추구하는 국제 도시 브랜드
> ○ 지정 조건: 지역의 정체성을 드러낼 수 있는 유·무형의 자산 필요

① 슬로시티
② 플랜테이션
③ 환경 파시즘
④ 차티스트 운동

23 고령화에 대한 대책으로 적절한 것을 〈보기〉에서 고른 것은?

> ──── 보기 ────
> ㄱ. 의무 투표제 시행
> ㄴ. 노인 복지 시설 확충
> ㄷ. 노인 연금 제도 확대
> ㄹ. 산아 제한 정책 시행

① ㄱ, ㄴ ② ㄱ, ㄹ
③ ㄴ, ㄷ ④ ㄷ, ㄹ

24 ㉠에 들어갈 용어로 옳은 것은?

> ○ 개념: (㉠)
> ○ 의미: 개발 도상국에서 생산하는 제품에 정당한 가격을 지급하여 생산자가 경제적으로 자립할 수 있도록 해 주는 무역 방식

① 과점 ② 독점
③ 공정 무역 ④ 거점 개발

25 다음 설명에 해당하는 것은?

> 정부가 사업장을 대상으로 온실가스 배출 허용량을 정해 주고, 할당 범위 내에서 여분 또는 부족분에 대한 사업장 간 거래를 허용하는 제도이다.

① 전자 상거래
② 쓰레기 종량제
③ 빈 병 보증금제
④ 온실가스 배출권 거래제

01 다음 중 밀물과 썰물에 의한 해수면의 높이차인 조차를 이용하여 전기 에너지를 생산하는 발전 방식은?

① 핵발전   ② 조력 발전
③ 풍력 발전   ④ 화력 발전

02 그림과 같이 물체에 한 방향으로 10 N 의 힘이 5초 동안 작용하였을 때 이 힘에 의해 물체가 받은 충격량의 크기는?

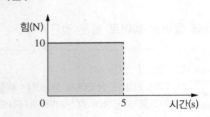

① 12 N·s
② 30 N·s
③ 50 N·s
④ 80 N·s

03 그림과 같이 막대자석을 코일 속에 넣었다 뺐다 하면 코일의 도선에 전류가 유도되어 검류계의 바늘이 움직인다. 이 현상은?

① 대류
② 삼투
③ 초전도
④ 전자기 유도

04 그림과 같이 공이 자유 낙하 하는 동안 시간에 따른 속력의 그래프로 옳은 것은? (단, 공기 저항은 무시한다.)

05 그림은 고열원에서 1000 J 의 열에너지를 흡수하여 일 W를 하고 저열원으로 600 J 의 열에너지를 방출하는 열기관의 1회 순환 과정을 나타낸 것이다. 이 열기관의 열효율은?

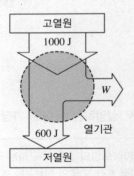

① 20 %
② 40 %
③ 80 %
④ 100 %

06 신재생 에너지에 대한 설명으로 옳은 것만을 〈보기〉에서 모두 고른 것은?

> ──────── 보기 ────────
> ㄱ. 화석 연료보다 친환경적이다.
> ㄴ. 태양광 에너지는 신재생 에너지의 한 종류이다.
> ㄷ. 인류 문명의 지속 가능한 발전을 위해 신재생 에너지 개발이 필요하다.

① ㄱ, ㄴ
② ㄱ, ㄷ
③ ㄴ, ㄷ
④ ㄱ, ㄴ, ㄷ

07 다음 원자의 전자 배치 중 원자가 전자가 4개인 것은?

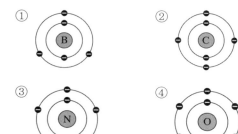

08 다음 중 그림과 같이 양이온과 음이온의 정전기적 인력에 의해 형성된 이온 결합 물질은?

① 철(Fe)
② 구리(Cu)
③ 마그네슘(Mg)
④ 염화 나트륨(NaCl)

09 그림은 주기율표의 일부를 나타낸 것이다. 임의의 원소 A~D 중 원자 번호가 가장 큰 것은?

주기＼족	1	2		17	18
1	A				
2		B		C	
3					D

① A
② B
③ C
④ D

10 그림은 메테인(CH_4)의 분자 구조 모형을 나타낸 것이다. 메테인을 구성하는 탄소(C) 원자와 수소(H) 원자의 개수비는?

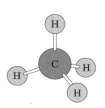

	C		H		C		H
①	1	:	2	②	1	:	3
③	1	:	4	④	2	:	3

11 다음은 철의 제련 과정에서 일어나는 산화 환원 반응의 화학 반응식이다. 이 반응에서 산소를 잃어 환원되는 반응 물질은?

> Fe_2O_3 + 3CO → 2Fe + 3CO_2
> 산화 철(Ⅲ)　일산화 탄소　철　이산화 탄소

① Fe_2O_3
② CO
③ Fe
④ CO_2

12 그림은 묽은 염산(HCl)과 수산화 나트륨($NaOH$) 수용액의 중화 반응 모형을 나타낸 것이다. 이온 ㉠은?

① OH^- ② Br^-

③ Cl^- ④ F^-

13 다음 중 세포에서 유전 정보를 저장하거나 전달하는 물질은?

① 물   ② 지질

③ 핵산   ④ 탄수화물

14 그림은 어떤 동물 세포의 구조를 나타낸 것이다. A ~ D 중 세포 호흡이 일어나 생명 활동에 필요한 에너지를 생산하는 세포 소기관은?

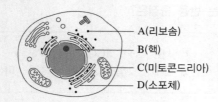

① A   ② B

③ C   ④ D

15 다음은 세포막을 경계로 물질이 이동하는 방법을 설명한 것이다. ㉠에 해당하는 것은?

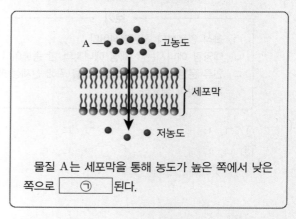

물질 A는 세포막을 통해 농도가 높은 쪽에서 낮은 쪽으로 ㉠ 된다.

① 확산

② 합성

③ 이화

④ 복제

16 그림은 과산화 수소의 분해 반응에서 효소인 카탈레이스가 있을 때와 없을 때의 에너지 변화를 나타낸 것이다. 이 반응에서 효소가 있을 때의 활성화 에너지는?

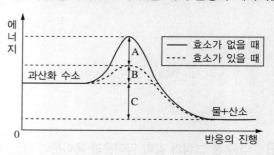

① A

② B

③ A + B

④ B + C

17 그림은 세포 내 유전 정보의 흐름 중 일부를 나타낸 것이다. 과정 (가)와 염기 ㉠은?

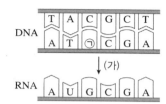

	(가)	㉠
①	전사	A
②	전사	G
③	번역	C
④	번역	T

18 그림은 생태계 평형이 유지되고 있는 생태계에서의 먹이 그물을 나타낸 것이다. 이 먹이 그물에서 개체 수가 가장 많은 생물은?

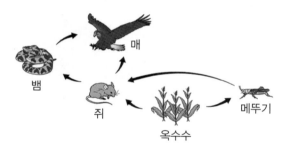

① 뱀
② 쥐
③ 메뚜기
④ 옥수수

19 다음 설명의 ㉠에 해당하는 것은?

> ┌──────┐
> │ ㉠ │은 생태계 내에 존재하는 생물의 다양한 정도를 의미하며 유전적 다양성, 종 다양성, 생태계 다양성을 포함한다.

① 초원　　　　② 개체군
③ 외래종　　　④ 생물 다양성

20 그림은 빅뱅 우주론을 모형으로 나타낸 것이다. 빅뱅 이후 시간의 흐름에 따라 증가하는 물리량으로 옳은 것만을 〈보기〉에서 모두 고른 것은?

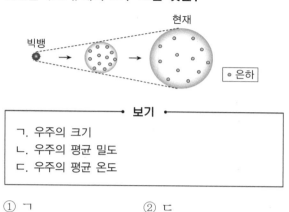

> ┌─────── 보기 ───────┐
> ㄱ. 우주의 크기
> ㄴ. 우주의 평균 밀도
> ㄷ. 우주의 평균 온도

① ㄱ　　　　　　② ㄷ
③ ㄱ, ㄴ　　　　④ ㄴ, ㄷ

21 다음 중 지구에서 온실 효과를 일으키는 기체가 <u>아닌</u> 것은?

① 헬륨
② 메테인
③ 수증기
④ 이산화 탄소

22 그림은 질량이 서로 다른 2개의 별 중심부에서 모든 핵융합 반응이 끝난 직후 내부 구조의 일부를 각각 나타낸 것이다. 지점 A ~D 중 가장 무거운 원소가 생성된 곳은?

태양 정도의 질량을 가진 별

태양보다 질량이 매우 큰 별

① A
② B
③ C
④ D

23 다음 설명에 해당하는 지형은?

➡ 판의 이동 방향

○ 두 판이 충돌하면서 높이 솟아올라 형성된 거대한 산맥이다.
○ 수렴형 경계가 존재하는 지역에서 발달할 수 있다.

① 해령
② 열곡
③ 습곡 산맥
④ 변환 단층

24 다음 중 대기 중의 이산화 탄소가 바닷물에 녹아 들어가는 과정에서 상호 작용하는 지구 시스템의 구성 요소는?

① 기권과 수권
② 지권과 수권
③ 기권과 생물권
④ 지권과 생물권

25 다음 설명에 해당하는 지질 시대는?

매머드

○ 지질 시대 중 기간이 가장 짧다.
○ 매머드와 같은 포유류가 매우 번성하였고 인류의 조상이 출현하였다.

① 선캄브리아 시대
② 고생대
③ 중생대
④ 신생대

01 다음 설명에 해당하는 시대는?

> ○ 빈부의 차이와 계급의 분화가 발생함.
> ○ 대표적인 유물은 비파형 동검임.
> ○ 우리 역사 최초의 국가인 고조선이 건국됨.

① 구석기 시대
② 신석기 시대
③ 청동기 시대
④ 철기 시대

02 ㉠에 들어갈 신라의 왕으로 옳은 것은?

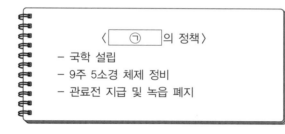

> 〈 ㉠ 의 정책 〉
> – 국학 설립
> – 9주 5소경 체제 정비
> – 관료전 지급 및 녹읍 폐지

① 신문왕
② 장수왕
③ 근초고왕
④ 광개토 대왕

03 다음에서 설명하는 역사서는?

> ○ 김부식이 왕명을 받아 편찬함.
> ○ 현존하는 우리나라 역사서 중 가장 오래됨.

① 『경국대전』　　　② 『삼국사기』
③ 『조선책략』　　　④ 『팔만대장경』

04 ㉠에 들어갈 정책으로 옳은 것은?

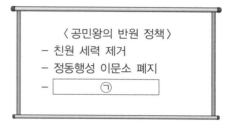

> 〈 공민왕의 반원 정책 〉
> – 친원 세력 제거
> – 정동행성 이문소 폐지
> – ㉠

① 장용영 설치
② 금관가야 정복
③ 쌍성총관부 공격
④ 치안 유지법 제정

05 다음에서 설명하는 제도는?

> 조선은 이상적인 유교 정치 구현을 위해 노력하였다. 특히 세종은 왕권과 신권의 조화를 추구하여 군사 업무, 특정 인사 등을 제외한 대부분의 일들을 의정부에서 논의하여 보고하도록 하였다.

① 골품제
② 6조 직계제
③ 헌병 경찰제
④ 의정부 서사제

06 다음에서 설명하는 근대적 교육 기관은?

> 개항 이후 근대적 교육의 필요성이 확대되었다. 이에 1883년 근대 학문과 외국어를 가르치는 최초의 근대적 교육 기관이 함경도 덕원 주민들에 의해 세워졌다.

① 태학　　　　② 국자감
③ 성균관　　　④ 원산 학사

07 ㉠에 들어갈 내용으로 옳은 것은?

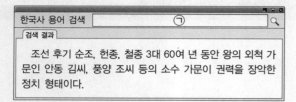

한국사 용어 검색 ㉠ 🔍

검색 결과

조선 후기 순조, 헌종, 철종 3대 60여 년 동안 왕의 외척 가문인 안동 김씨, 풍양 조씨 등의 소수 가문이 권력을 장악한 정치 형태이다.

① 도병마사
② 세도 정치
③ 무신 정권
④ 동북 공정

08 밑줄 친 '운동'에 해당하는 것은?

일본의 차관이 도입되면서 대한 제국의 빚은 1,300만 원에 이르게 되었다. 이에 1907년 대구에서 성금을 모아 빚을 갚자는 운동이 시작되었고, 대한매일신보 등 언론사가 후원하면서 전국으로 확산되었다.

① 형평 운동
② 북벌 운동
③ 국채 보상 운동
④ 서경 천도 운동

09 ㉠에 들어갈 내용으로 옳은 것은?

일본은 ㉠ 체결에 따라 대한 제국의 외교권을 빼앗고 통감부를 설치하였다. 초대 통감으로 부임한 이토 히로부미는 대한 제국의 내정 전반을 간섭하기 시작하였다.

① 을사늑약
② 헌의 6조
③ 남북 협상
④ 간도 협약

10 을미개혁의 내용으로 옳은 것을 〈보기〉에서 고른 것은?

보기

ㄱ. 단발령 시행　　ㄴ. 태양력 사용
ㄷ. 노비안검법 실시　ㄹ. 독서삼품과 실시

① ㄱ, ㄴ
② ㄱ, ㄹ
③ ㄴ, ㄷ
④ ㄷ, ㄹ

11 ㉠에 들어갈 용어로 옳은 것은?

【수행 평가 계획서】
○ 주제: ㉠ 의 통상 수교 거부 정책
○ 조사할 내용: 병인양요, 신미양요, 척화비

① 서희
② 안향
③ 정약용
④ 흥선 대원군

12 ㉠에 들어갈 내용으로 옳은 것은?

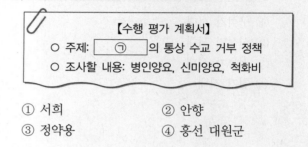

한국사 스피드 퀴즈

이기붕을 부통령으로 당선시키기 위해 벌어진 사건으로 4·19 혁명의 배경이 되었어.

① 아관 파천
② 위화도 회군
③ 국내 진공 작전
④ 3·15 부정 선거

13 밑줄 친 '기구'에 해당하는 것은?

1880년대 조선 정부는 개화 정책을 총괄하기 위한 기구를 설치하였다. 그 아래에 실무를 담당하는 12사를 두어 외교, 통상, 재정 등의 업무를 맡게 하였다. 또한 군사 제도를 개편하고 신식 군대인 별기군을 창설하였다.

① 집현전
② 교정도감
③ 통리기무아문
④ 동양 척식 주식회사

14 ㉠에 들어갈 내용으로 옳은 것은?

> 1910년대 일제는 한국의 산업 성장을 방해하기 위한 정책을 실시하였다. 특히 회사를 설립할 때는 조선 총독의 허가를 받도록 하는 [㉠]을 공포하여 한국인의 회사 설립을 억제하려 하였다.

① 회사령   ② 균역법
③ 공명첩   ④ 대동법

15 다음에서 설명하는 무장 독립 투쟁은?

> 1920년 김좌진이 이끄는 북로 군정서와 홍범도의 대한 독립군을 중심으로 한 독립군 연합 부대는 백운평과 어랑촌 등지에서 일본군을 크게 격파하였다.

① 병자호란
② 청산리 대첩
③ 한산도 대첩
④ 황토현 전투

16 다음 질문에 대한 답으로 옳은 것은?

> 민족 자결주의와 2·8 독립 선언의 영향을 받아 1919년에 일어난 일제 강점기 최대의 민족 운동은 무엇일까요?

① 3·1 운동
② 제주 4·3 사건
③ 금 모으기 운동
④ 부·마 민주 항쟁

17 다음에서 설명하는 민족 운동은?

> 일제는 한국인에게 고등 교육의 기회를 거의 주지 않았다. 이에 이상재를 중심으로 고등 교육 기관을 설립하자는 취지 아래, '한민족 1천만이 한 사람이 1원씩'이라는 구호를 내세우며 모금 운동을 펼쳤다.

① 만민 공동회
② 서울 진공 작전
③ 토지 조사 사업
④ 민립 대학 설립 운동

18 ㉠에 들어갈 내용으로 옳은 것은?

> 【모스크바 3국 외상 회의 결정 내용 요약문】
> 1. 한국의 독립을 위하여 임시 민주 정부를 수립한다.
> 2. 임시 정부 수립을 위하여 미국과 소련은 [㉠]를 설치하고 한국의 정당 및 사회단체와 협의한다.

① 신간회
② 조선 형평사
③ 국민 대표 회의
④ 미·소 공동 위원회

19 다음에서 설명하는 일제의 식민 지배 방식은?

> 일제는 침략 전쟁을 확대하면서 한국인을 전쟁에 동원하고자 하였다. 이에 황국 신민 서사 암송, 궁성 요배, 신사 참배를 강요하고 한국인의 성과 이름도 일본식으로 바꾸게 하였다.

① 호포제
② 금융 실명제
③ 민족 말살 통치
④ 4·13 호헌 조치

20 다음에서 설명하는 인물은?

◆ 한국사 인물 카드 ◆
○ 생몰 연도: 1876년~1949년
○ 주요 활동 – 한인 애국단 조직
　　　　　 – 대한민국 임시 정부 주
　　　　　　석 역임
○ 주요 저서: 『백범일지』

① 궁예　　　　　　② 김구
③ 박제가　　　　　④ 연개소문

21 ㉠에 들어갈 내용으로 옳은 것은?

일제의 식민 지배에 협력했던 민족 반역자를 청산하는 것은 민족정기를 바로잡기 위해 필요한 일이었다. 이에 1948년 제헌 국회는 국민적 여론과 제헌 헌법에 따라 　㉠　을/를 제정하였다.

① 시무 28조
② 미쓰야 협정
③ 남북 기본 합의서
④ 반민족 행위 처벌법

22 다음에서 설명하는 사건은?

1980년 신군부 세력은 비상계엄을 전국으로 확대하였어. 이에 맞서 광주의 학생과 시민들은 격렬하게 저항하였지.

그래. 그리고 당시 관련 기록물은 2011년 유네스코 세계 기록 유산으로 등재되었어.

① 갑신정변
② 교조 신원 운동
③ 물산 장려 운동
④ 5·18 민주화 운동

23 ㉠에 들어갈 전쟁으로 옳은 것은?

〈 　㉠　의 전개 과정 〉

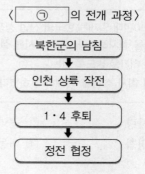

북한군의 남침
↓
인천 상륙 작전
↓
1·4 후퇴
↓
정전 협정

① 임진왜란
② 귀주 대첩
③ 6·25 전쟁
④ 쌍성보 전투

24 박정희 정부 시기에 있었던 사실로 옳은 것을 〈보기〉에서 고른 것은?

┌───────── 보기 ─────────┐
ㄱ. 베트남 파병　　　ㄴ. 전주 화약 체결
ㄷ. 유신 헌법 제정　　ㄹ. 서울 올림픽 개최
└──────────────────────┘

① ㄱ, ㄴ　　　　　　② ㄱ, ㄷ
③ ㄴ, ㄹ　　　　　　④ ㄷ, ㄹ

25 ㉠에 들어갈 지역으로 옳은 것은?

○ 1905년 러·일 전쟁 중에 일본은 　㉠　를 자국의 영토로 불법 편입하였다.
○ 연합국 최고 사령관 각서 제677호에 　㉠　가 한국 영토로 표기되어 있다.

① 독도　　　　　　　② 강화도
③ 제주도　　　　　　④ 거문도

제7교시 **도덕**

01 다음 설명에 해당하는 윤리학은?

> 인간이 어떻게 행위를 해야 하는가에 대한 보편적 원리의 정립을 주된 목표로 하는 윤리학

① 진화 윤리학
② 기술 윤리학
③ 규범 윤리학
④ 메타 윤리학

02 다음 설명에 해당하는 이상적 인간은?

> 유교에서 제시한 도덕적 수양과 사회적 실천을 통해 이상적 인격에 도달한 사람

① 군자
② 보살
③ 진인
④ 철인

03 ㉠에 들어갈 용어는?

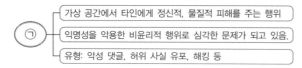

> ┌ 가상 공간에서 타인에게 정신적, 물질적 피해를 주는 행위
> ㉠ ─ 익명성을 악용한 비윤리적 행위로 심각한 문제가 되고 있음.
> └ 유형: 악성 댓글, 허위 사실 유포, 해킹 등

① 기후 정의
② 절대 빈곤
③ 사이버 폭력
④ 윤리적 소비

04 윤리적 성찰의 방법으로 적절하지 <u>않은</u> 것은?

① 언행을 신중하게 하고 몸가짐을 바르게 한다.
② 다른 사람을 돕는 데 진심을 다했는지 살핀다.
③ 자신의 생각이나 상식을 반성적으로 검토한다.
④ 권위가 있는 이론은 비판 없이 무조건 수용한다.

05 다음 설명에 해당하는 윤리적 관점은?

> ○ 아리스토텔레스의 사상적 전통을 따라 도덕 법칙이나 원리보다 행위자의 품성과 덕성을 중시함.
> ○ 행위자의 성품을 먼저 평가하고, 이를 근거로 행위의 옳고 그름을 판단해야 한다고 보는 관점임.

① 덕 윤리
② 담론 윤리
③ 의무론 윤리
④ 공리주의 윤리

06 다음은 서술형 평가 문제와 답안이다. 밑줄 친 ㉠~㉢ 중 옳지 <u>않은</u> 것은?

> 문제: 정보의 생산자들이 지녀야 할 윤리적 자세에 대해 서술하시오.
>
> 〈답안〉
> 정보 생산자들은 ㉠ 사실 그대로를 전달하는 진실한 태도를 지녀야 한다. ㉡ 정보를 자의적으로 해석하거나 왜곡하지 않아야 하고, ㉢ 관련된 내용에 대한 객관성과 공정성을 추구해야 한다. 또한, ㉣ 개인의 사생활, 인격권을 침해해서라도 알 권리만을 우선해야 한다.

① ㉠
② ㉡
③ ㉢
④ ㉣

07 가족 간의 바람직한 윤리적 자세로 적절하지 <u>않은</u> 것은?

① 형제자매는 서로 우애 있게 지내야 한다.
② 부모와 자녀는 상호 간에 사랑을 실천해야 한다.
③ 가족 구성원 간에 신뢰를 회복하도록 노력해야 한다.
④ 전통 가족 윤리는 시대정신에 맞더라도 거부해야 한다.

08 ㉠에 들어갈 용어로 가장 적절한 것은?

> 싱어(Singer, P.)는 (㉠)을 갖고 있는 동물의 이익도 평등하게 고려되어야 한다고 주장한다.

① 정보 처리 능력
② 쾌고 감수 능력
③ 도덕적 탐구 능력
④ 비판적 사고 능력

09 다음에서 소개하는 윤리 사상가는?

>
> ◈ 도덕 인물 카드 ◈
> ○ 고대 그리스의 철학자
> ○ 소크라테스의 제자로 이데아론을 주장함.
> ○ 대표 저서: 『국가』

① 로크
② 베이컨
③ 플라톤
④ 엘리아데

10 다음 설명에 해당하는 것은?

> ○ 남녀 모두의 인권을 동등하게 보장함.
> ○ 성별에 따라 서로 차별하지 않고 동등하게 대우함.

① 성폭력
② 양성평등
③ 인종 차별
④ 지역 갈등

11 다음 설명에 해당하는 개념은?

> ○ 의미: 행위의 결과와 상관없이 행위 자체가 옳기 때문에 무조건 수행해야 하는 도덕적 명령
> ○ 예: "네 의지의 준칙이 언제나 동시에 보편적 입법의 원리가 되도록 행위하라."

① 가치 전도
② 정언 명령
③ 책임 전가
④ 가언 명령

12 (가), (나)에 들어갈 내용으로 적절하지 <u>않은</u> 것은?

> **주제: 안락사를 허용해야 하는가?**
>
> | 찬성 논거 | 반대 논거 |
> |---|---|
> | (가) | (나) |
> | ⋮ | ⋮ |

① (가): 인간답게 죽을 권리는 없다.
② (가): 경제적 고통을 덜어 줄 수 있다.
③ (나): 사회에 생명 경시 풍조가 확산된다.
④ (나): 죽음은 인간이 선택할 수 있는 대상이 아니다.

13 다음 설명에 해당하는 직업 윤리 의식은?

> 공직자뿐만 아니라 직업 생활의 전반에서 중요한 의식으로 성품과 품행이 맑고 깨끗하여 탐욕을 부리지 않는 것을 의미한다.

① 경쟁 의식
② 패배 의식
③ 청렴 의식
④ 특권 의식

14 다음에서 설명하는 윤리에 대한 관점은?

> ○ 보편적으로 타당한 도덕 원칙은 없다고 봄.
> ○ 윤리를 문화의 산물로 보고, 각 사회마다 마땅히 따라야 할 규범이 다를 수 있다고 봄.

① 윤리적 상대주의
② 윤리적 이기주의
③ 윤리적 절대주의
④ 윤리적 의무주의

15 다음에서 바람직한 문화적 정체성을 유지하기 위한 관점에만 '✔'를 표시한 학생은?

관점 \ 학생	A	B	C	D
○ 자신의 주관이나 문화적 정체성을 버린다.	✓	✓		✓
○ 사회 질서를 파괴하지 않는 범위에서 관용을 베푼다.	✓		✓	✓
○ 문화의 다양성을 수용하면서도 보편적 규범을 따른다.		✓	✓	✓

① A
② B
③ C
④ D

16 다음 내용과 관련된 사상은?

> ○ 불교에서 서로 다른 종파들 간 대립과 갈등을 더 높은 차원에서 극복하고자 함.
> ○ 특수하고 상대적인 각자의 입장에서 벗어나 대승적으로 융합해야 함을 강조함.

① 묵자의 겸애사상
② 공자의 덕치사상
③ 노자의 무위 사상
④ 원효의 화쟁 사상

17 부정부패 행위가 사회에 미치는 영향을 〈보기〉에서 고른 것은?

> **보기**
> ㄱ. 국외 자본의 국내 투자가 활발해진다.
> ㄴ. 개인의 권리가 부당하게 침해받을 수 있다.
> ㄷ. 사회적 비용의 낭비로 사회 발전을 저해할 수 있다.
> ㄹ. 국민 간 위화감을 완화하여 사회 통합을 용이하게 한다.

① ㄱ, ㄴ
② ㄱ, ㄹ
③ ㄴ, ㄷ
④ ㄷ, ㄹ

18 그림의 내용과 같은 주장을 한 사상가는?

> 자유 지상주의적 입장에서 개인의 소유권을 보호하고 존중하는 것이 정의이다.

> 소득 재분배는 개인의 권리를 침해하는 심각한 문제이다. 해외 원조를 자선의 관점에서 보아야 한다.

① 홉스
② 노직
③ 벤담
④ 왈처

19 유전자 치료에 대한 찬성 근거로 가장 적절한 것은?

① 유전적 질병으로 인한 고통을 해소한다.
② 인간의 유전적 다양성이 상실될 수 있다.
③ 의학적으로 불확실하고 임상적으로 위험하다.
④ 유전 정보 활용으로 사생활 침해 문제가 발생한다.

20 ㉠에 들어갈 용어는?

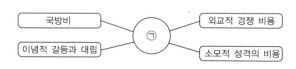

> 국방비 — ㉠ — 외교적 경쟁 비용
> 이념적 갈등과 대립 — ㉠ — 소모적 성격의 비용

① 기본 소득
② 분단 비용
③ 과시 소비
④ 통일 편익

21 다음 설명에 해당하는 것은?

> 차별받아 온 사람들에게 고용이나 교육 등 다양한 측면에서 직간접적으로 혜택을 제공함으로써 사회적 이익의 공정한 분배를 실현하려는 제도

① 청탁 금지법
② 생물 다양성 협약
③ 지속 가능한 개발
④ 소수자 우대 정책

22 다음 대화에서 학생이 주장하는 국제 관계에 대한 관점은?

교사
국제 분쟁을 어떻게 막을 수 있을까요?

> 국가는 도덕성보다 국가의 이익을 우선해야 합니다. 국가의 힘을 키워서 세력 균형을 유지해야 분쟁을 막을 수 있습니다.

학생

① 현실주의
② 구성주의
③ 이상주의
④ 도덕주의

23 시민 불복종의 특징으로 볼 수 <u>없는</u> 것은?

① 폭력을 사용해서는 안 된다.
② 최후의 수단이 되어야 한다.
③ 공개적인 활동을 통해 공동선을 지향해야 한다.
④ 기존 사회 질서와 헌법 체계 전체를 부정해야 한다.

24 ㉠에 들어갈 용어로 가장 적절한 것은?

> 노르웨이의 평화학자 갈퉁(Galtung, J.)은 직접적 폭력뿐만 아니라 구조적·문화적 폭력을 제거하여 (㉠)를 이루어야 한다고 주장합니다.

① 일시적 평화
② 적극적 평화
③ 소극적 평화
④ 특수적 평화

25 다음에서 설명하는 자연을 바라보는 관점은?

> ○ 무생물을 포함한 생태계 전체를 도덕적 고려의 대상으로 보는 입장
> ○ 생태계 전체의 선을 위해 개별 구성원을 희생시킬 수 있다는 한계를 지님.

① 인간 중심주의
② 동물 중심주의
③ 생명 중심주의
④ 생태 중심주의

고·졸·검·정·고·시

2022년도

제1회   기출문제

제2회   기출문제

01 다음 중 '준수'의 말하기의 문제점으로 적절하지 <u>않은</u> 것은?

> 준수: 야! 너 색연필 있지? 줘 봐!
> 민우: 어쩌지? 미안하지만 지금은 나도 써야 해.
> 준수: 내가 먼저 쓸 거야! 바로 줄 건데 뭘 그러냐? 색연필 빌려 주는 게 그렇게 아깝냐!

① 상대방의 상황을 무시하고 있다.
② 상대방에게 막무가내로 요구하고 있다.
③ 상대방의 기분이 상하게 표현하고 있다.
④ 상대방이 이해하지 못하는 관용 표현을 사용하고 있다.

02 다음 중 [A]에 대한 설명으로 가장 적절한 것은?

> 은희: 축제를 앞두고 우리 춤 동아리에서 리허설을 하려고 하는데, 앞으로 축제 때까지 무대가 있는 강당을 우리가 사용하면 안 될까?
> 민수: 그건 어렵겠어. 우리 뮤지컬 동아리도 춤추는 장면이 있는데, 전체 동작이 서로 맞지 않아서 강당에서 연습을 더 해야 해.
> 은희: 그런 어려움이 있구나. 그러면 춤 동작은 ⌐ 우리가 도와줄 테니 이번 주만이라도 강 [A] 당을 우리가 쓰도록 해 주면 좋겠어. ⌐
> 민수: 그래, 괜찮네. 이번 주는 너희가 쓰고 다음주는 우리가 쓸게.

① 일방적으로 자신의 입장을 강요하고 있다.
② 자신의 의도를 숨기고 상대방을 비난하고 있다.
③ 상대방의 처지에 공감하며 요구사항을 전하고 있다.
④ 상대방의 의견을 반박하며 자신의 주장을 강조하고 있다.

03 다음 표준 발음법 규정에 따라 발음하지 <u>않는</u> 것은?

> **표준 발음법**
>
> [제19항] 받침 'ㅁ, ㅇ' 뒤에 연결되는 'ㄹ'은 [ㄴ]으로 발음한다.

① 강릉   ② 담력
③ 송년   ④ 항로

04 다음의 높임법을 활용한 문장으로 볼 수 <u>없는</u> 것은?

> 주체 높임법은 문장의 주체를 높이는 방법이다.

① 아버지께서는 늘 음악을 들으신다.
② 어머니께서는 지금 집에서 주무신다.
③ 선배는 선생님께 공손히 인사를 드렸다.
④ 할아버지께서는 어제 죽을 드시고 계셨다.

05 다음 중 끊어 적기에 해당하지 <u>않는</u> 것은?

> 孔·공子·직曾증子·ᄃ·려닐·러ᄀᆞᆯᄋᆞ·샤·딕 ㉠·몸·이며 ㉡ 얼굴·이며 ㉢ 머·리털·이·며·솔· 흔父·부母:모·씌받ᄌᆞ·온 ㉣ 거·시·라 敢:감·히 헐·워샹히·오·디아·니:홈·이·효·도·익비·르소 미·오·몸·을셰·워道:도·를行ᄒᆡᆼ·ᄒᆞ야일:홈·을後: 후世:셰·예:베퍼·뻐父·부母:모롤:현·뎌케:홈·이: 효·도·익무·춤·이니·라
>
> – 『소학언해』 (1587) –

① ㉠   ② ㉡
③ ㉢   ④ ㉣

06 밑줄 친 부분이 한글 맞춤법에 맞지 <u>않는</u> 것은?

① 집에서 보약을 <u>다리다</u>.
② 가난으로 배를 <u>주리다</u>.
③ 그늘에서 땀을 <u>식히다</u>.
④ 아들에게 학비를 <u>부치다</u>.

07 〈조건〉을 모두 고려하여 만든 광고 문구로 가장 적절한 것은?

┌─────── 조건 ───────┐
○ '고운 말을 사용하자.'라는 주제를 드러낼 것
○ 비유법, 대구법을 모두 활용할 것
└────────────────────┘

① 지금 바로 말하세요. 안 하면 모릅니다.
② 봄날처럼 따뜻한 말씨, 보석처럼 빛나는 세상!
③ 마음을 멍들게 하는 상처의 말은, 이제 그만!
④ 대화는 관계의 시작! 말로 마음의 문을 여실거죠?

08 ㉠~㉢을 고쳐 쓴 것으로 적절하지 <u>않은</u> 것은?

┌──────────────────────────────┐
한지는 바람이 잘 통하고 습도 조절이 잘 되는 종이라서 창호지로도 많이 쓰인다. ㉠ 창문이 닫아도 한지는 바람이 잘 통하고 습기를 잘 흡수해서 습도 조절 역할까지 한다. ㉡ 그러나 한지에 비해 양지는 바람이 잘 통하지 않고 습기를 잘 흡수하지 못한다. ㉢ 최근 물가 상승으로 한지의 가격이 2배 이상 올랐다. 한지가 살아 숨쉬는 ㉣ 종이라도, 양지는 뻣뻣하게 굳어 있는 종이라고 할 수 있다.
└──────────────────────────────┘

① ㉠: 잘못된 조사를 사용하였으므로 '창문을'로 바꾼다.
② ㉡: 잘못된 접속어를 사용하였으므로 '그러므로'로 바꾼다.
③ ㉢: 글의 통일성을 해치는 문장이므로 삭제한다.
④ ㉣: 문맥을 고려하여 '종이라면'으로 바꾼다.

[09~11]
다음 글을 읽고 물음에 답하시오.

┌──────────────────────────────┐
　산모퉁이를 돌아 논가 외딴 우물을 홀로 찾아가선 가만히 들여다봅니다.

　우물 속에는 달이 밝고 구름이 흐르고 하늘이 펼치고 파아란 바람이 불고 가을이 있습니다.

　그리고 한 사나이가 있습니다.
어쩐지 ㉠ 그 사나이가 미워져 돌아갑니다.

　돌아가다 생각하니 그 사나이가 가엾어집니다.
도로 가 들여다보니 사나이는 그대로 있습니다.

　다시 그 사나이가 미워져 돌아갑니다.
돌아가다 생각하니 그 사나이가 그리워집니다.

　우물 속에는 달이 밝고 구름이 흐르고 하늘이 펼치고 파아란 바람이 불고 가을이 있고 추억(追憶)처럼 사나이가 있습니다.
　　　　　　　　　– 윤동주, 「자화상(自畵像)」 –
└──────────────────────────────┘

09 윗글의 표현상의 특징으로 적절하지 <u>않은</u> 것은?

① 오고 가는 행위의 반복을 통해 시상을 전개하고 있다.
② '–ㅂ니다'의 반복적 사용을 통해 운율을 형성하고 있다.
③ 설의적 표현을 사용하여 비판적 인식을 드러내고 있다.
④ 시각적 심상을 사용하여 대상을 선명하게 나타내고 있다.

10 윗글에 대한 설명으로 적절하지 <u>않은</u> 것은?

① 1연에서 우물에 비친 자신의 모습을 들여다보고 있다.
② 2연에서 우물 속 풍경을 보며 비정한 현실에 분노하고 있다.
③ 4연에서 화자는 '사나이'에게 연민을 느끼고 있다.
④ 5연에서 미움의 감정이 그리움으로 변화하고 있다.

11 다음과 관련하여 윗글을 감상할 때, ㉠의 이유로 가장 적절한 것은?

> 「자화상」은 일제 강점기를 살았던 시인의 이상적 삶의 태도가 잘 드러나 있는 작품으로, 치열한 자아 성찰의 산물인 부끄러움과 암울한 시대에 대한 극복 의지가 담겨 있다.

① 이상적 가치를 이미 실현하였기 때문에
② 경제적으로 안정된 삶을 추구하기 때문에
③ 현실에 저항하지 못하는 자신이 부끄럽기 때문에
④ 삶의 고통을 극복한 자신에게 당당함을 느끼기 때문에

[12~14]
다음 글을 읽고 물음에 답하시오.

> [앞부분의 줄거리] 원미동에 터를 잡고 사는 강 노인은 자신의 마지막 남은 땅에 밭농사를 지으며 그 땅을 팔지 않으려 하고 있다.

서울 것들이란. 강 노인은 끙끙거리다 토막 난 욕설을 내뱉어 놓았다. 강 노인이 괭이를 내던지고 밭 끄트머리로 걸어가는 사이 언제 나왔는지 부동산의 박 씨가 알은체를 하였다. 자그마한 체구에 검은 테 안경을 쓰고, 머리는 기름 발라 착 달라붙게 빗어 넘긴 박 씨의 면상을 보는 일이 강 노인으로서는 괴롭기 짝이 없었다. 얼굴만 마주쳤다 하면 땅을 팔아 보지 않겠느냐고 은근히 회유를 거듭하더니 지난겨울부터는 임자가 나섰다고 숫제 집까지 찾아와서 온갖 감언이설을 다 늘어놓는 박 씨였다.

〈중략〉

"영감님, 유 사장이 저 심곡동 쪽으로 땅을 보러 다니나 봅디다. ㉠영감님은 물론이고 우리 동네의 발전을 위해서 그렇게 애를 썼는데……."
박 씨가 짐짓 허탈한 표정을 지으며 말하고 있는데 뒤따라 나온 동업자 고흥댁이 뒷말을 거든다.
"참말로 이 양반이 지난겨울부터 무진 애를 썼구만요. 우리사 셋방이나 얻어 주고 소개료 받는 것으로도 얼마든지 살수 있지라우. 그람시도 그리 애를 쓴 것이야 다 한동네 사는 정리로다가 그런 것이지요."
강노인은 가타부타 말이 없고 이번엔 박 씨가 나섰다.

"아직도 늦은 것은 아니고, 한 번 더 생각해 보세요. 여름마다 똥 냄새 풍겨주는 밭으로 두고 있으니 평당 백만 원 이상으로 팔아넘기기가 그리 쉬운 일입니까. 이제는 참말이지 더 이상 땅값이 오를 수가 없게 돼 있다 이 말씀입니다. 아, 모르십니까. 팔팔 올림픽 전에 북에서 쳐들어올 확률이 높다고 신문 방송에서 떠들어 쌓으니 이삼천짜리 집들도 매기¹⁾가 뚝 끊겼다 이 말입니다."
"영감님도 욕심 그만 부리고 이만한 가격으로 임자 나섰을 때 후딱 팔아 치우시요. 영감님이 아무리 기다리셔도 인자 더 이상 오르기는 어렵다는디 왜 못 알아들으실까잉. 경국이 할머니도 팔아 치우자고 저 야단인디……."
고흥댁은 이제 강 노인 마누라까지 쳐들고 나선다. 강 노인은 아무런 대꾸도 없이 일하던 자리로 돌아가 버린다.
그 등에 대고 박 씨가 마지막으로 또 한마디 던졌다.
"아직도 유 사장 마음은 이 땅에 있는 모양이니께 금액이야 영감님 마음에 맞게 잘 조정해 보기로 하고, 일단 결정해 뿌리시요!"

– 양귀자, 「마지막 땅」 –

1) 상품을 사려는 분위기. 또는 살 사람들의 인기.

12 윗글에 대한 설명으로 가장 적절한 것은?

① 작품 속 서술자가 자신의 이야기를 들려주고 있다.
② 대화를 통해 인물 간 화해의 과정을 드러내고 있다.
③ 비현실적인 배경을 제시하여 신비로운 분위기를 보여 주고 있다.
④ 인물의 외양 묘사를 통해 인물에 대한 강 노인의 못마땅함을 보여 주고 있다.

13 윗글을 통해 알 수 있는 내용으로 적절한 것은?

① 유 사장은 강 노인의 땅을 마음에 두고 있다.
② 고흥댁은 받지 못한 소개료 때문에 생활고를 겪고 있다.
③ 신문 방송의 영향으로 집을 사려는 분위기가 고조되고 있다.
④ 박 씨는 강 노인에게 땅을 팔라고 말한 것을 후회하고 있다.

14 ㉠에 드러난 말하기 방식으로 가장 적절한 것은?

① 상대방의 지난 잘못을 들추며 비난하고 있다.
② 땅값이 앞으로는 오르지 않을 것이라 협박하고 있다.
③ 동네 발전에 애쓴 것을 언급하며 상대방을 회유하고 있다.
④ 상대방의 침묵에 대해 불쾌감을 드러내며 질책하고 있다.

16 ㉠에 나타난 화자의 태도로 가장 적절한 것은?

① 대상과 재회를 염원하고 있다.
② 자신의 처지를 한탄하고 있다.
③ 대상의 업적을 예찬하고 있다.
④ 이별한 대상을 원망하고 있다.

[15~16]

다음 글을 읽고 물음에 답하시오.

> 생사(生死) 길은
> 예 있으매 머뭇거리고,
> 나는 간다는 말도
> 못다 이르고 어찌 갑니까.
> 어느 가을 이른 바람에
> 이에 저에 떨어질 잎처럼,
> 한 가지에 나고
> 가는 곳 모르온저.
> 아아, ㉠ 미타찰(彌陀刹)에서 만날 나
> 도(道) 닦아 기다리겠노라.
>
>   - 월명사, 「제망매가(祭亡妹歌)」 -

15 다음을 참고하여 윗글을 탐구한 내용으로 가장 적절한 것은?

> 이 작품은 10구체 향가이다. 1~4행, 5~8행, 9~10행의 세 부분으로 나눌 수 있는데, 그중 마지막 부분이 낙구이다.

① 낙구는 감탄사로 시작되고 있군.
② 세 부분은 각각 연으로 구분되어 있군.
③ 10구체 향가는 후렴구로 마무리되고 있군.
④ 세 부분의 첫 어절은 각각 3음절로 시작되고 있군.

[17~19]

다음 글을 읽고 물음에 답하시오.

> 심청이 들어와 눈물로 밥을 지어 아버지께 올리고, 상머리에 마주 앉아 아무쪼록 진지 많이 잡수시게 하느라고 자반도 떼어 입에 넣어 드리고 김쌈도 싸서 수저에 놓으며,
>   "진지를 많이 잡수셔요."
>   심 봉사는 철도 모르고,
>   "야, 오늘은 반찬이 유난히 좋구나. 뉘 집 제사 지냈느냐?"
>   그날 밤에 꿈 을 꾸었는데, 부자간은 천륜지간(天倫之間)이라 꿈에 미리 보여 주는 바가 있었다.
>   "아가 아가, 이상한 일도 있더구나. 간밤에 꿈을 꾸니, 네가 큰 수레를 타고 한없이 가 보이더구나. 수레라 하는 것이 귀한 사람이 타는 것인데 우리 집에 무슨 좋은 일이 있을란가 보다. 그렇지 않으면 장 승상 댁에서 가마 태워 갈란가 보다."
>   심청이는 저 죽을 꿈인 줄 짐작하고 둘러대기를,
>   "그 꿈 참 좋습니다."
>   하고 진짓상을 물려 내고 담배 태워 드린 뒤에 밥상을 앞에 놓고 먹으려 하니 간장이 썩는 눈물은 눈에서 솟아나고, 아버지 신세 생각하며 저 죽을 일 생각하니 정신이 아득하고 몸이 떨려 밥을 먹지 못하고 물렸다. 그런 뒤에 심청이 사당에 하직하려고 들어갈제, 다시 세수하고 사당문을 가만히 열고 하직 인사를 올렸다.
>   "못난 여손(女孫) 심청이는 아비 눈 뜨기를 위하여 인당수 제물로 몸을 팔려 가오매, 조상 제사를 끊게 되오니 사모하는 마음을 이기지 못하겠습니다."
>   울며 하직하고 사당문 닫은 뒤에 아버지 앞에 나와 두 손을 부여잡고 기절하니, 심 봉사가 깜짝 놀라,
>   "아가 아가, 이게 웬일이냐? 정신차려 말하거라."
>   심청이 여쭙기를,
>   "제가 못난 딸자식으로 아버지를 속였어요. 공양미 삼백 석을 누가 저에게 주겠어요. 남경 뱃사람들에게 인당수 제물로 몸을 팔아 오늘이 떠나는 날이니 저를 마지막 보셔요."

심 봉사가 이 말을 듣고,

[A]
"참말이냐, 참말이냐? 애고 애고, 이게 웬 말인고? 못 가리라, 못 가리라. 네가 날더러 묻지도 않고 네 마음대로 한단 말이냐? 네가 살고 내가 눈을 뜨면 그는 마땅히 할 일이나, 자식 죽여 눈을 뜬들 그게 차마 할 일이냐? 너의 어머니 늦게야 너를 낳고 초이레 안에 죽은 뒤에, 눈 어두운 늙은 것이 품안에 너를 안고 이집 저집 다니면서 구차한 말 해 가면서 동냥젖 얻어 먹여 이만치 자랐는데, 내 아무리 눈 어두우나 너를 눈으로 알고, 너의 어머니 죽은 뒤에 걱정 없이 살았더니 이 말이 무슨 말이냐? 마라 마라, 못 하리라. 아내 죽고 자식 잃고 내 살아서 무엇하리? 너하고 나하고 함께 죽자. 눈을 팔아 너를 살 터에 너를 팔아 눈을 뜬들 무엇을 보려고 눈을 뜨리?"

– 작자 미상, 완판본 「심청전」 –

17 윗글의 내용과 일치하지 <u>않는</u> 것은?

① 심청은 자신이 떠나야 하는 까닭을 아버지에게 밝혔다.

② 심청은 아버지에게 하직 인사를 하기 위해 사당으로 들어갔다.

③ 심 봉사는 자신을 위해 제물이 되려는 심청의 결정을 만류하고 있다.

④ 심청은 자신이 떠난 후 조상의 제사를 지내지 못하는 것을 안타까워하고 있다.

18 ☐꿈☐의 기능으로 가장 적절한 것은?

① 심청의 영웅적 능력을 드러낸다.

② 심청의 앞날에 일어날 일을 암시한다.

③ 심 봉사와 심청의 갈등 해소의 계기가 된다.

④ 심청이 겪었던 과거의 위기 상황을 보여 준다.

19 [A]에 대한 설명으로 적절한 것은?

① 설의적 표현을 통해 삶의 희망을 드러내고 있다.

② 의인화를 통해 현실을 우회적으로 비판하고 있다.

③ 해학적 표현을 통해 슬픔을 웃음으로 승화하고 있다.

④ 반복적인 표현을 통해 인물의 안타까운 심정을 드러내고 있다.

[20~22]
다음 글을 읽고 물음에 답하시오.

글을 잘 읽으려면 읽기 목적에 맞는 읽기 방법을 선택해야 한다. 읽기의 방법은 매우 다양한데, 이는 다음과 같이 몇 가지로 나누어 볼 수 있다.

첫째, 글을 읽을 때 소리를 내는지에 따라 음독(音讀)과 묵독(默讀)으로 나뉜다. 음독은 글을 소리 내어 읽는 방법이며, 묵독은 글을 소리 내지 않고 속으로 읽는 방법이다. 음독은 근대 이전에 보편적으로 사용된 읽기 방법으로, 요즘에는 개인이 혼자 글을 읽을 때 대체로 묵독을 사용한다. ☐㉠☐ 잘 이해되지 않는 부분의 뜻을 파악하거나 두 사람 이상이 함께 읽을 때는 음독이 사용되기도 한다.

둘째, 글을 읽는 속도에 따라 속독(速讀)과 지독(遲讀)으로 나뉜다. 속독은 중요한 내용을 중심으로 글을 빠르게 읽는 방법이며, 지독은 뜻을 새겨가며 글을 천천히 읽는 방법이다. 속독은 주로 가벼운 내용이 담긴 글을 읽거나, 글을 읽을 시간이 부족하여 대강의 내용을 먼저 파악하고자 할 때 사용된다. 반면 깊이 있는 내용이나 전문적인 내용이 담긴 글을 읽을 때는 대체로 지독이 사용된다. 이때 전문 서적을 읽을 때처럼 글의 세부 내용을 자세하게 파악하며 읽는 것을 정독(精讀)이라고 하고, 문학 작품이나 고전을 읽을 때처럼 내용과 형식, 표현 등을 차를 우려내듯 여유롭게 음미하며 읽는 것을 미독(味讀)이라고 한다.

셋째, 글을 읽는 범위에 따라 통독(通讀)과 발췌독(拔萃讀)으로 나뉜다. 통독은 글 전체를 처음부터 끝까지 훑어 읽는 방법이며, 발췌독은 글에서 필요한 부분만 찾아 읽는 방법이다. 통독은 주로 글 전체의 내용이나 줄거리를 파악하고자 할 때 사용되며, 발췌독은 필요한 부분만 선별하여 특정 정보를 찾을 때 사용된다.

– 교과서 발췌, 「상황에 맞는 독서 방법」 –

20 윗글에 대한 설명으로 적절하지 <u>않은</u> 것은?

① 읽기 방법을 기준에 따라 제시하고 있다.

② 다양한 읽기 방법의 개념을 설명하고 있다.

③ 비유적 표현을 통해 읽기 방법을 설명하고 있다.

④ 서로 다른 읽기 방법을 절충하여 새로운 읽기 방법을 보여 주고 있다.

21 ㉠에 들어갈 말로 가장 적절한 것은?

① 그러나   ② 따라서

③ 예컨대   ④ 왜냐하면

22 ㉮와 ㉯에 들어갈 읽기 방법으로 적절한 것은?

> 내일이 우리 모둠 발표 순서라 주제와 관련된 책을 빌려 왔어. 그런데 시간이 부족해서 어쩌지?

> 시간이 없으면 대강의 내용을 먼저 빠르게 보는 (㉮)이나, 목차를 보고 필요한 부분을 찾아 읽는 (㉯)을 활용해 봐.

	㉮	㉯
①	속독	통독
②	속독	발췌독
③	지독	통독
④	지독	발췌독

[23~25]
다음 글을 읽고 물음에 답하시오.

우리 눈에 보이는 것들은 정말 '눈에 보이는 대로'만 존재할까? 신경과학 분야의 국제 학술지에 「우리 가운데 있는 고릴라」라는 제목의 논문이 ㉠ 게재되었다. 하버드 대학교 심리학과 연구자들은 흰옷과 검은 옷을 입은 학생들을 두 조로 나누어 같은 조끼리만 농구공을 주고받게 하고 그 장면을 동영상으로 찍었다. 연구자들은 이 영상을 사람들에게 보여 주면서 검은 옷을 입은 조는 무시하고, 흰옷을 입은 조의 패스 횟수만 세어 달라고 요구하였다. 실제 이 영상에는 고릴라 의상을 입은 학생이 가슴을 치고 퇴장하는 장면이 있는데, 그들의 절반은 이것을 전혀 인지하지 못하였다. ㉮ 도대체 이들은 왜 고릴라를 보지 못하였을까? 이것은 '무주의 맹시' 때문이다. 이는 시각이 ㉡ 손상되어 물체를 보지 못하는 것과 달리 물체를 보면서도 주의를 기울이지 않아서 인지하지 못하는 경우를 말한다.

인간은 눈을 통해 빛을 감지하고 사물을 보지만 눈 자체로 세상을 ㉢ 인식하는 것은 아니다. 눈으로 들어온 빛이 망막의 시각 세포에 의해 전기적 신호로 변환되고 이 신호가 시신경을 통해 뇌의 시각 피질로 들어올 때 세상을 본다고 느끼는 것이다. 시각 피질은 약 30개의 영역으로 구성된 복합적인 영역으로, 물체의 기본적인 이미지를 구분하는 영역, 형태를 구성하는 영역, 색을 담당하는 영역, 운동을 ㉣ 감지하는 영역 등 다양한 영역이 조합되어 종합적으로 사물을 인지한다. 예를 들어 시각 피질의 영역이 제 기능을 하지 못하면 세상이 흑백으로 보이며, 운동을 감지하는 영역이 손상되면 질주하는 자동차도 느리게 움직이는 것처럼 보인다.

이처럼 감각 기관으로 들어오는 정보를 고스란히 받아들이지 않고 제 입맛에 맞는 부분만 편식하는 것은 뇌의 보편적인 특성이다. 뇌의 많은 영역이 시각이라는 감각에 배정되어 있음에도 눈으로 받아들이는 모든 정보를 보이는 그대로 뇌가 빠짐없이 처리하기는 어렵다. 우리의 뇌는 선택과 집중, 적당한 무시의 과정을 거쳐 세상을 보기 때문에 있어도 보지 못하거나 잘못 보는 경우도 많은 것이다.

– 이은희, 「고릴라를 못 본 이유」 –

23 윗글에 대한 설명으로 적절한 것을 〈보기〉에서 고른 것은?

> **보기**
>
> ㄱ. 사례를 통해 내용을 설명하고 있다.
> ㄴ. 질문을 통해 독자의 호기심을 유발하고 있다.
> ㄷ. 시대에 따라 변화하는 통념을 보여 주고 있다.
> ㄹ. 서로 다른 실험 결과를 대비하여 가설을 증명하고 있다.

① ㄱ, ㄴ   ② ㄱ, ㄷ
③ ㄴ, ㄷ   ④ ㄷ, ㄹ

24 ㉮의 이유로 가장 적절한 것은?

① 망막의 시각 세포는 흰색에만 반응하기 때문에
② 시신경이 손상되어 물체를 보지 못했기 때문에
③ 눈으로 들어오는 빛은 전기적 신호로 변환되지 못하기 때문에
④ 눈으로 들어오는 모든 정보를 처리하기 어려운 뇌의 특성 때문에

25 ㉠~㉣의 사전적 의미로 적절하지 <u>않은</u> 것은?

① ㉠: 글이나 그림 따위를 신문이나 잡지 따위에 실음.
② ㉡: 자기도 모르는 사이에 물건 따위를 잃어버림.
③ ㉢: 사물을 분별하고 판단하여 앎.
④ ㉣: 느끼어 앎.

01 두 다항식 $A = x^2 + 2x$, $B = 2x^2 - 1$에 대하여 $A + B$는?

① $x - 1$
② $x^2 + 2$
③ $x^2 + x - 3$
④ $3x^2 + 2x - 1$

02 등식 $(x+1)(x-1) = x^2 + a$가 x에 대한 항등식일 때, 상수 a의 값은?

① -2
② -1
③ 0
④ 1

03 다음은 조립제법을 이용하여 다항식 $x^3 - 2x^2 - x + 5$를 일차식 $x - 1$로 나누어 몫과 나머지를 구하는 과정이다. 이때, 몫은?

$$
\begin{array}{r|rrrr}
1 & 1 & -2 & -1 & 5 \\
  &   & 1 & -1 & -2 \\
\hline
  & 1 & -1 & -2 & 3 \\
\end{array}
$$

① $x + 2$
② $2x + 1$
③ $x^2 - x - 2$
④ $2x^2 + x + 1$

04 다항식 $x^3 - 9x^2 + 27x - 27$을 인수분해한 식이 $(x - a)^3$일 때, 상수 a의 값은?

① 1
② 2
③ 3
④ 4

05 $2 - i + i^2 = a - i$일 때, 실수 a의 값은?

(단, $i = \sqrt{-1}$)

① -2
② -1
③ 0
④ 1

06 이차방정식 $x^2 + 3x - 4 = 0$의 두 근을 α, β라고 할 때, $\alpha + \beta$의 값은?

① -3　　　　　　② -1

③ 1　　　　　　　④ 3

07 $0 \leq x \leq 2$일 때, 이차함수 $y = x^2 + 2x - 3$의 최댓값은?

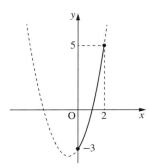

① 1　　　　　　　② 3

③ 5　　　　　　　④ 7

08 삼차방정식 $x^3 - 2x + a = 0$의 한 근이 2일 때, 상수 a의 값은?

① -4　　　　　　② -3

③ -2　　　　　　④ -1

09 연립방정식 $\begin{cases} x + y = 3 \\ x^2 - y^2 = a \end{cases}$의 해가 $x = 2$, $y = b$일 때, 두 상수 a, b에 대하여 $a + b$의 값은?

① 2　　　　　　　② 4

③ 6　　　　　　　④ 8

10 이차부등식 $(x + 3)(x - 1) \leq 0$의 해는?

① $x \leq -3$

② $x \geq 1$

③ $-3 \leq x \leq 1$

④ $x \leq -3$ 또는 $x \geq 1$

11 좌표평면 위의 두 점 $A(1, 2)$, $B(3, -4)$에 대하여 선분 AB의 중점의 좌표는?

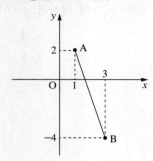

① $(-2, 1)$ ② $(-1, 2)$

③ $(1, -2)$ ④ $(2, -1)$

12 직선 $y = -2x + 5$에 평행하고 점 $(0, 1)$을 지나는 직선의 방정식은?

① $y = -2x - 3$ ② $y = -2x + 1$

③ $y = \dfrac{1}{2}x - 3$ ④ $y = \dfrac{1}{2}x + 1$

13 중심의 좌표가 $(2, 1)$이고 반지름의 길이가 3인 원의 방정식은?

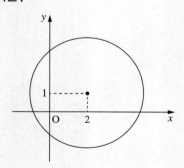

① $(x+2)^2 + (y+1)^2 = 9$

② $(x+2)^2 + (y-1)^2 = 9$

③ $(x-2)^2 + (y+1)^2 = 9$

④ $(x-2)^2 + (y-1)^2 = 9$

14 좌표평면 위의 점 $(-2, 1)$을 원점에 대하여 대칭이동한 점의 좌표는?

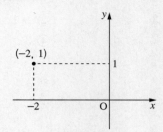

① $(-2, -1)$ ② $(-1, -2)$

③ $(1, -2)$ ④ $(2, -1)$

15 두 집합 $A = \{1, 3, 4, 5\}$, $B = \{2, 4\}$에 대하여 $A - B$는?

① $\{1\}$ ② $\{3, 4\}$

③ $\{1, 3, 5\}$ ④ $\{1, 3, 4, 5\}$

16 명제 '정삼각형이면 이등변삼각형이다.'의 역은?

① 이등변삼각형이면 정삼각형이다.

② 정삼각형이면 이등변삼각형이 아니다.

③ 정삼각형이 아니면 이등변삼각형이다.

④ 이등변삼각형이 아니면 정삼각형이 아니다.

17 함수 $f : X \rightarrow Y$가 그림과 같을 때, $f^{-1}(4)$의 값은? (단, f^{-1}는 f의 역함수이다.)

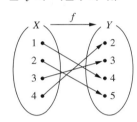

① 1   ② 2

③ 3   ④ 4

18 무리함수 $y = \sqrt{x-a} + b$의 그래프는 무리함수 $y = \sqrt{x}$의 그래프를 x축의 방향으로 2만큼, y축의 방향으로 3만큼 평행이동한 것이다. 두 상수 a, b에 대하여 $a+b$의 값은?

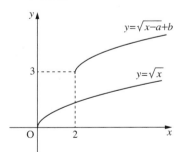

① 1   ② 3

③ 5   ④ 7

19 그림과 같이 3곳을 모두 여행하는 계획을 세우려고 한다. 여행 순서를 정하는 경우의 수는? (단, 한 번 여행한 곳은 다시 여행하지 않는다.)

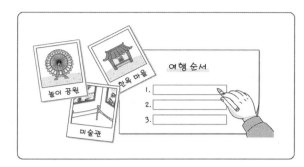

① 4   ② 6

③ 8   ④ 10

20 그림과 같이 4종류의 꽃이 있다. 이 중에서 서로 다른 3종류의 꽃을 선택하는 경우의 수는?

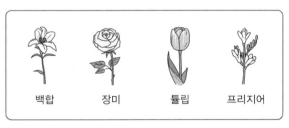

① 4   ② 5

③ 6   ④ 7

[01~03]

다음 밑줄 친 부분의 뜻으로 가장 적절한 것을 고르시오.

01

For children, it is important to encourage good underline{behavior}.

① 행동
② 규칙
③ 감정
④ 신념

02

She had to put off the trip because of heavy rain.

① 계획하다
② 연기하다
③ 기록하다
④ 시작하다

03

Many online lessons are free of charge. Besides, you can watch them anytime and anywhere.

① 마침내
② 게다가
③ 그러나
④ 예를 들면

04 다음 밑줄 친 두 단어의 의미 관계와 다른 것은?

While some people say that a glass is half full, others say that it's half empty.

① high − low
② hot − cold
③ tiny − small
④ fast − slow

05 다음 포스터에서 언급되지 않은 것은?

Happy Earth Day Event

When: April 22, 2022
Where: Community Center
What to do:
○ Exchange used things
○ Make 100% natural shampoo

① 참가 자격
② 행사 날짜
③ 행사 장소
④ 행사 내용

[06~08]

다음 빈칸에 공통으로 들어갈 말로 가장 적절한 것을 고르시오.

06

○ When you _____ the train, make sure you take all your belongings.
○ Please _____ the book on the table after reading it.

① open
② learn
③ leave
④ believe

07

○ Minsu, _____ are you going to do this weekend?
○ No one knows exactly _____ happened.

① what
② that
③ who
④ if

08

○ Dad's heart is filled _____ love for me.
○ Alice was satisfied _____ her performance.

① at
② in
③ for
④ with

09 다음 대화에서 밑줄 친 표현의 의미로 가장 적절한 것은?

A: What are you doing, Junho?
B: I'm trying to solve this math problem, but it's too difficult for me.
A: Let's try to figure it out together.
B: That's a good idea. Two heads are better than one.

① 수고 없이 얻는 것은 없다.
② 사공이 많으면 배가 산으로 간다.
③ 겉모습만으로 사람을 판단해서는 안 된다.
④ 혼자보다 두 명이 함께 생각하는 것이 낫다.

10 다음 대화에서 알 수 있는 B의 심정으로 가장 적절한 것은?

A: Did you get the results for the English speech contest?
B: Yeah, I just got them.
A: So, how did you do?
B: I won first prize. It's the happiest day of my life.

① 행복
② 실망
③ 분노
④ 불안

11 다음 대화가 이루어지는 장소로 가장 적절한 것은?

A: Good morning. How may I help you?
B: Hi, I'd like to open a bank account.
A: All right. Please fill out this form.
B: Thanks. I'll do it now.

① 은행
② 경찰서
③ 미용실
④ 체육관

12 다음 글에서 밑줄 친 It이 가리키는 것으로 가장 적절한 것은?

One day, Michael saw an advertisement for a reporter in the local newspaper. It was a job he'd always dreamed of. So he made up his mind to apply for the job.

① actor
② teacher
③ reporter
④ designer

[13~14]
다음 대화의 빈칸에 들어갈 말로 가장 적절한 것을 고르시오.

13

A: _____?
B: I'm going to teach Korean to foreigners.
A: Great. Remember you should volunteer with a good heart.
B: I'll keep that in mind.

① When is your birthday
② What did you do last Friday
③ What do you think about Korean food
④ What kind of volunteer work are you going to do

14

> A: Have you decided which club you're going to join this year?
>
> B: _____.

① I left Korea for Canada
② I went to see a doctor yesterday
③ I've decided to join the dance club
④ I had spaghetti for dinner last night

15 다음 대화의 주제로 가장 적절한 것은?

> A: Doctor, my eyes are tired from working on the computer all day. What can I do to look after my eyes?
>
> B: Make sure you have enough sleep to rest your eyes.
>
> A: Okay. Then what else can you recommend?
>
> B: Eat fruits and vegetables that have lots of vitamins.

① 비타민의 부작용
② 눈 건강을 돌보는 방법
③ 수면 부족의 원인
④ 시력 회복에 도움 되는 운동

16 다음 글을 쓴 목적으로 가장 적절한 것은?

> This is an announcement from the management office. As you were informed yesterday, the electricity will be cut this afternoon from 1 p.m. to 2 p.m. We're sorry for any inconvenience. Thank you for your understanding.

① 공지하려고
② 불평하려고
③ 거절하려고
④ 문의하려고

17 다음 박물관에 대한 안내문의 내용과 일치하지 <u>않는</u> 것은?

> **Shakespeare Museum**
>
> **Hours**
> ○ Open daily: 9:00 a.m. ~ 6:00 p.m.
>
> **Admission**
> ○ Adults: $12
> ○ Students and children: $8
> ○ 10% discount for groups of ten or more
>
> **Photography**
> ○ Visitors can take photographs.

① 오전 9시부터 오후 6시까지 개방한다.
② 어른은 입장료가 12달러이다.
③ 10명 이상의 단체는 입장료가 10% 할인된다.
④ 모든 사진 촬영은 금지된다.

18 다음 2022 Science Presentation Contest에 대한 설명과 일치하지 <u>않는</u> 것은?

> The 2022 Science Presentation Contest will be held on May 20, 2022. The topic is global warming. Contestants can participate in the contest only as individuals. Presentations should not be longer than 10 minutes. For more information, see Mr. Lee at the teachers' office.

① 5월 20일에 개최된다.
② 발표 주제는 지구 온난화이다.
③ 그룹 참가가 가능하다.
④ 발표 시간은 10분을 넘지 않아야 한다.

19 다음 글의 주제로 가장 적절한 것은?

I'd like to tell you about appropriate actions to take in emergency situations. First, when there is a fire, use the stairs instead of taking the elevator. Second, in the case of an earthquake, go to an open area and stay away from tall buildings because they may fall on you.

① 지진 발생 원인
② 에너지 절약의 필요성
③ 환경 보호 실천 방안
④ 비상 사태 발생 시 대처 방법

[20~21]
다음 글의 빈칸에 들어갈 말로 가장 적절한 것을 고르시오.

20

These days, many people make reservations at restaurants and never show up. Here are some tips for restaurants to reduce no-show customers. First, ask for a deposit. If the customers don't show up, they'll lose their money. Second, call the customer the day before to _____ the reservation.

① cook   ② forget
③ confirm   ④ imagine

21

Weather forecasters _____ the amount of rain, wind speeds, and paths of storms. In order to do so, they observe the weather conditions and use their knowledge of weather patterns. Based on current evidence and past experience, they decide what the weather will be like.

① ignore   ② predict
③ violate   ④ negotiate

22 글의 흐름으로 보아 다음 문장이 들어가기에 가장 적절한 곳은?

To overcome this problem, soap can be made by volunteer groups and donated to the countries that need it.

(①) Washing your hands with soap helps prevent the spread of disease. (②) In fact, in West and Central Africa alone, washing hands with soap could save about half a million lives each year. (③) However, the problem is that soap is expensive in this region. (④) This way, we can help save more lives.

23 다음 글의 바로 뒤에 이어질 내용으로 가장 적절한 것은?

In the future, many countries will have the problem of aging populations. We will have more and more old people. This means jobs related to the aging population will be in demand. So when you're thinking of a job, you should consider this change. Now, I'll recommend some job choices for a time of aging populations.

① 노령화와 기술 발전
② 성인병을 관리하는 방법
③ 노화 예방 운동법 소개
④ 노령화 시대를 위한 직업 추천

[24~25]

다음 글을 읽고 물음에 답하시오.

Do you know flowers provide us with many health benefits? For example, the smell of roses can help _____ stress levels. Another example is lavender. Lavender is known to be helpful if you have trouble sleeping. These are just two examples of how flowers help with our health.

24 윗글의 빈칸에 들어갈 말로 가장 적절한 것은?

① insist   ② reduce

③ trust   ④ admire

25 윗글의 주제로 가장 적절한 것은?

① 고혈압에 좋은 식품

② 충분한 수면의 필요성

③ 꽃이 건강에 주는 이점

④ 아름다운 꽃을 고르는 방법

01 다음에서 강조하는 행복한 삶을 실현하기 위한 조건으로 가장 적절한 것은?

> 민주주의가 성숙한 나라일수록 국민의 인권이 존중되어 국민 각자가 원하는 삶의 방식을 자유롭게 추구할 수 있다. 독재 국가나 권위주의적 정치 체제에서는 국민의 의사가 자유롭게 표출되거나 정책으로 산출되기 어렵기 때문이다.

① 과밀화된 주거 환경
② 참여 중심의 정치 문화
③ 타인을 위한 무조건적인 희생
④ 분배를 지양한 경제적 효율성

02 참정권에 대한 설명으로 옳은 것은?

① 국가 권력의 간섭을 받지 않을 권리이다.
② 국가의 의사 결정 과정에 참여할 권리이다.
③ 기본권을 침해당하였을 때, 이를 구제하기 위한 권리이다.
④ 차별 받지 않고 동등한 인격체로서 대우 받을 권리이다.

03 다음에서 설명하는 제도는?

> ○ 의미: 국가 권력을 서로 다른 국가 기관이 나누어 행사하도록 함.
> ○ 목적: 국가 기관 간의 견제와 균형을 통한 권력 남용 방지

① 권력 분립 제도
② 계획 경제 제도
③ 시장 경제 제도
④ 헌법 소원 심판 제도

04 다음 내용에 해당하는 것은?

> ○ 양심적이고 비폭력적이며 공공성을 가진 행위이다.
> ○ 잘못된 법이나 정책을 바로잡기 위해 의도적으로 법을 위반하는 행위이다.

① 선거
② 국민 투표
③ 민원 제기
④ 시민 불복종

05 다음에서 설명하는 근로자의 권리는?

> 사용자와 분쟁이 발생한 경우 근로자들이 주장을 관철하기 위해 업무의 정상적인 운영을 저해할 수 있는 권리이다.

① 청원권
② 재판권
③ 단체 행동권
④ 공무 담임권

06 시장 실패의 사례에 해당하는 것을 〈보기〉에서 고른 것은?

> ─── 보기 ───
> ㄱ. 기회비용의 발생
> ㄴ. 규모의 경제 발생
> ㄷ. 독과점 문제 발생
> ㄹ. 공공재의 공급 부족 발생

① ㄱ, ㄴ
② ㄱ, ㄷ
③ ㄴ, ㄹ
④ ㄷ, ㄹ

07 다음에서 설명하는 자산 관리의 원칙은?

> 돈이 필요할 때 금융 자산을 현금으로 쉽게 바꿀 수 있는 정도를 의미하며 '환금성'이라고도 한다.

① 유동성   ② 안전성

③ 수익성   ④ 보장성

08 수정 자본주의에 대한 옳은 설명을 〈보기〉에서 고른 것은?

> ─────── • 보기 • ───────
> ㄱ. 정부의 시장 개입을 강조한다.
> ㄴ. 대공황을 계기로 1930년대에 등장하였다.
> ㄷ. 절대 왕정의 중상주의로 인해 발달하였다.
> ㄹ. 개인의 경제적 자유를 최대한 보장해야 한다고 본다.

① ㄱ, ㄴ   ② ㄱ, ㄷ

③ ㄴ, ㄹ   ④ ㄷ, ㄹ

09 퀴즈에 대한 정답으로 옳은 것은?

> 도움이 필요한 국민에게 노인 돌봄, 장애인 활동 지원, 가사・간병 방문 지원 등 비금전적인 서비스를 제공하는 사회 복지 제도는 무엇일까요?

① 공공 부조

② 사회 보험

③ 사회 서비스

④ 적극적 우대 조치

10 ㉠에 들어갈 정의의 실질적 기준은?

> 타고난 신체적 조건에 따라 능력과 업적에 차이가 나타날 수 있으므로 기본적 (㉠)에 따른 분배를 위해 사회적 약자에 대한 다양한 지원 정책을 확대해야 한다.

① 신뢰   ② 필요

③ 종교   ④ 관습

11 ㉠에 들어갈 것으로 가장 적절한 것은?

> (㉠)의 사례
> ○ 우리나라에 전래된 불교와 전통 토착 신앙이 결합하여 만들어진 새로운 산신각
> ○ 아프리카 흑인의 고유 음악과 서양의 악기가 결합하여 만들어진 새로운 재즈 음악

① 발명

② 발견

③ 문화 소멸

④ 문화 융합

12 다음에서 설명하는 것으로 가장 적절한 것은?

> 인류의 보편적 가치에 어긋나는 식인 풍습, 명예 살인 등의 문화까지도 해당 사회에서 고유한 의미와 가치가 있다는 이유로 인정하는 태도

① 문화 절대주의

② 문화 사대주의

③ 자문화 중심주의

④ 극단적 문화 상대주의

13 다음에서 설명하는 국제 사회의 행위 주체는?

> ○ 의미: 개인이나 민간단체를 회원으로 하는 국제 사회의 행위 주체
> ○ 역할: 국제 사회의 보편적 가치와 관련된 다양한 활동을 함.

① 정당
② 국가 원수
③ 국제 비정부 기구
④ 정부 간 국제기구

14 다음 사례에 나타난 자연관은?

> ○ 인간이 만든 시설물 때문에 야생 동물의 서식지가 파괴되는 것을 막기 위해 조성한 길
> ○ 인간과 자연환경이 조화를 이루며 공생할 수 있는 지속가능한 체계를 갖춘 도시 설계

① 인간 중심주의
② 생태 중심주의
③ 개인주의 가치관
④ 이분법적 세계관

15 도시화가 가져온 변화로 옳지 않은 것은?

① 상업 시설 증가
② 인공 구조물 증가
③ 직업의 다양성 증가
④ 1차 산업 종사자 비율 증가

16 다음과 같은 생활 모습이 나타나게 된 원인은?

> ○ 전자 상거래와 원격 근무의 활성화
> ○ 누리 소통망(SNS)의 보편화로 인한 정치 참여 기회 확대

① 정보화
② 공정 무역
③ 윤리적 소비
④ 공간적 분업

17 다음에서 설명하는 지역을 지도에서 고르면?

> ○ 자연환경: 겨울이 길고 몹시 추운 날씨
> ○ 전통 생활양식: 순록 유목, 털가죽 의복, 폐쇄적 가옥 구조

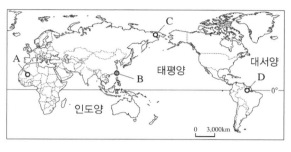

① A
② B
③ C
④ D

18 ㉠에 들어갈 검색어로 적절한 것은?

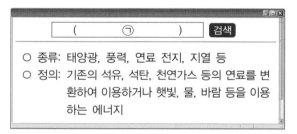

> ○ 종류: 태양광, 풍력, 연료 전지, 지열 등
> ○ 정의: 기존의 석유, 석탄, 천연가스 등의 연료를 변환하여 이용하거나 햇빛, 물, 바람 등을 이용하는 에너지

① 사물 인터넷
② 브렉시트(Brexit)
③ 신·재생 에너지
④ 지리 정보 시스템(GIS)

19 다음 설명에 해당하는 자연재해는?

> ○ 분포: 판과 판의 경계에서 자주 발생됨.
> ○ 피해 사례: 건물이 무너지고, 땅이 흔들림.

① 가뭄
② 지진
③ 황사
④ 산성비

20 다음 내용에 해당하는 종교는?

○ 수많은 신들이 새겨진 사원
○ 소를 신성시하여 소고기 식용을 금기시 함.
○ 죄를 씻기 위해 갠지스 강에 모여든 사람들

① 유대교
② 힌두교
③ 이슬람교
④ 크리스트교

21 ㉠, ㉡에 들어갈 내용으로 옳은 것은?

○ (㉠): 자원이 지구상에 고르게 분포하지 않고 특정한 지역에 치우쳐 분포한다.
○ (㉡): 자민족이나 자국의 이익을 위해 보유하고 있는 자원을 전략적으로 사용하는 것이다.

	㉠	㉡
①	편재성	자원 민족주의
②	희소성	연고주의
③	유한성	지역 이기주의
④	가변성	다원주의

22 ㉠에 들어갈 용어로 가장 적절한 것은?

(㉠)
○ 정의: 특정 지역이 그 지역의 고유한 전통이나 특성을 살려 세계적인 경쟁력을 갖추려고 노력함.
○ 사례: 지리적 표시제, 장소 마케팅, 지역 브랜드화

① 교외화
② 도시화
③ 지역화
④ 산업화

23 다음 내용에 해당하는 지역은?

이스라엘과 주변 이슬람교 국가들 간의 민족, 종교, 영토 등의 문제가 얽힌 분쟁 지역

① 난사 군도
② 쿠릴 열도
③ 카슈미르
④ 팔레스타인

24 ㉠, ㉡에 들어갈 인구 문제는?

○ (㉠)을/를 해결하기 위해 정년 연장, 노인 복지 시설 확충, 노인 연금 제도 등이 필요하다.
○ (㉡)을/를 해결하기 위해 출산과 양육 지원, 양성 평등을 위한 고용 문화 확산 등이 필요하다.

	㉠	㉡
①	고령화	노인 빈곤
②	저출산	노인 빈곤
③	남초 현상	이촌향도
④	고령화	저출산

25 다음 조약의 체결 목적으로 가장 적절한 것은?

○ 몬트리올 의정서
○ 파리 기후 변화 협약

① 난민 문제 해결
② 국제 테러 방지
③ 국제 환경 문제 해결
④ 생산자 서비스 기능 확대

01 다음 설명에 해당하는 것은?

> ○ 특정 온도 이하에서 전기 저항이 0이 된다.
> ○ 초전도 현상이 나타날 때 자석 위에 뜰 수 있다.

① 고무
② 나무
③ 유리
④ 초전도체

02 태양광 발전의 특징으로 옳은 것만을 〈보기〉에서 모두 고른 것은?

> ─── 보기 ───
> ㄱ. 태양 전지를 이용한다.
> ㄴ. 날씨의 영향을 받는다.
> ㄷ. 우라늄을 연료로 사용한다.

① ㄱ
② ㄷ
③ ㄱ, ㄴ
④ ㄴ, ㄷ

03 표는 수평 방향으로 던진 물체의 수평 방향 속도와 연직 방향 속도를 시간에 따라 나타낸 것이다. ㉠+㉡의 값은? (단, 중력 가속도는 $10\,\mathrm{m/s^2}$이고, 공기 저항은 무시한다.)

시간(s)	속도(m/s)	
	수평 방향	연직 방향
1	5	10
2	㉠	20
3	5	㉡
4	5	40

① 35
② 40
③ 45
④ 50

04 그림과 같이 자석을 코일 속에 넣었다 뺐다 하면 검류계의 바늘이 움직인다. 이 현상에 대한 설명으로 옳은 것만을 〈보기〉에서 모두 고른 것은?

> ─── 보기 ───
> ㄱ. 코일에 유도 전류가 흐른다.
> ㄴ. 검류계의 바늘은 한 방향으로만 움직인다.
> ㄷ. 발전기는 이러한 현상을 이용한다.

① ㄱ
② ㄴ
③ ㄱ, ㄷ
④ ㄴ, ㄷ

05 그림과 같이 수평면에서 질량이 $3\,\mathrm{kg}$인 물체가 $4\,\mathrm{m/s}$의 일정한 속도로 운동하다가 벽에 충돌하여 정지하였다. 물체가 벽으로부터 받은 충격량의 크기는 몇 $\mathrm{N \cdot s}$인가? (단, 모든 마찰은 무시한다.)

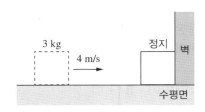

① 11
② 12
③ 13
④ 14

06 다음 중 수소와 산소의 화학 반응을 이용한 연료 전지에서의 에너지 전환은?

① 소리 에너지 → 열에너지
② 운동 에너지 → 핵에너지
③ 파동 에너지 → 빛 에너지
④ 화학 에너지 → 전기 에너지

07 다음 중 소금을 구성하는 알칼리 금속 원소는?

① 수소   ② 질소
③ 나트륨   ④ 아르곤

08 다음 화학 반응식에서 산화되는 반응 물질은?

$$2Ag^+ + Cu \rightarrow 2Ag + Cu^{2+}$$

① Ag^+ ② Cu
③ Ag ④ Cu^{2+}

09 다음은 몇 가지 산의 이온화를 나타낸 것이다. 산의 공통적인 성질을 나타내는 이온은?

○ $HCl \rightarrow H^+ + Cl^-$
○ $H_2SO_4 \rightarrow 2H^+ + SO_4^{2-}$
○ $CH_3COOH \rightarrow H^+ + CH_3COO^-$

① 수소 이온(H^+)
② 염화 이온(Cl^-)
③ 황산 이온(SO_4^{2-})
④ 아세트산 이온(CH_3COO^-)

10 그림은 플루오린 원자(F)의 전자 배치를 나타낸 것이다. 가장 바깥 전자 껍질에 들어 있는 전자의 개수는?

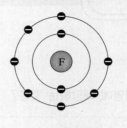

① 5개   ② 6개
③ 7개   ④ 8개

11 다음은 수소(H_2)의 연소 반응을 나타낸 화학 반응식이다. ㉠에 해당하는 것은?

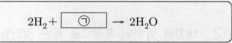

$$2H_2 + \boxed{㉠} \rightarrow 2H_2O$$

① O_2 ② F_2
③ Cl_2 ④ N_2

12 그림은 주기율표의 일부를 나타낸 것이다. 임의의 원소 A~D 중 화학적 성질이 비슷한 원소끼리 짝지은 것은?

족 주기	1	2	17	18
1	A			
2			B	
3		C	D	

① A, C   ② A, D
③ B, C   ④ B, D

13 다음 중 생명체 내에서 화학 반응에 관여하는 생체 촉매는?

① 물   ② 녹말
③ 효소   ④ 셀룰로스

14 그림은 세포막의 구조와 세포막을 통한 물질의 이동을 나타낸 것이다. 이에 대한 설명으로 옳은 것만을 〈보기〉에서 모두 고른 것은?

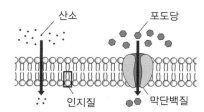

산소　포도당

인지질　막단백질

보기

ㄱ. 세포막은 인지질로만 구성되어 있다.
ㄴ. 산소는 인지질 2중층을 직접 통과한다.
ㄷ. 포도당은 막단백질을 통해 이동한다.

① ㄱ
② ㄷ
③ ㄱ, ㄴ
④ ㄴ, ㄷ

15 그림은 어떤 동물 세포의 구조를 나타낸 것이다. A ~D 중 유전 물질인 DNA가 들어 있는 것은?

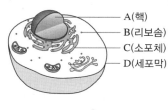

A(핵)
B(리보솜)
C(소포체)
D(세포막)

① A
② B
③ C
④ D

16 그림은 지각을 구성하는 규산염 광물의 기본 구조(SiO_4)를 나타낸 것이다. ㉠에 해당하는 원소는?

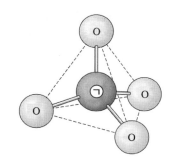

O　O　㉠　O　O

① Mg
② Si
③ Ca
④ Fe

17 다음은 지구 시스템 각 권의 상호 작용에 의한 자연 현상이다. 이와 관련된 지구 시스템의 구성 요소는?

○ 지하수의 용해 작용으로 석회 동굴이 형성되었다.
○ 파도의 침식 작용으로 해안선의 모양이 변하였다.

① 기권, 외권
② 수권, 지권
③ 외권, 생물권
④ 지권, 생물권

18 그림은 어느 해양 생태계의 에너지 피라미드를 나타낸 것이다. 다음 중 ㉠에 해당하는 생물은?

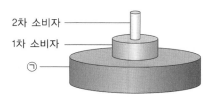

2차 소비자
1차 소비자
㉠

① 멸치
② 상어
③ 오징어
④ 식물 플랑크톤

19 다음 중 생물 다양성 보전을 위한 노력으로 적절한 것은?

① 폐수 방류
② 서식지 파괴
③ 무분별한 벌목
④ 멸종 위기종 보호

20 그림은 모든 핵융합 반응을 마친 어느 별의 내부 구조를 나타낸 것이다. 다음 중 중심부 ㉠에 생성된 금속 원소는? (단, 별의 질량은 태양의 10배이다.)

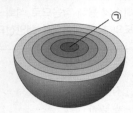

① 철
② 산소
③ 염소
④ 질소

21 다음 설명에 해당하는 지질 시대는?

○ 판게아가 분리되었다.
○ 다양한 공룡이 번성하였다.

① 선캄브리아 시대
② 고생대
③ 중생대
④ 신생대

22 다음 설명에 해당하는 물질은?

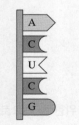

○ 핵산의 한 종류이다.
○ 염기로 아데닌(A), 구아닌(G), 사이토신(C), 유라실(U)을 가진다.

① RNA
② 지방
③ 단백질
④ 탄수화물

23 다음 설명에 해당하는 것은?

○ 특정한 지역 또는 지구 전체에 존재하는 생태계의 다양한 정도를 뜻한다.
○ 사막, 숲, 갯벌, 습지, 바다 등 생물이 살아가는 서식 환경의 다양함을 뜻한다.

① 내성
② 개체군
③ 분해자
④ 생태계 다양성

24 그림은 지권의 층상 구조를 나타낸 것이다. A~D 중 다음 설명에 해당하는 것은?

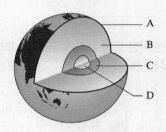

○ 맨틀 대류가 일어난다.
○ 지권 전체 부피의 대부분을 차지한다.

① A
② B
③ C
④ D

25 그림은 수소 핵융합 반응을 나타낸 것이다. 헬륨 원자핵 1개가 생성될 때 융합하는 수소 원자핵의 개수는?

① 2개
② 4개
③ 8개
④ 16개

01 다음 유물이 처음으로 제작된 시대는?

탁자식 고인돌

비파형 동검과 함께 만주와 한반도 북부에 집중적으로 분포한다. 이를 통해 고조선의 문화 범위를 추정할 수 있다.

① 구석기 시대
② 신석기 시대
③ 청동기 시대
④ 철기 시대

02 다음에서 설명하는 신라의 인물은?

○ 아미타 신앙을 전파하여 불교 대중화에 기여함.
○ 여러 종파의 대립을 없애고자 화쟁 사상을 주장함.

① 원효   ② 일연
③ 김부식   ④ 정약용

03 다음에서 설명하는 정치 세력은?

○ 고려 말 권문세족의 부정부패를 비판함.
○ 성리학을 바탕으로 사회 모순을 개혁하고자 함.
○ 대표적 인물로는 조준, 정도전, 정몽주 등이 있음.

① 6두품   ② 보부상
③ 독립 협회   ④ 신진 사대부

04 다음에서 ㉠에 해당하는 내용으로 적절한 것은?

〈임오군란〉
○ 배경: ㉠
○ 전개: 군란 발생 → 흥선 대원군 재집권 → 청군 개입
○ 영향: 청의 내정 간섭, 제물포 조약 체결

① 평양 천도
② 신사 참배 강요
③ 금의 군신 관계 요구
④ 구식 군인에 대한 차별

05 다음에서 설명하는 사건은?

일본의 도요토미 히데요시가 조선을 침략하자, 각지에서 의병이 일어나 일본군에게 타격을 주었다. 한편, 이순신이 이끄는 수군은 해전에서 여러 차례 일본군에 승리하였다.

① 임진왜란
② 살수 대첩
③ 만적의 난
④ 봉오동 전투

06 다음에서 ㉠에 해당하는 조선의 제도는?

근래 방납의 폐단이 심하다고 들었소. 이제부터 ㉠을/를 실시하여 토지 결수에 따라 쌀로 공납을 거두도록 하시오.

① 골품제   ② 대동법
③ 단발령   ④ 진대법

07 다음에서 ㉠에 해당하는 것은?

> 신미양요 이후 흥선 대원군은 전국 각지에 [㉠] 을/를 세워 서양과의 통상을 거부한다는 의지를 널리 알렸다.

① 규장각
② 독립문
③ 척화비
④ 임신서기석

08 다음에서 설명하는 조약은?

> ○ 조선이 외국과 맺은 최초의 근대적 조약임.
> ○ 조약 체결의 결과로 부산 외 2개 항구를 개항함.
> ○ 해안 측량권과 영사 재판권을 인정한 불평등 조약임.

① 간도 협약
② 전주 화약
③ 톈진 조약
④ 강화도 조약

09 다음에서 ㉠에 해당하는 문화유산은?

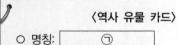

> 〈역사 유물 카드〉
> ○ 명칭: [㉠]
> ○ 소재지: 경남 합천 해인사
> ○ 내용: 몽골의 침입을 부처의 힘으로 물리치고자 제작하였으며, 고려의 뛰어난 목판 인쇄술을 보여 줌.

① 석굴암
② 경국대전
③ 무령왕릉
④ 팔만대장경판

10 다음에서 ㉠에 해당하는 통치 기구는?

> 을사늑약의 결과는 무엇일까요?
> [㉠]이/가 설치됐어요.
> 대한 제국의 외교권을 빼앗겼어요.

① 삼별초
② 집현전
③ 통감부
④ 화랑도

11 다음에서 설명하는 지역은?

> ○ 안용복이 일본에 건너가 조선의 영토임을 확인함.
> ○ 일본이 「태정관 지령」으로 조선의 영토로 인정함.
> ○ 대한 제국은 「칙령 제41호」를 통해 울도군의 관할로 둠.

① 진도
② 독도
③ 벽란도
④ 청해진

12 다음에서 설명하는 시설은?

> ○ 우리나라 최초의 근대식 병원임.
> ○ 1885년에 선교사 알렌의 제안으로 설립함.
> ○ 제중원을 거쳐 세브란스 병원으로 개칭함.

① 서원
② 향교
③ 광혜원
④ 성균관

13 다음과 같이 주장한 일제 강점기의 사회 운동은?

> 신분제가 폐지되었지만 백정에 대한 편견이 여전합니다. 백정을 차별하는 것에 항의하고 평등한 대우를 요구합시다.

① 병인박해
② 형평 운동
③ 거문도 사건
④ 서경 천도 운동

14 다음에서 설명하는 1910년대 일제의 식민 지배 방식은?

> ○ 헌병 경찰로 일상생활을 감시함.
> ○ 「조선 태형령」으로 한국인을 탄압함.
> ○ 학교 교원에게도 제복을 입히고 칼을 차게 함.

① 선대제
② 기인 제도
③ 무단 통치
④ 나·제 동맹

15 다음에서 ㉠에 해당하는 사건은?

> 〈　　㉠　　 다큐멘터리 기획안〉
> ○ 주요 장면
> • 장면 1. 독립 선언서를 준비하는 33인의 민족 대표
> • 장면 2. 아우내 장터에서 만세 운동을 벌이는 유관순

① 3·1 운동
② 무신 정변
③ 이자겸의 난
④ 임술 농민 봉기

16 다음 대화에 해당하는 무장 투쟁은?

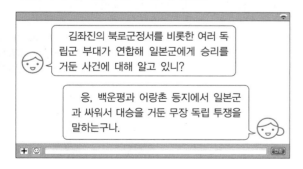

① 명량 대첩
② 청산리 대첩
③ 홍경래의 난
④ 6·10 만세 운동

17 다음에서 ㉠에 해당하는 내용으로 적절한 것은?

> 〈전시 동원 체제와 인력 수탈〉
> ○ 일제가 1938년에 「국가 총동원법」을 공포함.
> ○ 지원병제와 징병제로 청년을 침략 전쟁에 투입함.
> ○ 근로 정신대와 　㉠　 등으로 여성을 강제 동원함.

① 정미의병
② 금융 실명제
③ 서울 올림픽
④ 일본군 '위안부'

18 다음 설명에 해당하는 것은?

> ○ 1948년에 김구와 김규식 등이 추진함.
> ○ 김구 일행이 38도선을 넘어 평양으로 감.
> ○ 남북의 지도자들이 통일 정부 수립을 결의함.

① 남북 협상
② 아관 파천
③ 우금치 전투
④ 쌍성총관부 공격

19 다음에서 ㉠에 해당하는 것은?

> 질문 　㉠　 의 활동에 대해 알려주세요.
> 답변 1919년 상하이에서 수립되었으며, 충칭으로 이동한 후 한국 광복군을 창설하여 대일 선전 포고를 하고 국내 진공 작전을 준비하였습니다.

① 9산선문
② 급진 개화파
③ 대한민국 임시 정부
④ 동양 척식 주식회사

20 다음에서 ㉠에 해당하는 내용으로 적절한 것은?

> 〈반민족 행위 특별 조사 위원회〉
> ○ 설치 시기: 1948년 이승만 정부 시기
> ○ 설치 근거: 반민족 행위 처벌법
> ○ 설치 목적: ㉠

① 과거제 실시
② 친일파 청산
③ 황무지 개간
④ 방곡령 시행

21 다음에서 ㉠에 해당하는 사건으로 적절한 것은?

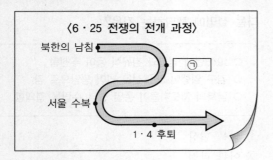

〈6·25 전쟁의 전개 과정〉
북한의 남침 → ㉠ → 서울 수복 → 1·4 후퇴

① 녹읍 폐지
② 후삼국 통일
③ 자유시 참변
④ 인천 상륙 작전

22 다음에서 설명하는 사건은?

> ○ 배경: 3·15 부정선거(1960)
> ○ 과정: 전국에서 시위 발생, 대학교수단 시국 선언
> ○ 결과: 이승만 대통령 하야

① 4·19 혁명
② 제주 4·3 사건
③ 12·12 사태
④ 5·18 민주화 운동

23 다음에서 설명하는 정부는?

> ○ 경제 개발 5개년 계획을 추진함.
> ○ 근면·자조·협동 정신을 강조한 새마을 운동을 시작함.
> ○ 전태일 사건, YH 무역 사건 등의 노동 문제에 직면함.

① 장면 정부
② 박정희 정부
③ 김영삼 정부
④ 김대중 정부

24 다음에서 ㉠에 해당하는 내용으로 적절한 것은?

> 〈수행 평가 보고서〉
> ○ 주제: 6월 민주 항쟁
> ○ 조사 내용
> • 인물 탐구: 박종철, 이한열
> • 항쟁 결과: ㉠

① 집강소 설치
② 정전 협정 체결
③ 노비안검법 실시
④ 대통령 직선제 개헌

25 다음에서 ㉠에 해당하는 것은?

한국사 스피드 퀴즈

1997년 우리나라 경제가 위기에 빠지면서 국제 통화 기금(IMF)에 구제 금융을 요청한 것이야.

① 외환 위기
② 베트남 파병
③ 원산 총파업
④ 서울 진공 작전

01 다음 설명에 해당하는 윤리학은?

> 도덕적 관습 또는 풍습에 대한 묘사나 객관적 서술을 주된 목표로 하는 윤리학

① 규범 윤리학
② 기술 윤리학
③ 메타 윤리학
④ 실천 윤리학

02 칸트(Kant, I.)의 의무론에 대한 설명으로 옳은 것은?

① 가언 명령의 형식을 중시한다.
② 행위의 동기보다는 결과를 강조한다.
③ 공리의 원리에 따른 행동을 강조한다.
④ 보편적 윤리의 확립과 인간 존엄성을 중시한다.

03 윤리적 소비에 대한 설명으로 옳은 것을 〈보기〉에서 고른 것은?

> ─── 보기 ───
> ㄱ. 생태계 보존을 생각하는 소비이다.
> ㄴ. 자신의 재력을 과시하기 위한 소비이다.
> ㄷ. 많은 상품을 충동적으로 구매하는 소비이다.
> ㄹ. 노동자의 인권과 복지를 고려하는 소비이다.

① ㄱ, ㄴ   ② ㄱ, ㄹ
③ ㄴ, ㄷ   ④ ㄷ, ㄹ

04 다음 설명에 해당하는 것은?

> ○ 맹자가 주장한 것으로 모든 인간이 본래부터 가지고 있는 선한 마음
> ○ 측은지심, 수오지심, 사양지심, 시비지심

① 사단(四端)
② 삼학(三學)
③ 정명(正名)
④ 삼독(三毒)

05 다음 설명에 해당하는 도덕 원리 검사 방법은?

> 도덕 원리가 다른 사람의 처지에서도 받아들여질 수 있는지 다른 사람의 입장을 취해 보고 검토하는 것이다.

① 포섭 검사
② 역할 교환 검사
③ 반증 사례 검사
④ 사실 판단 검사

06 (가)에 들어갈 내용으로 가장 적절한 것은?

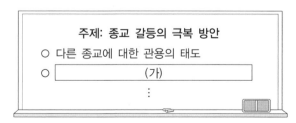

> 주제: 종교 갈등의 극복 방안
> ○ 다른 종교에 대한 관용의 태도
> ○ ____(가)____
>   ⋮

① 특정한 종교의 교리 강요
② 종교 간 적극적인 대화와 협력
③ 타 종교에 대한 무조건적 비난과 억압
④ 종교적 신념을 내세운 비윤리적 행위의 강행

07 ㉠에 들어갈 용어로 적절한 것은?

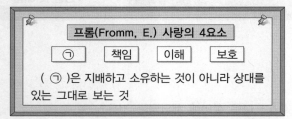

프롬(Fromm, E.) 사랑의 4요소

| ㉠ | 책임 | 이해 | 보호 |

(㉠)은 지배하고 소유하는 것이 아니라 상대를 있는 그대로 보는 것

① 존경 　　　　② 집착
③ 단절 　　　　④ 금욕

08 시민 불복종의 특징으로 적절하지 않은 것은?

① 시민 불복종은 최후의 수단이어야 한다.
② 시민 불복종은 처벌을 감수하는 행위이다.
③ 시민 불복종은 개인의 이익만을 충족시켜야 한다.
④ 시민 불복종은 정의 실현을 위한 의도적 위법행위이다.

09 다음 내용과 관련된 노자의 사상은?

○ "으뜸이 되는 선(善)은 물과 같다."
○ "도(道)는 자연을 본받아 어긋나지 않는다."

① 충서(忠恕)
② 무위(無爲)
③ 열반(涅槃)
④ 효제(孝弟)

10 정보 공유를 강조하는 입장으로 옳은 것을 〈보기〉에서 고른 것은?

> **보기**
> ㄱ. 정보에 대한 자유로운 접근을 허용해야 한다.
> ㄴ. 정보를 공동의 이익을 위해서 사용해야 한다.
> ㄷ. 정보에 대한 사적 소유 권리를 강화해야 한다.
> ㄹ. 정보 창작이 이루어지는 분야를 축소해야 한다.

① ㄱ, ㄴ 　　　　② ㄱ, ㄷ
③ ㄴ, ㄹ 　　　　④ ㄷ, ㄹ

11 ㉠에 들어갈 용어로 적절한 것은?

〈 ㉠ 〉 윤리

○ 보편타당한 도덕법칙이 존재함.
○ "선을 행하고 악을 피하라."라는 핵심 명제를 강조함.
○ 자연의 원리에 의해 도출된 의무에 따르는 행위를 옳은 행위로 봄.

① 배려
② 담론
③ 자연법
④ 이기주의

12 다음 설명에 해당하는 윤리적 관점은?

○ 요나스(Jonas, H.)가 과학 기술 시대의 새로운 윤리적 관점으로 제시함.
○ 인과적 책임뿐만 아니라 미래의 결과에 대한 책임까지 강조되어야 한다고 보는 관점임.

① 책임 윤리
② 전통 윤리
③ 신경 윤리
④ 가족 윤리

13 생명 중심주의의 관점으로 가장 적절한 것은?

① 자연은 인간을 위한 수단일 뿐이다.

② 도덕적 고려의 범위에 무생물이 포함된다.

③ 이성적 존재만이 도덕적 존중의 대상이다.

④ 살아있는 모든 존재는 내재적 가치를 지닌다.

14 다음에서 소개하는 윤리 사상가는?

> ◆ 도덕 인물 카드 ◆
> ○ 중국 춘추시대 사상가로 유교를 체계화 함.
> ○ 도덕성 회복을 위해 인(仁)과 예(禮)의 실천을 강조함.
> ○ 제자들이 엮은 『논어』에 그의 사상이 잘 나타남.

① 공자　　　　　② 장자

③ 순자　　　　　④ 묵자

15 우대 정책이 반영된 제도로 옳지 <u>않은</u> 것은?

① 지역 균형 선발 제도

② 장애인 의무 고용 제도

③ 농어촌 특별 전형 제도

④ 음식점 원산지 표시 제도

16 기업가가 지녀야 할 윤리적 자세로 적절하지 <u>않은</u> 것은?

① 경제적 이윤을 정당한 방식으로 추구해야 한다.

② 근로자의 정당한 권리를 훼손하지 말아야 한다.

③ 윤리 경영은 사회 발전과 무관함을 명심해야 한다.

④ 공익적 가치 실현을 위해 사회적 책임을 다해야 한다.

17 다음에서 동물 중심주의 사상가인 싱어(Singer, P.)의 관점에만 '✔'를 표시한 학생은?

관점 ＼ 학생	A	B	C	D
○ 인간은 도덕적 행위 능력을 지닌다.	✔		✔	✔
○ 동물의 고통을 무시하는 행위는 '종차별주의'이다.	✔	✔	✔	
○ 생태계 전체가 도덕적으로 고려해야 하는 대상이다.	✔	✔		✔

① A　　　　　② B

③ C　　　　　④ D

18 공리주의 관점에서 볼 때, 도덕적 행위로 옳지 <u>않은</u> 것은?

① 최대의 유용성을 가져오는 행위

② 사회 전체의 이익을 증대시키는 행위

③ 결과와 상관없이 무조건적 의무에 따르는 행위

④ 최대 다수의 최대 행복의 원리에 부합하는 행위

19 ㉠, ㉡에 들어갈 말을 짝지은 것으로 옳은 것은?

> ○ 석가모니는 죽음을 수레바퀴가 구르는 것과 같이 다음 생으로 이어지는 (㉠)의 한 과정으로 본다.
> ○ 장자는 죽음을 (㉡)의 흩어짐으로 정의하여 생사를 사계절의 운행과 같은 자연의 순환 과정 중 하나로 본다.

	㉠	㉡
①	윤회(輪廻)	기(氣)
②	윤회(輪廻)	해탈(解脫)
③	해탈(解脫)	오륜(五倫)
④	오륜(五倫)	기(氣)

20 롤스(Rawls, J.)의 해외 원조에 대한 설명으로 옳은 것은?

① 국제 사회에서 결코 정당화될 수 없다.
② 의무가 아니라 단순한 자선에 불과하다.
③ 정의로운 시민들은 절대 실천하지 않는다.
④ 대상국이 질서 정연한 사회가 되도록 돕는 것이다.

21 다음 설명에 해당하는 예술에 대한 관점은?

○ 미적 가치와 윤리적 가치의 관련성을 강조한다.
○ 예술은 도덕적 교훈이나 모범을 제공해야 한다고 본다.

① 도구주의
② 도덕주의
③ 상업주의
④ 예술지상주의

22 교사의 질문에 대한 대답으로 적절하지 <u>않은</u> 것은?

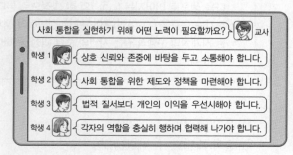

① 학생 1   ② 학생 2
③ 학생 3   ④ 학생 4

23 다음 설명에 해당하는 다문화 이론은?

○ 다양한 문화의 공존을 위해서는 주류 문화의 역할이 중요하다는 입장
○ 주재료인 면 위에 고명을 얹어 맛을 내듯이 주류 문화를 중심으로 비주류 문화가 공존해야 한다는 입장

① 용광로 이론
② 동화주의 이론
③ 샐러드 볼 이론
④ 국수 대접 이론

24 하버마스(Habermas, J.)가 강조한 소통과 담론의 윤리로 가장 적절한 것은?

① 상대방이 이해할 수 없는 언어로 표현해야 한다.
② 외부 기관의 감시하에서만 소통을 진행해야 한다.
③ 대화 당사자들은 자유롭고 평등하게 참여해야 한다.
④ 해당 영역의 전문가만이 의사결정권을 행사해야 한다.

25 다음은 서술형 평가 문제와 학생 답안이다. 밑줄 친 ㉠~㉣ 중 옳지 <u>않은</u> 것은?

문제: 분단 비용과 통일 비용, 통일 편익에 대해 설명하시오.

〈답안〉
㉠ 분단 비용은 분단으로 인해 남북한이 부담하는 유·무형의 모든 비용을 의미한다. ㉡ 분단 비용은 분단이 계속되는 한 지속적으로 발생하는 소모적 비용이다. 한편 ㉢ 통일 비용은 통일 이후 남북한 격차를 해소하고 이질적 요소를 통합하기 위한 비용이며, ㉣ 통일 편익은 통일 직후에만 발생하는 단기적 이익이다.

① ㉠   ② ㉡
③ ㉢   ④ ㉣

01 다음 대화에서 '영준'의 말하기 방식에 대한 설명으로 적절한 것은?

> 정우: 어제 친구랑 싸웠는데 친구가 화해할 생각이 없어 보여.
> 영준: 그랬구나. 마음이 복잡하겠네. 그 친구도 시간이 지나면 화가 풀려서 괜찮아질 거야.

① 상대의 요청을 수용하며 말하고 있다.
② 전문가의 말을 인용하여 말하고 있다.
③ 통계 자료를 활용하여 설득하고 있다.
④ 상대의 기분을 고려하여 위로하고 있다.

02 ㉠에 들어갈 말로 가장 적절한 것은?

> 겸양의 격률: 자신에 대한 칭찬은 최소화하여 표현한다.
>
> 〈사례〉
> 민아: 나래야, 이번 발표 자료 정말 잘 만들었더라!
> 나래: (㉠   )

① 응, 다음에 만들 발표 자료도 기대해 줘.
② 당연하지. 내가 뭐 못하는 것 본 적 있니?
③ 아니야, 부족한 점이 많았는데 좋게 봐 줘서 고마워.
④ 그렇지? 내가 봐도 이번 자료는 참 잘 만든 것 같아.

03 다음 표준 발음법 규정이 적용되지 <u>않는</u> 것은?

> [제17항] 받침 'ㄷ, ㅌ(ㄾ)'이 조사나 접미사의 모음 'ㅣ'와 결합되는 경우에는, [ㅈ, ㅊ]으로 바꾸어서 뒤 음절 첫소리로 옮겨 발음한다.

① 일이 많아 <u>끝이</u> 보이지 않는다.
② 그는 <u>굳이</u> 따라가겠다고 졸랐다.
③ 한옥 대문이 <u>여닫이</u>로 되어 있다.
④ 그는 <u>밭이랑</u>에 농작물을 심었다.

04 밑줄 친 부분이 한글 맞춤법에 맞게 쓰인 것은?

① 내가 너보다 먼저 <u>갈게</u>.
② 오늘은 <u>웬지</u> 기분이 좋다.
③ 그렇게 마음대로 하면 <u>어떻해</u>.
④ 날씨가 얼마나 <u>덥든지</u> 땀이 났다.

05 (가)에서 설명하는 시제가 드러나 있는 것을 (나)의 ㉠~㉣에서 고른 것은?

> (가) 사건이 일어나는 시점과 말하는 시점이 일치하는 시제
> (나) 오랜만에 비가 ㉠ <u>내린다</u>. 긴 가뭄으로 ㉡ <u>근심하던</u> 농부는 드디어 활짝 ㉢ <u>웃는다</u>. 내일부터는 비가 자주 내린다니 앞으로 가뭄 걱정이 ㉣ <u>없겠다</u>.

① ㉠, ㉡   ② ㉠, ㉢
③ ㉡, ㉣   ④ ㉢, ㉣

[06~07]

(나)는 (가)를 토대로 작성한 글이다. 물음에 답하시오.

(가)

> **제목: 떡볶이의 어제와 오늘**
> Ⅰ. 처음: 떡볶이의 유래에 대한 호기심 유발
> Ⅱ. 중간
> 　1. 떡볶이의 유래인 조선시대 궁중 떡볶이
> 　2. ⓐ
> Ⅲ. 끝: 세계적으로 인기를 얻고 있는 떡볶이

(나)

　떡볶이는 우리나라 사람들이 가장 사랑하는 음식 중 하나이다. 떡볶이는 언제 처음 만들어졌을까?

　떡볶이는 본래 조선 시대 궁궐에서 만들어 먹던 요리였다. 조선 시대의 떡볶이는 궁중 요리인 잡채와 유사한 음식이었다. 당면 대신 쌀떡을 넣고, 쇠고기와 각종 나물을 넣어 간장으로 양념을 한 것이다. ㉠ 떡볶이 외에도 조선 시대 궁중 요리로 유명한 것은 신선로가 있다.

　궁중 요리였던 떡볶이는 1950년대부터 시중에 팔리면서 대중 음식이 되었다. 그 후로도 떡볶이에 시대상이 반영되면서 떡볶이는 여러 차례 변모하였다. 가스가 ㉡ 공급하기 시작한 1970년대부터는 즉석에서 요리할 수 있어 길거리에서도 떡볶이를 팔기 시작하였다. 2000년대에는 프랜차이즈 시스템이 등장하여 떡볶이에도 상표가 ㉢ 달렸는데, 다양한 소스·메뉴가 개발되면서 떡볶이는 한국을 대표하는 먹거리가 되었다.

　떡볶이는 이제 한국인의 ㉣ 입맛 뿐 아니라 세계인의 입맛도 사로잡고 있다. 떡볶이는 비빔밥, 김치와 더불어 한식의 대표 주자로 전 세계의 한식 열풍을 이끌고 있다. 떡볶이가 앞으로도 계속 발전하여 세계인의 입맛을 사로잡기를 기대해 본다.

06 (나)의 내용을 고려할 때, (가)의 ⓐ에 들어갈 내용으로 가장 적절한 것은?

① 시대에 따른 떡볶이의 변모 과정
② 1950년대 떡볶이의 인기 요인 분석
③ 떡볶이 프랜차이즈화의 장점과 단점
④ 길거리에서 파는 떡볶이의 종류와 특징

07 ㉠~㉣의 고쳐쓰기 방안으로 적절하지 않은 것은?

① ㉠: 글 전체의 내용과 상관없는 문장이므로 삭제한다.
② ㉡: 주어와의 호응을 고려하여 '공급되기'로 바꾼다.
③ ㉢: 문맥을 고려하여 '달렸지만'으로 바꾼다.
④ ㉣: 띄어쓰기가 잘못되어 있으므로 '입맛뿐'으로 고친다.

08 ㉠~㉣에 나타난 중세 국어의 특징으로 적절하지 않은 것은?

> **[훈민정음 언해]**
> ㉠ ·내·이·롤爲·윙·ᄒᆞ·야:어엿·비너·겨·새·로·스·믈여·듧 ㉡ 字·ᄍᆞ·롤밍·ᄀᆞ노·니:사롬:마·다·히·ᄧᅳ·ᄫᅧ
> ㉢ ·수·ᄫᅵ니·겨·날·로 ㉣ ·ᄡᅮ·메便뼌安한·킈·ᄒᆞ·고·져ᄒᆞᆯᄯᆞᄅᆞ·미니·라
>
> 　　　　　－ 『월인석보(月印釋譜)』 －

① ㉠: 모음 뒤에서 주격 조사 'ㅣ'가 쓰였다.
② ㉡: 모음 조화가 잘 지켜지고 있었다.
③ ㉢: 현대 국어에 쓰이지 않는 'ㅸ'이 사용되었다.
④ ㉣: 단어의 첫머리에 한 개의 자음만 올 수 있었다.

[09~11]

다음 글을 읽고 물음에 답하시오.

> 나는 이제 너에게도 슬픔을 주겠다.
> 사랑보다 소중한 슬픔을 주겠다.
> 겨울밤 거리에서 귤 몇 개 놓고
> 살아온 추위와 떨고 있는 ㉠ 할머니에게
> 귤값을 깎으면서 기뻐하던 너를 위하여
> 나는 슬픔의 평등한 얼굴을 보여 주겠다.
> 내가 어둠 속에서 너를 부를 때
> 단 한 번도 평등하게 웃어 주질 않은
> 가마니에 덮인 ㉡ 동사자가 다시 얼어 죽을 때
> 가마니 한 장조차 덮어 주지 않은
> 무관심한 ㉢ 너의 사랑을 위해
> 흘릴 줄 모르는 너의 눈물을 위해
> 나는 이제 너에게도 기다림을 주겠다.
> 이 세상에 내리던 함박눈을 멈추겠다.
> 보리밭에 내리던 봄눈들을 데리고
> 추워 떠는 ㉣ 사람들의 슬픔에게 다녀와서
> 눈 그친 눈길을 너와 함께 걷겠다.
> 슬픔의 힘에 대한 이야기를 하며
> 기다림의 슬픔까지 걸어가겠다.
>
> 　　　　　－ 정호승, 「슬픔이 기쁨에게」 －

09 윗글에 대한 설명으로 가장 적절한 것은?

① 미각적 심상을 사용하여 대상을 표현하고 있다.
② 역설적 표현을 활용하여 주제를 드러내고 있다.
③ 이국적 소재를 나열하여 시상을 전개하고 있다.
④ 청유형 문장을 반복하여 운율을 형성하고 있다.

10 윗글의 화자가 추구하는 삶의 모습과 가장 가까운 것은?

① 이웃과 더불어 사는 삶
② 자연을 동경하며 즐기는 삶
③ 현실에 만족하는 소박한 삶
④ 미래를 예측하여 대비하는 삶

11 ㉠~㉣ 중 시적 의미가 가장 이질적인 것은?

① ㉠ ② ㉡
③ ㉢ ④ ㉣

[12~14]
다음 글을 읽고 물음에 답하시오.

> [앞부분의 줄거리] '나'의 어머니는 다리 수술 후유증으로 6・25 전쟁 중 인민군에게 죽임을 당한 오빠에 관한 환각에 시달리고, 오랫동안 탈진 상태로 지낸다.

나는 어머니에게로 조심스럽게 다가갔다. 어머니의 손이 내 손을 잡았다. 알맞은 온기와 악력이 나를 놀라게도 서럽게도 했다.

"나 죽거든 행여 묘지 쓰지 말거라."

어머니의 목소리는 평상시처럼 잔잔하고 만만치 않았다.

"네? 다 들으셨군요?"

"그래, 마침 듣기 잘했다. 그렇잖아도 언제고 꼭 일러두려 했는데. 유언 삼아 일러두는 게니 잘 들어 뒀다 어김없이 시행토록 해라. 나 죽거든 내가 느이 오래비한테 해 준 것처럼 해 다오. 누가 뭐래도 그렇게 해 다오. 누가 뭐라든 상관하지 않고 그럴 수 있는 건 너밖에 없기에 부탁하는 거다."

"오빠처럼요?"

"그래, 꼭 그대로, 그걸 설마 잊고 있진 않겠지?"

"잊다니요. 그걸 어떻게 잊을 수가……."

어머니의 손의 악력은 정정했을 때처럼 아니, 나를 끌고 농바위 고개를 넘을 때처럼 강한 줏대와 고집을 느끼게 했다.

오빠의 시신은 처음엔 무악재 고개 너머 벌판의 밭머리에 가매장했다. 행려병사자[1] 취급하듯이 형식과 절차 없는 매장이었지만 무정부 상태의 텅 빈 도시에서 우리 모녀의 가냘픈 힘만으로 그것 이상은 가능한 일이 아니었다.

서울이 수복(收復)되고 화장장이 정상화되자마자 어머니는 오빠를 화장할 것을 의논해 왔다. 그때 우리와 합하게 된 올케는 아비 없는 아들들에게 무덤이라도 남겨 줘야 한다고 공동묘지로라도 이장할 것을 주장했다. 어머니는 오빠를 죽게한 것이 자기 죄처럼, 젊어 과부 된 며느리한테 기가 죽어 지냈었는데 그때만은 조금도 양보할 기세가 아니었다. 남편의 임종도 못 보고 과부가 된 것도 억울한데 그 무덤까지 말살하려는 시어머니의 모진 마음이 야속하고 정떨어졌으련만 그런 기세 속엔 거역할 수 없는 위엄과 비통한 의지가 담겨 있어 종당엔 올케도 순종을 하고 말았다.

오빠의 살은 연기가 되고 뼈는 한 줌의 가루가 되었다. 어머니는 앞장서서 강화로 가는 시외버스 정류장으로 갔다. 우린 묵묵히 뒤따랐다. 강화도에서 내린 어머니는 사람들에게 묻고 물어서 멀리 개풍군 땅이 보이는 바닷가에 섰다. 그리고 지척으로 보이되 갈 수 없는 땅을 향해 그 한 줌의 먼지를 훨훨 날렸다. 개풍군 땅은 우리 가족의 선영[2]이 있는 땅이었지만 선영에 못 묻히는 한을 그런 방법으로 풀고 있다곤 생각되지 않았다. 어머니의 모습엔 운명에 순종하고 한을 지그시 품고 삭이는 약하고 다소곳한 여자 티는 조금도 없었다. 방금 출전하려는 용사처럼 씩씩하고 도전적이었다.

어머니는 ㉠ 한 줌의 먼지와 바람으로써 너무도 엄청난 것과의 싸움을 시도하고 있었다. 어머니에게 그 한 줌의 먼지와 바람은 결코 미약한 게 아니었다. 그야말로 어머니를 짓밟고 모든 것을 빼앗아 간, 어머니가 도저히 이해할 수 없는 분단이란 괴물을 홀로 거역할 수 있는 유일한 수단이었다.

어머니는 나더러 그때 그 자리에서 또 그 짓을 하란다. 이젠 자기가 몸소 그 먼지와 바람이 될 테니 나더러 그 짓을 하란다. 그 후 30년이란 세월이 흘렀건만 그 괴물을 무화(無化)시키는 길은 정녕 그 짓밖에 없는가?

"너한테 미안하구나, 그렇지만 부탁한다."

어머니도 그 짓밖에 물려줄 수 없는 게 진정으로 미안한 양 표정이 애달프게 이지러졌다.

아아, 나는 그 짓을 또 한 번 할 수밖에 없을 것 같다.

어머니는 아직도 투병 중이시다.

– 박완서, 「엄마의 말뚝 2」 –

1) 행려병사자: 떠돌아다니다가 타향에서 병들어 죽은 사람.
2) 선영: 조상의 무덤.

12 윗글에 대한 설명으로 가장 적절한 것은?

① 배경 묘사를 통해 인물의 심리를 암시하고 있다.
② 과거 회상을 통해 인물의 상황을 서술하고 있다.
③ 공간의 이동에 따라 인물 간 갈등이 심화되고 있다.
④ 다양한 인물의 경험을 삽화 형식으로 나열하고 있다.

13 윗글을 통해 알 수 있는 내용으로 적절하지 <u>않은</u> 것은?

① '어머니'는 자신의 뼛가루를 개풍군 땅이 보이는 곳에 뿌려달라고 한다.

② '어머니'는 자신의 유언을 지킬 수 있는 사람은 '나'밖에 없다고 생각한다.

③ '올케'는 자신의 아들들을 생각해서 '오빠'를 공동묘지로 이장하자고 주장하였다.

④ '올케'는 '오빠'의 죽음을 자신의 탓이라고 생각해 '어머니'와 합하는 것을 반대하였다.

14 '어머니'에게 ⊙의 의미로 가장 적절한 것은?

① 자신의 운명에 대한 순종

② 분단의 비극에 맞서려는 의지

③ 자신의 질병 치유에 대한 염원

④ 가족의 선영에 묻히지 못하는 회한

[15~16]

다음 글을 읽고 물음에 답하시오.

동짓달 기나긴 밤을 한 허리를 베어 내어
춘풍(春風) 이불 아래 서리서리 넣었다가
어론 님[1] 오신 날 밤이어든 굽이굽이 펴리라

      – 황진이, 「동짓달 기나긴 밤을」 –

1) 어론 님: 사랑하는 임.

15 윗글에 대한 설명으로 가장 적절한 것은?

① 추상적 대상을 구체화하여 표현하고 있다.

② 우의적 표현을 통해 대상을 비판하고 있다.

③ 후렴구의 반복을 통해 운율을 형성하고 있다.

④ 자연과 인간을 대비하여 정서를 강조하고 있다.

16 윗글의 화자에 대한 설명으로 가장 적절한 것은?

① 자신에게 돌아오지 않는 임을 원망하고 있다.

② 임과 이별하였던 순간을 떠올리며 자책하고 있다.

③ 임과 함께 더 많은 시간을 보내기를 소망하고 있다.

④ 임과의 추억을 떠올리며 현재의 삶에 만족하고 있다.

[17~19]

다음 글을 읽고 물음에 답하시오.

집에 오래 지탱할 수 없이 퇴락한 행랑채[1] 세 칸이 있어서 나는 부득이 그것을 모두 수리하게 되었다. 이때 그중 두 칸은 비가 샌 지 오래됐는데, 나는 ㉮ 그것을 알고도 어물어물하다가 미처 수리하지 못하였고, 다른 한 칸은 ⊙ 한 번밖에 비를 맞지 않았기에 급히 기와를 갈게 하였다.

그런데 수리하고 보니, 비가 샌 지 오래된 것은 서까래[2]·추녀[3]·기둥·들보[4]가 모두 썩어서 못 쓰게 되었으므로 경비가 많이 들었고, 한 번밖에 비를 맞지 않은 것은 재목들이 모두 완전하여 다시 쓸 수 있었기 때문에 경비가 적게 들었다.

나는 여기에서 이렇게 생각한다. 사람의 몸도 마찬가지다. ⓒ 잘못을 알고도 곧 고치지 않으면 몸이 패망[5]하는 것이 나무가 썩어서 못 쓰게 되는 이상으로 될 것이고, ㉢ 잘못이 있더라도 고치기를 꺼려하지 않으면 다시 좋은 사람이 되는 것이 집 재목이 다시 쓰일 수 있는 이상으로 될 것이다.

이뿐만 아니라, 나라의 정사[6]도 이와 마찬가지다. 모든 일에서, ㉣ 백성에게 심한 해가 될 것을 머뭇거리고 개혁하지 않다가, 백성이 못살게 되고 나라가 위태하게 된 뒤에 갑자기 변경하려 하면, 곧 붙잡아 일으키기가 어렵다. 삼가지 않을 수 있겠는가?

      – 이규보, 「이옥설」 –

1) 행랑채: 대문간 곁에 있는 집채.
2) 서까래: 마룻대에서 도리 또는 보에 걸쳐 지른 나무.
3) 추녀: 네모지고 끝이 번쩍 들린, 처마의 네 귀에 있는 큰 서까래.
4) 들보: 칸과 칸 사이의 두 기둥을 건너지른 나무.
5) 패망: 싸움에 져서 망함.
6) 정사: 정치 또는 행정상의 일.

17 윗글에 대한 설명으로 가장 적절한 것은?

① 타인에게 들은 이야기를 전달하고 있다.

② 옛 문헌을 인용하여 신뢰성을 높이고 있다.

③ 구체적인 역사적 사건에 대한 견해를 제시하고 있다.

④ 글쓴이의 체험과 깨달음을 통해 교훈을 드러내고 있다.

18 ㉮와 의미가 유사한 것을 ㉠~㉣에서 고른 것은?

① ㉠, ㉡
② ㉠, ㉢
③ ㉡, ㉣
④ ㉢, ㉣

19 윗글을 읽은 독자의 반응으로 적절하지 <u>않은</u> 것은?

① '쇠뿔도 단김에 빼라.'라는 말처럼 나쁜 습관을 발견하면 바로 고쳐야겠군.
② 나쁜 습관을 바로 고치지 않으면 '호미로 막을 것을 가래로 막는다.'라는 말처럼 되겠군.
③ '까마귀 날자 배 떨어진다.'라는 말처럼 나쁜 습관이 우연히 좋은 결과를 가져오기도 하는군.
④ 사소하더라도 나쁜 습관을 방치하면 '가랑비에 옷 젖는 줄 모른다.'라는 말처럼 상황이 점점 안 좋아지겠군.

[20~22]
다음 글을 읽고 물음에 답하시오.

마을은 지역 사회를 기반으로 사람들 사이의 관계가 형성되어 있어야 하고, 물리적으로는 개인의 공간과 공공의 공간 사이에 중간적 성격의 공간이 있어야 한다. 이러한 공간을 '사이 공간'이라 하는데, 이는 통행을 목적으로 하는 공간이라기보다 주민들 사이에 사적 관계를 형성하는 공동의 영역이라 할 수 있다.

과거에는 개인이 생활을 하는 집과 일을 하는 장소가 멀리 떨어져 있지 않았다. ⎡   ㉠   ⎤ 사람들은 매일 두 공간 사이를 오가며 그곳에서 다양한 일을 경험하였다. 개인의 집과 집 사이의 거리도 가까워서 이웃과 친밀한 사회적 관계를 형성할 수 있었다.

방에서 나오면 마당이 있고, 대문을 열면 골목길을 만나며, 길을 돌다 보면 굳이 의도하지 않더라도 사람들의 만남과 모임이 곳곳에서 발생하였다. 그래서 이웃과 친해질 기회가 많았다. 집의 형태는 독립적이지만 집 안팎을 살펴보면 모여 살 수 있는 구조였다.

아파트로 대표되는 오늘날의 주거 형태는 전통적 주거 형태와는 다른 특징을 보인다. 아파트는 하나의 건물 내에 수평적, 혹은 수직적으로 균일한 주거 공간이 밀집해 있고, 그곳에 거주자가 모여 사는데, 이는 현대의 한국식 공동 주택이 지닌 특징이라 할 수 있다.

이러한 공동 주택의 등장은 공동체적 관계를 변화시켰다. 아파트에는 '사이 공간'이 없다. 아파트에 사는 사람들은 공동의 현관을 통과한 후 승강기나 복도를 거쳐 곧바로 각자의 공간으로 들어가 버린다. 자연스럽게 이웃과 친해질 기회가 사라진 것이다. 주택의 형태나 외관만 보면 모두 같은 공간에 사는 유사한 집단으로 보이지만, 그 안에서의 생활 모습은 공유할 만한 것이 거의 없다.

– 전남일, 「공간이 달라지면 사는 풍경도 달라질까」 –

20 윗글의 내용 전개 방식으로 가장 적절한 것은?

① 대조를 통해 대상 간의 차이를 드러내고 있다.
② 질문을 통해 독자의 호기심을 유발하고 있다.
③ 통계 자료를 제시하여 내용을 뒷받침하고 있다.
④ 문제 상황과 이에 대한 해결 방안을 제시하고 있다.

21 윗글의 내용으로 적절하지 <u>않은</u> 것은?

① '사이 공간'은 통행보다 친분을 목적으로 한다.
② 과거에는 공동의 영역에서 사회적 관계를 형성하였다.
③ 아파트는 '사이 공간'의 부재로 이웃과 친해지기 어렵다.
④ 아파트 주민들은 유사한 집단으로 생활 모습을 공유하고 있다.

22 ㉠에 들어갈 말로 가장 적절한 것은?

① 그래서
② 그런데
③ 그러나
④ 왜냐하면

[23~25]

다음 글을 읽고 물음에 답하시오.

인공지능은 컴퓨터 프로그램을 활용해 인간과 비슷한 인지적 능력을 구현한 기술을 말한다. 인공지능이 인간의 말을 알아듣고 명령을 실행하는 똑똑한 기계가 되는 것은 반길 일인가, 아니면 주인과 노예의 관계를 ㉠ 역전시키는 재앙이라고 경계해야 할 일인가? 세계적 물리학자 스티븐 호킹은 "인공지능은 결국 의식을 갖게 되어 인간의 자리를 대체할 것"이라고 말하였다. '생각하는 기계'가 축복이 될지 재앙이 될지는 알 수 없으나, 분명한 것은 인류가 이제껏 고민해 본 적이 없는 문제와 마주했다는 점이다.

인공지능 발달이 우리에게 던지는 새로운 과제는 두 갈래다. 첫째는, 인류를 위협할지도 모를 강력한 인공지능을 우리가 어떻게 ㉡ 통제할 것인가의 문제이다. 로봇에 대응하기 위해 입법적 차원에서 로봇이 지켜야 할 도덕적 기준을 만들어 준수하게 하는 것이 방법이 될 수 있다. 또한 기술적 차원에서 다양한 상황에 관한 사회적 합의를 담은 알고리즘을 만들어 사회적 규약을 벗어나지 않는 범위에서 로봇이 작동하게 하는 방법을 모색할 수 있다.

둘째는, 생각하는 기계가 ㉢ 모방할 수 없는 인간의 특징을 찾아 인간의 가치를 높이는 것이다. 인공지능이 마침내 인간의 의식 현상을 구현해 낸다고 하더라도 인간과 인공지능은 여전히 구분될 것이다. 인간에게는 감정과 의지가 있기 때문이다. 감정은 비이성적이고 비효율적이지만 인간됨을 ㉣ 규정하는 본능이며, 인류의 역사와 문명은 결핍과 고통에서 느낀 감정을 동력으로 발달해 온 고유의 생존 시스템이다. 처음 마주하는 위험과 결핍은 두렵고 고통스러웠지만, 인류는 놀라운 유연성과 창의성으로 대응해 왔다. 이것은 기계에 가르칠 수 없는 속성이다. 여기에 ㉮ 인공지능 시대 우리가 가야 할 사람의 길이 있다.

— 구본권, 『로봇 시대, 인간의 일』 —

23 윗글의 내용으로 적절하지 않은 것은?

① 인공지능의 발달이 인간에게 축복이 될지 재앙이 될지는 알 수 없다.

② 입법적 차원과 기술적 차원에서 인공지능을 통제할 방법을 생각할 수 있다.

③ 인공지능이 인간의 의식 현상을 구현하면 인간과 인공지능은 구분될 수 없다.

④ 인류의 역사와 문명은 결핍과 고통에서 느낀 감정을 동력으로 발달해 왔다.

24 ㉠~㉣의 사전적 의미로 적절하지 않은 것은?

① ㉠: 형세가 뒤집힘. 또는 형세를 뒤집음.

② ㉡: 힘으로 으르고 협박함.

③ ㉢: 다른 것을 본뜨거나 본받음.

④ ㉣: 내용이나 성격, 의미 따위를 밝혀 정함.

25 ㉮에 해당하는 것으로 가장 적절한 것은?

① 인간을 위협하는 인공지능을 없앤다.

② 인간의 자리를 인공지능으로 대체한다.

③ 인간이 가진 감정을 인공지능에 부여할 방법을 찾는다.

④ 인간 고유의 속성을 발휘하여 인공지능 시대에 대응한다.

01 두 다항식 $A = 2x^2 + x$, $B = x + 1$에 대하여 $A - B$는?

① $x^2 + 1$ ② $x^2 - x$

③ $2x^2 - 1$ ④ $2x^2 + x$

02 등식 $x^2 + ax - 2 = x^2 + 5x + b$가 x에 대한 항등식일 때, 두 상수 a, b에 대하여 $a + b$의 값은?

① 1   ② 2

③ 3   ④ 4

03 다항식 $x^3 + 3x + 4$를 $x - 1$로 나누었을 때, 나머지는?

① 2   ② 4

③ 6   ④ 8

04 다항식 $x^3 + 6x^2 + 12x + 8$을 인수분해한 식이 $(x + a)^3$일 때, 상수 a의 값은?

① 2   ② 4

③ 6   ④ 8

05 복소수 $3 - 2i$의 켤레복소수 $3 + ai$일 때, 실수 a의 값은? (단, $i = \sqrt{-1}$)

① 1   ② 2

③ 3   ④ 4

06 이차방정식 $x^2 + 5x + 4 = 0$의 두 근을 α, β라고 할 때, $\alpha\beta$의 값은?

① -2　　　　　② 0
③ 2　　　　　④ 4

07 $-1 \leq x \leq 2$일 때, 이차함수 $y = -(x-1)^2 + 3$의 최댓값은?

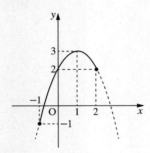

① 1　　　　　② 2
③ 3　　　　　④ 4

08 삼차방정식 $x^3 + ax^2 - 3x - 2 = 0$의 한 근이 1일 때, 상수 a의 값은?

① 3　　　　　② 4
③ 5　　　　　④ 6

09 연립방정식 $\begin{cases} x + y = 4 \\ x^2 - y^2 = a \end{cases}$ 의 해가 $x = 3$, $y = b$일 때, 두 상수 a, b에 대하여 $a + b$의 값은?

① 3　　　　　② 5
③ 7　　　　　④ 9

10 그림은 부등식 $|x - 3| \leq 3$의 해를 수직선 위에 나타낸 것이다. 상수 a의 값은?

① 0　　　　　② 1
③ 2　　　　　④ 3

11 좌표평면 위의 두 점 A$(-3,\ -2)$, B$(1,\ 4)$에 대하여 선분 AB의 중점의 좌표는?

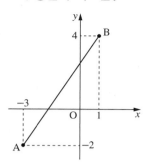

① $(-2,\ 1)$

② $(-1,\ 1)$

③ $(1,\ -1)$

④ $(2,\ -1)$

12 직선 $y = x - 1$에 수직이고, 점 $(0,\ 3)$을 지나는 직선의 방정식은?

① $y = -x + 1$

② $y = -x + 3$

③ $y = x + 1$

④ $y = x + 3$

13 중심이 $(3,\ -1)$이고 원점을 지나는 원의 방정식은?

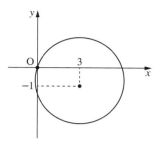

① $(x+3)^2 + (y+1)^2 = 10$

② $(x+3)^2 + (y-1)^2 = 10$

③ $(x-3)^2 + (y+1)^2 = 10$

④ $(x-3)^2 + (y-1)^2 = 10$

14 좌표평면 위의 점 $(3,\ 4)$를 x축의 방향으로 -1만큼, y축의 방향으로 -3만큼 평행이동한 점의 좌표는?

① $(2,\ 1)$

② $(2,\ 7)$

③ $(4,\ 1)$

④ $(4,\ 7)$

15 두 집합 $A = \{1,\ 2,\ 3,\ 4\}$, $B = \{3,\ 4,\ 6\}$에 대하여 $n(A - B)$의 값은?

① 1

② 2

③ 3

④ 4

16 명제 '$x = 2$이면 $x^3 = 8$이다.'의 대우는?

① $x = 2$이면 $x^3 \neq 8$이다.

② $x \neq 2$이면 $x^3 = 8$이다.

③ $x^3 = 8$이면 $x = 2$이다.

④ $x^3 \neq 8$이면 $x \neq 2$이다.

17 함수 $f : X \rightarrow Y$가 그림과 같을 때, $f^{-1}(5)$의 값은? (단, f^{-1}는 f의 역함수이다.)

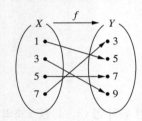

① 1   ② 3

③ 5   ④ 7

18 유리함수 $y = \dfrac{1}{x-1}$ 의 그래프는 유리함수 $y = \dfrac{1}{x}$ 의 그래프를 x축의 방향으로 a만큼 평행이동한 것이다. 상수 a의 값은?

① -1 ② 0

③ 1   ④ 2

19 그림과 같이 4점의 작품이 있다. 이 중에서 서로 다른 3점의 작품을 택하여 일렬로 나열하는 경우의 수는?

① 15   ② 18

③ 21   ④ 24

20 그림과 같이 5개의 방과 후 프로그램이 있다. 이 중에서 서로 다른 3개의 프로그램을 선택하는 경우의 수는?

기타   댄스   드럼   바둑   태권도

① 8   ② 10

③ 12   ④ 14

[01~03]

다음 밑줄 친 부분의 뜻으로 가장 적절한 것을 고르시오.

01

> To speak English well, you need to have <u>confidence</u>.

① 논리력   ② 자신감
③ 의구심   ④ 창의력

02

> The country had to <u>deal with</u> its food shortage problems.

① 생산하다   ② 연기하다
③ 처리하다   ④ 확대하다

03

> Sunlight comes in through the windows and, <u>as a result</u>, the house becomes warm.

① 그 결과   ② 사실은
③ 예를 들면   ④ 불행하게도

04 다음 밑줄 친 두 단어의 의미 관계와 <u>다른</u> 것은?

> Patience is <u>bitter</u>, but its fruit is <u>sweet</u>.

① new − old
② clean − dirty
③ fine − good
④ easy − difficult

05 다음 축제 안내문에서 언급되지 <u>않은</u> 것은?

> **Gimchi Festival**
>
> **Place**: Gimchi Museum
> **Events**
> ○ Learning to make gimchi
> ○ Tasting various gimchi
> **Entrance Fee**: 5,000 won
> *Come and taste traditional Korean food!*

① 날짜   ② 장소
③ 행사 내용   ④ 입장료

[06~08]

다음 빈칸에 공통으로 들어갈 말로 가장 적절한 것을 고르시오.

06

> ○ Let's _____ in front of the restaurant at 2 o'clock.
> ○ The hotel manager did his best to _____ guests' needs.

① dive   ② meet
③ wear   ④ happen

07

> ○ Jim, _____ are you going to come home?
> ○ Listening to music can be helpful _____ you feel bad.

① how   ② who
③ what   ④ when

08

○ Welcome. What can I do _____ you, today?
○ I've spent almost an hour waiting _____ the bus.

① up
② for
③ out
④ with

09 다음 대화에서 밑줄 친 표현의 의미로 가장 적절한 것은?

A: I want to do something to help children in need.
B: That's great. Do you have any ideas?
A: I will sell my old clothes and use the money for the children. But it's not going to be easy.
B: Don't worry. <u>A journey of a thousand miles starts with a single step.</u>

① 모든 일에는 원인이 있다.
② 몸이 건강해야 마음도 건강하다.
③ 친구를 보면 그 사람을 알 수 있다.
④ 어려운 일도 일단 시작해야 이룰 수 있다.

10 다음 대화에서 알 수 있는 B의 심정으로 가장 적절한 것은?

A: Is this your first time to do bungee jumping?
B: Yes, it is. And I'm really nervous.
A: Bungee jumping is perfectly safe. You'll be fine.
B: That's what I've heard, but I'm still not sure if I want to do it.

① 만족
② 불안
③ 실망
④ 행복

11 다음 대화가 이루어지는 장소로 가장 적절한 것은?

A: Hello, I'm looking for a dinner table for my house.
B: Come this way, please. What type would you like?
A: I'd like a round one.
B: Okay. I'll show you two different models.

① 세탁소
② 가구점
③ 도서관
④ 체육관

12 다음 글에서 밑줄 친 It(it)이 가리키는 것으로 가장 적절한 것은?

A donation is usually done for kind and good-hearted purposes. <u>It</u> can take many different forms. For example, <u>it</u> may be money, food or medical care given to people suffering from natural disasters.

① donation
② nature
③ people
④ suffering

[13~14]
다음 대화의 빈칸에 들어갈 말로 가장 적절한 것을 고르시오.

13

A: Mary's birthday is coming. _____?
B: Good idea. What about giving her a phone case?
A: She just got a new one. How about a coffee mug?
B: Perfect! She likes to drink coffee.

① What is it for
② Where did you get it
③ Why don't we buy her a gift
④ What do you usually do after school

14

A: What do you do for a living?
B: _____ .

① I prefer winter to summer
② That wasn't what I wanted
③ I teach high school students
④ It'll take an hour to get to the beach

15 다음 대화의 주제로 가장 적절한 것은?

A: I don't know what career I'd like to have in the future.
B: Why don't you get experience in different areas?
A: Hmm… how can I do that?
B: How about participating in job experience programs? I'm sure it will help.

① 자원 개발의 필요성
② 진로 선택을 위한 조언
③ 자존감을 높이는 방법
④ 자원봉사 활동의 어려움

16 다음 글을 쓴 목적으로 가장 적절한 것은?

We would like to ask you to put trash in the trash cans in the park. We are having difficulty keeping the park clean because of the careless behavior of some visitors. We need your cooperation. Thank you.

① 요청하려고
② 사과하려고
③ 거절하려고
④ 칭찬하려고

17 다음 캠프 안내문의 내용과 일치하지 <u>않는</u> 것은?

Summer Sports Camp
○ Fun and safe sports programs for children aged 7~12
○ From August 1st to August 7th
○ What you will do:
  Badminton, Basketball, Soccer, Swimming
* Every child should bring a swim suit and lunch each day.

① 7세부터 12세까지 어린이들을 대상으로 한다.
② 기간은 8월 1일부터 8월 7일까지이다.
③ 네 가지 스포츠 활동을 할 수 있다.
④ 매일 점심이 제공된다.

18 다음 학교 신문 기자 모집에 대한 설명과 일치하지 <u>않</u>는 것은?

We're looking for reporters for our school newspaper. If you're interested, please submit three articles about school life. Each article should be more than 500 words. Our student reporters will evaluate your articles. The deadline is September 5th.

① 학교생활에 관한 기사를 세 편 제출해야 한다.
② 각 기사는 500단어 이상이어야 한다.
③ 담당 교사가 기사를 평가한다.
④ 마감일은 9월 5일이다.

19 다음 글의 주제로 가장 적절한 것은?

Gestures can have different meanings in different countries. For example, the OK sign means "okay" or "all right" in many countries. The same gesture, however, means "zero" in France. French people use it when they want to say there is nothing.

① 세계의 음식 문화
② 예술의 교육적 효과
③ 다문화 사회의 특징
④ 국가별 제스처의 의미 차이

[20~21]
다음 글의 빈칸에 들어갈 말로 가장 적절한 것을 고르시오.

20

Many power plants produce energy by burning fossil fuels, such as coal or gas. This causes air pollution and influences the _____. Therefore, try to use less energy by choosing energy-efficient products. It can help save the earth.

① environment
② material
③ product
④ weight

21

The Internet makes our lives more convenient. We can pay bills and shop on the Internet. However, personal information can be easily stolen online. There are ways to _____ your information. First, set a strong password. Second, never click on unknown links.

① cancel   ② destroy
③ protect   ④ refund

22 글의 흐름으로 보아 다음 문장이 들어가기에 가장 적절한 곳은?

But nowadays maps are more accurate because they are made from photographs.

(①) Thousands of years ago, people made maps when they went to new places. (②) They drew maps on the ground or on the walls of caves, which often had incorrect information. (③) These photographs are taken from airplanes or satellites. (④)

23 다음 글의 바로 뒤에 이어질 내용으로 가장 적절한 것은?

Sometimes we hurt others' feelings, even if we don't mean to. When that happens, we need to apologize. Then, how do we properly apologize? Here are three things you should consider when you say that you are sorry.

① 규칙 준수의 중요성
② 대화를 시작하는 방법
③ 효과적인 암기 전략의 종류
④ 사과할 때 고려해야 할 것들

[24~25]
다음 글을 읽고 물음에 답하시오.

Many people have trouble falling asleep, thus not getting enough sleep. It can have _____ effects on health like high blood pressure. You can prevent sleeping problems if you follow these rules. First, do not have drinks with caffeine at night. Second, try not to use your smartphone before going to bed. These will help you go to sleep easily.

24 윗글의 빈칸에 들어갈 말로 가장 적절한 것은?

① harmful   ② helpful
③ positive   ④ calming

25 윗글의 주제로 가장 적절한 것은?

① 스마트폰의 변천사
② 운동 부족의 위험성
③ 카페인 중독의 심각성
④ 수면 문제를 예방하는 방법

01 질 높은 정주 환경을 위한 조건으로 가장 적절한 것은?

① 빈곤의 심화
② 불평등의 증가
③ 안락한 주거 환경
④ 생활 시설의 부족

02 인권에 대한 설명으로 적절하지 <u>않은</u> 것은?

① 영구히 보장되어야 할 권리이다.
② 타인에게 양도할 수 있는 권리이다.
③ 인간으로서 당연히 누려야 할 권리이다.
④ 모든 사람이 차별 없이 누려야 할 권리이다.

03 ㉠에 들어갈 용어로 옳은 것은?

> 1. 문화를 이해하는 태도
>
> 가. (㉠)
> ○ 개념: 합리적인 이유 없이 자기 사회의 문화는 우월하고 다른 사회의 문화는 열등하다고 여기는 태도
> ○ 장점: 자기 문화에 대한 자부심이 높아져 사회 통합에 기여함.
> ○ 단점: 다른 사회의 문화를 배척하는 태도로 이어질 수 있음.

① 문화 사대주의
② 문화 상대주의
③ 자문화 중심주의
④ 극단적 문화 상대주의

04 ㉠에 들어갈 용어로 가장 적절한 것은?

> 인종, 성별, 장애, 종교, 사회적 출신 등을 이유로 다른 사회 구성원으로부터 소외와 차별을 받는 사람들을 (㉠)(이)라고 한다.

① 소호
② 바우처
③ 사회적 소수자
④ 사물인터넷

05 다음에서 설명하는 기관은?

> 법원의 제청에 의한 법률의 위헌 여부 심판과 법률이 정하는 헌법 소원에 관한 심판 등을 관장한다.

① 정당
② 행정부
③ 지방 법원
④ 헌법 재판소

06 다음 설명에 해당하는 것은?

> 어떤 것을 선택함으로써 포기하게 되는 대안 중 가장 가치가 큰 것으로 명시적 비용과 암묵적 비용으로 구성됨.

① 편익
② 기회비용
③ 매몰비용
④ 물가 지수

07 ㉠에 해당하는 것은?

> (㉠)은/는 모든 사람이 대가를 지불하지 않고 공동으로 이용할 수 있는 재화나 서비스를 의미한다.

① 공공재
② 비교 우위
③ 외부 효과
④ 기업가 정신

08 다음에서 설명하는 금융 자산은?

> ○ 주식회사가 사업 자금 조달을 위해 발행한다.
> ○ 시세차익과 배당수익을 통해 이익을 실현할 수 있다.

① 대출
② 주식
③ 국민연금
④ 정기예금

09 다음에서 설명하는 사회 복지 제도로 옳은 것은?

> ○ 의미: 국가가 국민에게 발생하는 사회적 위험을 사전에 대비하여 건강과 소득을 보장하는 제도로, 일정액의 보험료를 개인과 정부, 기업에 분담함.
> ○ 종류: 국민 건강 보험, 고용 보험, 국민연금 등

① 개인 보험
② 공공 부조
③ 기초 연금
④ 사회 보험

10 다음 설명에 해당하는 것은?

> 문화 변동의 내재적 요인 중 하나로, 기존에 없던 새로운 문화 요소를 만들어 내는 것이다.

① 발견
② 발명
③ 간접 전파
④ 직접 전파

11 ㉠, ㉡에 들어갈 용어로 가장 적절한 것은?

> 일부 재화 및 서비스 생산의 경우에는 생산량이 (㉠)할수록 평균비용이 (㉡)하는 현상이 나타나는데 이를 규모의 경제라고 한다.

	㉠	㉡		㉠	㉡
①	증가	감소	②	증가	증가
③	감소	감소	④	감소	증가

12 퀴즈에 대한 정답으로 옳은 것은?

> **다문화 정책 퀴즈**
>
> 서로 다른 문화가 각각의 정체성을 유지하면서 조화를 이루도록 하는 정책은 무엇인가요?

① 뉴딜 정책
② 셧다운 정책
③ 용광로 정책
④ 샐러드 볼 정책

13 자유주의적 정의관에 관한 설명으로 적절하지 않은 것은?

① 국가와 사회보다 개인이 우선한다.
② 개인은 독립적이고 자율적인 존재이다.
③ 개인의 자유를 가장 소중한 가치로 본다.
④ 국가가 개인의 삶의 목적과 방식을 결정한다.

14 다음에 해당하는 지역을 지도의 A~D에서 고른 것은?

> ○ '지구의 허파'라 불리는 열대림 지역
> ○ 무분별한 열대림 개발로 동식물의 서식지가 파괴되어 생물 종 다양성이 감소

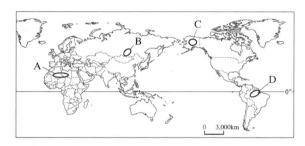

① A
② B
③ C
④ D

15 다음 현상의 사례로 적절하지 <u>않은</u> 것은?

> 도시에 거주하는 사람들과 도시 수가 빠르게 증가하면서 도시적 생활 양식과 도시 경관이 확대되는 현상

① 농경지 증가
② 상업 시설 증가
③ 인공 건축물 증가
④ 지표의 포장 면적 증가

16 ㉠에 들어갈 종교로 옳은 것은?

> **종교의 특징을 반영하는 무역 전략 수립**
> ○ 제품 판매 전략: (㉠)와 관련된 상품
> ○ 제품 기능: 종교 성지인 메카 방향과 모스크의 위치를 알려주는 기능

① 불교
② 힌두교
③ 이슬람교
④ 크리스트교

17 열대 기후 지역의 전통 생활 모습으로 옳은 것을 〈보기〉에서 고른 것은?

> ─────── • 보기 • ───────
> ㄱ. 순록 유목
> ㄴ. 오아시스 농업
> ㄷ. 얇고 간편한 의복
> ㄹ. 개방적인 가옥 구조

① ㄱ, ㄴ
② ㄱ, ㄷ
③ ㄴ, ㄷ
④ ㄷ, ㄹ

18 다음에서 설명하는 지역은?

> ○ 미국, 캐나다, 러시아, 덴마크, 노르웨이에 접해 있어 영유권 갈등이 있음.
> ○ 기후 변화로 빙하가 녹으면서 접근이 용이해져 석유, 천연가스 등의 자원 개발 가능성이 커짐.

① 기니만
② 북극해
③ 남중국해
④ 카슈미르

19 다음 설명에 해당하는 것은?

> ○ 의미: 미래 세대가 필요로 하는 자원과 환경을 훼손하지 않으면서 현재를 살아가는 우리의 욕구를 동시에 충족시키는 것
> ○ 채택: 1992년 국제연합 환경 개발 회의의 '의제 21'

① 유비쿼터스
② 플랜테이션
③ 성장 거점 개발
④ 지속 가능한 발전

20 다음에서 설명하는 것은?

> ○ 의미: 인간과 자연환경이 조화를 이루며 공생할 수
>   있는 체계를 지향하는 도시
> ○ 사례: 브라질의 쿠리치바, 스웨덴의 예테보리 등

① 슬럼
② 생태 도시
③ 성곽 도시
④ 고산 도시

21 ㉠, ㉡에 들어갈 자연관으로 옳은 것은?

> ○ (㉠) 자연관: 자연은 영혼이 없는 물질로, 인간
>   이 마음대로 이용하고 지배할 수 있는 대상이다.
> ○ (㉡) 자연관: 모든 생명체가 자연의 일부이며,
>   인간도 자연을 구성하는 일부이다.

	㉠	㉡
①	생태 중심주의	자원 민족주의
②	자원 민족주의	인간 중심주의
③	인간 중심주의	생태 중심주의
④	생태 중심주의	인간 중심주의

22 밑줄 친 ㉠, ㉡에 대한 설명으로 옳은 것은?

> 에너지 자원은 각종 산업의 원료이며 일상생활과 경
> 제 활동에 필요한 에너지를 생산하는 데 이용된다. 에
> 너지 자원에는 ㉠ 석유, ㉡ 태양광 등이 있다.

① ㉠은 화석 에너지 자원이다.
② ㉡은 18세기 산업 혁명의 원동력이 되었다.
③ ㉠은 ㉡에 비해 고갈 위험이 낮다.
④ ㉡은 ㉠보다 세계 에너지 소비 비중이 높다.

23 ㉠에 해당하는 내용으로 가장 적절한 것은?

> (㉠) 문제 해결 정책
> ○ 양육 및 보육 시설 확충
> ○ 육아 비용 지원 및 가족 친화적 문화 확산

① 열섬
② 저출산
③ 사생활 침해
④ 개인 정보 유출

24 ㉠, ㉡에 해당하는 자연 재해로 옳은 것은?

> ○ (㉠): 강한 바람과 많은 비를 동반하여 피해를 주
>   는 열대 저기압
> ○ (㉡): 지각판의 경계에서 주로 발생하고, 땅이 갈
>   라지고 흔들리면서 도로 등이 붕괴됨.

	㉠	㉡		㉠	㉡
①	태풍	지진	②	화산	한파
③	황사	태풍	④	황사	지진

25 다음 설명에 해당하는 사례는?

> 주권 국가들을 구성원으로 하고 있으며, 다양한 국제
> 사회의 문제를 조정하는 역할을 하는 정부 간 국제기구

① 국제연합
② 그린피스
③ 다국적 기업
④ 국경 없는 의사회

01 그림은 수평 방향으로 던져진 공의 위치를 같은 시간 간격으로 나타낸 것이다. 공의 운동에 대한 설명으로 옳지 <u>않은</u> 것은? (단, 공기 저항은 무시한다.)

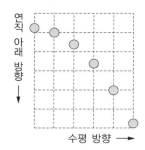

① 수평 방향의 속력은 일정하다.
② 수평 방향으로 힘이 계속 작용한다.
③ 연직 아래 방향의 속력은 증가한다.
④ 연직 아래 방향으로 힘이 계속 작용한다.

02 표는 어떤 물체가 운동 방향으로 힘을 받았을 때 처음 운동량과 나중 운동량을 나타낸 것이다. 이 물체가 받은 충격량(N · s)은?

처음 운동량(kg · m/s)	1
나중 운동량(kg · m/s)	4

① 1   ② 2
③ 3   ④ 4

03 어떤 열기관에 공급된 열이 200 J이고 이 열기관이 외부에 한 일이 40 J일 때, 이 열기관의 열효율(%)은?

① 20   ② 40
③ 60   ④ 80

04 전력 수송 과정에 대한 설명으로 옳은 것만을 〈보기〉에서 모두 고른 것은?

─── 보기 ───
ㄱ. 변전소에서 전압을 변화시킨다.
ㄴ. 송전 전압을 낮추면 전력 손실을 줄일 수 있다.
ㄷ. 송전선에서 열이 발생하여 전기 에너지의 일부가 손실된다.

① ㄱ   ② ㄴ
③ ㄱ, ㄷ   ④ ㄴ, ㄷ

05 그림과 같은 원자로를 사용하는 핵발전에 대한 설명으로 옳은 것만을 〈보기〉에서 모두 고른 것은?

제어봉
감속재

─── 보기 ───
ㄱ. 발전 과정에서 방사성 폐기물이 발생한다.
ㄴ. 핵분열에서 발생하는 열에너지를 이용하여 발전한다.
ㄷ. 발전 과정에서 배출되는 이산화 탄소의 양이 화력 발전보다 많다.

① ㄱ   ② ㄷ
③ ㄱ, ㄴ   ④ ㄴ, ㄷ

06 다음 중 태양 전지를 이용하여 태양의 빛에너지를 전기 에너지로 직접 전환하는 발전 방식은?

① 수력 발전   ② 풍력 발전
③ 화력 발전   ④ 태양광 발전

07 그림은 주기율표의 일부를 나타낸 것이다. 원소 (가), (나)에 대한 설명으로 옳은 것은?

주기\족	1	2	〰	17	18
1					
2	(가)				(나)

① (가)와 (나)는 같은 족이다.
② (가)와 (나)는 같은 주기이다.
③ 원자 번호는 (가)가 (나)보다 크다.
④ (가)는 비금속 원소, (나)는 금속 원소이다.

08 소금의 주성분인 염화 나트륨(NaCl)에 대한 설명으로 옳은 것만을 〈보기〉에서 모두 고른 것은?

┌──────── 보기 ────────┐
ㄱ. 공유 결합 물질이다.
ㄴ. 고체 상태에서 전기가 잘 흐른다.
ㄷ. 물에 녹으면 양이온과 음이온으로 나누어진다.
└─────────────────────┘

① ㄱ   ② ㄷ
③ ㄱ, ㄴ   ④ ㄴ, ㄷ

09 그래핀에 대한 설명으로 옳은 것만을 〈보기〉에서 모두 고른 것은?

┌──────── 보기 ────────┐
ㄱ. 규소(Si) 원자로 이루어져 있다.
ㄴ. 한 층으로 이루어진 평면 구조이다.
ㄷ. 전기 전도성이 있다.
└─────────────────────┘

① ㄱ   ② ㄷ
③ ㄱ, ㄴ   ④ ㄴ, ㄷ

10 다음 화학 반응식은 마그네슘(Mg)과 산소(O_2)의 반응을 나타낸 것이다.

$$2Mg + O_2 \rightarrow 2MgO$$

이 반응에 대한 설명으로 옳은 것은?
① MgO은 생성물이다.
② 반응물의 종류는 1가지이다.
③ Mg은 환원된다.
④ O_2는 전자를 잃는다.

11 다음 중 물에 녹아 산성을 나타내는 물질은?
① HCl   ② KOH
③ NaOH   ④ $Ca(OH)_2$

12 단백질에 대한 설명으로 옳지 <u>않은</u> 것은?
① 항체의 주성분이다.
② 단위체는 포도당이다.
③ 세포막의 구성 성분이다.
④ 단위체가 펩타이드 결합으로 연결된 물질이다.

13 그림은 식물 세포의 구조를 나타낸 것이다. A~D 중 빛에너지를 흡수하여 포도당을 합성하는 것은?

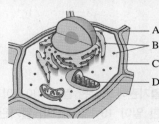

① A   ② B
③ C   ④ D

14 물질대사에 대한 설명으로 옳은 것만을 〈보기〉에서 모두 고른 것은?

─────── 보기 ───────
ㄱ. 세포 호흡은 물질대사에 속한다.
ㄴ. 에너지의 출입이 일어나지 않는다.
ㄷ. 효소는 물질대사에서 반응 속도를 변화시킨다.
──────────────────

① ㄱ   ② ㄴ
③ ㄱ, ㄷ   ④ ㄴ, ㄷ

15 그림은 두 가닥으로 구성된 DNA와 이 DNA에서 전사된 RNA를 나타낸 것이다. ㉠과 ㉡에 해당하는 염기는?

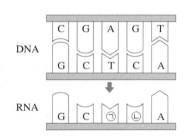

	㉠	㉡		㉠	㉡
①	T	A	②	T	C
③	U	A	④	U	C

16 생물 다양성에 대한 설명 중 옳은 것만을 〈보기〉에서 모두 고른 것은?

─────── 보기 ───────
ㄱ. 종 다양성은 동물에서만 나타난다.
ㄴ. 생태계 다양성은 종 다양성에 영향을 주지 않는다.
ㄷ. 유전적 다양성은 개체군 내에 존재하는 유전자의 변이가 다양한 정도를 말한다.
──────────────────

① ㄱ   ② ㄷ
③ ㄱ, ㄴ   ④ ㄴ, ㄷ

17 다음은 어떤 환경 요인에 대한 생물의 적응 현상이다. 이 환경 요인은?

┌─────────────────────────┐
│ 사막여우는 북극여우에 비해 몸집은 작고, 몸의 말단 │
│ 부위인 귀가 크다.   │
└─────────────────────────┘

① 물   ② 공기
③ 온도   ④ 토양

18 그림은 안정된 생태계의 생태 피라미드를 나타낸 것이다. 이에 대한 설명으로 옳은 것은?

① 식물은 1차 소비자에 해당한다.
② 생물량은 2차 소비자가 가장 많다.
③ 초식동물은 3차 소비자에 해당한다.
④ 상위 영양 단계로 갈수록 에너지 양은 줄어든다.

19 별의 진화 과정에서 원소의 생성에 대한 설명으로 옳은 것만을 〈보기〉에서 모두 고른 것은?

─────── 보기 ───────
ㄱ. 헬륨의 핵융합 반응으로 탄소가 생성된다.
ㄴ. 초신성 폭발로 철보다 무거운 원소가 생성된다.
ㄷ. 질량이 태양과 비슷한 별의 중심에서 철이 생성된다.
──────────────────

① ㄱ   ② ㄷ
③ ㄱ, ㄴ   ④ ㄴ, ㄷ

20 식물이 이산화 탄소를 대기로부터 흡수하는 과정에서 상호 작용하는 지구 시스템의 구성 요소는?

① 수권과 기권
② 수권과 지권
③ 생물권과 기권
④ 생물권과 지권

21 그림은 지질 시대 A~D의 길이를 상대적으로 나타낸 것이다. A~D 중 삼엽충이 번성한 시기는?

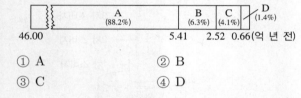

① A
② B
③ C
④ D

22 그림은 지각과 맨틀의 일부를 나타낸 것이다. A~D에 대한 설명으로 옳은 것은?

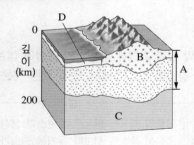

① A는 암석권이다.
② B는 맨틀이다.
③ C는 유동성이 없다.
④ D는 대륙 지각이다.

23 그림은 어떤 지역의 해수 깊이에 따른 수온 분포를 나타낸 것이다. 이에 대한 설명으로 옳은 것만을 〈보기〉에서 모두 고른 것은?

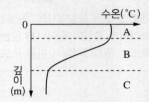

┌─ 보기 ─────────────────────┐
ㄱ. A에서는 바람에 의해 해수가 잘 섞인다.
ㄴ. B는 수온약층이다.
ㄷ. 수온은 A에서가 C에서보다 낮다.
└────────────────────────────┘

① ㄱ
② ㄷ
③ ㄱ, ㄴ
④ ㄴ, ㄷ

24 빅뱅 우주론에 따른 우주의 생성 과정에 대한 설명으로 옳은 것만을 〈보기〉에서 모두 고른 것은?

┌─ 보기 ─────────────────────┐
ㄱ. 우주가 팽창하면서 우주의 온도가 낮아진다.
ㄴ. 수소 원자가 수소 원자핵보다 먼저 만들어졌다.
ㄷ. 헬륨 원자핵이 수소 원자핵보다 먼저 만들어졌다.
└────────────────────────────┘

① ㄱ
② ㄴ
③ ㄱ, ㄷ
④ ㄴ, ㄷ

25 지구 온난화로 인한 최근의 지구 환경 변화로 옳은 것만을 〈보기〉에서 모두 고른 것은?

┌─ 보기 ─────────────────────┐
ㄱ. 지구의 평균 기온 하강
ㄴ. 해수면의 평균 높이 상승
ㄷ. 대륙 빙하의 분포 면적 증가
└────────────────────────────┘

① ㄱ
② ㄴ
③ ㄱ, ㄷ
④ ㄴ, ㄷ

01 다음에서 설명하는 유물은?

○ 구석기 시대를 대표하는 뗀석기임.
○ 사냥을 하거나 가죽을 벗기는 용도로 사용함.

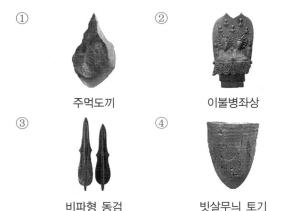

① 주먹도끼
② 이불병좌상
③ 비파형 동검
④ 빗살무늬 토기

02 다음에서 설명하는 왕은?

○ 신라를 도와 왜를 격퇴함.
○ '영락'이라는 독자적 연호를 사용함.
○ 4세기 말 즉위 후 고구려의 영토를 크게 넓힘.

① 세종
② 고이왕
③ 공민왕
④ 광개토 대왕

03 다음에서 설명하는 기구는?

○ 국방에 관계된 일을 회의로 결정함.
○ 식목도감과 함께 고려의 독자적인 정치 기구임.
○ 원 간섭기에 도평의사사로 명칭과 권한을 변경함.

① 집사부
② 정당성
③ 도병마사
④ 군국기무처

04 다음에서 ㉠에 들어갈 내용으로 옳은 것은?

〈조선 성종의 정책〉
○ 경연 활성화
○ 홍문관 설치
○ ㉠

① 『경국대전』 반포
② 기인 제도 실시
③ 삼청 교육대 운영
④ 전민변정도감 설치

05 다음에서 설명하는 문화유산은?

문화유산 카드
○ 위치: 경상북도 토함산
○ 특징: 불국사와 함께 불국토의 이상 세계를 표현한 통일 신라 시기의 대표적 건축물

① 경복궁
② 무령왕릉
③ 수원 화성
④ 경주 석굴암

06 다음에서 ㉠에 들어갈 내용으로 옳지 <u>않은</u> 것은?

〈수행평가 계획서〉
주제: 흥선 대원군이 주도한 정책
○ 1모둠: 경복궁 중건
○ 2모둠: ㉠

① 서원 정리
② 당백전 발행
③ 호포제 시행
④ 훈민정음 창제

07 다음에서 설명하는 화폐는?

 조선 후기에 주조된 화폐로 17세기 말 전국적으로 유통되면서 물품 구입이나 세금 납부 수단으로 사용되었다.

① 호패
② 명도전
③ 상평통보
④ 독립 공채

08 다음에서 ㉠에 해당하는 지역은?

> ㉠ 는 군사 전략 요충지로 큰 역할을 해 왔다. 고려 시대에는 몽골의 침입을 피해 이곳으로 수도를 옮긴 적이 있었고, 조선 시대에는 이곳에서 병인양요가 발발하였다.

① 강화도   ② 거문도
③ 울릉도   ④ 제주도

09 다음에서 설명하는 신문은?

> ○ 한글판과 영문판으로 발행됨.
> ○ 서재필 등이 정부의 지원을 받아 창간함.
> ○ 국민을 계몽하고 국내 사정을 외국인에게도 전달함.

① 독립신문
② 동아일보
③ 조선일보
④ 한성순보

10 다음에서 ㉠에 들어갈 내용으로 옳은 것은?

> 〈다큐멘터리 기획안〉
> ○ 제목: 녹두장군의 꿈!
> ○ 의도: 동학 농민군 지도자 전봉준의 삶을 조명한다.
> ○ 내용: 1부 고부 농민 봉기를 주도하다.
>   2부 [㉠]

① 거중기를 제작하다.
② 신민회를 조직하다.
③ 천리장성을 축조하다.
④ 황토현 전투에서 승리하다.

11 다음 질문에 대한 답으로 옳은 것은?

> 1907년에 1,300만 원에 달하는 대한 제국의 빚을 갚기 위해 서상돈 등이 대구에서 시작한 국권 회복 운동은 무엇일까요?

① 새마을 운동
② 위정척사 운동
③ 국채 보상 운동
④ 서경 천도 운동

12 다음에서 ㉠ 시기에 들어갈 사건은?

| 1945. 8. 15. 광복 | → | ㉠ | → | 1948. 8. 15. 대한민국 정부 수립 |

① 기묘사화
② 5·10 총선거
③ 오페르트 도굴 사건
④ 6·15 남북 공동 선언 발표

13 다음에서 설명하는 일제 식민 정책은?

> 1910년대 일제가 시행한 경제 정책으로, 토지 소유 권자가 정해진 기간 내에 직접 신고하여 소유지로 인정받는 신고주의 원칙에 따라 진행되었다.

① 균역법
② 노비안검법
③ 토지 조사 사업
④ 경부 고속 국도 개통

14 다음 대화 내용에 해당하는 단체는?

1927년 비타협적 민족주의자들과 사회주의자들이 협력하여 창립한 단체를 알고 있니?

응. 광주 학생 항일 운동이 일어나자 진상 조사단을 파견하였지.

① 삼별초
② 신간회
③ 통신사
④ 화랑도

15 다음에서 설명하는 사건은?

> 1919년에 일어난 일제 강점기 최대 규모의 민족 운동이다. 일제의 통치 방식이 바뀌는 계기가 되었으며, 대한민국 임시 정부 수립에 영향을 주었다.

① 3 · 1 운동
② 제주 4 · 3 사건
③ 임술 농민 봉기
④ 12 · 12 군사 반란

16 다음에서 ㉠에 들어갈 내용으로 옳은 것은?

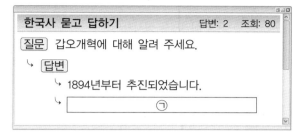

한국사 묻고 답하기   답변: 2   조회: 80

질문 갑오개혁에 대해 알려 주세요.

↳ 답변
  ↳ 1894년부터 추진되었습니다.
  ↳ ㉠

① 별무반이 창설되었습니다.
② 신분제가 폐지되었습니다.
③ 척화비가 건립되었습니다.
④ 세도 정치가 시작되었습니다.

17 다음 밑줄 친 ㉠에 해당하는 것은?

> 일제는 한국인을 전쟁에 효율적으로 동원하고 일왕에 충성하는 백성으로 만들고자 ㉠ 황국 신민화 정책을 실시하였다.

① 골품제 실시
② 사사오입 개헌
③ 신사 참배 강요
④ 사심관 제도 시행

18 다음 대본에서 ㉠에 들어갈 말로 가장 적절한 것은?

> 장면 #27 평화 시장에서 시위하는 모습
> 전태일: 우리 노동자들은 열악한 작업 환경에서 장시간 노동으로 고통 받고 있다. 우리는 기계가 아니다! ㉠

① 신탁 통치를 반대한다!
② 근로 기준법을 준수하라!
③ 군사력을 강화하여 청을 정벌하자!
④ 교조 최제우의 억울함을 풀어 주시오!

19 다음에서 설명하는 정부는?

○ 금융 실명제를 실시함.
○ 지방 자치제를 전면적으로 시행함.
○ 국제 통화 기금(IMF)에 구제 금융 지원을 요청함.

① 김영삼 정부
② 박정희 정부
③ 이승만 정부
④ 전두환 정부

20 다음에서 설명하는 것은?

○ 국제 사회가 한국의 독립을 처음으로 약속함.
○ 1943년 미·영·중 정상들이 모여 전후 처리를 논의함.

① 팔관회
② 화백 회의
③ 만민 공동회
④ 카이로 회담

21 다음에서 ㉠에 해당하는 사건으로 옳은 것은?

한국사 스피드 퀴즈

1980년 신군부의 계엄령 확대와 휴교령에 반대하여 광주에서 일어난 시위야. 이후 전개된 민주화 운동에 영향을 주었어.

① 자유시 참변
② 6·10 만세 운동
③ 5·18 민주화 운동
④ 제너럴 셔먼호 사건

22 다음에서 설명하는 종교는?

나철 등을 중심으로 단군 신앙을 내세웠으며, 중광단을 조직하여 독립운동을 전개하였다.

① 도교
② 기독교
③ 대종교
④ 천주교

23 다음에서 ㉠에 해당하는 사건은?

〈6·25 전쟁의 전개 과정〉
북한의 남침 → 인천 상륙 작전 → 서울 수복(1950. 9. 28.) → ㉠ → 정전 협정 체결

① 1·4 후퇴
② 명량 대첩
③ 무신 정변
④ 아관 파천

24 다음에서 설명하는 단체는?

○ 1919년 만주에서 김원봉 등이 주도하여 결성함.
○ 신채호의 「조선 혁명 선언」을 활동 지침으로 삼음.

① 별기군
② 의열단
③ 교정도감
④ 조선어 학회

25 다음에서 ㉠에 해당하는 것은?

1972년, 서울과 평양에서 ㉠ 이/가 동시에 발표되었다. 이는 분단 후 남북한이 통일과 관련하여 최초로 합의한 것이며, 자주·평화·민족 대단결의 통일 원칙을 명시하였다.

① 시무 28조
② 전주 화약
③ 4·13 호헌 조치
④ 7·4 남북 공동 성명

제7교시 도덕

01 다음 설명에 해당하는 윤리학은?

> ○ 도덕 원리를 구체적 상황에 적용하여 도덕 문제에
>   대한 해결 방안을 제시하는 것을 주된 목표로 삼음.
> ○ 예: 생명 윤리, 정보 윤리, 환경 윤리 등

① 기술 윤리학
② 메타 윤리학
③ 실천 윤리학
④ 진화 윤리학

02 (가)에 들어갈 윤리 사상가는?

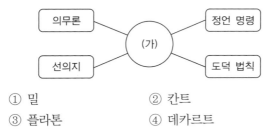

① 밀
② 칸트
③ 플라톤
④ 데카르트

03 다음에서 설명하는 사상으로 가장 적절한 것은?

> ○ 무위자연(無爲自然)의 삶을 강조함.
> ○ 이상적 인간으로 지인(至人), 진인(眞人) 등이 있음.

① 유교
② 불교
③ 도가
④ 법가

04 다음에서 동물 실험을 반대하는 관점에만 '✓'를 표시한 학생은?

관점 \ 학생	A	B	C	D
○ 동물 실험은 신약 개발을 위해 반드시 필요하다.	✔			✔
○ 동물 실험 과정에서 동물이 부당하게 고통을 겪고 있다.		✔		✔
○ 동물은 인간의 이익을 위해 사용되는 수단에 불과하다.			✔	

① A
② B
③ C
④ D

05 공리주의의 입장에 대한 설명으로 옳은 것은?

① 유용성의 원리에 따른 행위를 강조한다.
② 행위의 결과보다는 행위의 동기를 중시한다.
③ 행위의 효용보다 행위자 내면의 품성을 강조한다.
④ 사회 전체의 행복보다 개인의 행복 추구를 중시한다.

06 (가)에 들어갈 성과 사랑의 관계에 대한 관점은?

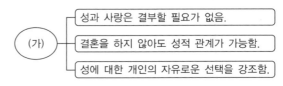

① 자유주의
② 보수주의
③ 도덕주의
④ 중도주의

07 시민에 대한 국가의 의무로 옳지 <u>않은</u> 것은?

① 시민의 복지를 증진해야 한다.
② 시민의 인권을 보호해야 한다.
③ 시민의 인간다운 삶을 보장해야 한다.
④ 시민의 정당한 요구에 무관심해야 한다.

08 ㉠에 공통으로 들어갈 용어는?

생태 중심주의의 대표적인 이론은 레오폴드 (Leopold, A.)의 (㉠) 윤리입니다. 이는 인간을 동식물, 물, 바위 등과 함께 거대한 (㉠) 공동체의 구성원으로 바라보아야 한다는 입장입니다.

① 대지   ② 과학
③ 문화   ④ 사회

09 사형 제도의 찬성 근거로 가장 적절한 것은?

① 오판의 가능성이 있다.
② 정치적으로 악용될 수 있다.
③ 응보적 정의 실현을 위한 수단이다.
④ 생명권을 침해하는 비인도적인 제도이다.

10 ㉠에 들어갈 내용으로 옳지 <u>않은</u> 것은?

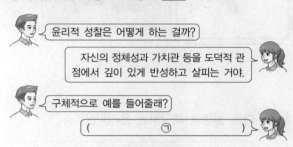

윤리적 성찰은 어떻게 하는 걸까?

자신의 정체성과 가치관 등을 도덕적 관점에서 깊이 있게 반성하고 살피는 거야.

구체적으로 예를 들어줄래?

(㉠)

① 남을 돕는 데 진심을 다했는지 살피는 거야.
② 마음을 흐트러짐이 없게 하고 몸가짐을 삼가는 거야.
③ 어른들의 말씀은 무조건 비판 없이 받아들이는 거야.
④ 끊임없는 질문을 통해 자신의 무지를 스스로 깨우치는 거야.

11 다음 사상가가 강조하는 덕목은?

백성을 사랑하는 근본은 검소함과 자신의 사사로운 이익은 추구하지 않음에 있다. 이는 목민관이 가장 먼저 힘써야 할 일이다.

– 정약용, 『목민심서』 –

① 욕망   ② 집착
③ 독선   ④ 청렴

12 교사의 질문에 대한 대답으로 적절하지 <u>않은</u> 것은?

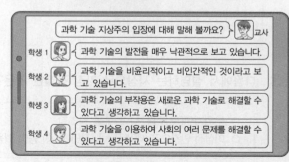

과학 기술 지상주의 입장에 대해 말해 볼까요? 교사

학생 1 │ 과학 기술의 발전을 매우 낙관적으로 보고 있습니다.

학생 2 │ 과학 기술을 비윤리적이고 비인간적인 것이라고 보고 있습니다.

학생 3 │ 과학 기술의 부작용은 새로운 과학 기술로 해결할 수 있다고 생각하고 있습니다.

학생 4 │ 과학 기술을 이용하여 사회의 여러 문제를 해결할 수 있다고 생각하고 있습니다.

① 학생 1   ② 학생 2
③ 학생 3   ④ 학생 4

13 통일과 관련된 개념에 대한 설명으로 옳지 <u>않은</u> 것은?

	개념	설명
①	분단 비용	남북한 분단이 지속되어 발생하는 비용
②	평화 비용	남북한 평화 유지와 정착을 위해 필요한 비용
③	통일 편익	통일로 얻게 되는 경제적·경제 외적인 손상 및 피해
④	통일 비용	남북한 격차 해소와 이질적 요소 통합에 필요한 비용

14 예술 지상주의의 입장에 대한 설명으로 가장 적절한 것은?

① 예술의 사회성만을 강조한다.
② 예술을 위한 예술을 주장한다.
③ 예술가에게 도덕적 공감이 중요함을 강조한다.
④ 예술에 대한 윤리적 규제의 필요성을 주장한다.

15 ㉠에 들어갈 내용으로 가장 적절한 것은?

> **도 덕 신 문**　　2022년 ○월 ○일
>
> _____㉠_____의 윤리적 쟁점
>
> 　불치병으로 극심한 고통을 겪고 있는 환자의 요구에 따라 인위적으로 생명을 단축하는 행위의 허용 문제는 논란이 될 수 있다. 왜냐하면 이 문제는 생명의 존엄성과 관련하여 심각한 윤리적 문제를 발생시킬 수 있기 때문이다.

① 안락사
② 대리모
③ 장기 이식
④ 배아 복제

16 다음 설명에 해당하는 정의관으로 가장 적절한 것은?

> ○ 공정한 과정을 통해 발생한 결과는 정당하다는 정의관
> ○ 분배의 결과보다는 분배를 위한 공정한 순서나 방법을 강조하는 관점

① 결과적 정의
② 교정적 정의
③ 산술적 정의
④ 절차적 정의

17 시민 불복종의 사례를 〈보기〉에서 고른 것은?

> ● 보기 ●
> ㄱ. 중세의 십자군 전쟁
> ㄴ. 나치의 유대인 집단 학살
> ㄷ. 소로의 세금 납부 거부
> ㄹ. 간디의 소금법 폐지 행진

① ㄱ, ㄴ
② ㄱ, ㄷ
③ ㄴ, ㄹ
④ ㄷ, ㄹ

18 다음에서 소개하는 윤리 사상가는?

> ◈ 도덕 인물 카드 ◈
>
>
>
> ○ 영국의 철학자로 공리주의를 주장함.
> ○ '최대 다수의 최대 행복'을 도덕 원리로 제시함.
> ○ 저서: 『도덕과 입법의 원리 서설』

① 레건
② 벤담
③ 아퀴나스
④ 매킨타이어

19 다음 설명에 해당하는 권리는?

> 　정보 주체가 온라인상에서 개인이 원하지 않는 자신의 정보에 대해 삭제 또는 확산 방지를 요구할 수 있는 권리를 의미한다.

① 알 권리
② 공유 권리
③ 상속 권리
④ 잊힐 권리

20 다음 설명에 해당하는 이상 사회는?

> ○ 공자가 제시한 모두가 더불어 잘 사는 사회
> ○ 인륜(人倫)이 실현된 사회로서 누구에게나 기본적인 삶이 보장되는 도덕 공동체

① 공산 사회
② 소국과민
③ 대동 사회
④ 철인 통치 국가

21 그림 (가)와 (나)에서 주장하는 내용으로 옳은 것은?

	(가)	(나)
(가) 자신의 경제력 내에서 가장 큰 만족을 줄 수 있는 소비를 해야 해.	(나) 노동자의 인권이나 환경 문제 등을 적극적으로 고려하는 소비를 해야 해.	

	(가)	(나)
①	합리적 소비	윤리적 소비
②	합리적 소비	과시적 소비
③	윤리적 소비	합리적 소비
④	윤리적 소비	과시적 소비

22 불교의 죽음관으로 가장 적절한 것은?

① 죽음 이후의 세계는 존재하지 않는다.
② 죽음을 통해 영혼은 이데아의 세계로 들어간다.
③ 죽음이란 다음 생으로 이어지는 윤회의 한 과정이다.
④ 죽음은 개별 원자로 흩어져 영원히 소멸되는 것이다.

23 다음 설명에 해당하는 직업 윤리는?

> ○ 자신의 직업에 자부심을 가지고 사회적 책임을 다하려는 직업의식
> ○ 자기 일에 긍지를 가지고 평생 전념하거나 한 가지 기술에 정통하려고 노력하는 것

① 장인 정신
② 특권 의식
③ 비판 의식
④ 관용 정신

24 다음은 서술형 평가 문제와 학생 답안이다. 밑줄 친 ㉠~㉣ 중 옳지 않은 것은?

> 문제: 국제 관계를 바라보는 관점에 대해서 서술하시오.
>
> 〈답안〉
> 현실주의는 ㉠ 국가가 자국의 이익을 최우선적으로 추구한다고 보기 때문에 ㉡ 국가 간의 힘의 논리를 통한 세력 균형보다 소통과 대화를 중시한다. 반면에 이상주의는 ㉢ 국가가 이성적이고 합리적 행동이 가능하다고 보기 때문에 ㉣ 국제법, 국제 규범 등을 통한 국제 분쟁의 방지를 강조한다.

① ㉠
② ㉡
③ ㉢
④ ㉣

25 공직자가 지녀야 할 바람직한 자세로 옳은 것은?

① 공익보다 사익을 우선시해야 한다.
② 국민을 위한 봉사의 자세를 지녀야 한다.
③ 개인은 재산을 일절 소유하지 말아야 한다.
④ 친한 친구의 개인적인 청탁은 당연히 받아야 한다.

새 교육과정 완벽 반영!
시대에듀 검정고시 시리즈

한 권 합격 시리즈

[핵심 이론 + 예상 문제 + 실전 문제]가 수록된 단 한 권으로 검정고시 끝장내기!

초졸 검정고시 한 권 합격　　　중졸 검정고시 한 권 합격　　　고졸 검정고시 한 권 합격

기출이 답이다 시리즈

[3년간 / 5년간 기출문제 + 무료 해설 동영상 강의] 구성으로 문제 풀이 훈련 최적화!

기출이 답이다　　　　　　　기출이 답이다　　　　　　　기출이 답이다
초졸 검정고시 5년간 기출문제　중졸 검정고시 5년간 기출문제　고졸 검정고시 3년간 / 5년간 기출문제

7일 완성 실전 모의고사 시리즈

[단계별 실전 모의고사 + 자동 채점 서비스]로 검정고시 고득점 합격!

중졸 검정고시 7일 완성 실전 모의고사　　　고졸 검정고시 7일 완성 실전 모의고사

※ 도서의 구성과 이미지는 변경될 수 있습니다.

나에게 딱 맞는 한능검 교재를 선택하고 합격하자!

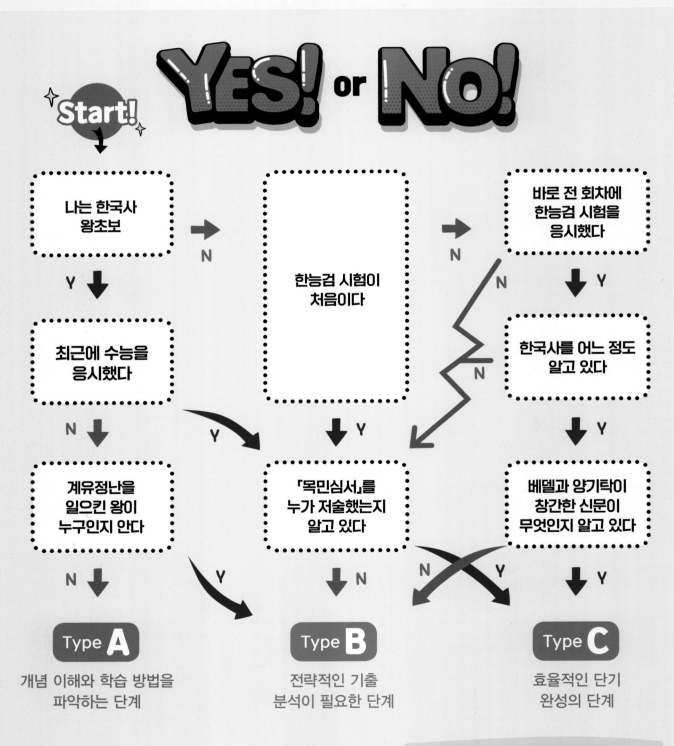

Start! YES! or No!

나는 한국사
왕초보

한능검 시험이
처음이다

바로 전 회차에
한능검 시험을
응시했다

최근에 수능을
응시했다

한국사를 어느 정도
알고 있다

계유정난을
일으킨 왕이
누구인지 안다

『목민심서』를
누가 저술했는지
알고 있다

베델과 양기탁이
창간한 신문이
무엇인지 알고 있다

Type A

개념 이해와 학습 방법을
파악하는 단계

Type B

전략적인 기출
분석이 필요한 단계

Type C

효율적인 단기
완성의 단계

옆 페이지로 커리큘럼 계획하러 가기

국어 | 수학 | 영어 | 사회 | 과학 | 한국사 | 도덕

편집기획실 편저

26년
명장 명품 노하우

STRONG

빛나는 당신의 내일을 위해 ──────── 시대에듀가 함께합니다.

2025
고졸 검정고시

기출이 답이다

3년간
기출문제

정답 및 해설

시대에듀

이 책의 차례

2024년도 기출문제

제1회 상반기 기출문제 정답 및 해설 ·································· 2

제2회 하반기 기출문제 정답 및 해설 ·································· 21

2023년도 기출문제

제1회 상반기 기출문제 정답 및 해설 ·································· 2

제2회 하반기 기출문제 정답 및 해설 ·································· 23

2022년도 기출문제

제1회 상반기 기출문제 정답 및 해설 ·································· 2

제2회 하반기 기출문제 정답 및 해설 ·································· 19

고·졸·검·정·고·시

2024년도

| 제1회 | 정답 및 해설 |
| 제2회 | 정답 및 해설 |

2024년도 기출문제
정답 및 해설

제1교시 국어

01 ①	02 ①	03 ④	04 ③	05 ④
06 ②	07 ③	08 ②	09 ②	10 ①
11 ①	12 ③	13 ②	14 ④	15 ④
16 ②	17 ①	18 ③	19 ①	20 ①
21 ④	22 ④	23 ②	24 ③	25 ③

01 동의를 표현할 수 있는 비언어적 표현은 '고개를 끄덕이며'이다.

02 직원은 외국어인 '웨이팅', '셰프', '시그니처', '웨이팅 룸'을 사용하여 표현하고 있다. 외국어는 외국에서 들어온 말로, 우리말의 체계에 포함되지 않는다. 따라서 무분별하게 외국어를 사용하는 것은 지양하는 것이 바람직하다.

03 '볶음'은 [보끔]으로 발음한다. 이는 쌍받침이 모음으로 시작되는 접미사와 결합되어 제 음가대로 뒤 음절 첫소리로 옮겨 발음된 경우이므로 표준 발음법 [제23항]의 규정이 적용되지 않는다.
  ① 굳다[굳따]
  ② 낙지[낙찌]
  ③ 답사[답싸]

04 '드리시게'는 상대편을 보통으로 낮추면서 약간 대우해 주는 종결형인 '하게체'를 사용한 표현이다. '하게체'는 어느 정도 나이가 든 화자가 나이가 든 손아랫사람이나 같은 연배의 친숙한 사이의 사람에게 쓴다.
  ① '드셨어요'는 상대편을 보통으로 높이는 뜻을 나타내는 종결형인 '해요체'를 사용한 표현이다. '해요체'는 격식체인 '하오체'와 '하십시오체'를 쓸 자리에 두루 쓰는 비격식체이다.
  ② '가신대'는 상대편을 높이지 않는 뜻을 나타내는 종결형인 '해체'를 사용한 표현이다. '해체'는 격식체인 '해라체'와 '하게체'를 쓸 자리에 두루 쓰는 비격식체이다.
  ④ '다녀왔습니다'는 상대편을 아주 높이는 종결형인 '하십시오체'를 사용한 표현이다.

더 알아보기 높임법의 종류
- 격식체

	평서형	의문형	명령형	청유형	감탄형
하십시오체 (아주 높임)	합니다	합니까?	하십시오	–	–
하오체 (예사 높임)	하오	하오?	하오, 하구려	합시다	하는구려
하게체 (예사 낮춤)	하네, 함세	하는가?, 하나	하게	하세	하는구먼
해라체 (아주 낮춤)	한다	하냐?, 하니?	해라	하자	하는구나

- 비격식체

	평서형	의문형	명령형	청유형	감탄형
해요체 (두루 높임)	해요	해요?	해요	해요	해요
해체 (두루 낮춤)	해	해?	해	해	해

05 '붉어져'는 '불거져'로 고치는 것이 적절하다. '불거지다'는 '물체의 거죽으로 둥글게 툭 비어져 나오다.', '어떤 사물이나 현상이 두드러지게 커지거나 갑자기 생겨나다.'라는 의미를 나타내는 말이고, '붉어지다'는 '빛깔이 점점 붉게 되어 가다.'의 의미를 나타내는 말이다.
  ① '며칠'이 바른 표기이다. '그달의 몇째 되는 날.', '몇 날.' 등의 의미를 나타낼 때 '몇 일'로 적는 경우는 없으며, 항상 '며칠'로 적는다.
  ② '닫힐'이 바른 표기이다. '열린 문짝, 뚜껑, 서랍 따위가 도로 제자리로 가 막히다.', '하루의 영업이 끝나다.' 등의 의미를 나타내는 단어는 '닫히다'이다. 따라서 '닫힐'로 적는다.
  ③ '금세'가 바른 표기이다. '지금 바로'라는 의미의 '금세'는 '금시에'가 줄어든 말로 구어체에서 많이 사용된다.

06 (나)는 '개교 50주년 기념 축제'에 초대하는 글이다. 그러나 제시된 글에 구체적인 축제 날짜 및 장소는 제시되어 있지 않다.
  ① '따사로운 햇볕이~되었음을 알립니다.'에 반영되어 있다.
  ③ '이를 기념하기~정성껏 준비하였습니다.'에 반영되어 있다.
  ④ '참석하시는 분들께는~증정할 예정입니다.'에 반영되어 있다.

07 ㉮에는 비유법과 청유형 문장을 통해 축제에 참여하여 즐거운 시간을 보내기를 바라는 내용을 강조하는 문장이 들어가야 한다. 조건을 모두 충족한 것은 ③이다. 축제에 참여한 사람들의 미소를 '활짝 핀 봄꽃'에 비유하여 표현하였고, '봅시다'는 '보다'의 어간 '보–'에 어떤 행동을 함께하자는 뜻을 나타내는 종결 어미 '–ㅂ시다'가 결합하여 청유의 뜻을 나타내고 있다.

08 '니르·고·져'는 단어의 첫소리에 'ㄴ'이 쓰여 중세 국어 시기에 두음 법칙이 지켜지지 않았음을 드러내는 표기이다.
① '나·랏·말ᄊᆞ·미'의 'ᄊᆞ'에 'ㆍ(아래 아)'가 사용되었다.
③ '무·춤:내'의 '·춤'과 ':내'는 글자의 왼쪽에 방점을 찍어 성조를 나타냈다. 방점은 중세 국어 각 음절의 성조를 표시하기 위한 표기법이다. 낮은 소리인 평성(平聲)은 점이 없고, 높은 소리인 거성(去聲)은 한 점(·), 처음이 낮고 나중이 높은 소리인 상성(上聲)은 두 점(:)을 글자의 왼쪽에 찍었다.
④ '·ᄠᅳ·들'은 앞 음절의 끝소리를 뒤 음절의 첫소리로 옮겨 적는 방법인 이어 적기, 즉 '연철(連綴)식 표기'가 사용된 것이다. 이는 표음주의 표기법이라고도 한다. 끊어 적기는 체언과 조사, 어간과 어미를 구별하여 적는 방법인 '분철(分綴)식 표기'로, 표의주의 표기법이라고도 한다.

작품 해설 이조년, 「이화에 월백하고~」
- 갈래: 평시조, 단시조
- 성격: 애상적, 감각적
- 제재: 봄날에 느끼는 애상감
- 주제: 봄날 밤에 느끼는 애상적인 정서
- 특징
  - 봄의 정취를 감각적으로 표현함
  - 선경후정의 방식으로 시상을 전개함
  - 객관적 상관물을 활용하여 화자가 느끼는 정서를 심화함

---

09 이 글에는 후렴구가 사용되지 않았다. 후렴구가 발달한 갈래로는 고려 가요, 민요 등이 있다.
①·④ 평시조의 초장, 중장, 종장은 각각 4음보로 구성된다.
③ 이 글의 초장은 배꽃이 활짝 핀 어느 봄날 밤 하늘에 달이 뜨고 은하수가 흐르고 있는 정경을 묘사하고 있다. '이화(梨花)', '월백(月白)', '은한(銀漢)'은 모두 백색 이미지를 통해 봄날 밤의 정경을 시각적으로 드러내고 있는 시어이다.

10 이 글은 꽃이 활짝 핀 달밤에 들려오는 소쩍새 소리를 들으며 봄의 정취에 빠져 있음을 노래한 평시조이다. 초장과 중장은 시각적 심상과 청각적 심상을 통해 봄날 밤의 애상적 분위기를 형상화하고 있으며, 종장은 봄날 밤의 애상과 우수에 잠겨 잠을 이루지 못하는 화자의 정서를 표출하고 있다.

작품 해설 성석제, 「황만근은 이렇게 말했다」
- 갈래: 단편 소설, 농촌 소설
- 성격: 향토적, 풍자적, 비극적
- 제재: 황만근의 생애와 행적
- 주제: 부채로 얼룩진 농촌 현실과 사람들의 이기심
- 특징
  - 사투리의 사용으로 사실성을 높임
  - 주인공의 실종으로 이야기가 시작되어 독자의 흥미를 유발함
  - 어수룩하지만 선량한 인물의 삶을 통해 어두운 농촌 현실과 이기적인 세태를 풍자함

---

11 이 글에는 황만근의 실종에 대한 민 씨와 이장의 갈등이 드러나 있다. 민 씨는 이장이 황만근에게 궐기 대회에 경운기를 몰고 참가하라고 한 것을 추궁하면서 황만근이 경운기를 몰고 간 것에 대한 책임을 이장에게 묻고 있다. 반면, 이장은 경운기를 몰고 가는 것은 투쟁 방침이었을 뿐이라면서 황만근의 실종과 자신은 관련이 없다고 항변하고 있다.
② 제시된 글은 작품 밖 서술자가 민 씨와 이장의 갈등을 전달하고 있다.

12 '도시에서~한데, 뭐라꼬?'라는 이장의 말을 통해 민씨가 귀농하였음을 알 수 있으며, '이장이~잘못됐단 말이라.'를 통해 농촌 사회의 부채 문제 때문에 궐기 대회가 열렸다는 것을 알 수 있다.

13 ㉡은 '이장' 자신을 지칭하는 말로, '황만근'을 지칭하는 ㉠, ㉢, ㉣과 가리키는 대상이 다르다.

작품 해설 박지원, 「아, 참 좋은 울음터로구나!」
- 갈래: 고전 수필, 한문 수필, 기행문
- 성격: 성찰적, 교훈적, 사색적
- 제재: 광활한 요동 벌판
- 주제: 요동 벌판을 보고 느낀 감회
- 특징
  - 문답의 과정을 통해 글쓴이의 생각을 논리적으로 전달함
  - '운다'는 것에 대한 작가의 독특한 시각과 인식이 드러남
  - 적절한 비유와 예시를 통해 글쓴이의 감정과 느낌을 표현함

---

14 이 글에는 계절에 대한 글쓴이의 인식이 드러나지 않는다.
① '사람들은~것은 모르지.'를 통해 알 수 있다. 사람들은 슬플 때만 운다고 생각하지만, 글쓴이는 칠정(기쁨, 노여움, 슬픔, 즐거움, 사랑, 미움, 욕심)이 모두 울음을 자아낸다고 반박하고 있다.
② '기쁨[喜]이~되는 것이야.'는 울음을 유발하는 다양한 감정을 열거하고 있는 부분이다.

③ 글쓴이는 광활한 요동 벌판을 보고 '울음'은 모든 감정이 극에 달할 때 터져 나오는 것이라는 깨달음을 얻고, 이를 표현하고 있다.

15 ㉮는 감정이 극에 달하면 표출된다고 말하고 있다. 이와 가장 의미가 유사한 것은 '참다못해 울부짖었다'는 ㉣이다. ㉣은 나라의 일을 걱정하여 상소문을 올렸으나, 패단을 바로잡으려는 뜻을 이루지 못하고 울부짖은 가생의 고사를 통해 극한 상황에서 감정이 표출된다는 것을 표현하고 있다.
①·②·③ 모두 감정의 극치를 겪지 못하고 참된 울음을 울지 못하는 것을 표현하고 있다.

16 '사람들은~같은 것일세.'를 통해 모든 감정(칠정)이 극에 달할 때 울음이 터져 나온다는 글쓴이의 인식을 파악할 수 있다.

작품 해설 **김춘수, 「꽃」**

• 갈래: 자유시, 서정시
• 성격: 관념적, 주지적, 상징적
• 제재: 꽃
• 주제: 존재의 본질 구현에 대한 소망
• 특징
  – 명명(命名) 행위에 의한 인식을 바탕으로 함
  – 인식론과 존재론을 바탕으로 대상의 의미를 추상화함
  – 인식의 주체(나 → 너 → 우리)와 인식의 내용(몸짓 → 꽃 → 눈짓)을 점층적으로 심화하고 확대함

---

17 '내가 그의 이름을 불러~', '~되고 싶다.' 등의 시구가 반복되면서 운율을 형성하고 의미를 강조하고 있다.

18 이 글은 존재의 본질에 닿고자 하는 인간의 소망을 표현하고 있다. 처음에 '나'와 '그'는 무의미한 관계였지만, 상호 인식의 과정을 통해 서로에게 '꽃'이라는 의미 있는 존재로 변모하게 된다. 이를 통해 화자가 궁극적으로 추구하는 것은 이름을 부르는 행위를 통해 대상을 인식하고 타인과 진정한 관계를 맺는 삶이라는 것을 추측할 수 있다.

19 〈보기〉는 구슬을 꿰는 행위 이전에는 무가치했던 존재가 구슬을 꿴 이후에야 가치 있는 존재가 되었음을 표현하고 있다. 따라서 '꿰기 전'은 대상의 인식 이전의 상태인 '이름을 불러 주기 전'과 대응시키는 것이 적절하다.
② '돌멩이'는 무가치한 존재를 의미하므로 의미 없는 존재를 의미하는 '몸짓'과 대응시키는 것은 적절하다.
③ '엮어 주었을 때'는 무가치한 존재인 돌멩이를 가치 있는 존재로 만드는 행위이므로 대상을 인식하고 의미를 부여하는 이름을 '불러 주었을 때'와 대응시키는 것은 적절하다.
④ '보배'는 귀하고 소중한 대상이므로 의미 있는 존재를 의미하는 '꽃'과 대응시키는 것은 적절하다.

작품 해설 **최제호, 「'평균'의 시대가 가고 있다」**

• 갈래: 논설문
• 성격: 논증적, 설명적
• 제재: 평균
• 주제: 평균 이외의 다양한 범주와 양상을 고려하여 자료의 의미를 바르게 파악하자
• 특징: 구체적인 사례를 들어 이해를 도움

---

20 이 글은 우리나라의 기후와 미국의 기후를 예로 들어 평균값만으로 자료를 판단하면 안 되는 이유를 밝히고 있다. 평균값은 다양한 변수를 반영하지 못하는 경우가 있고, 사실을 부정확하게 전달할 수도 있으므로 자료의 범위를 정해 다양한 요소를 고려할 수 있어야 한다는 것이다.

21 평균은 유용한 수단이지만 대푯값으로 잘못 사용되면 정확한 판단을 저해할 수 있다. 현대 사회는 다양한 변수에 의해 다변화되는 양상을 보이므로 평균 이외의 다양한 변수와 양상을 고려하여 자료를 바르게 이해하는 것이 중요해지고 있다.

22 '다변화'는 일의 방법이나 모양이 다양하고 복잡해짐. 또는 그렇게 만듦을 의미한다. '하나로 됨. 또는 그렇게 만듦.'은 '단일화'의 사전적 의미이다.

작품 해설 **이재웅, 「도서 분류의 원리」**

• 갈래: 설명문
• 성격: 체계적, 실용적
• 제재: 도서 분류의 원리
• 주제: 도서 분류의 원리와 도서관에서 책을 쉽게 찾는 방법
• 특징: 도서 청구 기호를 통해 도서관에서 책을 찾는 방법을 구체적 사례를 들어 설명함

---

23 책을 쉽게 찾으려면 컴퓨터로 책을 검색해야 하지만 컴퓨터는 청구 기호를 알려줄 뿐 책을 직접 찾아주지는 않는다고 하였다. 따라서 ㉠에 들어갈 말로 적절한 것은 앞의 내용과 상반되는 내용을 이끌 때 쓰는 접속어 '그런데'이다.
① 원인·이유를 나타내어 설명하는 접속어이다.
③ 내용의 양상을 받아 뒤의 문장을 이끄는 말이다.
④ 앞의 내용과 뒤의 내용을 원인과 결과의 관계로 이어 주는 인과의 접속어이다.

24 2문단에서 맨 위층에 있는 책일수록 분류 기호가 낮고 아래로 갈수록 커진다고 하였으므로 아래층에 있는 책의 분류 기호가 더 크다.
① 마지막 문단에서 책이 나온 해를 표현하기 위해 연도를 붙이기도 한다고 하였다.
③ 4문단에서 청구 기호 앞에 별치 기호가 붙어 있는 경우는 책의 특성이나 이용 목적에 따라 별도의 장소에 책을 보관한다고 하였으므로 별도의 장소에서 책을 찾아야 한다.
④ 3문단에서 분류 기호의 모든 숫자가 같다면 도서 기호의 문자는 국어사전에서처럼 자음 또는 모음 순으로 비교하면 된다고 하였다.

25 〈보기〉의 책을 꽂을 위치를 찾기 위해서는 먼저 분류 기호의 숫자 크기를 비교한 후 도서 기호의 문자를 국어사전의 순서에 따라 비교하면 된다. 따라서 〈보기〉의 책은 315.741 ㅁ203ㅈ과 315.741 ㅅ321ㄱ 사이인 ③에 꽂는 것이 적절하다.

제|2교시| 수학

01	④	02	②	03	③	04	③	05	①
06	④	07	①	08	③	09	②	10	③
11	①	12	④	13	②	14	①	15	②
16	②	17	①	18	③	19	①	20	④

01 $A = 3x^2 + x$, $B = x^2 + 3x$ 이므로
$$A + B = 3x^2 + x + x^2 + 3x$$
$$= 3x^2 + x^2 + x + 3x$$
$$= 4x^2 + 4x$$

02 등식 $x^2 + x + 3 = x^2 + ax + b$가 x에 대한 항등식이므로
$a = 1$, $b = 3$
∴ $a + b = 1 + 3 = 4$

03 $f(x) = x^3 + 2x^2 + 2$라 하자.
나머지정리에 의해 다항식 $f(x)$를 $x - 1$로 나누었을 때의 나머지는 $f(1)$이므로
$f(1) = 1^3 + 2 \times 1^2 + 2 = 5$

04 $x^3 + 3x^2 + 3x + 1 = x^3 + 3 \times 1 \times x^2 + 3 \times 1^2 \times x + 1^3$
$$= (x + 1)^3$$
따라서 구하는 상수 a의 값은
$a = 1$

05 복소수 $4 + 3i$의 켤레복소수는 $4 - 3i$이므로
$a = 4$, $b = -3$
∴ $a + b = 4 + (-3) = 1$

06 두 수 1, 3을 근으로 하고 x^2의 계수가 1인 이차방정식은 근과 계수의 관계에 의해
$x^2 - (1 + 3)x + 1 \times 3 = 0$
∴ $x^2 - 4x + 3 = 0$
따라서 구하는 상수 a의 값은 4이다.

07 이차함수 $y = x^2 + 4x + 1$, 즉 $y = (x + 2)^2 - 3$에 대하여
$x = -1$일 때, $y = (-1 + 2)^2 - 3 = 1 - 3 = -2$
$x = 0$일 때, $y = (0 + 2)^2 - 3 = 4 - 3 = 1$
$x = 1$일 때, $y = (1 + 2)^2 - 3 = 9 - 3 = 6$
이므로 $x = -1$일 때 최솟값 -2를 갖는다.

08 사차방정식 $x^4 + 2x^2 - a = 0$의 한 근이 1이므로 $x = 1$을 대입하여 풀면
$1^4 + 2 \times 1^2 - a = 0$, $1 + 2 - a = 0$
∴ $a = 3$

09 연립방정식 $\begin{cases} 2x+y=8 & \cdots\cdots \; \bigcirc \\ x^2-y^2=a & \cdots\cdots \; \bigcirc \end{cases}$ 에 대하여

$x=3$, $y=b$를 ㉠에 대입하여 풀면

$6+b=8$

$\therefore \; b=2$

$x=3$, $y=2$를 ㉡에 대입하여 풀면

$3^2-2^2=a$, $9-4=a$

$\therefore \; a=5$

$\therefore \; a+b=5+2=7$

10 이차부등식 $(x-2)(x-4) \leq 0$에서

$x-2 \leq 0$, $x-4 \geq 0$ 또는 $x-2 \geq 0$, $x-4 \leq 0$

$x \leq 2$, $x \geq 4$ 또는 $x \geq 2$, $x \leq 4$

$\therefore \; 2 \leq x \leq 4$

11 수직선 위의 두 점 $\mathrm{A}(1)$, $\mathrm{B}(6)$에 대하여

선분 AB를 $2:3$으로 내분하는 점 P의 좌표는

$\dfrac{1 \times 3 + 6 \times 2}{2+3} = \dfrac{15}{5} = 3$

12 구하는 직선의 방정식을 $y=ax+b$라 하자.

기울기가 1이므로

$a=1$

또, 이 직선이 $(0, 4)$를 지나므로

$x=0$, $y=4$를 대입하여 풀면

$4=b$

따라서 구하는 직선의 방정식은

$y=x+4$

13 x축과 y축에 동시에 접하므로 반지름의 길이는 2이다.

따라서 구하는 원의 방정식은

$(x+2)^2 + (y-2)^2 = 4$

14 좌표평면 위의 점 (a, b)를 x축에 대하여 대칭이동한 점의 좌표는 $(a, -b)$, y축에 대하여 대칭이동한 점의 좌표는 $(-a, b)$, 원점에 대하여 대칭이동한 점의 좌표는 $(-a, -b)$이다.

따라서 좌표평면 위의 점 $(3, -2)$를 원점에 대하여 대칭이동한 점의 좌표는 $(-3, 2)$이다.

15 두 집합 $A=\{1, 2, 3, 4\}$, $B=\{3, 4\}$에서

$A-B=\{1, 2\}$

16 $U=\{x \,|\, x는 \; 9 \; 이하의 \; 자연수\}$이므로

$U=\{1, 2, 3, \cdots, 9\}$

이때 3의 배수는 3, 6, 9이다.

따라서 구하는 진리집합은 $\{3, 6, 9\}$이다.

17 두 함수 $f:X{\rightarrow}Y$, $g:Y{\rightarrow}Z$가 문제에서 제시된 그림과 같을 때

$(g \circ f)(2) = g(f(2)) = g(c) = 5$

18 유리함수 $y=\dfrac{1}{x-2}+3$의 그래프는 유리함수 $y=\dfrac{1}{x}$의 그래프를 x축이 방향으로 2만큼, y축의 방향으로 3만큼 평행이동한 것이다.

따라서 $a=2$, $b=3$이므로

$a+b=2+3=5$

19 구하는 경우의 수는 서로 다른 4개에서 2개를 골라 일렬로 나열하는 순열의 수와 같으므로

$_4\mathrm{P}_2 = 4 \times 3 = 12$

20 구하는 경우의 수는 서로 다른 4개에서 3개를 선택하는 조합의 수와 같으므로

$_4\mathrm{C}_3 = \dfrac{4 \times 3 \times 2}{3 \times 2 \times 1} = 4$

제3교시 영어

01 ②	02 ①	03 ②	04 ④	05 ③
06 ①	07 ①	08 ③	09 ③	10 ①
11 ④	12 ①	13 ②	14 ③	15 ④
16 ③	17 ②	18 ④	19 ④	20 ②
21 ④	22 ③	23 ②	24 ④	25 ③

01 밑줄 친 'reservation'은 '예약'의 뜻이므로, 밑줄 친 부분의 뜻으로 적절한 것은 ② '예약'이다. 주어진 문장에서 'make a reservation'은 '예약하다'의 뜻이다.

> 해석
>
> 나는 식당에 전화해서 <u>예약</u>할 것이다.

02 밑줄 친 'keep in mind'는 '명심하다'의 뜻이므로, 밑줄 친 부분의 뜻으로 적절한 것은 ① '명심하다'이다. need는 to 부정사를 목적어로 취하는 동사로, 「need + to 부정사」는 '(반드시) ~해야 한다'의 뜻이다.
- steady: 꾸준한, 한결같은
- win: 이기다
- race: 경주

> 해석
>
> 여러분은 '일을 급히 서두르면 망친다.'라는 것을 <u>명심해야</u> 한다.

03 밑줄 친 'while'은 '~하는 동안에'의 뜻이므로, 밑줄 친 부분의 뜻으로 적절한 것은 ② '동안에'이다.
- use: [도구 등을] 쓰다, 사용하다
- cellphone: 휴대폰
- drive: 운전하다

> 해석
>
> <u>운전하는 동안에</u> 휴대폰을 사용하지 마세요.

04 밑줄 친 'easy(쉬운)'와 'difficult(어려운)'는 ①, ②, ③과 같이 서로 반의어 관계인데, ④ 'rapid(빠른)'와 'quick(빠른, 신속한)'은 유의어 관계이다. 제시된 문장은 「It is 난이형용사 + to 부정사」 구문으로 'it'이 가주어, to 부정사 이하가 진주어이다. 'but' 다음에 'it is'가 생략되었으며, 대명사 'it'는 'something'을 가리킨다.
① 무거운 - 가벼운
② 시끄러운 - 고요한
③ 고통스러운 - 아픔이 없는
- actually: 실제로, 정말로

> 무엇인가를 할 것이라고 말하기는 <u>쉽지</u>만 실제로 그것을 하기는 <u>어렵다</u>.

05 콘서트 안내문에는 ① '날짜(April 17th, 6-9 p.m.)', ② '장소(Lobby of children's Hospital)', ④ '기금 용도(All funds will be donated to Children's Hospital.)'는 나와 있는데, ③ '출연진'은 언급되지 않았다.
- fundraising: 모금
- snack: 간식, 스낵
- offer: 제공하다
- fund: 기금
- donate: 기부하다

> 해석
>
> **모금 콘서트**
> - 날짜: 4월 17일 오후 6-9시
> - 장소: 어린이 병원 로비
> - 가벼운 간식이 제공됩니다.
>   *모든 기금은 어린이 병원에 기부될 것입니다.*

06 첫 번째 문장에서 빈칸 다음의 목적어(my bag)와 'for me'로 미루어 문맥상 빈칸에는 '~을 들다'라는 뜻의 동사(hold)가 들어가야 한다. 두 번째 문장에서 빈칸 앞의 조동사(will)와 빈칸 다음의 목적어(a music festival)로 미루어 문맥상 빈칸에는 '거행[개최]하다'라는 뜻의 동사(hold)가 들어가야 한다.
② 좋아하다
③ 만나다
④ 걷다

> 해석
>
> ○ 제 가방 좀 <u>들어주시겠어</u>요?
> ○ 우리 학교는 다음 달에 음악 축제를 <u>개최할</u> 예정이다.

07 첫 번째 문장의 빈칸 앞에 동사(know)가 있고, 빈칸 다음에 절(he is honest or not.)이 있으므로, 빈칸에는 타동사(know)의 목적어가 되는 명사절을 이끄는 접속사 'if(~인지 아닌지)'가 들어가야 한다. 이때 'if'는 'ask, know, find out, wonder' 등의 동사 뒤에 쓰여 두 가지 이상의 가능성 중 하나를 도입할 때 사용된다. 두 번째 문장에서 빈칸 앞에 'You will miss the bus'와 빈칸 다음에 'you don't leave now.'가 있으므로 문맥상 빈칸에는 '조건'을 뜻하는 'if(만약[만일] ~라면)'가 들어가야 한다.
② 'that'은 지시대명사(그것, 저것), 관계대명사, 접속사로 쓰인다.
③ 'what'은 의문대명사(무엇, 얼마), 관계대명사, 의문형용사(무슨, 어떤)로 쓰인다.
④ 'which'는 의문대명사(어느 쪽, 어느 것), 관계대명사, 의문형용사(어느)로 쓰인다.

- honest: 정직한
- miss: 놓치다
- leave: 떠나다, 출발하다

 해석

○ 나는 그가 정직한지 아닌지 모른다.
○ 지금 출발하지 않으면 버스를 놓칠 것이다.

08 첫 번째 문장에서 빈칸 앞에 'consists'가 있고, 빈칸 다음에 'water'가 있으므로, 문맥상 빈칸에는 'consist of(~로 구성되다)'의 'of'가 와야 한다. 두 번째 문장에서 빈칸 앞에 'is full'이 있고, 빈칸 다음에 'beautiful flowers'가 있으므로, 문맥상 빈칸에는 'be full of(~로 가득 찬)'의 'of'가 와야 한다.
- body: 몸, 신체
- garden: 정원

해석

○ 몸의 약 60~70%가 물로 이루어져 있다.
○ 정원은 아름다운 꽃들로 가득하다.

09 대화에서 A가 'I'm having a hard time right now(나는 지금 힘들어).'라고 말하자 B가 'Don't worry. I'm here for you, no matter what(걱정하지마. 무슨 일이 있어도 너를 위해 여기에 왔어).'이라고 답하였다. 이에 A가 'Your support means everything to me(내게는 네 도움이 전부야).'라고 대답하였으므로 대화의 흐름상 B가 말한 밑줄 친 표현의 의미로 적절한 것은 ③ '필요할 때 있는 친구가 진정한 친구다.'이다.
- have a hard time: 힘든 시간을 보내다
- worry: 걱정하다
- no matter what: 무슨 일이 있든지
- support: 도움[힘]
- mean: ~을 뜻하다[의미하다]
- in need: 어려움에 처한
- indeed: 정말[확실히]

해석

A: 나는 지금 힘들어.
B: 걱정하지 마. 무슨 일이 있어도 내가 네 곁에 있을게.
A: 고마워. 내게는 네 도움이 전부야.
B: 언제든지. 필요할 때 있는 친구가 진정한 친구지.

10 대화에서 B가 마지막에 'I'm sorry for keeping you waiting(기다리게 해서 미안해).'이라고 하였으므로, 대화에서 알 수 있는 B의 심정으로 적절한 것은 ① '미안하다'이다.
- wait for: 기다리다
- be supposed to: ~하기로 되어 있다
- earlier: 더 일찍
- totally: 완전히, 전적으로
- forget: 잊다

해석

A: 30분이나 기다렸어. 어떻게 된 거야?
B: 미안해, 하지만 난 우리가 2시에 만나기로 했다고 생각했어.
A: 아니, 그 시간은 야구 경기가 시작되는 시간이라서 30분 더 일찍 만나기로 했어.
B: 아, 완전히 잊어버렸어. 기다리게 해서 미안해.

11 대화에서 A가 좌석이 어디인지 묻자, B가 'Let me see. J11 and J12(어디 보자. J11, J12야).'라고 대답하였고, 이어서 A가 'Let's buy some snacks before we go in(들어가기 전에 간식 좀 사자).'이라고 하였으므로 대화가 이루어지는 장소로 적절한 것은 ④ '영화관'이다.
- get: ~을 얻다, 받다
- seat: 좌석
- Let me see: 어디 보자
- go in: 안으로 들어가다

 해석

A: 우리 티켓 받았니? 좌석이 어디니?
B: 어디 보자. J11, J12야.
A: 좋아. 들어가기 전에 간식 좀 사자.
B: 좋은 생각이야.

12 밑줄 친 'them'의 앞 문장에서 'Studies have shown that flowers have positive effects on our moods(연구에 따르면 꽃들이 우리의 기분에 긍정적인 영향을 미친다고 알려졌다).'라고 하였으므로, 밑줄 친 'them'이 가리키는 것으로 적절한 것은 ① 'flowers(꽃들)'이다.
② 기분
③ 참가자들
④ 학문, 연구
- show that: ~임이 잘 알려지다
- have positive effects on: ~에 긍정적인 영향을 미치다
- report: 알리다, 발표하다
- feeling: 느낌[기분]
- less: 더 적은[덜한]
- depressed: 우울한[암울한]
- anxious: 불안해하는, 염려하는
- receive: 받다
- in addition: 게다가
- enjoyment: 즐거움, 기쁨
- overall: 종합[전반]적인, 전체의
- satisfaction: 만족(감), 흡족

해석

연구에 따르면 꽃들이 우리의 기분에 긍정적인 영향을 미친다고 알려졌다. 참가자들은 그것들(꽃들)을 받은 후에 우울감과 불안감을 덜 느낀다고 보고했다. 게다가, 그들은 더 높은 즐거움과 전반적인 만족감을 보여주었다.

13 대화에서 A가 'The speech contest is tomorrow. I have cold feet(스피치 대회가 내일인데, 나 너무 떨려요).'라고 말한 뒤, B가 사과를 하였다. 이후에 A가 'I have cold feet. I'm nervous about tomorrow(겁이 나요. 내일이 걱정돼요).'라고 말하였으므로 대화의 흐름상 빈칸에 들어갈 말로 적절한 것은 ② 'would you say that again(다시 한 번 말해 주시겠어요).'이다.

① 어떻게 하시겠어요
③ 오늘 날씨는 어떤가요
④ 대회를 위해 어디로 가야 할까요

• have cold feet: 겁나다, 떨리다
• nervous about: ~에 긴장되는
• I'm sure that: ~라고 확신하다

> **해석**
> A: 스피치 대회가 내일인데. 나 너무 떨려요.
> B: 미안해요. <u>다시 한 번 말해 주시겠어요?</u>
> A: 겁이 나요. 내일이 걱정돼요.
> B: 오, 알겠어요. 걱정하지 마세요. 나는 당신이 잘할 거라고 확신해요.

14 대화에서 A가 'What do you like most about Korea(한국의 어떤 점을 가장 좋아하나요)?'라고 물었으므로, 대화의 흐름상 빈칸에는 한국의 좋은 점에 대한 표현이 들어가야 함을 유추할 수 있다. 따라서 빈칸에 들어갈 말로 가장 적절한 것은 ③ 'I like the food delivery service most(나는 음식 배달 서비스를 가장 좋아해요).'이다.

① 그것이 많은 사람들이 생각하는 거예요
② 내가 커피보다 차를 더 좋아하기 때문이에요
④ 당신이 선택한 모니터가 만족스럽지 않아요

• think: 생각하다
• prefer A to B: B보다 A를 더 좋아하다
• be satisfied with: ~에 만족하다
• choose: 선택하다, 고르다

> **해석**
> A: 한국의 어떤 점을 가장 좋아하나요?
> B: <u>나는 음식 배달 서비스를 가장 좋아해요.</u>

15 대화에서 A가 'My lower back hurts a lot these days(요즘 허리가 너무 아파요).'라고 말하자, B가 'I think you should do something before it gets worse(내 생각에 악화되기 전에 무언가 해야 할 것 같아요).'라고 답하였다. 이에 A가 'Do you have any tips to reduce the pain(통증을 줄이는 방법이 있나요)?'이라고 묻자, B가 'sit in a chair, not on the floor. And try to walk and stretch gently often(바닥이 아니라 의자에 앉으세요. 그리고 걸어 다니고, 부드럽게 스트레칭을 자주 해 보세요).'이라고 답하였으므로, 대화의 주제로 적절한 것은 ④ '허리 통증을 줄이는 방법'이다.

• lower back: 허리
• hurt: 아프다

• get worse: 악화되다
• tip: 조언, 방법
• reduce: 줄이다
• pain: 통증
• gently: 부드럽게

> **해석**
> A: 요즘 허리가 너무 아파요.
> B: 내 생각에 악화되기 전에 무언가 해야 할 것 같아요.
> A: 통증을 줄이는 방법이 있나요?
> B: 글쎄요, 바닥이 아니라 의자에 앉으세요. 그리고 걸어 다니고, 부드럽게 스트레칭을 자주 해 보세요.

16 주어진 글의 첫 문장에서 'I'm worried about not having confidence in myself(나는 내 자신에 대해 자신감이 없어서 걱정이에요).'라고 한 다음에 마지막 부분에서 'I wonder whether you could give me some solutions to my problem. I hope you can help(내 문제에 대한 해결책을 주실 수 있는지 궁금합니다. 당신이 도와줄 수 있기를 바랍니다).'라고 하였으므로, 글을 쓴 목적으로 적절한 것은 ③ '조언을 구하려고'이다.

• be worried about: ~에 대해 걱정하다
• confidence: 자신감, 신뢰
• seem: ~인[하는] 것 같다
• build: 기르다
• wonder: 궁금하다
• whether: ~인지 아닌지
• solution: 해법, 해결책
• problem: 문제

> **해석**
> 나는 내 자신에 대한 자신감이 없어서 걱정이에요. 친구들은 항상 자신들이 하고 있는 일을 알고 있는 것처럼 보이지만, 나는 내가 올바른 일을 하고 있는지 확신이 서지 않아요. 나는 자신감을 기르고 싶어요. 내 문제에 대한 해결책을 주실 수 있는지 궁금합니다. 당신이 도와줄 수 있기를 바랍니다.

17 배드민턴장에 대한 안내문에서 'lessons for beginners only(초보자만을 위한 강습)'를 제공한다고 하였으므로, 안내문의 내용과 일치하지 않는 것은 ② '상급자를 위한 수업이 준비되어 있다.'이다.

• provide: 제공[공급]하다, 주다
• beginner: 초보자
• free parking: 무료 주차
• up to: ~까지
• proper: 적절한, 제대로 된
• be required: ~이 필요하다

센트럴 배드민턴 센터

영업 시간:
• 월~금, 오전 10시~오후 9시
우리는 제공합니다:
• 초보자만을 위한 강습
• 하루 4시간까지 무료 주차
  적절한 신발과 옷이 필요합니다.

18 주어진 글의 마지막 문장에서 'These days, countries in Africa have also increased their rice consumption(요즘, 아프리카 국가들도 쌀 소비를 늘렸다).'이라고 하였으므로, 'rice'에 대한 설명과 일치하지 않는 것은 ④ '아프리카 국가에서 소비가 감소하고 있다.'이다.
① 첫 번째 문장에서 'Rice is one of the major crops in the world.'라고 하였으므로, 글의 내용과 일치한다.
② 두 번째 문장에서 '~rice has been the main food for most Asians.'라고 하였으므로, 글의 내용과 일치한다.
③ 세 번째 문장에서 '~Asian countries produce and consume the most rice worldwide.'라고 하였으므로, 글의 내용과 일치한다.
• crop: 작물, 농작물
• introduction: 도입, 소개
• cultivation: 재배, 경작
• main food: 주식
• produce: 생산하다
• consume: 소비하다
• increase: 늘리다, 증대시키다
• rice consumption: 쌀 소비

해석

쌀은 세계의 주요 농작물 중 하나이다. 쌀이 도입되고 재배된 이후로, 대부분 아시아인들의 주식이 되었다. 사실, 아시아 국가들이 전 세계적으로 쌀을 가장 많이 생산하고 소비한다. 요즘, 아프리카 국가들도 쌀 소비를 늘렸다.

19 첫 문장에서 'When you go abroad, you may find yourself in a place where the people, language, and customs are different from your own(외국에 가면, 여러분들과 다른 사람들, 언어, 그리고 관습이 있는 곳에 여러분들이 있다는 것을 발견할 수 있다).'이라고 하였다. 두 번째 문장에서 'Learning about cultural differences can be a useful experience(문화적 차이에 대해 배우는 것은 유용한 경험이 될 수 있다).'라고 한 다음에, 그것은 그 지역 사람들을 더 잘 이해하도록 하고, 여러분 자신과 여러분의 문화를 더 이해하도록 도울 수 있다고 하였으므로, 글의 주제로 적절한 것은 ④ '문화적 차이를 배우는 것의 유용성'이다.
• go abroad: 해외에 가다
• own: 자신의
• learn about: ~에 대해 배우다

• cultural: 문화와 관련된, 문화의
• useful: 유용한
• experience: 경험
• understand: 이해하다
• local: 지역의

해석

외국에 가면, 여러분들과 다른 사람들, 언어, 그리고 관습이 있는 곳에 여러분들이 있다는 것을 발견할 수 있다. 문화적 차이에 대해 배우는 것은 유용한 경험이 될 수 있다. 그것은 여러분이 그 지역 사람들을 더 잘 이해하도록 도울 수 있다. 그것은 또한 여러분 자신과 여러분의 문화를 더 이해하도록 도울 수 있다.

20 첫 번째 문장의 후반부에서 '~because it is meant to be enjoyed with family and friends(그것은 가족과 친구들과 함께 하는 시간을 즐긴다는 것을 뜻하기 때문이다).'라고 하였고, 빈칸 다음 문장에서 'Trying to finish dinner quickly can be interpreted as a sign of being impolite(저녁을 빨리 끝내려고 하는 것은 무례함의 표시로 해석될 수 있다).'고 하였으므로, 문맥상 빈칸에 들어갈 말로 적절한 것은 ② 'rush(서두르다)'이다.
① 즐기다
③ 차려 주다[내다]
④ 경고하다
• last: 지속되다
• process: 과정
• try: ~하려고 하다, 애쓰다
• finish: 마치다, 끝나다
• interpret: 해석하다, 이해하다
• as a sign of: ~의 표시로
• impolite: 무례한, 실례되는

해석

프랑스에서는 저녁 식사를 오래 하는데, 그것은 가족과 친구들과 함께 하는 시간을 즐긴다는 것을 뜻하기 때문이다. 프랑스 사람들은 이 과정을 서두르지 않는다. 저녁을 빨리 끝내려고 하는 것은 무례함의 표시로 해석될 수 있다.

21 두 번째 문장에서 'If the result of your choice isn't what you wanted, don't blame others for it(만약 여러분의 선택에 대한 결과가 원했던 것이 아니라해도, 그것 때문에 다른 사람들을 탓하선 안됩니다).'이라고 한 다음에 마지막 문장에서 'Being in charge of your choices will help you learn from the results(여러분의 선택을 감당하는 것은 여러분이 그 결과로부터 배우는 데 도움이 될 것입니다).'라고 하였으므로, 문맥상 빈칸에 들어갈 말로 적절한 것은 ④ 'responsibility(책임)'이다.
① 갈등
② 욕망
③ 도움, 지원
• take responsibility for: ~을 책임지다
• choice: 선택

- result: 결과, 결실
- blame: ~을 탓하다
- in charge of: ~을 맡아서, 담당해서

> 인생에서, 여러분이 한 어떤 선택에 대해서든 책임을 지는 것은 중요합니다. 여러분의 선택에 대한 결과가 원했던 것이 아니라 해도, 그것 때문에 다른 사람들을 탓해선 안 됩니다. 여러분의 선택을 감당하는 것은 여러분이 그 결과로부터 배우는 데 도움이 될 것입니다.

22 첫 문장에서 'Taking online classes can be good and bad (온라인 수업을 듣는 것은 좋을 수도 있고 나쁠 수도 있다).'라고 하였으므로, 제시문이 온라인 수업의 '좋은 점과 나쁜 점에 대한 내용'임을 알 수 있다. 주어진 문장이 'On the other hand(반면에)'로 시작하여 그것에 대한 큰 이점이 있다고 하였으므로, 주어진 문장은 '이점(advantage)'과 반대되는 내용, 즉 어려움이 있다는 내용 다음에 들어가야 한다. ③ 앞 문장에서 온라인 수업을 듣는 것은 선생님들, 반 친구들과 강한 관계를 만드는 것을 어렵게 한다고 하였으므로, 주어진 문장이 들어가기에 적절한 곳은 ③이다.

- take class: 수업을 듣다
- lack: 부족, 결핍
- face-to-face communication: 대면 의사소통
- create: 만들다, 형성하다
- relationship: 관계
- be free to: 자유롭게 ~하다
- anywhere: 어디든, 아무데나
- anytime: 언제든지
- turn on: 켜다

> 온라인 수업을 듣는 것은 좋을 수도 있고 나쁠 수도 있다. 만약 여러분이 온라인으로 수업을 듣는다면, 대면 의사소통의 부족에 대해 걱정할 수도 있다. 온라인 수업을 듣는 것은 선생님들, 반 친구들과 강한 관계를 만드는 것을 어렵게 한다. 반면에, 그것에 대한 큰 이점이 있다. 여러분은 언제, 어디서든 자유롭게 온라인 수업을 들을 수 있다. 단지 컴퓨터를 켜는 것만으로, 여러분은 공부를 시작할 수 있다.

23 주어진 글의 첫 문장에서 개를 산책시키는 것은 공원에서 흔한 활동이라고 한 다음에, 많은 사람들이 이것을 하게 되면서 공원에서 문제가 발생하고 있다고 하였다. 마지막 문장의 후반부에서 '~please follow these guidelines when you walk your dog.'이라고 하였으므로, 글의 바로 뒤에 이어질 내용으로 적절한 것은 ② '반려견 산책 시 지켜야 할 사항'이다.

- walk: (동물을) 걷게 하다[산책시키다]
- common: 흔한
- activity: 활동
- arise: 생기다, 발생하다
- avoid: 방지하다, 막다

- issue: (걱정거리가 되는) 문제
- follow: 따라가다[오다]
- guidelines: 지침, 가이드라인

> 개를 산책시키는 것은 공원에서 흔한 활동입니다. 하지만 더 많은 사람들이 이것을 하면서 공원에서 문제가 발생하고 있습니다. 이러한 문제들을 방지하려면, 부디 개를 산책시킬 때 이 지침을 따르세요.

[24~25]

- notice: ~을 의식하다[(보거나 듣고) 알다]
- display: 전시[진열]하다
- item: 물품[품목]
- strategically: 전략적으로
- place: 놓다[두다], 설치[배치]하다
- pair: 한 쌍[켤레]
- placement: 놓인 상태; 배치
- random: 되는 대로의[닥치는 대로의], 생각나는 대로의, 마구잡이의
- arrange: ~을 배열하다, ~을 정돈하다
- suggestion: 제안, 제의, 의견
- obvious: 분명한[명백한]
- shop: 사다, 쇼핑하다

> 여러분은 신발과 양말이 함께 진열되어 있다는 것을 알아차렸나요? 그것들은 서로 전략적으로 놓여진 물품들입니다. 일단 여러분이 신발을 사기로 결정하였다면, 양말도 한 켤레 사는 게 어떤가요? 가게에서 물품의 배치는 마구잡이로 하는 것이 아니라는 사실을 기억하세요. 물품들을 배열하는 것은, 고객들이 쇼핑하는 동안 은근하게 그들에게 제안하는 것처럼 보입니다.

24 두 번째 문장에서 그것들은 'strategically placed with each other(서로 전략적으로 놓여진)' 물품들이라고 하였고, 마지막 문장에서 물품들을 배열하는 것은, 고객들이 쇼핑하는 동안 은근하게 그들에게 제안하는 것처럼 보인다고 하였으므로, 문맥상 빈칸에 들어갈 말로 적절한 것은 ④ 'random(마구잡이로 하는)'이다.

① 정확한
② 충분한
③ 긍정적인

25 주어진 글의 두 번째 문장에서 'They are items strategically placed with each other(그것들은 서로 전략적으로 놓여진 물품들이다).'이라고 한 다음에, 마지막 문장에서 가게에서 물품의 배치는 마구잡이로 하는 것이 아니고 고객들이 쇼핑하는 동안 은근하게 그들에게 제안하는 것처럼 보인다고 하였으므로, 윗글의 주제로 적절한 것은 ③ '전략적 상품 진열 방식'이다.

제4교시 사회

01	①	02	④	03	④	04	②	05	②
06	①	07	②	08	②	09	④	10	②
11	①	12	①	13	③	14	④	15	③
16	③	17	④	18	①	19	①	20	②
21	②	22	④	23	③	24	①	25	③

01 정주 환경이란 인간이 일정한 장소에서 살아가기에 필요한 환경이다. 질 높은 정주 환경을 조성하기 위해서는 깨끗한 자연환경과 안락한 주거 환경이 요구된다.

02 인권은 다른 사람에게 양도하거나 포기할 수 없는 권리이다. 인권은 다른 사람의 인권을 침해할 수 없다는 불가침성을 가진다.

인권의 특징

기본성 (천부성)	인간이 태어나면서부터 가지는 천부적 권리이자 인간으로서 누려야 할 기본적이며 필수적인 권리
보편성	성별, 신분, 인종, 종교에 상관없이 모든 사람이 가질 수 있는 권리
불가침성	다른 사람에게 양도하거나 포기할 수 없고, 다른 사람의 인권을 침해할 수 없는 권리
항구성	영구적으로 권리가 보장되는 권리

03 참정권은 국민이 국가의 의사 결정 과정에 능동적으로 참여할 수 있는 권리로, 선거권, 공무 담임권, 국민 투표권 등이 있다.
① 사회권: 사회적 약자를 인간답게 생활할 수 있도록 국가가 보호해야 한다는 취지의 권리이다.
② 평등권: 성별, 종교, 학력, 사회적 신분 등에 의해 불합리하게 차별받지 않을 권리이다.
③ 청구권: 국민이 국가에 대해 일정 행위를 적극적으로 청구할 수 있는 권리이다.

04 자본주의는 사유 재산 제도를 바탕으로 시장에서 자유로운 경제 활동을 보장할 수 있는 시장 경제 체제를 말한다.
① 법치주의: 국민의 자유와 권리를 보장하기 위해 법에 의한 최소한의 공권력 행사를 허용하는 것이다.
③ 공동체주의: 개인이 자신이 속한 공동체에 소속감과 유대감으로 공동선을 실현하는 것이다.
④ 자문화 중심주의: 자기 문화만을 우수한 것으로 믿고, 다른 문화를 부정적으로 평가하는 태도이다.

05 헌법 제37조 제2항은 기본권의 제한을 규정하고 있다. 이 법에서는 국가는 국가 안전 보장, 국가 질서 유지, 공공복리 등을 위해 필요한 경우에 한하여 법률을 통해서 국민의 기본권을 제한할 수 있다고 명시하고 있다.

06 ㉠ 사회 보험: 국민에게 발생하는 사회적 위험(질병, 노령, 실업, 사망, 재해 등)을 대비하고자 하는 것으로, 부담 능력이 있는 모든 국민이 대상이며 강제 가입 및 능력별 부담의 특징이 있다.
㉡ 공공 부조: 생활 유지 능력이 부족한 사람들(보험료 납부 능력이 없는 국민)에게 최저 생활 보장과 자립 지원을 하는 것이다.

07 시장 실패란 시장이 효율적인 자원 배분을 이루어 내지 못하는 현상을 말한다. 그 예로는 공공재의 공급 부족 발생, 불완전 경쟁 시장, 외부 효과 발생, 정보의 불완전성(정보의 비대칭성) 등이 있다.

08 편익은 선택을 통해 얻게 되는 경제적 이득이나 심리적 만족감으로, 임금, 수입, 경제 성장과 같은 물질적이고 금전적인 이익뿐 아니라 교육의 즐거움, 만족감, 성취감, 배움의 기쁨과 같은 비금전적인 것도 포함한다.
ㄴ. 스태그플레이션
ㄷ. 매몰 비용

09 노동 3권
• 단결권: 노동조합을 결성할 수 있는 권리이다.
• 단체 교섭권: 노동조합을 통하여 사용자와 교섭할 수 있는 권리이다.
• 단체 행동권: 사용자와의 노사 분쟁 발생 시 단체 행동을 할 수 있는 권리이다.

10 생애 주기의 각 시기별로 필요한 소비 지출과 소득이 다르기 때문에 생애 주기 전체에 따른 소득과 지출을 고려한 금융 설계가 필요하다.

시기별 금융 설계

청년기, 중·장년기	수입이 지출보다 많으므로 저축, 투자 등을 통한 재무 설계를 해야 노후의 안정적인 삶을 유지할 수 있다.
노년기	지출이 수입보다 크므로 충분한 금융 자산의 확보와 건강 관리가 필요하다.

11 문화 변동의 내재적 변동 요인이란 사회 내부에서 새로운 문화 요소가 나타나는 것으로, 발명, 발견이 있다.

내재적 변동 요인의 종류

발명	원래 없던 문화 요소가 새롭게 만들어진 것(전화, 컴퓨터, 한글, 수레바퀴, 안경 등)
발견	존재하였지만 알려지지 않은 문화 요소를 뒤늦게 찾아낸 것(불, 새로운 병원균, 태양의 흑점, 비타민 등)

12 사회 불평등이란 사회적 희소가치를 지닌 부, 권력, 지위 등이 불평등하게 분배되어 개인이나 집단, 지역 등의 서열화가 나타나는 현상이다.
② 소비자 주권: 소비자가 생산물의 종류와 수량을 결정하고, 불량 상품이나 부당 영업 행위에 대해 주권자로서 결정하는 활동을 의미한다.
③ 문화 상대주의: 문화를 그 사회의 특수한 환경과 역사적 맥락을 고려하여 그 사회의 입장에서 이해하고 존중하는 태도이다.
④ 스태그플레이션: 경기 불황 중에도 물가가 계속 오르는 현상이다.

13 제시된 설명은 필요에 따른 분배와 관련 있는 내용이다. 필요에 따른 분배는 기본적 욕구의 충족이 어려운 사람에게 필요한 재화 등을 분배하는 것이다. 한정된 재화로 모든 사람의 필요를 충족시키기 어렵고, 개인의 성취동기 및 창의성 등의 저하로 경제적인 비효율성이 증가할 수 있다는 단점이 있다.

14 한대 기후 지역은 여름이 짧은 반면에 겨울이 길고 매우 추워서 가축의 털과 가죽을 이용하여 두꺼운 옷을 만들어 입는다. 주로 순록 유목이나 사냥 등을 하며 생활하고, 사냥을 위해 눈과 얼음을 이용하여 이글루라는 얼음집을 짓기도 한다.

15 과도한 목축은 사막화의 인위적인 원인 중 하나이며, 그 외에도 과잉 경작, 무분별한 삼림 벌채 등의 원인이 있다.

16 인간 중심주의는 자연을 인간의 이익이나 필요에 의해 평가·고려하는 관점이다. 인간만이 도덕적 지위를 지닌다고 보고, 인간 이외의 모든 존재를 인간의 목적을 이루기 위한 수단으로 간주한다.
① 문화 사대주의: 자신의 문화는 부정적으로 평가하고, 다른 특정 사회의 문화를 가치 있고 우수한 것으로 여기는 태도이다.
② 생태 중심주의: 도덕적 고려 범위를 무생물을 포함한 생태계 전체로 보아야 한다는 입장이다.
④ 직접 민주주의: 국민이 국가의 정책 결정 및 집행에 직접 참여하는 정치제도이다.

17 ㉠ 힌두교: 인도에서 고대부터 전해 내려오는 브라만교가 민간 신앙과 융합하여 발전한 종교로, 힌두교인들은 소를 신성시하여 소고기를 먹지 않으며, 갠지스 강에서 목욕 의식을 갖는다.
㉡ 이슬람교: 7세기 초 아라비아의 예언자 무함마드가 창시한 종교이다. 쿠란이라는 경전을 바탕으로 엄격한 생활을 하며, 술과 부정하다고 여기는 돼지고기를 먹지 않는다. 또한, 여성들은 히잡, 부르카, 차도르 등으로 얼굴이나 몸을 가리는 독특한 복식 문화를 따른다.

18 저출산은 여성의 사회 진출 증가, 결혼·출산에 대한 가치관 변화 등으로 인해 출산율이 감소하는 현상이다. 보육 시설 확충과 출산 장려금 지원 등은 출산과 양육에 대한 부담 증가와 직장 일과 육아 병행의 어려움을 해결하기 위한 방안에 해당된다.

19 교통의 발달로 인한 시간 거리가 축소되면서 지역 간 접근성이 향상되고 물리적 공간의 제약이 완화되었다. 또한, 통신의 발달로 인해 시간과 거리에 관계없이 많은 양의 정보를 주고받을 수 있게 되었다. 따라서 교통·통신 발달로 인해 시공간의 제약이 크게 줄었음을 알 수 있다.

20 공간적 분업은 기업이 커지면서 기업의 여러 기능이 공간적으로 분화되어 이루어지는 방식을 말한다. 본사는 자본 및 우수한 인력 확보가 쉬운 대도시 및 중심 도시에 입지한다. 연구소는 우수한 연구 시설과 관련 시설이 집중된 대학 및 대도시 인근 지역에 집중된다. 공장은 저렴한 임금 및 토지 비용 등이 유리한 곳에 위치하나 무역 규제 장벽을 극복하고 시장 개척을 위해 선진국에 입지하기도 한다.

21 컴퓨터와 인터넷, 인공위성 등의 발달로 각종 통신 기기를 상용할 수 있게 됨에 따라 정보화 사회가 되었다. 정보화로 인해 발생한 문제점으로는 인터넷 중독으로 인한 신체적·정신적 질환 증가, 개인 정보 유출 및 사생활 침해, 프로그램 불법 복제·해킹 등의 사이버 범죄, 정보 격차 등이 있다.

22 라틴 아메리카 문화권은 에스파냐와 포르투갈 중심의 라틴족의 진출로 남부 유럽의 영향을 많이 받았으며, 주로 에스파냐어와 포르투갈어를 사용하고 가톨릭교를 신봉한다. 백인, 흑인 등 다양한 인종이 있으며, 특히 메스티조, 뮬라토 등 혼혈인이 많이 분포한다.
① A: 북극 문화권
② B: 아프리카 문화권
③ C: 동양 문화권

23 인구 구조는 인구 집단을 성별, 연령별, 산업별 등으로 나눈 인구의 구성 상태를 말하며, 지역 및 사회, 경제적 분포상황 등을 나타내어 사회·문화적·경제적 변화를 예측하는 데 활용된다.

24 국제 비정부 기구(NGO)는 개인이나 민간단체를 회원으로 하는 지역·국가·국제적으로 조직된 자발적 비영리 시민 단체로, 국제 적십자사, 그린피스, 국경 없는 의사회, 국제 올림픽 위원회 등이 있다. 이 같은 기구는 국제적인 연대를 통해 지구촌 공동 문제를 제기하고 공동 노력을 이끌어 낸다.

25 대부분의 자원은 매장량이 제한되어 있어서 언젠가는 고갈될 수 있다는 유한성을 가지고 있다.

제5교시 과학

01 ①	02 ③	03 ④	04 ③	05 ③
06 ④	07 ①	08 ④	09 ①	10 ④
11 ③	12 ②	13 ②	14 ③	15 ②
16 ②	17 ①	18 ①	19 ④	20 ④
21 ①	22 ②	23 ④	24 ③	25 ①

01 파도의 운동 에너지를 이용하여 전기를 생산하는 것은 파력 발전이다. 파력 발전은 해양 에너지를 이용한 것으로, 신·재생 에너지로도 꼽히지만 파도 상황에 따라 전력 생산량이 일정하지 않아 안정적인 발전을 할 수 없다는 단점이 있다.

02 ㄱ. 발전소에서 전기 에너지를 생산하여 변전소로 송전되고, 최종적으로 주상 변압기를 거친 후 가정으로 공급된다.
ㄴ. 초고압 변전소에서 전압을 높여 송전된 전기 에너지는 1·2차 변전소, 주상 변압기를 거치면서 전압을 낮춰 각 가정에 공급된다. 따라서 ㉠에 해당하는 전압은 22.9 kV보다 작다.
ㄷ. 수송 과정에서 송전선의 저항에 의해 송전되는 전기 에너지 중 일부는 열에너지 등으로 손실된다.

03 물체가 받은 충격량은 운동량의 변화량과 같다.

> 충격량 = 운동량의 변화량
> = 나중 운동량 − 처음 운동량

따라서 물체 A~D의 충격량을 각각 구해보면, A는 $3\,kg\cdot m/s$, B는 $4\,kg\cdot m/s$, C는 $5\,kg\cdot m/s$, D는 $6\,kg\cdot m/s$이므로 D가 충격량의 크기가 가장 크다.

04 열기관이 한 일 W는 고열원에서 공급받은 열 Q_1에서 저열원으로 방출한 열 Q_2를 뺀 값이다($W = Q_1 - Q_2$). 따라서 열기관이 한 일 W의 양은 $100\,J - 50\,J = 50\,J$이다.

열기관
열에너지를 흡수하여 그 에너지 중 일부를 역학적 에너지로 변환시키는 장치이다.

05 태양 내부에서는 수소 원자핵이 핵융합하여 헬륨 원자핵이 생성되는 반응이 일어나며, 이 과정에서 줄어든 질량이 막대한 양의 태양 에너지로 전환된다.

06 자유 낙하하는 물체에는 일정한 크기의 중력이 작용하므로 속력이 일정하게 증가하는 등가속도 운동을 하게 된다. 따라서 A~D 지점 중 물체의 속도가 가장 빠른 지점은 D이다.

07 ㄱ. 자석의 극을 바꾸면 유도 전류의 방향이 반대가 된다. 이 외에도 코일에 자석을 가까이 가져갈 때 검류계의 바늘이 왼쪽으로 움직였으므로, 반대로 코일에서 자석을 멀어지게 하면 유도 전류의 방향이 반대가 되어 검류계의 바늘이 오른쪽으로 움직이게 된다.
ㄴ·ㄷ. 유도 전류의 세기를 더 세게 하는 방법이다.

전자기 유도
코일 근처에서 자석을 움직이거나 자석 근처에서 코일을 움직일 때 코일에 전류가 흐르는 현상이다.

유도 전류의 세기
자석의 세기가 강할수록, 자석을 빠르게 움직일수록, 코일의 감은 수가 많을수록 유도 전류의 세기가 세다.

08 주기율표에서 족의 숫자가 커질수록 가장 바깥 전자껍질에 들어 있는 전자의 수(원자가 전자 수)가 증가한다. 따라서 A, C는 1족, B는 16족, D는 17족이므로 A~D 중 D의 원자가 전자 수가 가장 크다.
① A: 2주기 1족으로 Li이며, 원자가 전자 수는 1개이다.
② B: 2주기 16족으로 O이며, 원자가 전자 수는 6개이다.
③ C: 3주기 1족으로 Na이며, 원자가 전자 수는 1개이다.
④ D: 3주기 17족으로 Cl이며, 원자가 전자 수는 7개이다.

원자가 전자 수
원자의 전자 배치 중 가장 바깥 전자껍질에 들어 있는 전자의 수를 말한다.

주기율과 주기율표
• 주기율: 원소들의 원자번호 순으로 나열할 때 성질이 비슷한 원소가 주기적으로 나타나는 현상이다.
• 주기율표: 성질이 비슷한 원소가 같은 세로줄에 오도록 배열한 표로, 가로줄을 주기, 세로줄을 족이라 한다.

주기	1~7주기까지 있으며, 같은 주기의 원소는 전자껍질의 수가 같다.
족	1~18족까지 있으며, 같은 족의 원소는 원자가 전자(최외각 전자)의 수가 같아 성질이 비슷하다. 같은 족에 있는 원소를 동족 원소라 한다.

09 나트륨 이온 생성 시, 나트륨 원자에서 가장 바깥 전자껍질에 있는 전자 1개를 잃고 나트륨 이온이 된다.

> Na   →   Na⁺   +   ⊖
> 나트륨 원자   나트륨 이온   전자

10 양이온과 음이온의 정전기적 인력에 의해 형성되는 화학 결합은 이온 결합으로, 주로 금속 원소와 비금속 원소 사이에서 형성된다.
④ 염화 나트륨($NaCl$)은 나트륨 이온(Na^+)과 염화 이온(Cl^-)이 정전기적 인력에 의해 연속적으로 결합되어 있는 이온 결합 물질이다.

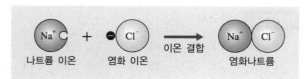

나트륨 이온 + 염화 이온 → (이온 결합) 염화나트륨

11 산화 환원 반응은 어떤 물질이 산소를 얻거나 전자를 잃고 산화되면, 다른 물질은 산소를 잃거나 전자를 얻어 환원되는 반응이다. ③ 산성화된 토양에 염기성 물질인 석회 가루를 뿌리는 것은 중화 반응에 해당한다.

12 두 수용액에 공통적으로 존재하는 이온 ㉠은 수소 이온(H^+)이다.

> **묽은 염산과 묽은 황산의 이온화**
>
> • $HCl \rightarrow H^+ + Cl^-$
> 염산　수소 이온 염화 이온
>
> • $H_2SO_4 \rightarrow 2H^+ + SO_4^{2-}$
> 황산　수소 이온 황산 이온

- 그림에서 ●는 수소 이온(H^+), □는 염화 이온(Cl^-), ○는 황산 이온(SO_4^{2-})을 나타낸다.
- 묽은 황산이 이온화될 때 생성되는 수소 이온(H^+)과 황산 이온(SO_4^{2-})의 개수 비는 2 : 1이다.

13 물질 A는 단백질이다. 아미노산이 펩타이드 결합을 통해 폴리펩타이드를 만들며, 분자량이 더 커진 폴리펩타이드 구조가 단백질을 형성한다.

단백질

구성 단위체	아미노산
형성 과정	20여 종의 아미노산이 펩타이드 결합으로 연결되어 형성된다.
기능 및 역할	• 근육, 뼈 등을 구성한다. • 세포막의 구성 성분이다. • 항체의 주성분으로, 몸을 방어한다. • 효소의 주성분으로, 생체 촉매 역할을 한다. • 호르몬의 주성분으로, 생리 작용을 조절한다. • 에너지원으로 사용된다.

14 북극 여우는 몸집이 크고 몸의 말단부가 작아 열이 방출되는 것을 막으며, 사막 여우는 몸집이 작고 몸의 말단부가 커서 열을 잘 방출한다. 온대 지역에서 사는 붉은 여우는 북극 여우와 사막 여우의 중간 모습을 보인다. 이러한 여우의 형태 차이는 서식지 온도(기온)의 영향을 받은 결과이다.

15 개체 수 피라미드에서 1차 소비자의 개체 수가 증가하였으므로, 그림 (가)에서 1차 소비자의 먹이가 되는 생산자 A의 개체 수는 감소하며, 1차 소비자를 먹이로 하는 2차 소비자 B의 개체 수는 증가한다. 따라서 ㉠은 감소, ㉡은 증가이다. 이후 1차 소비자의 개체 수는 감소하며, 다시 1차 소비자를 먹이로 하는 2차 소비자

B의 개체 수는 감소하게 된다. 최종적으로 1차 소비자의 개체 수가 감소함에 따라 생산자 A의 개체 수가 증가하면서, 깨진 생태계의 평형은 회복하게 된다.

16 물질대사는 생물체 내에서 일어나는 모든 화학반응으로, 여기에는 반드시 생체 촉매인 효소가 관여한다. 따라서 효소가 없다면 소화, 호흡 등 생명 시스템을 유지하는 활동이 일어나기 어렵다.

17 DNA를 구성하는 두 가닥의 폴리뉴클레오타이드는 염기의 상보 결합으로 연결되는데, 이때 아데닌(A)은 타이민(T)과만 결합하고, 구아닌(G)은 사이토신(C)과만 결합한다. 따라서 ㉠은 타이민(T)과 상보 결합되어 있으므로 아데닌(A)에 해당한다.

전사
DNA 한쪽 가닥에 상보적인 염기 서열을 가진 RNA가 합성되는 것이다. 이때 RNA의 염기에는 타이민(T)이 없고 유라실(U)이 있으므로 아데닌(A)에 상보적인 염기는 유라실(U)이 된다.

18 삼투에 대한 설명이다. 삼투는 확산의 일종으로 에너지 소모가 일어나지 않으며, 세포막을 경계로 용질의 농도가 낮은 용액에서 용질의 농도가 높은 용액으로 물 분자가 이동하는 것이다.

19 일정 지역에 서식하는 생물종의 다양한 정도를 의미하는 것은 종 다양성이다. 종 다양성은 생물종이 많고, 각 종의 분포가 고르게 나타날수록 높다.
① 개체: 하나의 생명체이다.
② 군집: 일정한 지역에서 서로 관계를 맺고 살아가는 여러 개체군 집단이다.
③ 개체군: 같은 종의 개체들이 일정한 지역에 모여 사는 무리이다.

20 대규모의 화산 폭발은 주변의 지형을 변화시키며, 용암 등으로 인한 인명 및 재산 피해를 주기도 한다. 그러나 온천, 지열 발전 등과 같이 긍정적인 면으로 활용되기도 한다.
ㄱ. 화산 활동은 지구 내부 에너지에 의해 일어난다.

21 지각을 이루는 광물의 대부분이 규산염 광물이며, 규산염 광물의 기본 구조는 규소(Si) 원자 1개와 산소(O) 원자 4개가 결합한 사면체 모양이다.

지각을 이루는 주요 원소
- 산소 > 규소 > 알루미늄 > 철 등
- 산소와 규소의 비율이 가장 높다.

22 지구 시스템의 각 구성 요소들은 서로 영향을 주고받는다. 해저의 지진 활동으로 인해 지진 해일이 발생하는 것은 해양이 속한 수권과 지층이 속한 지권의 상호 작용에 해당하므로 B에 해당한다.

23 온실 기체의 농도가 크게 증가하여 지구의 평균 기온이 상승하는 현상은 지구 온난화이다. 지구 온난화는 기상 이변, 빙하의 융해로 인한 해수면 상승, 생태계 변화에 의한 생물 다양성 감소 등 지구 환경에 큰 영향을 주고 있다.

24 발산형 경계는 판과 판이 서로 멀어지는 경계로, 맨틀 대류의 상승부에서 나타나며, 새로운 판이 생성된다. 따라서 그림의 A~D 중 C에 해당한다. C는 발산형 경계 중 해양판끼리 멀어지면서 형성된 해령을 나타낸다.
① · ④ A와 D는 수렴형 경계로, 맨틀 대류의 하강부에 나타난다.
② B는 보존형 경계로, 발산하는 판의 이동 속도 차이로 해령이 끊어지면서 해령과 해령 사이에 수직으로 생성된 변환 단층을 나타낸다.

25 중생대에서 신생대로 넘어가는 시기에 멸종된 생물은 공룡이다. 공룡은 암모나이트, 겉씨식물 등과 함께 중생대를 대표하는 생물로 크게 번성하였으나 중생대 말기 생물의 대멸종 시기에 멸종되었다(운석 충돌, 화산 폭발 등을 원인으로 추정).
② · ④ 매머드, 화폐석: 신생대에 번성하였다.
③ 삼엽충: 고생대에 번성하였다.

제6교시 한국사

01 ②	02 ①	03 ①	04 ③	05 ②
06 ①	07 ③	08 ④	09 ①	10 ④
11 ④	12 ③	13 ②	14 ③	15 ①
16 ③	17 ①	18 ④	19 ③	20 ④
21 ④	22 ②	23 ③	24 ②	25 ④

01 주먹도끼는 경기 연천 전곡리에서 발견된 구석기 시대의 대표적인 뗀석기 유물로, 슴베찌르개 등과 함께 짐승을 사냥하거나 가죽을 벗기는 용도로 사용하였다.

02 거란이 고려를 침략하자, 고려의 사신 서희는 거란의 장수 소손녕과 외교 담판을 벌여 강동 6주를 확보하고 거란을 쫓아냈다. 이후 3차로 거란이 침입하자 강감찬은 귀주에서 전투를 벌여 거란을 물리쳤다.

03 고려 무신 집권기 보조 국사 지눌은 세속화된 고려의 불교를 개혁하고자 송광사를 중심으로 수선사 결사를 조직하였다. 또한, 깨달음을 위한 노력과 함께 꾸준한 수행을 강조하는 정혜쌍수와 돈오점수를 주장하였다.
② 원효: 통일 신라의 대표적인 승려로, 모든 것은 한 마음에서 나온다는 일심 사상과 불교 종파의 화합을 이루기 위한 화쟁 사상을 주장하였다. 또한, 불교 대중화를 위해 아미타 신앙을 전파하였다.
③ 이순신: 조선 선조 때 발생한 임진왜란에서 활약한 장군으로, 옥포 대첩, 한산도 대첩, 명량 대첩 등에서 승리를 거두었다.
④ 장수왕: 남쪽으로 영토를 확대하는 남진 정책을 실시하여 고구려의 영역을 한강 유역까지 넓혔다.

04 동학 농민군은 고부 군수 조병갑의 횡포에 반발하여 반봉건을 내걸고 1차로 봉기하였다가 정부와 전주 화약을 맺고 철수한 뒤 개혁을 시도하였다. 그러나 청 · 일 전쟁이 발발하고 일본의 내정 간섭이 심해지자 반외세를 외치며 2차로 봉기하였다. 이후 우금치 전투에서 관군과 일본군에게 패하고 전봉준이 체포되면서 농민군은 해산되었고 동학 농민 운동은 실패하였다.

05 조선 후기에는 일부 가문이 권력을 독점하는 세도 정치로 인해 왕권이 약화되어 정치 기강이 문란해졌다. 이로 인해 관직을 사고 파는 매관매직이 성행하였고, 돈을 주고 벼슬을 얻은 관리들은 백성들에게 세금으로 삼정(전정 · 군정 · 환곡)을 가혹하게 거두어 백성들의 삶을 힘들게 하였다.

06 서원은 조선 시대 사림이 지방에 설립한 교육 기관으로, 존경받는 옛 선현들을 사당에 모셔 제사를 지냈으며 조선 정부의 지원을 받아 운영되었다. 조선 후기에 서원이 붕당의 근거지가 되면서 수가 늘어나 나라 재정에 부담을 주자, 흥선 대원군은 일부를 제외한 대부분의 서원을 철폐하였다.

07 급진 개화파는 나라의 문을 열고 서양의 근대적 제도와 과학 기술을 수용하자고 주장한 정치세력으로 김옥균, 박영효, 김윤식, 김홍집 등으로 구성되었다. 이들은 청의 간섭을 배제하고자 일본군의 지원을 받아 우정총국 개국 축하연에서 갑신정변을 일으켰다.

① 호족: 통일 신라 말 지방에서 경제력과 군사력을 키운 세력으로, 6두품과 힘을 합쳐 새로운 나라를 건국하고자 하였다.

② 무신: 무예를 익혀 전쟁터에 나가 싸우던 신하를 이르는 말로, 문신보다 낮은 대우와 차별을 받았다. 고려 시대에는 무신들이 차별대우에 반항하여 정변을 일으키기도 하였다.

④ 오경박사: 백제에서 오경(五經)에 통달한 사람에게 준 관직으로, 국학 등의 교육 기관에서 교육을 담당한 것으로 추측된다.

08 백제 금동 대향로는 백제의 수도였던 부여(사비)의 능산리에서 발견된 향로로, 왕실의 의식이나 종교 행사에서 사용된 것으로 추측된다. 이 향로는 불교 유물이지만 도교적 이상향이 함께 표현되어 있으며, 높은 수준으로 발전된 백제의 금속 공예 기술을 엿볼 수 있는 유물이다.

09 조선 광해군은 임진왜란으로 혼란스러웠던 사회를 복구하고자 노력하였다. 국가 재정 확보를 위해 토지 대장과 호적을 재정비하였으며, 농민의 공납 부담을 줄이고자 경기 지역에 대동법을 실시하였다. 또한, 명의 원병 요청으로 강홍립 부대를 파병하되 후금에 항복하도록 명령하는 등 명과 후금 사이에서 중립 외교 정책을 실시하여 실리를 취하고자 하였다.

10 을사늑약이 체결된 후 고종은 네덜란드 헤이그에서 열린 만국 평화 회의에 이준, 이상설, 이위종으로 구성된 헤이그 특사를 파견하여 을사늑약의 불법성을 알리고자 하였다. 그러나 일제는 을사늑약으로 대한 제국의 외교권을 강탈했기 때문에 고종의 국제 활동이 조약 위반이라는 이유로 고종을 강제 퇴위시켰다.

11 암태도 소작 쟁의는 전남 신안군 암태도의 소작 농민들이 한국인 지주와 일본 경찰에 맞서 항쟁하여 소작료 인하에 성공한 일제 강점기 최대 소작 쟁의이다. 이 사건에 영향을 받아 전국으로 소작 쟁의가 확산되었다.

12 대한매일신보는 양기탁과 영국인 베델이 발행인으로 참여한 일간 신문으로, 순 한글, 국한문, 영문 세 종류로 발행되었다. 항일 민족 운동을 적극적으로 지원하여 국채 보상 운동을 전국적으로 확산시키는 데 기여하였다.

① 『독사신론』: 대한매일신보에 연재된 신채호의 글로 민족주의 사학의 연구 방향을 제시하였다.

② 『동경대전』: 동학의 창시자인 최제우가 지은 동학의 경전이다.

④ 『조선왕조실록』: 조선 태조부터 철종까지의 역사를 편년체(연·월·일 순서대로 기록)로 서술한 역사서이다.

13 문화 통치는 3·1 운동을 계기로 무단 통치의 한계를 느낀 일제가 실시한 식민 지배 방식으로, 겉으로는 조선인을 존중하는 듯하였지만 실제로는 교묘하게 감시하고 탄압하였다. 이에 언론·출판·집회·결사의 자유를 허용하여 한글 신문의 발행을 허용하였지만 신문 검열을 강화하면서 기사를 삭제하고 신문을 압수·정간·폐간하였다.

14 유관순은 이화 학당의 학생으로 3·1 운동이 일어나자 천안 아우내 장터에서 만세 운동을 주도하다 일본 경찰에 체포되었다. 서대문 형무소에서 고문을 받으며 수감되어 있다가 19세의 나이로 사망하였다.

15 개항 이후 대량의 곡물이 일본으로 수출되자 곡물 가격이 오르고 국내 곡물이 부족하여 백성들이 굶주리는 등 피해가 커졌다. 이에 함경도와 황해도의 지방관들이 방곡령을 선포하여 곡물 유출을 막고자 하였다.

③ 교육 입국 조서: 제2차 갑오개혁 때 고종이 발표한 조서로, 교육을 통해 나라를 바로 세우고자 선포하였다.

16 한국 광복군은 한반도에 있는 일본을 직접 몰아내고자 미국 전략 정보국(OSS)의 지원하에 국내 정진군을 조직하여 국내 진공 작전을 준비하였다. 하지만 일본이 항복을 선언하면서 작전이 계획대로 진행되지 못하였다.

17 1945년 개최된 모스크바 3국 외상 회의는 미국·영국·소련의 3개국 외상이 한반도의 신탁 통치 문제 등을 논의한 회의이다. 회의 결과, 한반도에 임시 민주 정부를 수립하기 위해 미·소 공동 위원회를 설치하고 최대 5년간 신탁 통치를 실시한다는 내용이 결정되었다.

18 반민족 행위 특별 조사 위원회(반민 특위)는 이승만 정부인 1948년 10월에 설치한 기구로, 반민족 행위 처벌법을 기준으로 반민족 행위자를 조사하고 처벌하는 역할을 하였다.

③ 건국 준비 위원회: 광복 직후 여운형, 안재홍 등이 조선 건국 동맹을 중심으로 민족주의 좌파와 사회주의 세력을 모아 결성한 위원회이다.

19 1920년대 평양에서 조만식, 이상재의 주도로 조선 물산 장려회가 결성되어 '조선 사람 조선 것', '내 살림 내 것으로' 등의 구호를 내세운 물산 장려 운동이 전국으로 확산되었다.
① 선 건설 후 통일: 5·16 군사 정변 이후 군사 혁명 위원회가 내건 통일론이다.
② 유신 헌법 철폐하라: 박정희 정부가 비상계엄령을 선포하고 국회를 해산하면서 유신 헌법을 제정하자 유신 반대 운동을 벌이며 내건 슬로건이다.
④ 근로 기준법 준수하라: 1960년대 급속한 산업화로 노동자들이 열악한 노동 환경에서 고통받자 전태일이 분신 자살하며 외친 구호이다.

20 이승만 정부의 독재와 3·15 부정 선거에 대한 항의로 전국적으로 부정 선거 규탄 시위가 발생하면서 4·19 혁명이 발발하였다. 그 결과, 이승만 대통령이 하야하였고 허정 과도 정부가 구성되었다.

21 1950년 6월 25일에 북한의 남침으로 6·25 전쟁이 발발하였다. 전쟁 초기 낙동강 방어선까지 밀렸던 국군은 유엔군의 파병과 인천 상륙 작전의 성공으로 압록강 근처까지 진격하였으나 중국군의 개입으로 인해 1·4 후퇴를 하게 되면서 서울은 다시 함락당하였다. 이후 38도선 일대에서 전쟁이 고착화되자 1953년 미국과 소련은 정전 협정을 체결하였다.

22 김대중 정부는 대북 화해 협력 정책(햇볕 정책)을 추진하여 평양에서 남북 정상 회담을 개최하고 6·15 남북 공동 선언을 발표하였다.

23 1979년 12월 12일 전두환과 노태우 등 신군부 세력이 불법적으로 병력을 동원하여 계엄 사령관 등 군의 주요 지휘관을 체포연행하면서 군권과 정치적 실권을 장악하였다.

24 김대중 정부 때 김영삼 정부 말기에 발생한 외환 위기를 극복하기 위해 국민들이 자발적으로 금 모으기 운동을 실시해 200억 달러에 달하는 국제 통화 기금(IMF) 지원금 전액을 조기 상환하였다.

25 박정희 정부는 국가 주도의 경제 개발을 위해 경제 개발 5개년 계획을 추진하였다. 이때 경부 고속 국도를 건설하면서 서울과 인천을 잇도록 하여 전국 일일 생활권이 가능하게끔 하였다.

제7교시 도덕

01 ①	02 ④	03 ②	04 ④	05 ④
06 ③	07 ①	08 ③	09 ③	10 ①
11 ④	12 ①	13 ②	14 ④	15 ④
16 ①	17 ②	18 ②	19 ③	20 ②
21 ③	22 ③	23 ①	24 ④	25 ①

01 두 가지 이상의 도덕 원칙 사이에서 갈등과 충돌이 전개되는 상황은 도덕적 딜레마이다. 도덕적 딜레마는 도덕적 탐구 방법에 따라 딜레마 해결을 위한 최선의 대안을 마련하고, 반성적인 성찰을 하는 과정을 통해 해결해 나갈 수 있다.
도덕적 탐구 방법의 단계
윤리적 쟁점 또는 딜레마 확인 → 자료의 수집 및 분석 → 입장의 채택과 정당화의 근거 제시 → 최선의 대안 도출 → 반성적인 성찰

02 (가)에 들어갈 윤리 사상은 유교이다. 유교의 대표 사상가 맹자는 누구에게나 주어져 있다는 선한 마음인 사단(四端)을 기초로 인간관계에서 지켜야 할 다섯 가지 기본 윤리인 오륜(五倫)을 제시하였으며, 공자 역시 인간에 대한 사랑인 인(仁)을 실천하기 위해 효도하고 우애 있게 지내자는 효제(孝悌)와 다른 사람을 배려하자는 충서(忠恕) 등을 유교 사상으로 제시하였다.
사단(四端)
• 측은지심(惻隱之心): 남을 불쌍히 여기는 마음
• 수오지심(羞惡之心): 자신의 잘못을 부끄러이 여기고, 남의 잘못을 미워하는 마음
• 사양지심(辭讓之心): 겸손하고 양보하는 마음
• 시비지심(是非之心): 옳고 그름을 가리는 마음
오륜(五倫)
• 부자유친(父子有親): 부모는 자식에게 인자하고 자녀는 부모에게 존경과 섬김을 다해야 한다.
• 군신유의(君臣有義): 군주와 신하의 관계는 의리를 바탕에 두어야 한다.
• 부부유별(夫婦有別): 남편과 아내 사이에는 서로 침범하지 못할 인륜의 분별이 있어야 한다.
• 장유유서(長幼有序): 어른과 어린아이 사이에는 사회적인 순서와 질서가 있다.
• 붕우유신(朋友有信): 벗 사이에 지켜야 할 도리는 믿음에 있다.

03 통일이 지향해야 할 윤리적 가치, 국제 사회 분쟁 해결 방안 등은 평화 윤리에서 다루는 주제들이다.

평화 윤리

핵심 주제	민족의 정체성과 민족 통합, 세계화와 지역화, 국제 분쟁, 해외 원조 등
사례	• 왜 통일을 해야 하는가? • 원조는 의무인가, 자선인가? • 지구촌 시대에 민족 정체성은 어떤 의미인가? 등

04 도덕 원리를 모든 사람에게 적용했을 때 나타나는 결과에 문제가 없는지 확인하는 방법은 보편화 결과 검사에 해당한다.
① 포섭 검사: 도덕 원리가 넓은 범위의 상위 원리에 포함되는지 검토해 보는 것이다.
③ 사실 판단 검사: 참인지 거짓인지 판단해 보는 것이다.

05 사회 갈등 유형 중 세대 갈등에 대한 설명이다.

세대 갈등
• 세대 간의 의식과 가치관 차이가 커지면서 서로의 차이를 이해하고 인정하지 못하여 발생하는 갈등이다.
• 어느 사회에서나 연령 및 시대별 경험 차이로 나타나는 보편적인 갈등이 존재한다.

06 자기 생각의 오류 가능성을 배제하는 것은 바람직한 토론 자세로 볼 수 없다. 바람직한 토론 자세는 독선적인 태도를 버리고 자신의 의견에 오류가 있을 수도 있다는 가능성을 인정하는 것이다.

07 동물 해방론을 주장하고, 공리주의 관점에서 해외 원조의 필요성을 주장한 윤리 사상가는 싱어(Singer, P.)이다. 싱어는 동물을 인간의 수단으로 여기는 것에 반대하며, 동물의 복지와 권리를 향상해야 한다고 주장하였다. 또한, 공리주의에 근거하여 동물도 쾌락과 고통을 느끼므로 도덕적 고려의 대상이라고 하였고, 동물 해방론 및 종 차별주의 반대를 주장하였다. 그리고 싱어는 공리주의 관점에서 해외 원조를 통해 고통을 감소시키고 쾌락을 증진하는 것이 인류의 의무라고 보았으며, 굶주림과 죽음을 방치하는 것은 인류 전체의 고통을 증가시키는 것이라고 주장하였다.

08 공리주의는 최대 다수의 최대 행복의 실현이 윤리적 행위의 목적이 된다고 본다. 또한, 쾌락과 행복을 가져다주는 행위가 옳은 행위이고, 고통과 불행을 가져다주는 행위는 그릇된 행위라고 보았다. 이러한 공리주의는 다수결의 원리와 연결되어 근대 민주주의의 성립에 기여하였으나, 쾌락을 삶의 목적으로 설정해 내면적 동기에 소홀했으며, 다수의 이익 추구로 소수의 권리와 이익을 침해하였다는 비판을 받기도 한다.

09 한정되어 있는 재화를 누구에게 얼마만큼 나눌 것인가에 대한 사회적 논의가 필요한 것은 분배적 정의이다. 분배적 정의는 각자가 자신의 몫을 누릴 수 있게 하는 것을 말하며, 공정한 분배 기준에 대한 사회적 합의가 필요하다.

10 프롬은 사랑의 4요소로 '보호, 책임, 존경, 이해'를 제시하였으며, 이 중 존경은 사랑하는 사람을 지배하고 소유하는 것이 아니라 있는 그대로 받아들이며 존경하는 것이라고 보았다.

11 간디의 소금법 폐지 운동, 소로의 납세 거부 운동, 마틴 루서 킹의 흑인 차별 철폐 운동은 모두 시민 불복종의 사례에 해당한다.

시민 불복종의 의미와 특징

의미	법률이나 정부의 권력, 명령 등이 기본권을 침해하거나 부당하다고 판단될 때 법이나 정책을 변화시키기 위하여 의도적으로 법을 위반하여 저항하는 행위
특징	정의롭지 않은 법이나 정책을 공개적이고 의식적으로 위반하여 자신이 생각하는 규범적인 근거를 널리 알리려 함

12 생명 복제를 반대하는 입장에서는 생명 복제는 생명의 존엄성을 훼손하며, 자연의 질서에 어긋나는 행위라고 본다.

13 부패는 공직자가 지녀야 할 덕목으로 볼 수 없다. 오히려 공직자는 자신의 지위를 이용하여 부당한 이익을 취하지 않고 자신의 양심과 사회 정의에 따라 행동하는 청렴의 자세가 필요하다.

14 과학 기술자는 연구 활동을 통해 인간의 존엄성을 구현하고 인류 삶의 질 향상을 위해 노력하는 자세가 필요하다. 또한, 과학 기술의 개발 과정과 그 결과물이 사회에 끼칠 수 있는 부작용과 위험성을 충분히 검토하고 이에 대한 예방적인 조치를 취해야 한다.
ㄱ・ㄴ. 과학 기술자는 연구 윤리를 준수하여 표절, 위조, 변조, 부당한 저자 표기 등 비윤리적 행위를 하지 말아야 한다.

15 개인 윤리만을 강조하는 전통적인 윤리 관점의 한계를 지적하며, 현대 사회의 복잡한 윤리 문제를 개인의 양심과 덕목의 실천만으로는 해결하기 어렵다고 주장한 사상가는 니부어이다. 그는 사회 정책과 제도의 개선을 통해 윤리 문제를 해결해야 하며, 이를 위해 사회적 강제력을 동원해야 한다고 주장하였다.

니부어(Niebuhr, R.)
• 미국의 신학자로 기독교적 사회 윤리학 수립에 노력
• 대표 저서로 『도덕적 인간과 비도덕적 사회』가 있음

16 대립하는 무력 국가가 아닌 평화롭고 풍요로운 국가가 바람직한 통일 한국의 모습이다. 즉, 전쟁의 위협에서 벗어나 평화 공동체를 건설하고 세계 평화에 기여하는 국가를 만들어야 하며, 남북한의 기술과 노동력이 합쳐져 경제적으로 풍요로운 국가로 나아가야 한다.

통일 한국이 지향해야 할 가치
- 창조적인 문화 국가
- 자유로운 민주 국가
- 정의로운 복지 국가
- 자주적인 민족 국가
- 평화롭고 풍요로운 국가

17 도덕적 고려의 범위에 동물이 포함된다고 보는 것은 동물 중심주의와 생명 중심주의의 공통된 내용에 해당한다.

동물 중심주의	• 도덕적인 고려 범위를 동물로 확대해야 한다는 입장 • 동물을 인간의 수단으로 여기는 것에 반대하며, 동물의 복지와 권리를 향상해야 한다고 주장
생명 중심주의	• 도덕적 지위를 갖는 기준이 생명이라고 보고 도덕적 고려 범위를 모든 생명체로 확대해야 한다고 주장 • 인간과 동물뿐만 아니라 식물을 포함한 모든 생명체가 생명이라는 점에서 내재적 가치를 지님

18 노래 파일의 불법 다운로드는 저작권을 침해하는 행위이다.

저작권 침해
저작권법에 따라 배타적으로 보호되는 저작물을 무단으로 사용하여 저작권자의 권리를 침해하는 행위를 말한다. 소프트웨어 무단 복제, 저작물 표절, 불법 다운로드 등이 모두 저작권 침해에 해당한다.

19 대중문화의 윤리적 규제에 반대하는 입장에서는 대중문화를 규제하면 다양한 문화가 창조되지 못하며, 대중이 다양한 대중문화를 즐길 권리를 침해한다고 본다.

20 이주민의 고유한 문화와 자율성을 존중하여 문화 다양성을 실현하고자 하는 것은 다문화주의이며, 대표 이론으로 샐러드 볼 이론과 모자이크 이론이 있다.
① 동화주의: 이민자들의 다양한 문화를 기존의 문화에 융합하고 흡수하는 정책으로, 용광로 이론이 이에 해당한다.
③ 문화 사대주의: 자국 문화를 비하하고 다른 사회의 문화를 맹목적으로 추종하는 태도이다.
④ 자문화 중심주의: 자국의 문화를 우월하게 여기며, 다른 문화를 일방적으로 판단하는 태도이다.

21 유행 추구 현상과 명품 선호 현상 등 의복 문화의 윤리적 문제를 해결하기 위해서는 자신의 신념에 따라 주도적으로 합리적인 소비를 실천하는 것이 중요하다.

22 제시된 설명은 원초적 입장에 대한 것이다. 롤스(Rawls, J.)는 무지의 베일하에서 정의의 원칙을 도출할 수 있는 최초의 계약 상황, 즉 공정한 상황을 원초적 입장으로 정의하였다. 또한, 사람들은 자연적·사회적 우연성이 배제된 원초적 입장에 놓였을 때 자신이 가장 불리한 상황에 놓일 가능성을 염두에 두고 모두에게 공정한 정의 원칙에 합의한다고 보았다.

23 학생은 예술과 윤리의 관계를 도덕주의 입장에서 바라보고 있다.

도덕주의

의미	도덕적 가치가 미적 가치보다 우위에 있기 때문에 예술은 윤리의 지도를 받아야 한다는 입장
예술의 목적	인간의 올바른 품성을 기르고 도덕적 교훈이나 모델을 제공하는 것이라고 봄
윤리적 규제에 대한 입장	• 예술의 사회성을 옹호하는 참여 예술론을 지지 • 예술은 도덕적 선을 지향하는 것이 바람직하므로 예술에 대한 적절한 규제가 필요
문제점	미적 요소가 경시될 수 있고, 자유로운 창작이 제한되어 예술의 자율성을 침해할 수 있음

24 ㉠에 들어갈 용어는 미래 세대이다. 요나스(Jonas, H.)는 과학 기술 시대의 새로운 윤리적 관점으로 책임 윤리를 제시하였다. 요나스는 책임 범위를 현세대로 한정하는 전통적 윤리관을 비판하고, 윤리적 책임의 범위를 확대해 인간뿐만 아니라 자연, 그리고 미래 세대에 대한 책임까지 고려해야 한다고 주장하였다.

25 노직(Nozick, R.)의 관점에 따르면 해외 원조는 의무가 아닌 선의를 베푸는 자선이다. 그는 개인은 정당한 절차를 통해 취득한 재산에 관하여 절대적인 소유권을 가지므로 자신의 부를 어떻게 이용할지는 개인의 자유라고 보았다.
- 해외 원조를 윤리적 의무로 보는 사상가는 칸트, 싱어, 롤스이다.
- 롤스는 해외 원조는 정의 실현을 위한 의무로, 고통받는 사회가 '질서 정연한 사회'가 되도록 돕는 것이라고 보았다.

제1교시 국어

01 ③	02 ③	03 ④	04 ③	05 ②
06 ①	07 ①	08 ④	09 ①	10 ②
11 ②	12 ④	13 ②	14 ①	15 ②
16 ②	17 ④	18 ④	19 ③	20 ②
21 ①	22 ④	23 ③	24 ④	25 ③

01 수정 후의 문장은 언어 예절 중 '공손성의 원리'를 바탕으로 상대방에게 부담이 되는 표현은 최소화하고, 상대방에게 이익이 되는 표현은 최대화하는 방법인 '요령의 격률'을 활용한 것에 해당한다. 화자는 '네 축구공 좀 빌려줄 수 있겠니?'와 같이 질문의 형식을 취함으로써 은수에게 거절할 수 있는 선택의 여지를 주고 있다.

02 발표자는 '판다를 아시나요?'와 같이 중심 화제를 청중이 알고 있는지 확인하고 있다.

03 '헌데나 상처에서 피, 고름, 진물 따위가 나와 말라붙어 생긴 껍질'을 뜻하는 '딱지'는 한글 맞춤법 제5항에 따라 받침 'ㄱ' 뒤에서 된소리로 소리가 나더라도 '딱지'로 적어야 한다.
① · ② · ③ 한글 맞춤법 제5항에 따라 한 단어 안에서 뚜렷한 까닭 없이 나는 된소리는 다음 음절의 첫소리를 된소리로 적었다.

04 피동 표현은 주어가 다른 주체에 의해서 동작이나 행위를 당하는 것을 나타내는 말이다. '오빠가 구슬을 굴렸다.'는 '오빠'가 '구슬'에 의해 굴림을 당한 것이 아니라, 오빠가 구슬을 구르게 하였음을 나타내고 있으므로 주체가 제3의 대상에게 동작이나 행동을 하게 하는 사동 표현이 사용된 예이다.
① '들판'이 '눈'에 의해 덮임을 당하였다는 의미로, 피동 표현이 사용된 예이다.
② '눈물'이 '눈가'에 맺히게 되었다는 의미로, 피동 표현이 사용된 예이다.
③ '과일'이 '그릇'에 담김을 당하였다는 의미로, 피동 표현이 사용된 예이다.

작품 해설 『소학언해』
• 갈래: 언해
• 성격: 유교적, 교훈적
• 주제: 효의 시작과 마침
• 특징
  – 16세기 국어의 모습을 알 수 있는 자료임
  – 끊어 적기가 확대된 모습을 관찰할 수 있음
  – 동국정운식 표기에서 현실적인 한자음 표기로 넘어간 것을 볼 수 있음

05 '얼굴·이며'는 체언과 조사, 어간과 어미를 구별하여 적는 방법인 끊어 적기, 즉 '분철(分綴)식 표기'가 사용된 것이다. 이는 표의주의 표기법이라고도 한다. 이어 적기는 앞 음절의 끝소리를 뒤 음절의 첫소리로 옮겨 적는 방법인 '연철(連綴)식 표기'로, 표음주의 표기법이라고도 한다.
① '孔·공子·ᄌᆞ'는 모음 'ㆍ'로 끝난 체언 뒤에 주격 조사 'ㅣ'가 결합한 것이다. 중세 국어 주격 조사의 경우, 자음으로 끝난 체언 뒤에서는 주격 조사 '이'가, 'ㅣ' 이외의 모음으로 끝난 체언 뒤에서는 주격 조사 'ㅣ'가 쓰인다. 'ㅣ'로 끝난 체언 뒤에서는 주격 조사가 생략된다.
③ 'ㆍ몸·을'의 'ㆍ몸', 'ㆍ을'과 같이 중세 국어 시기에는 글자의 왼쪽에 방점을 찍어 성조를 나타내었다. 평성은 점이 없고, 거성은 한 점, 상성은 두 점을 글자의 왼쪽에 찍었다.
④ ':베퍼·쎠'의 '·쎠'와 같이 중세 국어에는 음절의 첫머리에 서로 다른 둘 이상의 자음이 올 수 있는 어두 자음군이 사용되었다.

06 사이버 범죄에 쉽게 노출될 수 있다는 점을 과잉 연결 시대의 문제점으로 제시하고 있으므로, 이에 대한 대응 방안으로 적절한 것은 '개인 정보 보호에 힘쓰기'이다.

07 ⓐ는 조사 '과'를 '을'로 바꾼 '연결을'로 써야 한다.
② 이 글은 과잉 연결 시대의 문제점과 대응 방안을 주제로 하고 있다. ⓔ은 주제와 관련이 없는 내용이므로 통일성을 해친다.
③ '다다익선(多多益善)'은 '많으면 많을수록 더욱 좋음.'을 의미하므로 문맥상 적절하지 않다. 따라서 '정도를 지나침은 미치지 못함과 같다'는 뜻의 '과유불급(過猶不及)'으로 고쳐 써야 한다.
④ '어떨까'는 '의견, 성질, 형편, 상태 따위가 어찌 되어 있다.'를 의미하는 '어떻다'의 어간 '어떻-'과 어떤 일에 대한 물음이나 추측을 나타내는 종결 어미인 '-ㄹ까'가 결합한 형태이

다. 이 경우 'ㅎ 불규칙 활용'으로 인해 어간 받침 'ㅎ'과 어미의 '으'가 같이 탈락하므로 '어떨까'로 적어야 한다.

ㅎ 불규칙 활용
일부 형용사에서 어간의 끝 'ㅎ'이 'ㄴ'이나 'ㅁ'으로 시작하는 어미나 모음으로 시작하는 어미 앞에서 줄어드는 활용
예 파랗다: 파래, 파라니, 파라면
그렇다: 그래, 그러니, 그럴, 그러면, 그러오

08 제시된 글은 '비음화'에 대한 설명이다. '국물[궁물]'은 선행 종성 'ㄱ'이 후행 초성 'ㅁ'의 영향을 받아 비음으로 조음 방법이 같아지는 '비음화' 현상이 발생한 예이다.
① 축해[추카]: 예사소리 'ㄱ'이 'ㅎ'과 만나 거센소리가 되는 '자음 축약'이 일어난다.
② 밥집[밥찝]: 받침 'ㅂ' 뒤에 연결되는 'ㅈ'이 된소리로 발음되는 '된소리되기'가 일어난다.
③ 굳이[구지]: 형태소 '굳−'의 종성 'ㄷ'이 형식 형태소(접미사) '−이'와 결합하여 'ㅈ'으로 발음되는 구개음화가 일어난다.

> **작품 해설** 이육사, 「광야」
> • 갈래: 자유시, 서정시
> • 성격: 지사적, 상징적, 의지적, 미래 지향적
> • 제재: 광야
> • 주제: 조선 광복에 대한 신념과 의지
> • 특징
> – 명령형 어미를 통해 현실 극복 의지를 드러냄
> – 상징적 시어와 속죄양 모티프로 주제를 형상화함
> – '과거 – 현재 – 미래'의 시간적 순서로 시상을 전개함
> – 웅장한 상상력과 의지적이고 남성적인 어조로 강렬한 인상을 줌

09 이 글은 '과거(1~3연) – 현재(4연) – 미래(5연)'의 시간적 순서에 따라 시상을 전개하여 고난 극복 의지와 민족의 미래에 대한 희망적 전망을 형상화하였다. 1~3연은 광야의 형성 과정을 태초에서부터 순차적으로 보여 주고 있고, 4연은 흰 눈으로 덮인 암담한 현실을 극복해야 한다는 의지를 드러내고 있으며, 5연은 미래에 반드시 초인이 찾아올 것이라는 기대감을 드러내고 있다.

10 2연은 활유법을 구사하여 광야의 광활하고 장엄한 모습을 역동적으로 형상화하고 있으며, 무엇도 광야를 범하진 못하였을 것이라고 표현하여 광야의 신성성을 강조하고 있다.
③ 3연의 '부지런한 계절이 피어선 지고'는 시간적 개념인 '계절'을 '피어선 지고'라는 시각적 이미지로 제시하여 끊이지 않는 세월의 흐름을 보여 주고 있다.
④ 5연의 '천고의 뒤에 / 백마 타고 오는 초인'은 절망적 현실과 고난을 극복하고 민족 문화를 꽃 피울 인물이다.

11 [A]에는 '눈'이 내리고 '매화 향기'가 '홀로 아득'한 현재의 상황에 대한 화자의 대응이 제시되어 있다. '눈'이 내리는 부정적 현실 상황 속에서 비록 가난하지만 홀로 '노래의 씨'를 뿌리겠다는 화자를 통해 고독한 상황 속에서 현실을 극복하고자 하는 의지를 확인할 수 있다.

> **작품 해설** 작자 미상, 「박씨전」
> • 갈래: 고전 소설, 국문 소설, 군담 소설, 역사 소설
> • 성격: 허구적, 비현실적, 영웅적, 전기적
> • 제재: 병자호란
> • 주제: 전쟁 패배의 굴욕감 극복과 민족적 자존감 회복
> • 특징
> – 영웅적 면모를 지닌 여성 주인공을 내세움
> – 역사적 사실을 바탕으로 실존 인물이 등장하여 현실감을 부여함
> – 병자호란의 패배를 문학을 통해 극복하려는 민중의 심리적 욕구가 반영됨

12 이 글은 초인적 능력을 가진 박씨가 주인공으로 등장해 병자호란 때 영웅으로 활약한다는 내용으로, 병자호란이라는 국치(國恥)에 대한 반감에서 쓴 역사 소설이다.

13 ⓒ은 '용골대'가 볼모로 데리고 가던 '왕대비'로, '박씨'를 지칭하는 ㉠, ㉢, ㉣과 가리키는 대상이 다르다.

14 '박씨'는 뛰어난 능력으로 오랑캐를 압도하고 있으며, 계화를 통해 자신의 의사를 전달하거나 직접 오랑캐를 꾸짖고 있으므로 오랑캐의 용맹함을 두려워하고 있다는 것은 적절하지 않다.
② '박씨'는 오랑캐가 '넘치는 죄'를 지었다고 말하는 부분을 통해 알 수 있다.
③ '박씨가 시비 계화를 시켜 외치기를'을 통해 알 수 있다.
④ '우리 세자,~모셔 가라.'를 통해 알 수 있다.

- 갈래: 사설시조
- 성격: 풍자적, 우화적
- 주제: 양반 계층의 횡포와 허장성세(虛張聲勢)를 풍자
- 특징
  - 대상(두꺼비)을 우의적으로 표현하여 양반의 횡포를 풍자함
  - 종장에서 화자를 변환하여 해학적 효과를 높임

현대어 풀이

두꺼비가 파리 한 마리를 물고 두엄 위에 치달아 앉아 건너편 산을 바라보니 하얀 송골매 떠 있으니 가슴이 섬 뜩하여 풀쩍 뛰어서 내달리다가 두엄 아래에 넘어져 나뒹굴 었구나.
다행히도 날쌘 나이기에 망정이지 멍이 들 뻔하였구나.

15 이 글은 사설시조로, 기존의 평시조의 율격을 무시하고 파격적 인 형태를 지니며, 평민과 부녀자들의 작품이 많다.

시조의 종류

평시조	• 시조의 기본 형식(3장 6구 45자 내외) • 주요 작가층: 사대부 • 자연 친화, 유교 사상
엇시조	어느 한 장이 평시조보다 길어진 것
사설시조	• 종장의 첫 구를 제외하고 두 장 이상이 평시조보다 길어진 형태 • 주요 작가층: 평민과 부녀자(애정, 해학) • 산문 정신, 서민 의식
연시조	초장, 중장, 종장을 한 연으로 하여, 2연 이상 중첩되는 시조

16 이 글은 '파리(힘 없는 백성)'와 '두터비(중간 관리)', '백송골(상 층 지배층, 중앙 관리)'의 세 계층을 통해서 권력 구조의 비리를 우회적으로 나타내고 있다. 송골매를 발견하고 뛰어내리다 자 빠진 후 '모쳐라 날낸 낼식만정 에헐질 번 하괘라'하고 말하는 두터비의 허장성세는 힘없는 서민을 괴롭히다가 강한 권력자 앞에서 비굴해지는 거짓된 모습을 익살스럽게 표현한 것이다.

- 갈래: 시나리오
- 성격: 서정적, 감성적
- 주제: 죽음을 앞둔 소년의 삶에 대한 소망, 힘든 상황 속에서도 서로를 의지하는 부모와 자식 간의 사랑
- 특징
  - 투병 중인 소년의 삶을 밝게 형상화하여 유쾌한 시각으로 그 려냄
  - 인물이 상상하는 장면을 통해 인물의 심리를 묘사함

17 이 글은 영화를 만들기 위해 쓴 시나리오이다. 시나리오는 주로 대사와 행동으로 표현되고, 촬영과 편집을 고려한 특수한 시나 리오 용어가 사용된다. 직접적인 심리 묘사는 불가능하고, 장면 과 대상에 의해 간접적으로 묘사된다. 또한, 등장인물의 수에 제한을 받지 않으며 인물 없이 배경만 보여주는 것도 가능하다. ①·②·③ 희곡에 해당하는 설명이다.

18 투병 중인 '아름'은 동갑인 '서하'의 '편지'를 받고 설렘을 느끼고 있다. 따라서 편지는 아름에게 삶의 의욕을 불러일으키고 설렘 을 느끼게 하는 소재이다.

19 '서하'는 전자 우편을 통해 '아름'에게 편지를 보냈으며, 두 사람 이 만나는 장면 또한 제시되지 않았다.

- 갈래: 논설문
- 성격: 과학적, 예증적
- 제재: 과학 연구의 자유
- 주제: 과학 연구의 자유에 대한 상반된 입장
- 특징
  - 대립하는 입장의 주장과 논거를 제시함
  - 시간적 순서에 따라 입장과 관련한 사회적·역사적 배경의 변화를 제시함
  - 상반된 주장을 절충하여 대립을 해소할 수 있는 방안 모색의 필요성을 강조함

20 제시된 글은 인간 배아 복제 연구에 관해 상반된 입장을 제시하 고 있다.

21 ㉮와 같은 입장은 인간 배아 복제 연구를 통해 난치병을 치료할 수 있고, 우리나라의 과학 기술 경쟁력을 높일 수 있다고 주장하 고 있다. 이는 인간 배아 복제 연구의 자유를 보장해야 한다는 주장의 논거이므로, ㉮에 해당하는 내용으로 가장 적절한 것은 '과학 발전을 인위적으로 닦아서는 안 된다'이다.

22 '쟁점'은 서로 다투는 중심이 되는 점을 의미한다. 어떤 일을 양
보하여 협의함은 '타협'의 사전적 의미이다.

작품 해설 김정숙 외, 「실학, 조선의 르네상스를 열다」

• 갈래: 설명문
• 성격: 객관적, 설명적
• 제재: 실학자들이 수용한 서양화법
• 주제: 세상을 바라보는 인식과 태도에 따라 달라지는 회화적 표현
• 특징
  – 학문적 지향에 따른 서양화법에 대한 인식의 차이를 설명함
  – 동양화와 서양화의 회화적 표현이 다른 이유를 제시함

---

23 2문단에 의하면 이용후생 학파와 경세치용 학파는 학문적 지향
이 다르듯 서양화법에 대한 인식 또한 다르게 나타났다.
① 3문단에서 서양화법의 유행은 오래 지속되지 않았다고 하
였다.
② 2문단에서 이용후생 학파는 서양화의 회화적 표현에 관심이
많았다고 하였다. 회화에 사용되는 기구에 관심이 많았던 것
은 경세치용 학파이다.
④ 4문단에서 먹과 선을 위주로 대상의 의미를 드러내고자 한
것은 동양의 화가들이라고 하였다. 서양의 화가들은 원근법
과 화려한 색을 통한 사실적인 표현을 추구하였다.

24 서양화법은 다양한 분야의 그림에 영향을 미쳤으나 유행이 오
래 지속되지는 않았다고 하였으므로, 서로 일치하지 아니하거
나 상반되는 사실을 나타내는 두 문장을 이어 줄 때 쓰는 접속어
'하지만'이 들어가는 것이 가장 적절하다.
① 앞의 내용이 뒤의 내용의 조건이 될 때, 앞의 내용을 받아들
이거나 그것을 전제로 새로운 주장을 할 때 쓰는 말이다.
② 앞에서 말한 일이 뒤에서 말할 일의 원인, 이유, 근거가 됨을
나타내는 말이다.
③ 눈앞의 사람이나 사물의 모양이나 상태를 가리키거나 앞 내
용의 양상을 받아 뒤의 문장을 이끄는 말이다.

25 [A]에서는 동양인은 정신적인 것을 추구하고 서양인은 눈에 보
이는 현상에 집중하는데, 이러한 삶에 대한 태도의 차이로 인해
동양화와 서양화의 회화적 표현의 차이가 나타났다고 하였다.

제2교시 수학

01 ①	02 ④	03 ②	04 ②	05 ①
06 ③	07 ④	08 ③	09 ②	10 ②
11 ①	12 ④	13 ④	14 ①	15 ④
16 ①	17 ②	18 ③	19 ④	20 ③

01 $A = 2x^3 + 3x$, $3x + 2$이므로
$$A - B = 2x^3 + 3x - (3x + 2)$$
$$= 2x^3 + 3x - 3x - 2$$
$$= 2x^3 - 2$$

02 $f(x) = x^3 - 3x^2 + a$라 하자.
나머지정리에 의해 다항식 $f(x)$를 $x - 2$로 나누었을 때의 나
머지는 $f(2)$이므로
$f(2) = 2^3 - 3 \times 2^2 + a = 0$에서
$8 - 12 + a = 0$
$\therefore a = 4$

03 인수분해 공식 $a^3 - b^3 = (a - b)(a^2 + ab + b^2)$에서
$x^3 - 3^3 = (x - 3)(x^2 + 3x + 9)$
따라서 구하는 상수 a의 값은
$a = 3$

04 복소수 $5 - 3i$의 켤레복소수는 $5 + 3i$이므로
구하는 상수 a의 값은
$a = 3$

05 이차방정식 $x^2 - 2x + a = 0$의 판별식을 D라 할 때 이 이차방
정식이 중근을 가지려면 $D = 0$이어야 한다.
즉, $D = (-2)^2 - 4a = 0$이어야 하므로
$4 - 4a = 0$
$\therefore a = 1$

다른 풀이

이차방정식 $x^2 - 2x + a = 0$이 중근을 가지려면 이 이차
방정식이 완전제곱식이 되어야 하므로
$$a = \left(\frac{-2}{2} \right)^2 = 1$$

06 이차방정식의 근과 계수의 관계에 의해
$\alpha + \beta = 1$

> **다른풀이**
> $x^2 - x - 6 = (x-3)(x+2) = 0$ 에서
> $\alpha = 3,\ \beta = -2$ 또는 $\alpha = -2,\ \beta = 3$
> $\therefore \alpha + \beta = 3 + (-2) = 1$

07 이차함수 $y = -(x-2)^2 + 3$ 에 대하여
$x = 0$일 때, $y = -(0-2)^2 + 3 = -4 + 3 = -1$
$x = 2$일 때, $y = -(2-2)^2 + 3 = 3$
$x = 3$일 때, $y = -(3-2)^2 + 3 = -1 + 3 = 2$
이므로 $x = 2$일 때 최댓값 3을 갖는다.

08 부등식 $|x+1| \geq 5$에서
$-(x+1) \geq 5$ 또는 $x+1 \geq 5$
$\therefore x \leq -6$ 또는 $x \geq 4$
따라서 구하는 상수 a의 값은
$a = -6$

09 좌표평면 위의 두 점 $A(-2, -1)$, $B(2, 3)$에 대하여 선분 AB를 $3:1$로 내분하는 점의 좌표를 (x, y)라 할 때
$x = \dfrac{3 \times 2 + 1 \times (-2)}{3+1} = \dfrac{4}{4} = 1$
$y = \dfrac{3 \times 3 + 1 \times (-1)}{3+1} = \dfrac{8}{4} = 2$
따라서 구하는 점의 좌표는 $(1, 2)$이다.

10 원점과 직선 $x + y - 2 = 0$ 사이의 거리는
$\dfrac{|-2|}{\sqrt{1^2 + 1^2}} = \sqrt{2}$

11 원 $x^2 + y^2 = 4$의 반지름의 길이는 2이다.
따라서 직선 $y = a$와 원이 서로 다른 두 점에서 만나려면
$-2 < a < 2$이어야 한다.
이때 구하는 자연수 a는 1이다.

12 좌표평면 위의 점 (a, b)를 x축에 대하여 대칭이동한 점의 좌표는 $(a, -b)$, y축에 대하여 대칭이동한 점의 좌표는 $(-a, b)$이다. 또, 좌표평면 위의 점 (a, b)를 직선 $y = x$에 대하여 대칭이동한 점의 좌표는 (b, a)이고, 원점에 대하여 이동한 점의 좌표는 $(-a, -b)$이다.
따라서 좌표평면 위의 점 $(1, 3)$을 직선 $y = x$에 대하여 대칭이동한 점의 좌표는 $(3, 1)$이다.

13 집합은 주어진 조건에 의하여 그 대상을 분명하게 알 수 있는 것들의 모임이다.
① '작은'의 기준이 명확하지 않으므로 집합이 아니다.
② '유명한'의 기준이 명확하지 않으므로 집합이 아니다.
③ '큰'의 기준이 명확하지 않으므로 집합이 아니다.
④ $\{1, 2, 3, 4, 5, 6, 7\}$
이므로 집합인 것은 ④이다.

14 $A - B$는 두 집합 A, B에 대하여 A에 속하지만 B에 속하지 않는 원소로 이루어진 집합이다.
$\therefore A - B = \{2, 4, 6, 8\} - \{6, 7, 8\} = \{2, 4\}$

15 조건 p의 진리집합을 P, 조건 q의 진리집합을 Q라 하자.
$x - 2 = 0$에서 $x = 2$이므로 $P = \{2\}$
$x^2 - a = 0$에서 $x = -\sqrt{a}$ 또는 $x = \sqrt{a}$ 이므로
$Q = \{-\sqrt{a},\ \sqrt{a}\}$
p가 q이기 위한 충분조건이 되려면 $P \subset Q$이어야 하므로
$2 = \sqrt{a}$
$\therefore a = 4$

16 두 함수 $f: X \to Y$, $g: Y \to Z$가 문제에 제시된 그림과 같을 때
$(g \circ f)(1) = g(f(1)) = g(b) = 1$

17 $f^{-1}(5) = k$라 하면 $f(k) = 5$
$2k + 1 = 5,\ 2k = 4$
$\therefore k = 2$

18 무리함수 $y = \sqrt{x-2} + 4$의 그래프는 무리함수 $y = \sqrt{x}$ 의 그래프를 x축의 방향으로 2만큼, y축의 방향으로 4만큼 평행이동한 것이다.
따라서 $a = 2,\ b = 4$이므로
$a + b = 6$

19 구하는 경우의 수는 서로 다른 4개에서 3개를 골라 일렬로 나열하는 순열의 수와 같으므로
$_4P_3 = 4 \times 3 \times 2 = 24$

20 구하는 경우의 수는 서로 다른 5개에서 2개를 선택하는 조합의 수와 같으므로
$_5C_2 = \dfrac{5 \times 4}{2 \times 1} = 10$

제3교시 영어

01 ②	02 ④	03 ③	4 ③	05 ②
06 ②	07 ①	8 ①	9 ②	10 ④
11 ③	12 ①	13 ④	14 ④	15 ③
16 ④	17 ③	18 ③	19 ②	20 ①
21 ②	22 ①	23 ②	24 ①	25 ①

01 밑줄 친 'opportunity'는 '기회'의 뜻이므로, 밑줄 친 부분의 뜻으로 적절한 것은 ② '기회'이다. 주어진 문장에서 'be lucky to'는 '~하게 되어 행운이다'의 뜻이다.

> 그에게 배울 수 있는 <u>기회</u>를 갖게 되어 행운이다.

02 밑줄 친 'be[are] aware of'는 '~을 알다'의 뜻이므로, 밑줄 친 부분의 뜻으로 적절한 것은 ④ '알다'이다.
• health risk: 건강상의 위험
• energy drink: 에너지 음료

해석
> 많은 사람들이 에너지 음료의 건강상의 위험에 대해 <u>알고 있다</u>.

03 밑줄 친 'due to'는 '때문에'의 뜻이므로, 밑줄 친 부분의 뜻으로 적절한 것은 ③ '때문에'이다.
• trip: 여행, 출장 여행
• cancel: 취소하다
• storm: 폭풍(우)

해석
> 폭풍우 <u>때문에</u> 해변으로의 여행이 취소되었다.

04 밑줄 친 'flower(꽃)'와 'rose(장미)'의 의미 관계는 'flower'가 'rose'를 포함하는 관계인데, ③ 'north(북쪽) – south(남쪽)'는 반의어 관계이다. ①, ②, ④는 모두 밑줄 친 단어와 의미 관계가 같다.
① 색깔 – 회색
② 스포츠 – 농구
④ 언어 – 영어
• garden: 정원
• really: 정말로, 실제로

> 정원의 모든 꽃은 아름답지만, 나는 이 빨간 장미를 정말 좋아한다.

05 마술 공연 안내문에는 ① '관람 장소(The Grand Hotel)', ③ '티켓 가격(20,000원)', ④ '주차 정보(There is a parking area behind the hotel.)'는 나와 있는데, ② '관람 연령'은 언급되지 않았다.
• magic show: 매직쇼
• amazed: 경탄한
• location: 장소, 위치
• parking area: 주차장

해석
> **그랜드 매직쇼**
> 와서 경탄하세요!
> ○ 날짜: 8월 17일 오후 2시~5시
> ○ 장소: 그랜드 호텔
> ○ 티켓: 20,000원
> *호텔 뒤쪽에 주차장이 있습니다.

06 첫 번째 문장에서 빈칸 앞에 조동사 'will'이 있고, 빈칸 다음에 목적어인 'ice cream for dessert(후식으로 아이스크림)'가 있으므로, 문맥상 빈칸에는 '주문하다'라는 뜻의 동사(order)가 들어가야 한다. 두 번째 문장에서 빈칸 앞에 목적어(the books) 다음에 전치사구(in alphabetical~)가 있으므로, 문맥상 빈칸에는 '순서'라는 뜻의 명사(order)가 들어가야 한다. 따라서 빈칸에 공통으로 들어갈 말로 적절한 것은 ② 'order'이다.
① 운전하다, 드라이브
③ 존경[공경]하다, 존경
④ 일하다, 일·노동

해석
> ○ 우리는 후식으로 아이스크림을 <u>주문할</u> 것이다.
> ○ 그 책들을 알파벳 <u>순서</u>대로 놓아주세요.

07 첫 번째 문장에서 빈칸 앞에 동사(believes)가 있고, 빈칸 다음에 절(she can pass the exam.)이 있으므로, 빈칸에는 타동사 'believes'의 목적어인 명사절을 이끄는 접속사 'that'이 들어가야 한다. 두 번째 문장에서 빈칸 앞에 명사(a car)가 있고 빈칸 다음에 주어가 없는 불완전한 문장인 'is quiet and fast'가 나왔으므로 문맥상 빈칸에는 'a car'를 수식하는 형용사절을 이끄는 관계대명사 'that'이 들어가야 한다. 이때 that은 선행사(a car)를 수식하며 관계절에서 주어 역할을 하는 주격 관계대명사이다. 따라서 빈칸에 공통으로 들어갈 말로 적절한 것은 ① 'that'이다.
• believe: 믿다
• pass: (시험에) 합격[통과]하다

해석
> ○ 그녀는 시험에 합격할 수 있다고 믿는다.
> ○ 그는 조용하고 빠른 차를 샀다.

08 첫 번째 문장에서 빈칸 앞에 'is famous'가 있고, 빈칸 다음에 'the Eiffel Tower.'가 있으므로, 문맥상 빈칸에는 'be famous for(~로 유명하다)'의 'for'가 와야 한다. 두 번째 문장에서 빈칸 앞에 'asked'가 있고, 빈칸 다음에 'help'가 있으므로, 문맥상 빈칸에는 'ask for(요구하다, 요청하다)'의 'for'가 와야 한다.
- call: 부르다, 전화하다

> 해석
> ○ 프랑스는 에펠탑으로 유명하다.
> ○ 그는 친구들에게 불러서 도움을 요청하였다.

09 대화문에서 A가 'There's a spider as big as my hand(내 손만큼이나 큰 거미가 있네)!'라 말하자, B가 정말 손만큼 큰지 물어본다. A가 그렇다고 하자 B가 확인해 보자고 한 다음에 'Seeing is believing(백문이 불여일견).'이라고 말하였으므로, 대화의 흐름상 밑줄 친 표현의 의미로 적절한 것은 ② '눈으로 확인해야 믿을 수 있다.'이다.
- spider: 거미
- as~as: ~만큼
- huge: 거대한
- check: 알아보다[확인하다]

> 해석
> A: 아! 내 손만큼이나 큰 거미가 있네!
> B: 네 손만큼 크다구? 정말로?
> A: 응, 거대해!
> B: 확인해 볼게. 백문이 불여일견이야.

10 대화에서 A가 처음에 'Finally, I booked tickets to see my favorite band(마침내, 내가 좋아하는 밴드를 보기 위해 티켓을 예매했어)!'라고 한 다음에 'I can't wait to see them perform live(라이브로 공연하는 것을 보고 싶어).'라고 하였으므로, 대화에서 알 수 있는 A의 심정으로 적절한 것은 ④ '행복하다'이다.
- finally: 마침내
- book: 예약하다
- awesome: 어마어마한, 엄청난
- can't wait to: ~하고 싶다, ~가 기대된다
- live: (공연이) 라이브의, 실황인

> 해석
> A: 마침내, 내가 좋아하는 밴드를 보기 위해 티켓을 예매했어!
> B: 대단하다! 콘서트는 언제 하니?
> A: 금요일이야. 라이브로 공연하는 것을 보고 싶어.
> B: 정말 운이 좋구나, 마음껏 즐기렴!

11 대화에서 A가 'Can you show me some short hairstyles(짧은 머리 스타일 좀 보여주시겠어요)?'라고 하자 B가 사진을 보여주고 마음에 드는 게 있는지 묻는다. 이에 A가 '제 머리를 이렇게 잘라주실 수 있어요(Can you cut my hair like this)?'라고 하자, B가 'Absolutely, we can start right away(물론이죠, 바로 시작할 수 있어요).'라고 대답하였으므로, 대화가 이루어지는 장소로 적절한 것은 ③ '미용실'이다.
- show: (…에게) 보여 주다
- cut: 자르다[깎다]
- absolutely: 그럼, 물론이지(강한 동의·허락을 나타냄)
- start: 시작하다
- right away: 곧바로, 즉시

> 해석
> A: 짧은 머리 스타일 좀 보여주시겠어요?
> B: 네. 여기 사진이 몇 장 있어요. 마음에 드는 것이 있으신가요?
> A: 이게 좋겠어요. 제 머리를 이렇게 잘라주시겠어요?
> B: 물론이죠, 바로 시작할 수 있어요.

12 제시문의 첫 번째 문장에서 'Exercise can help you maintain a healthy weight(운동은 여러분이 건강한 체중을 유지하도록 도와줄 수 있다).'라고 한 다음에, 두 번째 문장에서 'It burns calories and builds muscle, which is important for overall health(그것은 칼로리를 태우고 근육을 만들어 내는데, 이는 전반적인 건강에 중요하다).'고 했다. 두 번째 문장의 'It'이 'Exercise(운동)'를 가리키고 있고, 세 번째 문장에서 'It will also~(그것은 또한~)'라고 했으므로, 문맥상 밑줄 친 'It'이 가리키는 것으로 적절한 것은 ① 'exercise(운동)'이다.
② 심장, 마음
③ 문제
④ 머무름, 방문
- maintain: 유지하다[지키다]
- healthy: 건강한
- weight: 무게, 체중
- burn: 타다, 태우다
- build: 만들어 내다, 창조[개발]하다
- energetic: 힘이 넘치는, 활기찬
- productive: 생산적인
- focus on: ~에 집중하다
- stay: 유지하다
- active: 활동적인
- prevent: 예방하다

> 해석
> 운동은 여러분이 건강한 체중을 유지하도록 도와줄 수 있다. 그것은 칼로리를 태우고 근육을 만들어 내는데, 이는 전반적인 건강에 중요하다. 그것은 또한 여러분이 더 활기차고 생산적이라고 느끼도록 도움으로써 여러분은 일에 더 집중할 수 있다. 활동적 상태를 유지함으로써, 많은 건강 문제들을 예방할 수 있다.

13 대화에서 B가 빈칸 다음에서 'Not too often, maybe once a week(자주는 아니고, 일주일에 한 번 정도야).'라고 한 다음에 'How about you(너는 어떠니)?'라고 묻자 A가 'I eat out almost every day(나는 거의 매일 외식을 해).'라고 답하였으므로, 대화의 흐름상 빈칸에 들어갈 말로 적절한 것은 ④ 'How often do you eat out(얼마나 자주 외식을 하니)?'이다.
① 이 근처에 식당이 있니
② 너는 어떤 종류의 음식을 먹니
③ 쉬운 레시피를 어디서 구할 수 있을까
• eat out: 외식하다
• once a week: 일주일에 한 번
• be easier with: 한결 수월하다
• schedule: 일정, 스케줄

> **해석**
> A: 얼마나 자주 외식을 하니?
> B: 자주는 아니고 일주일에 한 번 정도야. 너는 어떠니?
> A: 나는 거의 매일 외식을 해. 그게 내 일정상 더 편해.
> B: 응, 알겠어.

14 대화에서 A가 'How can I improve my communication skills (어떻게 하면 의사소통 능력을 향상시킬 수 있을까)?'라고 물었으므로, 대화의 흐름상 빈칸에는 '의사소통 능력'을 향상시키는 방법에 대한 표현이 들어가야 함을 유추할 수 있다. 따라서 빈칸에 들어갈 말로 가장 적절한 것은 ④ 'practice speaking with people regularly(사람들과 정기적으로 대화하는 연습을 하기)'이다.
① 과일과 야채를 더 많이 먹기
② 엄마를 위해 베이킹소다 사기
③ 손을 따뜻하게 하기 위해서 장갑 끼기
• improve: 개선하다, 향상시키다
• communication skill: 의사소통 능력
• practice: 연습[훈련]하다
• regularly: 정기적으로

> **해석**
> A: 어떻게 하면 의사소통 능력을 향상시킬 수 있을까?
> B: 한 가지 방법은 <u>사람들과 정기적으로 대화하는 연습을 하는 것</u>이야.

15 대화에서 A가 'Do you know the benefits of drinking tea(차를 마시면 어떤 이점이 있는지 알고 있니)?'라고 묻자, B가 'It can help you relax and reduce stress(긴장을 풀고 스트레스를 줄이는 데 도움이 되지).'라고 대답한다. 이어서 A가 소화에도 도움이 된다고 덧붙였으므로 대화의 주제로 적절한 것은 ③ '차를 마시는 것의 장점'이다.
• benefit: 혜택, 이익
• relax: 안심[진정]하다, 긴장을 풀다
• reduce: 줄이다[축소하다]
• stress: 스트레스, 압박, 긴장

• help with: ~을 돕다
• digestion: 소화

> **해석**
> A: 차를 마시면 어떤 이점이 있는지 알고 있니?
> B: 물론이야. 긴장을 풀고 스트레스를 줄이는 데 도움이 되지. 차 마시는 거 좋아하니?
> A: 응, 좋아해. 소화에도 도움이 된다고 들었어.

16 주어진 글에서 글쓴이는 위층의 소음 때문에 밤에 잠을 잘 수 없다고 호소하고 있다. 세 번째 문장에서 'Please keep the noise levels down, especially during the late hours(특히 늦은 시간에는 소음 레벨을 낮춰 주세요).'라고 하였으므로, 글을 쓴 목적으로 적절한 것은 ④ '요청하려고'이다.
• downstairs: 아래층으로[에서]
• noise: (듣기 싫은·시끄러운) 소리, 소음
• keep~down: 억제하다[낮추다]
• noise levels: 소음 수준
• especially: 특히, 특별히
• ~would be greatly appreciated: ~해 주시면 감사하겠습니다

> **해석**
> 나는 아래층에 살고 있는데 최근에 당신의 아파트에서 소음이 많이 들립니다. 밤에 잠을 잘 수가 없어요. 특히 늦은 시간에는 소음 레벨을 낮춰 주세요. 그렇게 해 주시면 정말 감사하겠습니다.

17 동아리 안내문에서 'Bring your sneakers(운동화를 가져오세요).'라고 하였으므로, 동아리 안내문의 내용과 일치하지 않는 것은 ③ '동아리 가입 시 운동화가 제공된다.'이다.
① 동아리 안내문에서 'Tuesdays at 5:00 p.m. in Margaret Hall'이라고 하였으므로, 안내문의 내용과 일치한다.
② 동아리 안내문에서 'No dance experience is required.'라고 하였으므로, 안내문의 내용과 일치한다.
④ 동아리 안내문에서 'For more information, email us at dancer@email.com.'이라고 하였으므로, 안내문의 내용과 일치한다.
• learn: 배우다, 학습하다
• require: 필요[요구]하다, 필요로 하다
• bring: 가져오다, 데려오다
• sneakers: 스니커즈 운동화
• for more information: 더 많은 정보를 원하시면

해석

┌─────────────────────────────────┐
브레이크 댄스 클럽
우리와 함께 댄스 동작을 배워봐요!
○ 매주 화요일 오후 5시 마가렛 홀
○ 댄스 경험이 없어도 가능합니다.
○ 운동화를 가져오세요.
○ 더 많은 정보를 원하시면 dancer@email.com으로 이
메일을 보내주십시오.
└─────────────────────────────────┘

18 세 번째 문장에서 'Also, there are many diving spots where you can observe colorful marine life(또한 다이빙 장소가 많아서 다채로운 해양 생물을 관찰할 수 있습니다).'라고 하였으므로, 'Paradise Resort'에 대한 설명과 일치하지 않는 것은 ③ '다이빙은 안전상의 이유로 금지된다.'이다.
① 첫 번째 문장에서 'Paradise Resort is located in Thailand.'라고 하였으므로, 글의 내용과 일치한다.
② 두 번째 문장에서 '~so you can enjoy swimming and fishing.'이라고 하였으므로, 글의 내용과 일치한다.
④ 네 번째 문장에서 '~where you can enjoy various dishes from around the world.'라고 하였으므로, 글의 내용과 일치한다.
• be located in: ~에 위치해 있다
• resort: 휴양지, 리조트
• next to: ~바로 옆에
• ocean: 대양, 바다
• diving: 잠수, 다이빙
• spot: (특정한) 곳
• observe: 관찰하다
• colorful: 형형색색의, (색이) 다채로운
• marine life: 해양 생물
• dish: 요리
• paradise: (지상) 낙원

해석

파라다이스 리조트는 태국에 위치하고 있습니다. 리조트가 바다 바로 옆에 있어서 수영과 낚시를 즐길 수 있습니다. 또한, 다이빙 장소가 많아서 다채로운 해양 생물을 관찰할 수 있습니다. 리조트는 전 세계의 다양한 요리를 즐길 수 있는 식당들이 있습니다. 낙원에 있는 파라다이스 리조트에 놀러 오세요!

19 첫 문장에서 'Let me give you some tips that could make you look taller(여러분을 키가 더 커 보이게 할 수 있는 몇 가지 조언을 드릴게요).'라고 한 다음에, 헐렁한 옷을 피하고, 비슷한 색깔의 옷을 입으라고 하였으므로, 글의 주제로 적절한 것은 ② '키가 커 보이게 옷을 입는 방법'이다.
• tip: 조언
• avoid: 피하다, 회피하다
• loose: 헐렁한, 넉넉한
• prefer: ~을 (더) 좋아하다, 선호하다

• oversized: 특대의, 너무 큰
• appear: 나타나다, ~처럼 보이다
• wear: 입다, 착용하다
• similar: 유사한, 비슷한
• divide: 나누다, 분할하다
• cause: 원인[근원]이 되다

해석

여러분을 키가 더 커 보이게 할 수 있는 몇 가지 조언을 드릴게요. 첫째, 헐렁한 옷을 피하세요. 많은 사람들이 사이즈가 큰 특대 사이즈 옷을 선호하지만, 그것들은 여러분을 키가 작아 보이게 만들 수 있습니다. 둘째, 비슷한 색깔을 입으세요. 다른 색깔 옷을 입으면 여러분의 몸을 분할해서 키가 작아 보이는 원인이 될 수 있습니다.

20 빈칸 문장에서 '영화 제작은 ~일 수 있는데, 그것이 신중한 계획과 팀워크를 필요로 하기 때문'이라고 했고, 빈칸 다음 문장에서 '~are all difficult tasks(~전부 어려운 작업이다).'라고 하였다. 또한, 마지막 문장에서 'Weather and technical issues during filming can also cause delays(촬영하는 동안 날씨와 기술적인 문제도 지연의 원인이 될 수 있다).'라고 하였으므로, 문맥상 빈칸에 들어갈 말로 적절한 것은 ① 'challenging(힘든, 어려운)'이다.
② 이기적인
③ 독립적인
④ 착용할 수 있는
• film-making: 영화 제작
• planning: 계획
• location: (영화의) 야외 촬영지[로케이션]
• manage: 관리하다, 운영하다
• budget: 예산, (지출 예상) 비용
• task: 일, 과업, 과제
• delay: 지연, 지체

해석

영화 제작은 힘든 작업일 수 있는데, 그것이 신중한 계획과 팀워크를 필요로 하기 때문이다. 적절한 야외 촬영지를 찾고, 배우들과 일정을 잡고, 예산을 관리하는 것은 전부 어려운 작업이다. 촬영하는 동안 날씨와 기술적인 문제도 지연의 원인이 될 수 있다.

21 제시문은 3D 프린터와 일반 프린터의 차이를 설명하는 내용으로, 빈칸 문장에서 'It's like a normal printer but a little~(그것은 일반적인 프린터와 비슷하지만 조금~).'이라고 한 다음에, 이어지는 부분에서 3D 프린터와 일반 프린터가 '다른 점'을 열거하고 있다. 따라서 문맥상 빈칸에 들어갈 말로 적절한 것은 ② 'different(다른)'이다.
① 공통의
③ 빈번한
④ 잘못된

• normal: 일반적인, 보통의
• put in: 끼워넣다
• material: 재료, 원료
• plastic: 플라스틱
• metal: 금속
• print out: (프린터로) 출력하다
• real-life: 실제의

해석

3D 프린터는 무엇일까요? 그것은 일반적인 프린터와 비슷하지만 조금 다릅니다. 첫 번째로, 우리는 잉크를 넣지 않고 플라스틱이나 금속 같은 다른 재료들을 넣습니다. 다음으로, 소프트웨어를 사용해서, 우리는 종이를 출력하지 않고 장난감이나 심지어 집과 같은 실제 제품을 출력합니다. 놀랍지 않나요?

22 역접의 접속사 'However'로 시작하는 주어진 문장에서 '하지만 갑자기 폭설이 내렸다.'라고 하였으므로, 주어진 문장은 앞뒤 내용이 상반되는 곳에 들어가야 함을 유추할 수 있다. 첫 문장에서 'On New Year's Day, my friend and I planned to climb a mountain near my town(새해 첫날, 내 친구와 나는 마을 근처에 있는 산을 오르기로 계획하였다).'이라고 하였는데, ① 다음 문장에서 'It stopped us from going up the mountain because it could have been dangerous(그것이 우리가 산에 오르는 것을 그만두게 했는데, 위험할 수도 있기 때문이었다).'라고 하였으므로, 주어진 문장은 글쓴이가 산을 오르지 못하게 된 이유가 된다. 따라서 글의 흐름으로 보아 주어진 문장이 들어가기에 적절한 곳은 ①이다.
• plan: 계획하다
• climb: 오르다, 등반하다
• unexpectedly: 뜻밖에, 갑자기
• stop A from B: A가 B하는 것을 그만두게 하다
• dangerous: 위험한
• as a result: 결과적으로
• stay indoors: 외출하지 않다, 집안에 머물다
• disappointed: 실망한, 낙담한

해석

새해 첫날, 내 친구와 나는 마을 근처에 있는 산을 오르기로 계획하였다. 하지만, 갑자기 폭설이 내렸다. 그것이 우리가 산에 오르는 것을 그만두게 하였는데, 위험할 수도 있기 때문이었다. 결과적으로, 우리는 실내에서 있었다. 우리는 매우 실망하였지만 다시 한번 시도해 보기를 원한다.

23 주어진 글은 오늘날 반려동물은 주인에게 특별한 의미이며, 많은 사람들이 반려동물과 많은 시간을 보내고 반려동물에게 돈을 많이 쓴다는 내용이다. 마지막 문장에서 'Here are some reasons why(여기 몇 가지 이유가 있다).'라고 하였으므로, 글의 바로 뒤에 이어질 내용으로 적절한 것은 ② '반려동물이 주인들에게 중요한 이유'이다.

• pet: 반려동물
• hold a special place in one's heart: ~에게 특별하다[소중하다]
• spend: (시간을) 보내다, (돈을) 쓰다
• mean: ~에게 ~의 의미[가치]가 있다
• reason: 이유, 까닭, 사유

해석

오늘날, 개, 고양이, 토끼와 같은 반려동물은 주인들에게 특별하다. 많은 사람들이 그들의 반려동물과 많은 시간을 보낸다. 어떤 사람들은 그들에게 많은 돈을 쓴다. 반려동물은 그 주인들에게 큰 의미가 있을 수 있다(소중하다). 여기 몇 가지 이유가 있다.

[24~25]

해석

인간은 사회적인 존재이다. 우리는 혼자 살 수 없으며 다른 사람들로부터 지원이 필요하다. 우리는 협력해서 일하려고 노력해야 한다. 팀으로 일할 때, 우리는 더 성공적일 수 있다. Helen Keller는 다음과 같이 말한 적이 있다. "혼자서는 아주 적은 일을 할 수 있습니다. 함께 할 때 매우 많은 일을 할 수 있습니다." 우리 모두만큼 똑똑한 사람은 아무도 없다. 이것을 명심할 때, 우리가 더 나은 사회를 건설할 것이라고 나는 확신한다.

• social being: 사회적 존재
• live alone: 혼자 살다
• support: 지지, 지원
• in cooperation: 협력하여
• successful: 성공한, 성공적인
• keep~in mind: 명심하다, ~을 마음에 간직하다

24 네 번째 문장에서 'When we work as a team, we can be more successful(팀으로 일할 때, 우리는 더 성공적일 수 있다).'이라고 하였고, 빈칸 앞 문장에서 'None of us is as smart as all of us(우리 모두만큼 똑똑한 사람은 아무도 없다).'라고 하였다. 또, 빈칸 문장에서 '이것을 명심할 때, 우리가 더 나은 사회를 ~할 것이라고 나는 확신한다.'라고 하였으므로, 문맥상 빈칸에 들어갈 말로 적절한 것은 ① 'build(건설하다)'이다.
② 잊다, 잊어버리다
③ 제출하다
④ 속이다

25 첫 문장에서 'Humans are social beings(인간은 사회적인 존재이다).'라고 하였고, 세 번째 문장에서 'We should try to do things in cooperation(우리는 협력해서 일하려고 노력해야 한다).'이라고 한 다음, 다음 문장에서 'When we work as a team, we can be more successful(팀으로 일할 때, 우리는 더 성공적일 수 있다).'이라고 하였으므로, 윗글의 주제로 적절한 것은 ① '협력의 중요성'이다.

제4교시 사회

01 ②	02 ②	03 ②	04 ③	05 ①
06 ④	07 ③	08 ③	09 ①	10 ①
11 ④	12 ①	13 ②	14 ②	15 ③
16 ②	17 ②	18 ④	19 ①	20 ③
21 ③	22 ④	23 ③	24 ②	25 ④

01 행복한 삶을 위해서는 민주주의적 시민 참여가 필요하다. 민원 제기, 청원 운동, 집회 참가 등을 통해 시민의 권리를 행사함으로써 시민의 정치적 의사가 정책에 반영되면 시민들의 삶에 대한 만족과 행복감을 높일 수 있다.
① 편익: 선택으로 얻어지는 경제적 이득이나 심리적 만족감을 의미한다.
③ 규모의 경제: 기업 입장에서 재화 및 서비스의 생산량이 증가할수록 생산의 평균비용은 감소하는 현상으로, 이로 인해 기업은 더 큰 이익을 얻을 수 있다.
④ 불완전 경쟁: 시장이 효율적인 자원 배분을 이루어 내지 못하는 현상 중 하나로, 새로운 경쟁자의 시장 진입을 방해하는 독과점 등과 같은 시장 형태를 말한다.

02 인권은 인간으로서 누려야 할 기본적이고 필수적인 권리(천부 인권 = 자연권)이며, 다른 사람에게 양도하거나 포기할 수 없고 다른 사람의 인권을 침해할 수 없는 불가침의 권리이다.

03 ㉠ 입법권: 국민의 대표 기관이자 법률을 제정하는 국회에 속하는 국가의 통치권이다.
㉡ 행정권: 제정된 법률을 집행하고 정책을 마련하는 정부에 속하는 국가의 통치권이다.

04 준법 의식이란 사회 구성원이 스스로 법과 규칙을 지키려는 자세를 말한다. 준법 의식이 잘 확립되어야 정의 실현과 사회 질서 유지, 개인의 자유와 권리의 보호가 가능하다.

05 경제 주체로서 정부의 역할은 독점 규제 및 공정 거래에 관한 법률을 제정하고 공정 거래 위원회를 설치하는 등과 같은 제도를 마련하여 불공정 경쟁 행위를 규제하는 것이다. 또한, 세금 제도를 개선하고 복지 제도를 마련하며 소득 재분배를 통해 소득 불평등을 완화하는 역할을 한다.

06 자유 무역 협정(FTA)은 협정을 체결한 국가 간에 상품 및 서비스 교역에 대한 관세 및 무역장벽을 완화하거나 제거함으로써 특정 국가 간에 무역 특혜를 부여하기 위해 맺는 약정이다.
① 브렉시트(Brexit): 영국의 유럽 연합(EU) 탈퇴를 뜻하는 용어이다.
② 님비(NIMBY) 현상: 쓰레기 매립장이나 하수 종말 처리장 등 지역에 피해를 줄 수 있는 특정 시설의 유치를 기피하는 현상이다.

③ 누리 소통망(SNS): 온라인상에서 인맥의 구축과 정보를 주고 받기 위해 제공되는 서비스이다.

07 수정 자본주의는 자본주의의 모순을 국가의 개입으로 완화하려는 경제사상 및 체제이며, 기업 도산, 대량 실업 등의 경제 대공황을 계기로 1930년대에 등장하였다. 수정 자본주의에서는 정부의 적극적인 시장 개입과 국가의 경기 조절 정책, 복지 정책 등을 통한 경제 문제의 해결을 강조한다.
① 연고주의: 혈연, 학연, 지연 따위로 맺어진 관계를 중요하게 여기는 사고방식이다.
② 상업 자본주의: 국가적으로 상업을 중시하고 보호해야 한다는 경제사상 및 체제이다.
④ 자유 방임주의: 개인의 경제 활동의 자유를 최대한 보장하고, 국가의 간섭을 최대한 배제하는 경제사상 및 정책이다.

08 투자의 위험을 줄이기 위한 투자 방식인 분산 투자는 다양한 금융 자산으로 포트폴리오를 구성하여 합리적으로 투자할 것을 권고한다.
① 빨대 효과: 빠른 교통으로 도시 간의 이동 시간이 단축되면서 중소 도시의 인구와 자본이 대도시로 흡수되는 현상이다.
② 외부 효과: 어떤 사람의 경제적 행위가 다른 사람들에게 의도하지 않은 이익과 피해를 발생시키는 현상이다.
④ 사이버 불링: 사이버 공간에서 특정인을 집단적으로 따돌리거나 욕설, 험담 따위로 집요하게 괴롭히는 행위이다.

09 공동선
• 공동체의 가치와 전통에 따라 공동체 구성원의 자아실현과 인격 완성을 추구
• 개인의 이익보다 공동의 이익을 중시
• 아리스토텔레스의 덕 윤리와 공동체주의는 공동체의 가치와 전통에 부합하도록 개인의 인격과 자아실현을 추구하는 것이 바람직함

10 사회 복지 제도 중 국민연금과 고용 보험이 보험의 사례이다. 이들은 국민에게 발생하는 사회적 위험(질병, 노령, 실업, 사망, 재해 등)을 사전에 대비하고자 하는 제도이다.

11 문화 병존이란 기존 문화 요소와 외래 문화 요소가 함께 공존하는 현상을 말한다.
③ 문화 동화: 어떤 민족이 다른 민족에서부터 문화와 전통을 받아 들이는 것

12 ㉠ 문화 사대주의: 자신의 문화는 부정적으로 평가하고, 다른 특정 사회의 문화를 가치 있고 우수한 것으로 여기는 태도이다.
㉡ 문화 상대주의: 문화를 그 사회의 특수한 환경과 역사적 맥락을 고려하여 그 사회의 입장에서 이해하고 존중하는 태도이다.

13 용광로 이론은 모든 것을 녹이는 용광로처럼 다양한 이주민의 문화를 주류 사회에 융합시키는 정책이다.

14 오아시스 농업은 건조 기후 지역에서 이루어진다.

한대 기후 지역
겨울이 길고 몹시 추운 한대 기후 지역은 주로 순록 유목이나 사냥 등을 하며 생활한다. 또한, 가축의 털과 가죽을 이용하여 두꺼운 옷을 만들어 입고, 폐쇄적 가옥 구조의 생활 양식을 가졌다.

15 기후적 요인에 의한 자연재해 중 하나인 폭설은 단기간에 많은 눈이 내리는 현상을 뜻하며, 교통 혼란 또는 시설물 붕괴와 같은 피해를 준다.

16 차티스트 운동은 19세기에 영국의 노동자들이 보통 선거권 획득을 위해 전개한 참정권 확대 운동이다.
① 교토 의정서: 기후 변화 협약의 강제적 구속력 부족으로 실천이 미비한 점을 해결하기 위해 채택되었으며, 선진국의 온실가스 감축 목표를 설정하고, 온실가스 배출권을 거래할 수 있는 탄소 배출권 거래 제도를 도입하였다.
③ 몬트리올 의정서: 오존층 보호를 위해 염화플루오린화탄소 등의 사용 금지 및 규제 등을 위한 협약이다.
④ 사막화 방지 협약: 무리한 개발과 오남용으로 인한 사막화 방지를 위해 체결된 협약으로, 심각한 가뭄 및 사막화·토지 황폐화 현상을 겪고 있는 개발 도상국을 재정적·기술적으로 지원하는 것을 목표로 한다.

17 도시화란 도시 형성 과정에서 농촌 인구의 도시 유입 현상이 활발히 진행되고 도시 인구 비중이 높아지는 현상을 말한다. 도시화가 진행됨에 따라 제2·3차 산업 중심으로 변화하면서 직업의 다양성이 증가하였다. 또한, 냉난방 시설, 자동차 공해 등으로 인한 열기로 도심의 기온이 높아지는 열섬 현상이 발생하고 있으며, 신도시 개발로 인해 도시에 인공 건축물이 증가하고, 농업 중심 사회에서 공업 중심 사회로 변화된 모습을 가지고 있다.

18 합계 출산율은 가임기 여성(15~49세) 1명이 가임 기간(15~49세) 동안 낳을 것으로 예상되는 평균 출생아 수를 말한다.

19 지도에 표시된 (가) 문화권은 동아시아 문화권이다. 동아시아 문화권에서는 불교와 유교 문화가 나타나며, 한자를 사용한다. 또한, 계절풍 기후를 가지고 있고 벼농사를 지어 생활하며 젓가락을 사용한다.

20 이슬람교 문화권
• 라마단 기간의 금식
• 모스크, 첨탑, 할랄 산업
• 여성은 천으로 얼굴과 몸을 가림
• 술과 부정하다고 여기는 돼지고기를 먹지 않음

21 인간과 자연의 공존

개인적 차원	• 인간이 생태계의 구성원임을 자각. 환경친화적인 가치관 정립 • 미래 세대에 대한 책임 의식 • 자연 보호를 위한 일상생활에서의 노력
사회적 차원	• 자연과 인간의 공생을 위한 사회적 인식과 필요성 확대 • 자연과 조화를 이루는 개발 • 동식물 서식지 보호를 위해 노력 • 생태계 복원 사업을 지속적으로 추진

22 문화의 획일화는 국가 간의 활발한 문화 교류로 상호 영향력이 증가되어 전 세계의 문화가 비슷해져 가는 현상을 말한다. 이를 해결하기 위해서는 자국 문화의 정체성을 지키면서 외래 문화를 능동적으로 수용해야 한다.
① 저출산: 여성의 사회 진출, 결혼·출산에 대한 가치관 변화 등으로 인해 출산율이 감소하는 현상이다.
② 플랜테이션: 월등한 기술력과 자본, 원주민과 이주 노동자의 값싼 노동력, 좋은 토지로 이루어지는 농업으로, 열대·아열대에서 이루어지는 대규모 상업적 농업을 가리킨다.
③ 공간적 분업: 다국적 기업에서 이루어지는 형태로, 본사와 연구소, 공장이 각 기능에 따라 다른 곳에 입지한다.

23 국제 비정부 기구인 국경 없는 의사회(MSF)는 개인이나 민간단체를 회원으로 하는 지역·국가·국제적으로 조직된 자발적 비영리 시민 단체이다. 이 기구는 정치적인 박해 방지, 전쟁 및 기아로 위협받는 사람들의 생존권을 보장한다.
①·②·④ 국제 통화 기금(IMF), 세계 무역 기구(WTO), 경제 협력 개발 기구(OECD)는 국가를 구성원으로 하여 국가 간 조약 체결로 창설된 국제기구(정부 간 기구)이다.

24 정보화에 따른 문제점으로 사생활 침해가 있으며, 사이버상에서 개인의 사적 정보가 전산망을 타고 다른 사람들에게 공개되는 경우에 각종 사이버 범죄에 악용될 위험이 있다.
① 환경 난민: 기후 변화로 인한 환경 파괴 또는 대규모 자연재해로 인해 본래 거주하던 지역에서 이주한 사람들을 말한다.
③ 자원 민족주의: 자민족이나 자국의 이익을 위해 자국이 보유하고 있는 자원을 전략적으로 사용하는 것이다.
④ 산아 제한 정책: 아이를 덜 낳도록 유도하는 정책이다.

25 ㉠ 석유: 세계적으로 사용 비중이 가장 높은 에너지 자원이다. 주로 서남아시아와 같은 신생대 지층에 매장되어 있으며, 온실가스 배출 등의 환경 문제를 발생시킨다.
㉡ 천연가스: 일반적으로 석유와 함께 매장되어 있는 화석 연료로, 석탄·석유에 비해 대기 오염 물질 배출이 거의 없는 청정 에너지이다. 또한, 냉동 액화 기술이 발달하고 수송선이 개발되면서 관리가 용이해져 소비량이 증가하였다.

제5교시 | 과학

01 ④	02 ①	03 ③	04 ④	05 ③
06 ④	07 ③	08 ②	09 ④	10 ②
11 ①	12 ②	13 ④	14 ④	15 ③
16 ③	17 ①	18 ②	19 ①	20 ③
21 ②	22 ①	23 ②	24 ①	25 ④

01 태양 전지를 사용하여 태양의 빛에너지를 전기 에너지로 직접 전환하는 것은 태양광 발전 방식이다. 이는 초기 시설 설치비가 많이 들고, 계절에 따라 영향을 받는 특징이 있다.

02 운동량은 운동하는 물체의 운동 효과를 나타내는 물리량으로, 질량(m)과 속도(v)의 곱으로 나타낸다.

$$P = mv \quad [\text{단위}:\ kg \cdot m/s]$$

따라서 $2\,kg$인 물체가 $6\,m/s$의 일정한 속력으로 운동할 때, 이 물체의 운동량의 크기는 $2\,kg \times 6\,m/s = 12\,kg \cdot m/s$이다.

03 코일 근처에서 자석을 움직이면 코일에 전류가 유도되는데 이러한 현상을 전자기 유도라고 한다. 변압기는 전자기 유도를 이용하여 전압을 변화시키는 장치이다.

변압기

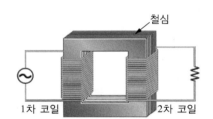

- 송전 과정에서 전압을 변화시키는 장치로, 1차 코일과 2차 코일의 감은 수를 조절하여 전압을 변화시킨다.
- 1차 코일에 교류가 입력될 때 생기는 자기장의 변화가 철심을 통해 2차 코일에 영향을 주므로 2차 코일의 자기장이 변하여 2차 코일에 전류가 유도된다.
- 이때 전압은 코일의 감은 수에 비례하고, 전류의 세기는 코일의 감은 수에 반비례한다.

04 ㄱ. 수평 방향으로 공을 던졌을 때, 수평 방향으로는 더이상 힘이 작용하지 않으므로 공은 등속 직선 운동을 한다. 즉, A와 B 지점에서 공의 수평 방향 속력은 같다. 수평 방향으로 공을 던졌을 때, 수평 방향으로는 힘이 작용하지 않고 연직 방향으로만 일정한 크기의 중력이 작용하므로 A와 B 지점에서 공에 작용하는 힘의 크기는 같다.
ㄷ. 수평 방향으로 공을 던졌을 때, 연직 방향으로는 지구에 의한 중력이 작용하므로 자유 낙하하는 물체와 같은 등가속도 운동을 한다. 따라서 연직 방향의 속력은 일정하게 증가하므로 A와 B 지점에서 공의 연직 방향 속력은 다르다.

05 어떤 열기관이 75 J의 열에너지를 공급받아 외부에 15 J의 일을 하고, 나머지 60 J의 열에너지는 방출하였으므로 이 열기관의 열효율은 $\dfrac{15\ J}{75\ J} \times 100 = 20\,\%$이다.

$$\text{열기관의 열효율(\%)} = \frac{\text{열기관이 한 일}}{\text{공급한 열에너지}} \times 100$$

06 그래핀은 탄소 원자가 육각형 모양으로 배열된 평면 구조이다. 그래핀은 투명하고 전기 전도성이 뛰어나며, 단단하면서도 유연성이 있으므로 휘어지는 디스플레이, 야간투시용 콘텍트렌즈, 차세대 반도체 소재 등에 이용된다.

07 13족 원소는 가장 바깥 전자껍질에 원자가 전자가 3개 배치되어 있는 원소이다. 따라서 ①~④ 중 ③이 13족 원소이다.
① Li(리튬): 1족
② Be(베릴륨): 2족
③ B(붕소): 13족
④ C(탄소): 14족

08 (가)~(라) 중 가장 바깥 전자 껍질의 전자 수가 8개이고, 반응성이 거의 없는 것은 비활성 기체인 (나) Ne(네온)이다. 비활성 기체는 18족에 해당하는 원소들로, 가장 바깥 전자 껍질에 전자가 모두 채워져 있는 안정한 상태이므로 다른 물질과 잘 반응하지 않는다.
① (가): 2주기 16족 원소이므로 O(산소)이다.
② (나): 2주기 18족 원소이므로 Ne(네온)이다.
③ (다): 3주기 1족 원소이므로 Na(나트륨)이다.
④ (라): 3주기 17족 원소이므로 Cl(염소)이다.

09 이온 결합 물질은 양이온과 음이온이 정전기적 인력에 의해 결합하여 생성된다. 또한, 물에 녹으면 양이온과 음이온으로 나누어져 자유롭게 이동할 수 있으므로 수용액 상태에서 전기 전도성이 나타난다.
ㄱ. 산소 기체(O_2)는 공유 결합 물질이다.

10 물에 녹아 염기성을 나타내는 것은 수산화 이온(OH^-) 때문이다. 따라서 ② $Ca(OH)_2$이 물에 녹았을 때 수산화 이온(OH^-)을 내놓으므로 염기성을 나타낸다.
① $HCl\ \rightarrow\ H^+ + Cl^-$
② $Ca(OH)_2\ \rightarrow\ Ca^{2+} + 2OH^-$
③ $H_2SO_4\ \rightarrow\ 2H^+ + SO_4^{2-}$
④ $CH_3COOH\ \rightarrow\ CH_3COO^- + H^+$

11 나트륨 이온(Na^+)과 수산화 이온(OH^-)이 들어 있는 비커 안에 A 수용액을 넣은 결과, 수산화 이온(OH^-)이 수소 이온(H^+)과 반응하여 물(H_2O)이 생성되었고, 또한 염화 이온(Cl^-)도 생성되었다. 따라서 A 수용액은 수소 이온(H^+)과 염화 이온(Cl^-)으로 이루어진 묽은 염산(HCl) 수용액이다.

12

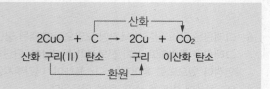

- 산화 구리(Ⅱ)는 산소를 잃고 구리로 환원된다($2CuO \rightarrow 2Cu + CO_2$).
- 탄소는 산소를 얻어 이산화 탄소로 산화된다($C + O_2 \rightarrow O_2$). 따라서 반응 물질 중 산화되는 것은 탄소(C)이다.

13 같은 종의 무당벌레 개체군에서 겉날개의 색과 반점 무늬가 개체마다 달라지면 유전적 다양성이 증가한다.

유전적 다양성
같은 생물종이라도 서로 다른 유전자를 가지고 있어 다양한 형질이 나타나는 것을 의미하며, 하나의 형질을 결정하는 유전자가 다양할수록 유전적 다양성이 높아 변이가 다양하다.

유전적 다양성의 중요성
유전적 다양성이 높을수록 급격한 환경 변화에도 적응하여 살아남는 개체가 존재할 가능성이 높다. 따라서 멸종 위기 등에서 생물 다양성을 보전하기 위해서는 유전적 다양성을 높이는 것이 중요하다.

14 핵산을 구성하는 기본 단위체는 뉴클레오타이드이다. 뉴클레오타이드는 인산, 당, 염기가 1 : 1 : 1로 결합되어 있다.

뉴클레오타이드
인산, 당, 염기가 1 : 1 : 1로 결합되어 있으며, 염기에는 아데닌(A), 구아닌(G), 사이토신(C), 타이민(T), 유라실(U)이 있다.

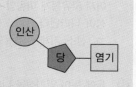

핵산
- 유전 물질로, 생명활동을 조절한다.
- 핵산의 형성: 한 뉴클레오타이드의 인산과 다른 뉴클레오타이드의 당이 결합하는 방식이 반복되어 긴 사슬의 폴리뉴클레오타이드를 형성한다.
- 핵산의 종류: DNA와 RNA가 있다.

15 ㉠은 전사, ㉡은 번역이다.

세포 내 유전 정보의 흐름

전사	번역
DNA → RNA → 단백질	

- DNA 한쪽 가닥에 상보적인 염기 서열을 가진 RNA가 합성되는 과정은 전사이다.
- 전사된 RNA의 유전 정보에 따라 아미노산이 지정되고, 단백질이 합성되는 과정은 번역이다.

16 A와 같이 비교적 분자 크기가 큰 물질은 막단백질을 통해 이동하며, B와 같이 크기가 작은 분자는 인지질 2중층을 직접 통과하여 확산한다.

ㄷ. 세포막은 기본적으로 인지질 2중층으로 구성되며, 군데군데 막단백질 등이 존재한다.

세포막을 통한 물질의 확산

막단백질을 통한 확산	• 물질이 막단백질을 통과하여 확산 • 비교적 분자 크기가 큰 수용성 물질(포도당, 아미노산 등), 전하를 띠는 물질(이온 등)의 확산 방식 예 혈액 속의 포도당이 조직 세포로 확산될 때
인지질 2중층을 통한 확산	• 물질이 인지질 2중층을 직접 통과하여 확산 • 크기가 매우 작은 기체 분자(O_2, CO_2 등)나 지용성 물질(지방산, 글리세롤 등)의 확산 방식 예 폐포와 모세 혈관 사이의 산소(O_2)와 이산화 탄소(CO_2)의 교환

17 항생제를 반복적으로 사용하는 환경에서는 집단 내에서 항생제 내성 세균의 비율이 점차 높아진다. 이는 자연 선택의 결과로 볼 수 있다. 즉, 주어진 환경에 적응하여 살아남는 데 적합한 변이를 가진 개체(=항생제 내성 세균)가 자연 선택되어 진화한 것으로 설명할 수 있다.

다윈의 자연 선택설
- 다양한 변이를 가진 개체들 중 환경에 잘 적응한 개체가 자연 선택되는 과정을 반복하여 생물이 진화한다는 학설이다.
- 자연 선택설에 의한 진화 과정: 과잉 생산과 변이 → 생존 경쟁 → 자연 선택 → 진화

18 ㉠ 참나무는 생산자, ㉡ 햇빛은 비생물적 요인에 해당한다.

생태계 구성 요소
- 생물적 요인: 생태계에 존재하는 생물로, 생산자, 소비자, 분해자로 구분한다.

생산자	광합성을 통해 스스로 양분을 만드는 생물 예 식물성 플랑크톤, 식물
소비자	생산자나 다른 동물을 섭취하여 양분을 얻는 생물 예 동물성 플랑크톤, 초식 동물, 육식 동물
분해자	죽은 생물이나 배설물을 분해하여 양분을 얻는 생물 예 세균, 버섯, 곰팡이

- 비생물적 요인: 생물을 둘러싸고 있는 환경 요인이다. 예 빛, 온도, 물, 토양, 공기 등

19 A는 2차 소비자 하단의 영양 단계이므로 1차 소비자이다.
ㄴ. B는 1차 소비자인 A의 하단의 영양 단계이므로 생산자이다. 참새는 생산자가 아니다.
ㄷ. 안정된 생태계의 개체 수 피라미드라고 하였으므로 개체 수는 상위 영양 단계로 갈수록 감소한다.

20 지구의 지각을 구성하는 암석은 주로 규소와 산소가 결합한 규산염 광물로 이루어져 있다. 그리고 사람을 구성하는 원소 중 가장 많은 질량을 차지하는 것은 산소이다.

지각을 구성하는 주요 원소	산소 > 규소 > 알루미늄 > 철 등
인체를 구성하는 주요 원소	산소 > 탄소 > 수소 > 질소 > 칼슘 > 인 등

➡ 지각과 인체 모두 가장 많은 양을 차지하는 원소는 산소이다.

21 태양 중심부에서는 수소 원자핵 4개가 헬륨 원자핵 1개로 융합되면서 많은 에너지를 방출하는 수소 핵융합 반응이 일어난다. 이는 고온·고밀도의 별 내부에서 에너지를 생성하는 역할을 한다.

22 A는 혼합층으로, 기권과 상호 작용이 일어난다. 즉, 기권에서 바람에 의한 혼합 작용이 일어나 깊이에 따른 수온 변화가 없다.
ㄴ. B는 수온 약층으로, 깊이가 깊어질수록 수온이 급격히 낮아진다.
ㄷ. C는 심해층으로, 태양 복사 에너지가 거의 도달하지 못하여 수온이 매우 낮으며 계절이나 깊이에 따른 수온의 변화도 거의 없다.

23 B는 판과 판이 서로 멀어지는 발산형 경계에 해당한다. 이는 맨틀 대류의 상승부에서 나타나며, 새로운 판이 생성된다.
ㄱ. A는 판과 판이 서로 모이는 수렴형 경계이다. 특히, 밀도가 큰 해양판이 밀도가 작은 대륙판 아래로 섭입하는 섭입형으로, 해구 및 습곡 산맥이 형성된다.
ㄷ. A에서는 대륙판 아래로 해양판이 섭입하면서 해구가 발달하지만, B에서는 해양판과 해양판이 멀어지면서 해령이 발달한다.

24 표준화석이 삼엽충인 A 시대는 고생대, 표준 화석이 암모나이트인 B 시대는 중생대, 표준화석이 매머드인 C 시대는 신생대이다. 따라서 오래된 시대부터 순서대로 나열하면 'A(고생대) - B(중생대) - C(신생대)'이다.

25 지진과 화산 활동을 일으키거나 맨틀 대류를 일으켜 판을 이동시키는 주된 에너지원은 지구 내부 에너지이다.

지구 시스템의 주요 에너지원

태양 에너지	• 발생 원인: 태양의 수소 핵융합 반응 • 지구 시스템에서 자연 현상을 일으키는 근본적인 에너지원 • 물의 순환 등을 일으킴
지구 내부 에너지	• 발생 원인: 지구 내부의 방사성 원소의 붕괴열 • 맨틀 대류를 일으켜 판을 움직이며, 지진과 화산 활동을 일으킴
조력 에너지	• 발생 원인: 달과 태양의 인력 • 밀물과 썰물을 일으켜 해안 생태계와 지형 변화에 영향을 줌

제6교시 한국사

01 ②	02 ④	03 ②	04 ③	05 ②
06 ①	07 ①	08 ②	09 ④	10 ④
11 ④	12 ③	13 ①	14 ④	15 ②
16 ①	17 ①	18 ①	19 ③	20 ①
21 ③	22 ④	23 ①	24 ③	25 ④

01 신석기 시대에는 움집 등에서 정착 생활을 하면서 목축을 시작하였고, 조·피 등을 재배하면서 농경을 처음 시행하였다. 농경을 통해 얻은 식량을 보관하거나 조리하기 위해 빗살무늬 토기를 이용하였다.

02 신라 진흥왕은 백제 성왕과 함께 고구려를 공격하여 한강 유역을 확보하고, 대가야를 정복하여 낙동강 유역을 차지하는 등 신라의 영토를 확장하였다. 이를 기념하기 위해 4개의 순수비(북한산비, 창녕비, 황초령비, 마운령비)와 단양 적성비를 세웠다.

03 선종은 통일 신라 말 유행하였던 불교 종파 중 하나로, 교리를 중시한 교종과 달리 참선의 수행을 강조하였다. 또한, 중앙 정부 중심의 사회 체제를 인정하지 않았기에 지방에서 독자적인 세력을 구축하길 원하는 호족 세력의 지지를 받게 되었다. 호족의 지지를 통해 선종이 크게 발달하여 여러 종파가 생겨났고, 이 중 규모가 큰 9개의 종파를 9산 선문이라고 칭했다.
① 서학: 조선 후기에 명나라에 갔던 사신들에 의해 전래된 서양 사상(천주교)과 문물을 뜻한다.
③ 대종교: 일제 강점기에 나철이 창시한 민족 종교로, 단군 숭배를 통해 민족의식을 강조하고 적극적인 항일 투쟁을 전개하였다.
④ 천도교: 조선 후기에 최제우가 창시한 민족 종교로, 제3대 교주 손병희에 의해 동학에서 천도교로 개칭되었다. '사람이 곧 하늘이다'라고 말하는 인내천 사상을 강조하여 동학 농민 운동을 일으키기도 하였다.

04 고려 인종 때 묘청, 정지상 등을 중심으로 한 서경 세력이 풍수지리설을 바탕으로 서경 천도와 칭제 건원, 금국 정벌 등을 주장하였다. 묘청은 이러한 주장이 좌절되자 고려의 수도를 서경으로 옮기자는 서경 천도 운동을 일으켰다.

05 고려 원 간섭기에 승려 일연이 쓴 『삼국유사』는 불교사를 중심으로 왕력과 함께 고대의 민간 설화나 전래 기록을 수록한 책이다. 특히, 단군을 우리 민족의 시조로 여겨 단군왕검의 건국 설화를 수록한 점이 특징이다.

06 조선 정조는 영조의 탕평책을 계승하여 당파에 상관없이 고르게 인재를 등용하고자 하였다. 또한, 인재를 양성하고 정책을 연구하는 기능과 더불어 왕실 도서관이자 왕을 보좌하는 업무까지 담당하는 규장각을 설치하였다.

07 조선 광해군 때 방납의 폐단을 해결하기 위해 공납을 토산물 대신 쌀, 옷감, 동전 등으로 납부하게 하는 대동법을 실시하였다. 대동법의 실시 이후 국가에서 필요한 물품을 공인이라는 어용상인들이 조달하면서 상품 화폐 경제가 발달하게 되었다.
② 양천제: 모든 백성을 양인과 천민으로 구분한 조선의 신분 제도이다. 실질적으로는 양반, 중인, 상민, 천민의 4계급으로 구분된 반상제가 정착되었다.
③ 전시과: 고려의 관리를 대상으로 한 토지 제도로, 관품과 인품을 기준으로 직관, 산관에게 곡물을 수취할 수 있는 전지와 땔감을 얻을 수 있는 시지를 지급하였다.
④ 호포제: 흥선 대원군이 군정의 문란을 해결하고자 실시한 제도로, 양반에게도 군포를 부과하였다.

08 1866년 미국의 상선 제너럴셔먼호가 교역을 요구하며 평양 대동강까지 들어왔으나 평양 관민들이 이를 거부하면서 배를 불태워버렸다. 이 사건을 구실로 1871년 미국이 강화도를 침략하며 신미양요를 일으켰다. 이후 1882년에 조미 수호 통상 조약을 통해 서구 열강 중 최초로 조선과 근대적 조약을 체결하였다.

09 1884년 김옥균 등 급진 개화파는 일본 공사의 지원을 받아 우정총국 개국 축하연에서 갑신정변을 일으켰다. 이들은 14개조 개혁 정강을 마련하고 문벌 폐지와 인민 평등권 보장, 청과의 사대 관계 폐지, 입헌 군주제 등을 주장하였으나 청군의 개입으로 3일만에 실패하였다.

10 1905년 러·일 전쟁 승리 이후 서양 열강에게 조선의 독점적 지배권을 인정받은 일본은 고종과 대신들을 위협하여 강제로 을사늑약(제2차 한·일 협약)을 체결하고 대한 제국의 외교권을 박탈하였다. 이후 1910년 한국 병합 조약을 통해 일제는 대한 제국의 국권을 완전히 박탈하였다.
① 조선 전기
② 조선 전기
③ 고려

11 신민회는 1907년 안창호, 양기탁 등이 국권 회복과 공화 정체 근대 국가 건설을 목표로 조직한 비밀 결사이다. 신민회는 우리 민족의 실력 양성을 위해 민족 교육을 실시하여 대성 학교와 오산 학교를 세웠다. 또한, 장기적인 독립 전쟁 수행을 위해 국외 독립운동 기지를 건설하여 서간도(남만주) 삼원보에 경학사를 조직하고 신흥 강습소를 설치하였다.

12 녹두 장군 전봉준은 동학 교도로서 반외세, 반봉건을 내세우며 동학 농민 운동을 주도하였다. 동학 농민 운동 세력은 황토현·황룡촌 전투에서 승리하고 전주성을 점령하였다. 이후 정부와 전주 화약을 맺고 집강소를 설치하여 개혁을 추진하였으나 일본의 개입으로 인해 우금치 전투에서 패배하면서 해산되었다. 전봉준은 동학 농민 운동의 지도자로서 서울에서 재판을 받은 뒤, 1895년 처형되었다.

13 고종은 2차 갑오개혁 이후 교육 입국 조서를 반포하여 교육을 통해 나라를 다시 일으키고자 하였다. 이에 소학교, 중학교, 외국어 학교, 한성 사범 학교 등 관립 학교가 세워지며 근대적 교육 제도가 마련되었다.
③ 조선 혁명 선언: 신채호가 작성한 의열단의 기본 행동 강령으로, 직접적인 투쟁을 주장하였다.

14 조선 총독부는 1910년 한국 병합 조약을 통해 대한 제국의 주권이 완전히 상실되자 일제가 조선에 설치한 식민 통치 최고 기구이다.
① 삼별초: 최씨 무신 정권의 군사적 기반이었으며, 몽골의 침입 당시 고려와 몽골의 강화가 성립되자 이에 반발하여 대몽 항쟁을 전개하였다.
② 도병마사: 식목도감과 함께 고려의 독자적인 정치 기구로, 국방 및 군사 문제를 논의하던 임시 회의 기구이다.
③ 제가 회의: 고구려의 귀족 회의로, 나라의 중요한 일을 결정하였다.

15 일제 강점기 대표적인 민족주의 사학자 박은식은 일본의 조선 침략 과정을 담은『한국통사』와 갑신정변부터 3・1 운동까지의 항일 운동 역사를 다룬『한국독립운동지혈사』를 저술하였다. 또한, 신채호는『독사신론』을 저술하여 민족을 역사 서술의 중심에 두었으며,『조선사연구초』와『조선상고사』를 통해 우리 고대 문화의 우수성과 독자성을 강조하였다.

16 1919년 3월 1일 시작된 3・1 운동은 각계각층의 사람들이 참여한 대규모 독립운동으로, 민족의 주체성을 확인하는 계기가 되어 대한민국 임시 정부 수립이라는 결과를 가져왔다. 또한, 일제가 무단 통치의 한계를 느끼게 하여 문화 통치로 식민 지배 방식을 바꾸게 하였다. 국외적으로는 중국의 5・4 운동, 인도의 반영 운동 등 약소국의 민족 운동에 영향을 주었다.
① 조선이 외국과 맺은 최초의 근대적 조약인 강화도 조약은 치외법권과 해안 측량권을 인정한 불평등 조약으로, 조선은 일본의 요구에 따라 부산・원산・인천을 개항하였다.

17 1930년대 초 언론사를 중심으로 문맹 퇴치와 미신 타파를 목표로 농촌 계몽 운동이 전개되었다. 동아일보는 러시아어로 '민중 속으로'라는 뜻의 브나로드 운동을 전개하여 농민에게 한글을 교육하는 등 문맹 퇴치에 힘썼다.

18 1919년 김원봉을 중심으로 만주 지역에서 결성된 의열단은 일제 요인 암살, 기관 파괴, 테러 등 직접적인 투쟁 방식으로 독립운동을 전개하였다. 1923년 의열단원인 김상옥은 종로 경찰서에, 1924년 김지섭은 일본 도쿄 왕궁에 폭탄을 투척하였다.
② 보안회: 근대의 항일 단체로, 일본의 황무지 개간권 요구에 대한 반대 운동을 전개하여 이를 막았다.
③ 황국 협회: 독립협회에 대항하기 위해 정부가 조직한 단체로, 정부 관리와 보부상들로 이루어져 있었다.

19 제1차 미・소 공동 위원회가 결렬되자 이승만이 단독 정부 수립을 주장하였다. 이에 중도 좌파 여운형과 중도 우파 김규식이 미군정의 지원을 받아 좌우 합작 위원회를 결성하였다. 이들은 좌우 합작 7원칙을 발표하고 좌우 합작 운동을 전개하였지만 제2차 미・소 공동 위원회의 결렬, 여운형의 암살 등의 영향으로 성공하지 못하였다.

20 삼균주의는 정치, 경제, 교육에서의 균등을 바탕으로 개인과 개인, 민족과 민족, 국가와 국가 간의 완전한 균등을 추구하자는 논리로, 조소앙이 주장하였다. 1941년 대한민국 임시 정부는 조소앙의 삼균주의를 바탕으로 대한민국 임시 정부 건국 강령을 발표하였다.

21 1950년 6월 25일에 북한의 남침으로 6・25 전쟁이 발발하였다. 전쟁 초기 낙동강 방어선까지 밀렸던 국군은 유엔군의 파병과 인천 상륙 작전의 성공으로 압록강 근처까지 진격하였으나 중국군의 개입으로 인해 1・4 후퇴를 하게 되면서 서울을 다시 빼앗겼다. 이후 38도선 일대에서 전쟁이 교착 상태에 빠지자, 소련 측의 제의로 미국과 소련이 정전 회담을 진행하였고, 오랜 논의 끝에 1953년 군사 분계선 설정과 전쟁 포로 송환에 협의하면서 정전 협정을 체결하였다.

22 박정희 정부는 장면 정부가 수립한 경제 개발 5개년 계획을 추진하여 정부 주도의 외자 도입 및 수출 정책 등을 바탕으로 고도의 경제 성장을 이루어냈다.

23 1980년 신군부의 비상계엄 확대에 저항하여 광주에서 5・18 민주화 운동이 일어났다. 이후 1987년에 박종철 고문치사 사건과 4・13 호헌 조치를 계기로 6월 민주 항쟁이 전국적으로 확산되면서 대통령 직선제 개헌을 요구하였다. 이에 정부는 국민들의 직선제 개헌과 민주 헌법의 제정 요구를 받아들여 6・29 민주화 선언을 발표하였고, 5년 단임의 대통령 직선제를 중심으로 하는 개헌을 발표하였다.

24 대한민국 경제는 단기간에 성장한 탓에 많은 문제점을 안고 있었다. 특히, 가명・무기명으로 금융 거래를 하는 등 지하 경제가 널리 퍼져 있었다. 이를 근절하기 위해 김영삼 정부는 대통령 긴급 명령을 통해 금융 실명제를 실시하였다. 이에 모든 금융 거래를 실제의 명의로 하는 등 투명한 금융 거래가 정착되었다.

25 노태우 정부는 남북한 화해 및 불가침, 교류・협력 등에 관한 공동 합의서인 남북 기본 합의서를 채택하였다(1991).

제7교시 도덕

01 ①	02 ③	03 ②	04 ③	05 ①
06 ①	07 ③	08 ③	09 ②	10 ①
11 ①	12 ①	13 ④	14 ②	15 ③
16 ②	17 ④	18 ④	19 ④	20 ①
21 ④	22 ②	23 ④	24 ②	25 ④

01 현대 사회의 다양하고 구체적인 윤리 문제의 원인을 분석하고 타당한 해결책을 제시하는 것을 목표로 하는 윤리학은 실천 윤리학이다.
② 기술 윤리학: 도덕적 관습이나 풍습 등을 조사하여 객관적으로 서술하고 그 인과 관계를 설명하는 것을 주된 목표로 한다.
③ 이론 윤리학: 윤리적 행위의 근본 원리를 밝히는 것을 주된 목표로 한다.
④ 메타 윤리학: 도덕적 언어의 의미를 분석하고 도덕적 추론의 정당성을 검증하기 위한 논리 분석을 주된 목표로 한다.

02 환경 윤리 영역의 주요 쟁점으로는 생태계 파괴 문제, 동물 해방 문제, 인간중심주의 윤리 문제, 기후 변화에 따른 윤리적 문제 등이 있다. 주요 쟁점의 사례를 살펴보면, '인간중심주의 윤리로 환경 문제를 해결할 수 있는가?', '환경 보전과 개발은 양립 가능한가?', '자연은 개발의 대상인가, 보전의 대상인가?' 등이 있다.

03 사단(四端)에 근거하여 성선설을 주장한 윤리 사상가는 맹자이다. 맹자는 유교의 대표 사상가로, 누구에게나 주어져 있다는 선한 마음인 사단(四端)을 바탕으로 수양하면 도덕적으로 완성된 인간인 성인(聖人)과 군자(君子)가 될 수 있다고 주장하였다. 또한, 일정한 생업이 있는 사람은 일정한 마음이 있고, 일정한 생업이 없는 사람은 일정한 마음이 없다고 주장하여 생업의 중요성에 대해서도 언급하였다.

04 최대 다수의 최대 행복의 실현이 윤리적 행위의 목적이 되며, 쾌락과 행복을 가져다주는 행위는 선이고, 고통과 불행을 가져다주는 행위는 악이라고 보는 입장은 공리주의이다.

05 죽음에 대한 윤리적 의미에 대해 동양 및 서양 사상에서는 다양한 견해들을 내놓았다.
• 장자(도가 사상): 죽음은 기(氣)가 흩어지는 과정이며, 삶과 죽음은 자연적이고 필연적인 과정이므로 죽음을 슬퍼하거나 삶에 집착하지 말 것을 강조하였다.
• 플라톤: 죽음은 영혼이 육체로부터 벗어나 이데아(Idea)의 세계에 도달하는 과정으로 현실에서의 이성적 지혜를 중요시하였다.
• 에피쿠로스: 죽음은 원자가 흩어지는 것으로, 사람은 죽음을 경험할 수 없는 존재이므로 죽음을 두려워할 필요가 없다고 주장하였다.

06 도가의 대표 사상가인 장자는 평등적 세계관으로써 제물(齊物)을 강조하였다.

제물(齊物)
• 세상 만물을 차별하지 않고 한결같이 바라보는 상태
• 좌망(坐忘: 조용히 앉아 자신을 구속하는 일체의 것들을 잊어버림)과 심재(心齋: 마음을 비워 깨끗이 함)를 통해 이를 수 있다.

07 인간과 자연, 미래 세대에 대한 책임 윤리를 강조한 것은 요나스(Jonas, H.)이다.

요나스(Jonas, H.)의 책임 윤리
• 요나스는 과학 기술 시대에 맞는 책임 윤리의 확립을 주장하였다.
• 책임 범위의 확대: 책임 범위를 현재 세대로 한정하는 전통적 윤리관을 비판하고, 윤리적 책임의 범위를 확대해 인간뿐만 아니라 자연, 미래 세대에 대한 책임까지 고려해야 한다고 주장하였다.
• 예견적 책임: 과학 기술이 미래에 끼치게 될 결과까지 예측하고, 인류에 해악을 끼칠 수 있는 과학 기술 연구는 중단하는 등의 도덕적인 책임을 져야 한다고 주장하였다.

08 시민 불복종의 일반적인 정당화 조건 중 자신의 위법 행위에 대한 책임을 져야 한다는 것은 처벌 감수에 해당한다.

시민 불복종의 정당화 조건

공개성	불복종의 정당성을 알리기 위해 공개적으로 이루어져야 함
정당성	개인에게 불리한 법률이나 정책이 아니라 사회 구성원의 권리를 침해하여 사회 정의를 훼손한 법이나 정책에 항의하는 것으로, 공동선을 추구
비폭력성	폭력적인 행동으로 선동하는 것은 정당화될 수 없음
최후의 수단	정상적인 방식을 시도하였지만 소용이 없을 때 최후의 상황에서 시도해야 함
처벌의 감수	위법 행위에 대한 처벌을 받아들여 기본적인 법을 존중하고 정당한 법체계를 세우기 위한 노력임을 분명히 해야 함

09 프롬(Fromm, E.)은 사랑의 구성 요소 4가지를 제시하였으며, 사랑이 지배의 관계로 타락하지 않기 위해서는 존경이 필요하다고 주장하였다.

프롬(Fromm, E.)이 제시한 사랑의 구성 요소

보호	사랑하는 사람의 생명과 성장에 관심을 가지고 보호하는 것
책임	사랑하는 사람의 요구를 배려하면서 자신의 행동에 책임을 지는 것
존경	사랑하는 사람을 소유하고 지배하는 것이 아니라, 있는 그대로 받아들이며 존경하는 것
이해	사랑하는 사람에 대해 깊이 이해하는 것

10 (가) 인간 중심주의는 인간은 윤리적 동물이며, 이성을 지닌 인간은 자연적 존재보다 우월하고 귀한 존재라는 입장이다. (나) 동물 중심주의는 도덕적인 고려 범위를 인간뿐만 아니라 동물로 확대해야 한다는 입장이다.
(가)와 (나)에서 모두 인간이 도덕적 고려의 대상이라는 점은 공통된다.
② 생명 중심주의의 입장이다.
③ 생태 중심주의의 입장이다.
④ 생태 중심주의의 한계점에 해당한다.

11 종교 개혁자 칼뱅(Calvin, J.)은 자신의 직업에 충실히 종사하는 것이 바로 신의 명령에 따르는 것이라고 주장하였고, 이를 소명 의식이라고 보았다. 최근에는 소명 의식의 개념이 차츰 일반화되어 책임 있는 의식, 즉 개인의 일을 의미와 목적이 있는 것으로 인식하고 자신의 일에 헌신하려는 태도라고 여긴다.

12 과학 기술자는 자신의 연구 활동이 인간의 존엄성을 구현하고, 삶의 질 향상을 위한 것인지 항상 고민해야 한다.

과학 기술자의 내적 책임과 외적 책임

내적 책임	• 연구 윤리를 준수하여 위조, 변조, 표절, 부당한 저자 표기 등 비윤리적 행위를 하지 않아야 함 • 실험 대상을 윤리적으로 대우해야 함 • 자신의 연구가 참 또는 거짓인지 확실하게 밝혀야 하며, 엄격한 자기 검증 과정을 거쳐야 함
외적 책임 (사회적 책임)	• 자신의 연구 결과가 사회에 미칠 영향에 대한 책임을 져야 함 • 연구 결과가 사회에 부정적 영향을 미친다면 이를 중단하거나 예방적 조치를 취해야 함 • 자신의 연구 활동이 인간의 존엄성을 구현하고 삶의 질 향상을 위한 것인지 항상 고민해야 함

13 홉스, 로크 등은 국가 권위의 정당화 근거로 사회 계약설을 주장하였다.

국가 권위
국민이 국가를 따르게 하는 힘으로, 통치권이나 명령권과 같이 국민의 공동 이익을 보장하기 위해 국가 조직을 통해 행사되는 물리적 강제력을 말한다.

사회 계약설
• 자연 상태에서의 인간 사회에는 불신과 투쟁이 존재할 뿐 보편타당한 도덕 원리가 존재할 수 없다.
• 이를 보완하고 공공 이익을 달성하기 위해 자발적으로 개인 간 합의나 계약을 맺어 국가를 수립한다고 보았다. 이에 따라 국가는 시민의 생명과 자유, 재산을 보호한다.

14 국가 간 빈부 격차로 인해 식량 수급의 불균형이 발생하는데 이는 저소득 국가의 인권 문제와도 직결되는 윤리적 문제로 볼 수 있다.

15 A는 '아니요', B는 '예'이다. 예술에 대한 도덕주의 입장에서는 미적 가치보다 도덕적 가치가 우위에 있다고 보고, 예술은 윤리의 지도를 받아야 한다고 주장한다. 또한, 예술의 목적은 올바른 행동을 권장하고 덕성을 장려하여 사회의 도덕적 성숙에 기여하는 것이라고 주장한다.

16 갈퉁(Galtung, J.)은 평화를 소극적 평화와 적극적 평화로 구분하였으며, 진정한 평화는 직접적 폭력뿐만 아니라 간접적 폭력까지 모두 제거된 적극적 평화를 의미한다고 보았다.

갈퉁의 평화론

소극적 평화	• 전쟁, 테러와 같이 사람의 목숨과 신체에 위협을 가하는 직접적 폭력이 없는 상태 • 전쟁과 평화는 상호 배타적이라는 견해에 기초한 평화
적극적 평화	• 직접적 폭력뿐만 아니라 빈곤, 정치적 억압, 인종 차별과 같은 간접적 폭력까지 모두 없는 상태 • 전쟁이 없는 상태일지라도 빈곤, 억압 등 인간의 잠재적 능력이 억압되는 경우가 존재한다면 적극적 평화가 실현되었다고 볼 수 없음

17 노직의 정의관은 개인의 소유권을 중시하고, 국가는 개인의 소유권을 침해하지 않는 최소 국가의 역할만 수행해야 한다고 보았다. 노직은 개인의 소유 권리를 보장하는 것이 정의라고 보았다.

롤스(Rawls, J.)의 정의관 – '공정으로서의 정의'
• 공정한 절차를 통해 발생한 결과는 정당하다고 본다.
• 모든 사람은 다른 사람과 유사한 자유와 양립할 수 있는 가장 광범위한 기본적 자유에서 평등한 권리를 가진다.
• 사람들은 자연적·사회적 우연성이 배제된 원초적 입장에 놓였을 때 자신이 가장 불리한 상황에 놓일 가능성을 염두에 두고 모두에게 공정한 정의 원칙에 합의한다. → 최소 수혜자에게 최대의 이익을 주는 분배 방식(차등의 원칙)

18 • 처벌에 대해 응보주의적 관점에서는 범죄 행위에 상응하는 동일한 수준의 처벌을 받는 것이 평등의 원리에 부합한다고 본다. 또한, 칸트는 자유롭게 자신의 행위를 결정할 수 있는 이성적 존재는 자신의 행동에 책임을 져야한다고 강조하며, 개인의 책임을 전제로 하고 있다.
• 범죄 예방의 가장 효과적인 방법은 종신 노역형이라고 보는 것은 공리주의적 관점이다.

19 현대 사회에서는 사생활 침해를 방지하고, 자신에 관한 정보를 보호하기 위해 자신의 정보에 대한 노출 정도를 자율적으로 결정하고 통제할 수 있는 권리인 정보의 자기 결정권이 강조되고 있다.

20 통일 과정과 통일 이후 남북한 격차를 해소하기 위해 부담해야 할 비용은 통일 비용이다.
예 북한 경제 재건 비용, 통일 후 위기 관리 유지 비용 등

21 니부어(Niebuhr, R.)는 정의로운 사회가 되려면 개인의 도덕성 뿐만 아니라 사회의 도덕성을 고양해야 한다고 보았다. 즉, 사회 구조와 제도의 개선을 통해 윤리 문제를 해결해야 하며, 이를 위해 사회적인 강제력을 동원해야 한다고 주장하였다.

22 부당한 차별을 극대화할 수 있다는 것은 소수자 우대 정책의 반대 논거에 해당한다.

우대 정책에 대한 찬반 입장

찬성	• 사회적 격차 해소와 긴장 완화 • 과거의 부당한 차별에 대한 보상 • 사회적 운으로 발생한 불평등을 시정하여 기회의 평등 보장
반대	• 특정 집단에 대한 특혜는 업적주의에 위배되며, 다른 집단에 대한 또 다른 차별을 발생시킴 • 과거의 피해와 현재의 보상 사이의 불일치가 문제시됨

23 하버마스(Habermas, J.)의 이상적 담화 조건
- 이해 가능성: 대화 당사자들이 토론 내용을 서로 이해할 수 있어야 한다.
- 진리성: 담화 내용은 참이어야 하며, 진리에 바탕을 두어야 한다.
- 진실성: 상대방을 속이지 않고, 말하려는 바를 진실하게 표현해야 한다.
- 정당성: 말하는 내용은 사회적으로 정당한 규범을 다루고, 논쟁 절차를 준수해야 한다.

24 종교 간 갈등 해결을 위해서는 힘의 논리가 아닌 대화하고 협력하는 자세가 필요하다.

종교 간 갈등 해결을 위한 노력
- 관용의 태도: 종교의 자유를 인정하고 다른 종교에 대해 관용적인 태도를 갖추어야 한다.
- 대화와 협력: 종교 간에 대화하고 협력하려는 노력을 기울여야 한다.
- 보편적 가치 존중: 종교 간에 서로 올바르게 이해하여 종교 간 갈등을 해소하고, 인권·사랑·평화와 같은 보편적인 가치를 실천하려 노력해야 한다.

25 공직자는 국가 기관이나 공공 단체의 일을 맡아보는 직책이나 직무를 가진 사람으로, 국민에게 봉사할 뿐만 아니라 국가 유지 및 발전에 중요한 역할을 한다. 따라서 공직자는 정직과 성실, 봉사와 책임 및 청렴과 연대 의식을 가지고 공익 실현을 위해 노력해야 한다.

ㄷ. 청탁과 비리와 같은 부정부패는 공직자가 지녀야 할 태도로 볼 수 없다.

2023년도

제1회 정답 및 해설

제2회 정답 및 해설

01	③	02	①	03	④	04	③	05	②
06	④	07	④	08	③	09	④	10	②
11	④	12	②	13	①	14	④	15	①
16	③	17	①	18	②	19	①	20	②
21	②	22	③	23	①	24	③	25	④

01 이 글은 지역에 따라 같은 단어인 '부추'를 다르게 표현하는 '지역 방언'에 대한 설명이다. 지역 방언은 지역적으로 분화되어 그에 따라 다르게 사용하는 말을 의미하는데, 같은 언어를 사용하는 사람들끼리 동질감을 느낄 수 있다는 장점이 있으나, 다른 언어를 사용하는 사람들과는 언어 소통에 문제가 생기고 오해가 쌓일 수 있다는 단점이 있다.
① · ② · ④ '사회 방언'에 대한 설명으로, 계층적으로 분화되어 직업, 연령, 성별 따위에 따라 특징적으로 사용하는 말을 의미한다.

02 제시된 세 가지 속담은 공통적으로 말을 삼가며, 늘 신중하게 말해야 함을 강조하는 우리말의 담화 관습을 나타내고 있다.

03 피동 표현은 주어가 다른 주체에 의해서 동작을 당하는 것을 나타내는 말이다. '그가 친구에게 사실을 밝혔다.'는 주어인 '그'가 '친구'에 의해 사실을 밝힘 당한 것이 아니라, 직접 밝혔다는 의미를 나타내고 있으므로 주어가 동작을 제힘으로 하는 것을 나타내는 능동 표현이 사용된 예이다.
① 주어 '동생'이 '엄마'에 의해 업힘을 당하였다는 의미로, 피동 표현이 사용된 예이다.
② 주어 '아이'가 '모기'에게 물림을 당하였다는 의미로, 피동 표현이 사용된 예이다.
③ 주어 '토끼'가 '사냥꾼'에게 잡힘을 당하였다는 의미로, 피동 표현이 사용된 예이다.

04 표준 발음법 [제14항]에 의하면 '닭을'의 '닭'은 모음으로 시작되는 목적격 조사 '을'과 결합된 경우이므로 겹받침 중 뒤에 오는 'ㄱ'이 뒤 음절 첫소리로 옮겨 발음되어야 한다. 따라서 [달글]로 발음하는 것이 적절하다.
① · ② 겹받침이 모음으로 시작되는 조사와 결합된 경우이므로 겹받침 중 뒤에 오는 'ㅅ'이 뒤 음절 첫소리로 옮겨 된소리로 발음된 예이다.
④ 겹받침이 모음으로 시작되는 어미와 결합된 경우이므로 겹받침 중 뒤에 오는 'ㅈ'이 뒤 음절 첫소리로 옮겨 발음된 예이다.

05 ②의 '사랑하신다'에서 선어말 어미 '-(으)시-'를 사용하여 주체인 '선생님'을 높인 것으로, 주체 높임법을 사용한 예이다.
① · ③ · ④ '모시다', '여쭙다', '뵙다'라는 특수한 어휘를 사용하여 각각 객체인 '어머니', '아버지', '할아버지'를 높인 것으로, 객체 높임법을 사용한 예이다.

06 (나)는 '교내 식품 안전 지킴이' 제도의 도입을 주장하는 건의문이다. 제시된 건의문에서 구체적인 설문 조사 결과는 제시되어 있지 않다.
① 글쓴이는 자신을 비롯해 학생들이 매점에서 식품을 먹고 배탈이 난 경험을 제시하여 학교 매점의 유해 · 불량 식품 판매라는 문제 상황을 드러내었다.
② 글쓴이는 제시된 문제 상황을 해결하기 위해 예상 독자인 교장 선생님에게 '교내 식품 안전 지킴이' 제도를 도입할 것을 요청하였다.
③ 글쓴이는 해당 제도를 도입할 때 학생들이 안전한 먹거리를 섭취하고 바람직한 식습관을 형성할 수 있을 것이라는 기대 효과를 제시하였다.

07 글쓴이는 어린이 식생활 안전 관리 특별법의 내용을 제시하며 초 · 중 · 고교 매점은 안전하고 영양가 있는 식품을 공급해야 하지만, ○○고등학교 매점은 그렇지 못하다는 현실을 지적하고 있다. 이때 앞의 내용을 이어 받아 연결하는 순접의 접속어 '그래서'가 아닌, 앞의 내용과 상반되는 내용을 이어 주는 역접의 접속어 '하지만'이 사용되는 것이 적절하다.

08 '일·홈·을'은 체언과 조사, 어간과 어미를 구별하여 적는 방법인 끊어 적기, 즉 '분철(分綴)식 표기'가 사용된 것이다. 이는 표의주의 표기법이라고도 한다. 이어 적기는 앞 음절의 끝소리를 뒤 음절의 첫소리로 옮겨 적는 방법인 '연철(連綴)식 표기'로, 표음주의 표기법이라고도 한다.
① '孔·공子·진'는 모음 'ᆞ'로 끝난 체언 뒤에 주격 조사 'ㅣ'가 결합한 것이다. 중세 국어 주격 조사의 경우, 자음으로 끝난 체언 뒤에서는 주격 조사 '이'가, 'ㅣ' 이외의 모음으로 끝난 체언 뒤에서는 주격 조사 'ㅣ'가 쓰인다. 'ㅣ'로 끝난 체언 뒤에서는 주격 조사가 생략된다.
② '父·부母:모·씌'의 '·씌'와 같이 중세 국어에는 음절의 첫머리에 서로 다른 둘 이상의 자음이 올 수 있는 어두 자음군이 사용되었다.
④ '父·부母:모롤'의 '롤'과 같이 중세 국어에는 양성 모음은 양성 모음끼리, 음성 모음은 음성 모음끼리 어울리는 모음 조화가 잘 지켜졌다.

> **작품 해설**
>
> 이육사, 「절정」
> - 갈래: 자유시, 서정시
> - 성격: 남성적, 상징적, 지사적
> - 제재: 현실의 극한 상황
> - 주제: 극한 상황에서의 초월적 인식
> - 특징
>   - 현재형 시제를 사용하여 긴박함을 더함
>   - 역설적 표현을 통해 효과적으로 주제를 형상화함
>   - 강렬한 상징어와 남성적 어조로 강인한 의지를 표출함

09 이 글에서 '무지개'는 희망을 상징하는 시어이다. 이때, '강철로 된 무지개'라는 모순되고 역설적인 표현을 활용하여 겨울을 냉혹한 현실 속 희망이 내재되어 있는 계절이자 해방을 위한 시련의 과정으로 인식하고, 강인한 현실 극복 의지를 표출하였다는 점이 특징적이다.
①·②·③ '매운 계절(季節)', '북방(北方)', '고원(高原)'은 모두 가혹한 탄압이 이루어졌던 일제 강점기의 암울하고 극한 상황을 상징한다.

10 이 글은 '매운 계절(季節)', '북방(北方)', '채찍', '고원(高原)' 등 다양한 상징적 시어를 활용하여 일제 강점기 시련과 탄압을 받던 화자의 상황을 효과적으로 드러내고 있다. 특히 '북방(北方)'은 남쪽에서 북쪽으로 쫓겨난 수평적 한계 상황을, '고원(高原)'은 낮은 곳에서 높은 곳으로 내몰린 수직적 한계 상황을 나타내는데, 가장 힘겹고 극한 처지에 처한 시적 화자의 현실을 효과적으로 나타낸다.

11 시적 화자, 즉 시인 이육사가 처한 사회·문화적 배경을 고려하였을 때, 시인은 일제 강점기에 적극적으로 저항한 인물임을 알 수 있다. 이 글을 통해 그는 극심한 탄압으로 극한의 상황까지 내몰렸음에도 꾸준히 항일 운동을 진행하며 언젠가는 찾아올 독립을 희구하는 불굴의 항일 의지를 드러내고 있다.

> **작품 해설**
>
> 김유정, 「봄·봄」
> - 갈래: 농촌 소설, 단편 소설, 순수 소설
> - 성격: 해학적, 향토적
> - 제재: 데릴사위 제도와 혼인 문제
> - 주제: 우직하고 순박한 데릴사위와 교활한 장인 간의 갈등
> - 특징
>   - 역순행적 구성을 취함
>   - 당대 농촌 현실 문제를 간접적으로 드러냄
>   - 향토적 어휘와 해학적 어투로 작품의 분위기를 형성함

12 이 글은 주인공 '나'가 자기 자신의 이야기를 하는 방식인 '1인칭 주인공 시점'으로 서술되어 있다. 이는 주인공의 내면세계를 그리는 데 효과적이며, 독자에게 친근감과 신뢰감을 준다는 장점이 있다. 반면, 독자가 객관성을 유지하기 어렵고 주인공 이외의 인물을 서술할 때 제약이 따른다는 단점이 있다.
① 이 글은 구장, '나', 장인 간의 대화를 통해 성례의 성사 여부에 대해 다투는 사건을 전개하고 있다.
③ 구장을 꾀어내어 성례를 시켜주지 않으려는 장인의 의도를 파악하지 못하는 어리숙한 '나'의 모습을 통해 작품의 해학성이 부각된다.
④ 이 글은 '1930년대 어느 농촌', '데릴사위', '농사'와 같이 농촌을 배경으로 설정하여 당대의 마름 제도와 농촌의 현실, 생활상 등을 해학적으로 그려내었다.

13 이 글에서 구장은 '나'의 말에 '자네 말두 하기야 옳지.'와 같이 동의하며 성례의 가능성을 제시하여 '나'의 마음을 열고 있다.
② 구장은 '하지만~징역을 가거든!'과 같이 농사일을 돕지 않는 '나'에게 징역을 살 수도 있다며 겁을 주고 있다.
③ 구장은 '법률에~있는 걸세.'와 같이 성년이 되어야지만 결혼을 할 수 있다는 법률적 근거를 들어 '나'를 설득하고 있다.
④ 구장은 '그렇지만~마저 붓게.'와 같이 올해 가을에는 장인이 성례를 시켜줄 것이라는 가능성을 제시하여 '나'를 회유하고 있다.

14 이 글에서 '나'는 구장이 장인으로부터 '땅 두 마지기', 즉 뇌물을 받아 꾀임을 당하였을 것이라는 뭉태의 말에 '난 그렇게 생각 않는다.'라고 동의하지 않는 모습을 보인다.

> **작품 해설**
>
> 정극인, 「상춘곡」
> - 갈래: 서정 가사, 양반 가사, 강호 한정가
> - 성격: 서정적, 자연 친화적, 예찬적
> - 제재: 봄의 아름다운 풍경
> - 주제: 봄 경치를 감상하며 느낀 즐거움과 안빈낙도
> - 특징
>   - 4음보의 규칙적 율격을 지님
>   - 화자의 공간 이동에 따라 시상을 전개함
>   - 직유법, 대구법, 의인법 등 다양한 표현 기법을 사용함

15 가사는 고려 후기에 발생하여 조선 전기 사대부 계층에 의해 확고하게 자리 잡은 시가 양식으로, 4·4조 4음보 연속체와 서사, 본사, 결사의 3단 구성을 형식으로 한다. 이 글은 '속세에 / 묻힌 분들, / 이내 생애 / 어떠한가.', '옛사람 / 풍류에 / 미칠까 / 못 미칠까.'와 같이 4개의 음보가 연속되어 운율을 형성하는 가사의 특징이 나타난다.
② 이 글에는 후렴구가 사용되지 않았으며, 몇 개의 연이 중첩되어 한 작품을 이루는 연장(聯章) 형식, 즉 분연체를 취하지 않았다.

③ 4구체, 8구체, 10구체 형식은 신라 시대의 향찰로 표기한 노래인 향가의 갈래적 특성이다. 4구체는 향가의 초기 형태로, 민요나 동요가 정착된 것이며, 8구체는 4구체에서 발전된 형태로, 4구체와 10구체의 과도기적 형식이다. 10구체는 향가의 형식 중 가장 정제되고 세련된 형태로, 3장으로 되어 있고, 마지막 2구인 낙구는 후대 시조 형식에 영향을 주었다.

④ 초장, 중장, 종장의 3장 구성은 고려 중엽에 발생하여 고려 말에 완성된 정형시인 시조의 갈래적 특징이다.

16 이 글은 자연을 예찬하며 한가로이 즐기는 정서를 노래한 강호한정가로, 이때, '풍월주인'이라는 표현은 맑은 바람과 밝은 달 따위의 아름다운 자연을 즐기는 사람이라는 의미이다. 이 글에서 큰 고을의 주인이 된 내용이나 임금의 은혜에 감사하는 내용은 나타나 있지 않다.

① 화자는 '속세에 묻힌 분들, 이내 생애 어떠한가.'와 같은 표현을 통해 속세에 묻혀 사는 사람들의 삶과 속세와 단절되어 자연에 묻혀 살고 있는 자신의 삶을 대조하여 드러내고 있다.

② 화자는 '옛사람 풍류에 미칠까 못 미칠까.'와 같은 표현을 통해 자연 속에서 유유자적하며 살아가는 삶에 대한 자부심을 옛사람의 풍류에 견주어 비교하며 드러내고 있다.

④ 화자는 '수풀에 우는 새는 봄 흥취에 겨워 소리마다 교태로다.'와 같은 표현을 통해 아름다운 봄의 경치를 감상하며 느끼는 즐거움과 안빈낙도의 감정을 드러내고 있다.

가사 문학의 발전 단계

조선 전기	• 강호 한정가: 임금의 은총을 노래하거나 자연에서 유유자적하는 가사가 주를 이룸 예 송순 「면앙정가」, 정극인 「상춘곡」, 정철 「관동별곡」 • 연군 지정가: 임금에 대한 충성심을 남녀의 애정 관계에 대입하여 표현한 가사가 유행함 예 정철 「사미인곡」, 「속미인곡」
조선 후기	• 현실 생활 가사: 현실 생활, 가난, 전쟁의 고통 등을 사실적으로 그린 가사가 등장함 예 박인로 「선상탄」, 「누항사」 • 규방(내방)가사, 유배 가사: 서사적 장편 가사로 산문적 성격이 짙어짐 예 허난설헌 「규원가」, 안도환 「만언사」
개화기	• 개화기 가사: 전통적 가사 형식에 개화기 새로운 사상 결합한 가사가 등장함 • 우국 경세가: 일제 침략, 친일 세력을 비판하는 가사가 등장함 예 「매국경축가」 • 의병가: 국권 상실 후 의병 활동을 예찬하는 가사가 등장함 예 신태식 「창의가」 • 애국가: 자주독립, 부국강병을 강조하는 가사가 등장함 예 최돈성 「애국가」

작품 해설

작자 미상, 『춘향전』

• 갈래: 고전 소설, 판소리계 소설
• 성격: 풍자적, 해학적, 서민적
• 제재: 춘향의 정절
• 주제: 신분을 초월한 지고지순한 사랑, 탐관오리의 횡포 풍자
• 특징
 − 풍자와 해학에 의한 골계미가 드러남
 − 서민층·양반층의 언어가 혼재되어 나타남
 − 서술자의 개입에 의한 편집자적 논평이 나타남

17 이 글은 판소리계 소설로, 판소리로 불리던 것이 소설로 정착된 것이 많으므로 전개 방식이나 지향하는 의식이 판소리 사설과 유사성을 보인다. 이 중 일부는 소설로 만들어진 뒤 인기를 얻어 판소리로 공연되기도 하였다.

② 판소리계 소설은 민중들 사이에서 불리던 판소리가 소설로 정착된 경우가 많으므로 궁중에서 발생하였다고 보기 어렵다.

③ 판소리계 소설의 향유 계층은 양반부터 당대 민중까지 다양하였다. 특히, 표면적으로 양반들의 의식을 반영하고 있지만, 그 이면을 살펴보면 신분 격차와 양반에 대한 민중의 저항 의식이 바탕에 깔려 있다는 특징이 있다.

④ 판소리계 소설은 조선 후기에 정착된 갈래 형태로, 언어의 층위가 다양해 양반들이 사용하는 한문 어투와 평민들이 사용하는 일상 언어가 모두 담겨 있다는 특징이 있다.

18 음성 상징어란 소리와 의미의 관계가 필연적인 것으로 여겨지는 단어로, 사람이나 사물의 소리를 흉내 낸 의성어와 모양이나 움직임을 흉내 낸 의태어가 있다. (가)에서는 음성 상징어가 활용되지 않았다.

① '좌수(座首) 별감(別監) 넋을 잃고 이방, 호방 혼을 잃고'와 같이 유사한 문장 구조를 반복하여 판소리와 같이 운율감을 드러내고 있다.

③ '본관 사또가 똥을 싸고 멍석 구멍 생쥐 눈 뜨듯 하고,'와 같이 겁을 먹은 사또의 모습을 비유적으로 나타내었다.

④ '어, 추워라. 문 들어온다 바람 닫아라. 물 마르다 목 들여라.'라는 대목에서 '문 − 바람', '물 − 목'이 도치된 언어 유희적 표현이 나타나 있다.

19 이 글에서 '이몽룡'은 자신의 정체를 '어사또'로 숨기고 '춘향'에게 수청을 요구한다. 어사또의 정체를 알지 못하는 춘향은 그러한 제안을 거절하고 지조와 절개를 지키고자 하였다.

② '걸인'은 지난밤 춘향에게 자신의 정체를 숨기고 찾아왔던 이몽룡을 묘사하는 말이다.

③ 춘향은 자신에게 수청을 요구하는 어사또에게 '내려오는 관장마다 모두 명관(名官)이로구나.'라고 말한다. 이는 수청을 요구하는 관장들을 모두 부정적으로 평가하는 춘향의 반어적 표현에 해당한다.

④ 어사또의 정체를 알고 기쁨의 눈물을 흘린 인물은 향단이 아닌 춘향이다.

작품 해설

이훈길, 『도시를 걷다』
- 갈래: 논설문
- 성격: 설득적
- 제재: 도시공원
- 주제: 일반인과 사회적 약자가 동등하게 이용할 수 있는 공간으로서의 도시공원
- 특징
  - 정의, 인과 등의 전개 방식을 통해 주제를 효과적으로 전달함
  - 문제 상황에 대한 원인을 분석하고 그에 대한 해결책을 촉구함

작품 해설

윤용아, 「잊힐 권리와 알 권리」
- 갈래: 설명문
- 성격: 논리적, 예시적
- 제재: 잊힐 권리와 알 권리
- 주제: 잊힐 권리와 알 권리 중 어떤 권리를 지켜 주어야 건강한 사회를 만들 수 있는지 생각해 보기를 권유
- 특징
  - 질문을 던지며 글을 마무리하여 독자의 참여를 유도함
  - 사회적 문제를 제기하고, 그 문제와 관련한 찬반 양측의 견해를 논리적으로 제시함

20 (나)는 사회적 약자가 도시공원 시설을 사용하기 어려운 현실적 한계를 중심 내용으로 제시하고 있다. 또한, '도시공원은 사람들이 선호하는 도시 시설 가운데 하나이지만'이라는 표현을 통해 도시공원을 선호하는 집단이 사회적 약자에 한정되지 않았음을 알 수 있다.

21 이 글에서 ㉠은 '어떤 사람을 만나거나 어떤 곳을 보려 그와 관련된 장소로 옮겨 가다.'라는 의미로 사용되었다. 이와 같은 의미로 사용된 것은 산을 보러 가는 사람들이 늘고 있다는 뜻의 ②이다.
① '어떤 것을 구하다.'라는 의미로 사용되었다.
③ '현재 주변에 없는 것을 얻거나 사람을 만나려고 여기저기를 뒤지거나 살피다. 또는 그것을 얻거나 그 사람을 만나다.'라는 의미로 사용되었다.
④ '원상태를 회복하다.'라는 의미로 사용되었다.

22 (라)에서 '도시공원은 일반인뿐 아니라 사회적 약자들도 동등하게 이용할 수 있는 공간이어야 한다.'라는 표현을 통해 공원 내에 사회적 약자와 일반인의 공간을 분리하여 설계하는 것은 적절하지 않은 방안임을 알 수 있다.
① 사회적 약자의 도시공원 이용이 어려운 이유 중 동선이 복잡해서 불편을 겪는 경우에 적합한 해결 방안이다.
② 사회적 약자의 도시공원 이용이 어려운 이유 중 안내 표시가 없어서 불편을 겪는 경우에 적합한 해결 방안이다.
④ 사회적 약자의 도시공원 이용이 어려운 이유 중 대중교통을 이용해서 가기 어려운 위치에 있는 경우에 적합한 해결 방안이다.

23 타인과 소통하며 이해를 확장하는 읽기 방법은 '창의적 독해'에 해당한다. '잊힐 권리'에 대한 핵심 내용을 요약하는 것은 글에 드러난 내용을 그대로 이해하며 읽는 방법인 '사실적 독해'에 더 가깝다.

창의적 독해
- 이해한 정보를 토대로 새로운 의미를 만들어 내는 과정으로, 의미를 확장하며 읽는 방법이다.
- 개인이나 사회가 안고 있는 문제를 해결할 수 있는 실마리를 얻는다.
- 글쓴이의 생각과 자신의 생각을 종합하여 새로운 대안을 마련한다.

24 ㉮가 강조하는 것은 '사실을 알고 있을 권리'이다. 이는 잊힐 권리의 보장으로 반드시 공개되어야 할 정보가 제공되지 않을 때 불이익이 발생할 수 있음을 주장한다. '잊힐 권리를 보장하게 되면 법적인 권력이나 자본을 소유한 사람들에게 악용될 소지가 크다'라는 표현에서 이를 알 수 있다. 이에 대해 제시할 근거로는 '잊힐 권리'를 과도하게 보장할 시 정보 비공개로 인한 공익이 저해될 수 있다는 것이 가장 적절하다.
① · ② · ④ 사생활 보호, 망각, 정보 유출로 인한 고통 등의 근거는 특정 정보에 대해 당사자가 검색되는 것을 원하지 않을 경우, 검색 결과를 삭제할 수 있는 권리를 강조하는 '잊힐 권리'를 주장하는 사람들이 제시할 만한 근거이다.

25 ㉲은 '틀림없이 그러하다.'라는 의미로, '틀림없이'와 같은 고유어 표현으로 바꾸는 것이 적절하다. 반면 '올바르게'는 '말이나 생각, 행동 따위가 이치나 규범에서 벗어남이 없이 옳고 바르다.'라는 의미로, 적절하지 않다.

제2교시 수학

01	④	02	①	03	③	04	②	05	①
06	④	07	①	08	①	09	②	10	④
11	③	12	④	13	②	14	②	15	②
16	③	17	①	18	②	19	③	20	④

01 $A = x^2 + 2x$, $B = 2x^2 - x$ 이므로
$$A + B = x^2 + 2x + 2x^2 - x$$
$$= x^2 + 2x^2 + 2x - x$$
$$= 3x^2 + x$$

02 $x^2 + ax + 3 = x^2 + 5x + b$ 가 x 에 대한 항등식이므로
$a = 5$, $b = 3$
$$\therefore a - b = 5 - 3 = 2$$

03 $f(x) = 2x^3 + 3x^2 - 1$ 이라 하자.
나머지정리에 의해 다항식 $f(x)$ 를 $x - 1$ 로 나누었을 때의 나머지는 $f(1)$ 이므로
$$f(1) = 2 \times 1^3 + 3 \times 1^2 - 1 = 4$$

04 $x^3 - 6x^2 + 12x - 8 = x^3 - 3 \times 2 \times x^2 + 3 \times 2^2 \times x - 2^3$
$$= (x - 2)^3$$
따라서 구하는 상수 a 의 값은
$a = 2$

05 복소수 $5 + 4i$ 의 켤레복소수는 $5 - 4i$ 이므로
$a = 5$, $b = -4$
$$\therefore a + b = 5 + (-4) = 1$$

06 두 수 3, 4를 근으로 하고 x^2 의 계수가 1인 이차방정식은 근과 계수의 관계에 의해
$$x^2 - (3 + 4)x + 3 \times 4 = 0$$
$$\therefore x^2 - 7x + 12 = 0$$
따라서 구하는 상수 a 의 값은
$a = 12$

07 이차함수 $y = x^2 + 2x - 1$, 즉 $y = (x + 1)^2 - 2$ 에 대하여
$x = -3$ 일 때, $y = (-3 + 1)^2 - 2 = 2$
$x = -1$ 일 때, $y = (-1 + 1)^2 - 2 = -2$
$x = 0$ 일 때, $y = (0 + 1)^2 - 2 = -1$
이므로 $x = -1$ 일 때 최솟값 -2 를 갖는다.

08 사차방정식 $x^4 + 2x^2 + a = 0$ 의 한 근이 1이므로 $x = 1$ 을 대입하여 풀면
$1^4 + 2 \times 1^2 + a = 0$, $1 + 2 + a = 0$
$$\therefore a = -3$$

09 연립방정식 $\begin{cases} x + y = 6 & \cdots\cdots ⊙ \\ xy = a & \cdots\cdots ⊙ \end{cases}$ 에 대하여
$x = 4$, $y = b$ 를 ⊙에 대입하여 풀면
$4 + b = 6$ $\therefore b = 2$
$x = 4$, $y = 2$ 를 ⊙에 대입하여 풀면
$4 \times 2 = a$ $\therefore a = 8$
$$\therefore a + b = 8 + 2 = 10$$

10 이차부등식 $(x + 3)(x - 2) \geq 0$ 에서
$x + 3 \leq 0$, $x - 2 \leq 0$ 또는 $x + 3 \geq 0$, $x - 2 \geq 0$
$x \leq -3$, $x \leq 2$ 또는 $x \geq -3$, $x \geq 2$
$$\therefore x \leq -3 \text{ 또는 } x \geq 2$$

11 수직선 위의 두 점 $A(1)$, $B(5)$ 에 대하여 선분 AB를 $3 : 1$ 로 내분하는 점 P의 좌표는
$$\frac{3 \times 5 + 1 \times 1}{3 + 1} = \frac{16}{4} = 4$$

12 구하는 직선의 방정식을 $y = ax + b$ 라 하자.
기울기가 3이므로
$a = 3$
또, 이 직선이 $(-2, 1)$ 을 지나므로
$x = -2$, $y = 1$ 을 대입하여 풀면
$1 = 3 \times (-2) + b$
$$\therefore b = 7$$
따라서 구하는 직선의 방정식은
$y = 3x + 7$

13 y 축에 접하므로 반지름의 길이는 2이다.
따라서 구하는 원의 방정식은
$$(x - 2)^2 + (y - 1)^2 = 4$$

14 좌표평면 위의 점 (a, b) 를 x 축에 대하여 대칭이동한 점의 좌표는 $(a, -b)$, y 축에 대하여 대칭이동한 점의 좌표는 $(-a, b)$ 이다.
따라서 좌표평면 위의 점 $(2, 4)$ 를 y 축에 대하여 대칭이동한 점의 좌표는 $(-2, 4)$ 이다.

15 두 집합 $A = \{1, a - 1, 5\}$, $B = \{1, 3, a + 1\}$ 에 대하여
$A = B$ 이므로
$a - 1 = 3$, $a + 1 = 5$
$$\therefore a = 4$$

16 명제 '평행사변형이면 사다리꼴이다.'의 대우는 가정과 결론을 각각 부정하고 서로 바꾼 '사다리꼴이 아니면 평행사변형이 아니다.'이다.

17 두 함수 $f : X \to Y$, $g : Y \to Z$ 가 문제에 제시된 그림과 같을 때
$(g \circ f)(3) = g(f(3)) = g(c) = 5$

18 유리함수 $y = \dfrac{1}{x-2} - 1$ 의 그래프는 유리함수 $y = \dfrac{1}{x}$ 의 그래프를 x축의 방향으로 2만큼, y축의 방향으로 -1만큼 평행이동한 것이다.
따라서 $a = 2$, $b = -1$이므로
$a + b = 2 + (-1) = 1$

19 구하는 경우의 수는 서로 다른 3개에서 2개를 골라 일렬로 나열하는 순열의 수와 같으므로
$_3\mathrm{P}_2 = 3 \times 2 = 6$

20 구하는 경우의 수는 서로 다른 4개에서 2개를 선택하는 조합의 수와 같으므로
$_4\mathrm{C}_2 = \dfrac{4 \times 3}{2 \times 1} = 6$

제3교시 영어

01	③	02	③	03	①	04	①	05	④
06	③	07	②	08	③	09	②	10	③
11	①	12	②	13	①	14	④	15	①
16	②	17	②	18	④	19	④	20	④
21	①	22	②	23	④	24	④	25	③

01 밑줄 친 'duty'는 '의무, 직무'라는 뜻이다. 주어진 문장은 '가주어(It) – 진주어(to 부정사)' 구문으로, 'It'은 가주어, 'to take out the trash at home on Sundays'가 진주어 역할을 한다.
• take out: 꺼내다, 들어내다
• trash: 쓰레기

일요일에는 집에서 쓰레기를 꺼내서 버리는 것이 내 의무이다.

02 밑줄 친 'depend on'은 '~에 의존하다'라는 뜻이다. 'need + to 부정사'는 '(반드시) ~해야 한다, ~할 필요가 있다'라는 뜻이다.
• each other: 서로
• as: (자격·기능 등이) ~로(서)
• team: (일을 함께 하는) 팀[조]

사람들은 팀으로 일할 때 서로 의존해야 한다.

03 밑줄 친 'thanks to'는 '~덕분에'라는 뜻이다. 'thanks to you (네 덕분에)'가 문미에서 부사구로 사용되었다.

나는 네 덕분에, 좋은 사람들을 많이 만났다.

04 밑줄 친 'polite(공손한)'와 'rude(무례한)'는 ②, ③, ④와 같이 서로 반의어 관계인데, 'smart(똑똑한)'와 'wise(현명한)'는 유의어 관계이다. 제시된 문장의 'a rude one'에서 'one'은 대명사로 'A polite gesture'의 명사 반복을 피하기 위해 사용되었다.
② right(옳은, 올바른) – wrong(잘못된, 틀린)
③ safe(안전한) – dangerous(위험한)
④ same(동일한, 같은) – different(다른)
• country: 국가, 나라
• may: ~일지도 모른다[~일 수도 있다]

한 나라에서 공손한 제스처는 다른 나라에서 무례한 것일 수 있다.

05 지문은 행사 광고문으로, 날짜(June 8th (Thursday), 2023), 장소(World Cup Stadium), 시간(7:30 p.m. – 9:30 p.m.)은 나와 있지만 입장료는 언급되지 않았다.

```
2023년 K-POP 콘서트
세계적으로 유명한 8개 K-Pop 그룹이 공연합니다!
날짜: 2023년 6월 8일(목)
장소: 월드컵 경기장
시간: 오후 7시 30분 – 오후 9시 30분
```

06 첫 번째 문장의 빈칸 앞에 'had to'가 있고 빈칸 다음에 'up'이 있으므로 문맥상 빈칸에는 '일어서다'라는 뜻의 동사(stand)가 들어가야 한다. 두 번째 문장의 빈칸 앞에 'can't'가 있고 빈칸 다음에 'people'이 있으므로 문맥상 빈칸에는 '참다'라는 뜻의 동사(stand)가 들어가야 한다. 따라서 빈칸에 공통으로 들어갈 말로 가장 적절한 것은 'stand'이다.
① 실패하다, ~하지 못하다
② 시작하다
④ 상기시키다
• get: 얻다, 구하다, 마련하다
• view: 경관[전망]
• follow: (충고・지시 등을) 따르다
• rule: 규칙

○ 우리는 더 나은 전망을 얻기 위해 일어서야 했다.
○ 나는 공공장소에서 규칙을 지키지 않는 사람들은 참을 수 없다.

07 첫 번째 문장의 빈칸 다음에 명사 'museum'이 있고 의문문으로 끝나므로 문맥상 빈칸에는 '어떤'이라는 뜻의 의문형용사(which)가 들어가야 한다. 두 번째 문장에서 빈칸 앞에 선행사 'a book'이 있고, 빈칸 다음에 동사 'has'가 있으므로 문맥상 빈칸에는 'a book'을 수식하는 관계대명사(which)가 들어가야 한다. 이때 'which'는 관계사절에서 주어 역할을 하는 주격 관계대명사로, 선행사(a book)를 수식하는 형용사절을 이끌고 있다. 따라서 빈칸에 공통으로 들어갈 말로 가장 적절한 것은 'which'이다.
① 어떻게
③ 언제
④ 어디에
• museum: 박물관, 미술관
• visit: 방문하다
• dictionary: 사전
• explanation: 설명
• word: 단어, 낱말

○ Jinsu, 너는 내일 어떤 박물관을 방문할 거니?
○ 사전은 단어에 대한 설명이 있는 책이다.

08 첫 번째 문장의 빈칸 앞에 'are different'가 있고, 빈칸 다음에 'yours'가 있으므로 문맥상 빈칸에는 '~와 서로 다르다(be different from)'의 전치사(from)가 와야 한다. 두 번째 문장의 빈칸 앞에 'come'이 있으므로 문맥상 빈칸에는 '~에서 생겨나다(come from)'의 전치사(from)가 와야 한다. 따라서 빈칸에 공통으로 들어갈 말로 가장 적절한 것은 'from'이다.
• taste: 맛, 기호
• a wide variety of: 매우 다양한
• source: 출처

○ 나의 취향은 너의 취향과 다르다.
○ 영어 단어들은 매우 다양한 출처에서 생겨난다.

09 대화에서 'got an A on my math exam(수학 시험에 A를 받았다).'이라고 말하자 B가 'What's your secret(비결이 뭐니?)?'이라고 물었다. 이에 대해 A는 'have been studying math everyday, staying up late even on weekends(주말에도 늦게까지 자지 않고 매일 수학 공부를 하였다).'라고 답하였다. 이러한 A의 노력에 대한 평가로 B가 말한 밑줄 친 표현 'no pain, no gain'의 의미는 '수고 없이 얻는 것은 없다.'이다.
① Strike while the iron is hot.
③ Time flies like an arrow.
④ A friend in need is a friend indeed.
• finally: 마침내
• math exam: 수학 시험
• secret: 비결, 비법
• stay up: (평상시보다 더 늦게까지) 안 자다[깨어 있다]
• even: ~도[조차]
• on weekends: 주말에
• example: 본보기, 전형
• pain: 아픔, 통증
• gain: 이익

A: 이봐, Junho. 내가 드디어 수학 시험에서 A를 받았어!
B: 시험을 정말 잘 봤구나. 비결이 뭐니?
A: 나는 주말에도 늦게까지 자지 않고 매일 수학 공부를 했어.
B: 너는 '수고 없이 얻는 것은 없다.'에 대한 좋은 예이구나.

10 대화의 마지막에서 B가 'I'm interested in the origin of the expression(나는 그 표현의 유래에 흥미가 있어).'이라고 하였으므로 대화에서 알 수 있는 B의 심정은 '흥미'가 가장 적절하다.

- rain cats and dogs: 비가 억수같이 쏟아지다[아주 세차게 비가 오다]
- tell: 말하다
- mean: ~을 의미하다
- heavily: 몹시[크게, 심하게]
- be interested in: ~에 관심[흥미]이 있다
- origin: 기원, 유래
- expression 표현

> **해석**
> A: 비가 억수같이 쏟아지고 있어.
> B: 비가 억수같이 쏟아진다고? 그게 무슨 뜻인지 말해 주겠니?
> A: 비가 아주 많이 내린다는 뜻이야.
> B: 정말? 나는 표현의 유래에 흥미가 있어.

11 대화에서 A가 'the bread just came out of the oven(방금 오븐에서 빵이 나왔어요).'이라고 하자, B가 'I'll take this freshly baked one(저는 이 갓 구운 것으로 하겠습니다).'이라고 하였으므로 대화가 이루어지는 장소로 적절한 것은 '제과점'이다. 'How may I help you?'는 '무엇을 도와드릴까요?'라는 뜻으로, 가게, 음식점 등에서 주문을 받을 때 쓰는 표현이다.

- just: 막, 방금
- come out of: ~에서 나오다
- freshly: (보통 뒤에 과거분사가 따라 나와) 갓[막] ~한
- baked: 오븐에 구운

> **해석**
> A: 좋은 아침입니다. 무엇을 도와드릴까요?
> B: 와, 여기 냄새 정말 좋아요.
> A: 네, 방금 오븐에서 빵이 나왔어요.
> B: 저는 이 갓 구운 것으로 하겠습니다.

12 밑줄 친 'It'의 앞 문장에서 'Smiling reduces stress and lowers blood pressure, contributing to our physical well-being(웃는 것은 스트레스를 줄이고 혈압을 낮추며, 우리의 신체적인 행복에 기여한다).'이라고 하였으므로 밑줄 친 'It'이 가리키는 것으로 적절한 것은 'smiling(웃는 것)'이다.

① 친구
③ 나라
④ 운동하기

- reduce: 줄이다[축소하다]
- blood pressure: 혈압
- contribute to: ~에 기여하다
- the amount of: ~의 양
- in the same way: 같은 방법으로

- most of all: 무엇보다도
- relate to: ~와 관계가 있다

> **해석**
> 웃는 것은 스트레스를 줄이고 혈압을 낮추어 우리의 신체적 행복에 기여한다. 그것은 또한 좋은 운동이 하는 것과 같은 방식으로 기분 좋게 해 주는 호르몬의 양을 증가시킨다. 그리고 무엇보다도, 미소는 다른 사람들이 우리와 어떻게 관련되어 있는지에 영향을 미친다.

13 대화의 빈칸 다음에 B가 'How about the N Seoul Tower(N 서울 타워는 어때?)'라고 묻자 A가 'After that, let's walk along the Seoul City Wall(그런 다음에, 한양 도성을 따라 걷자).'이라고 하였으므로 빈칸에는 'where shall we go first(우리 어디로 먼저 갈까)'가 가장 적절하다.

② 어떤 일을 하니
③ 여기에 얼마나 자주 오니
④ 왜 배우가 되고 싶어 하는 것이니

- How about ~?: (제의를 할 때) ~는 어때?
- walk along: ~을 따라 걷다
- explore: 탐험하다
- shall: (I와 we를 주어로 하는 의문문에서) 제의ㆍ제안ㆍ조언 요청을 나타냄
- living: 생활비, 생계 수단
- often: 자주, 흔히, 보통

> **해석**
> A: Matt, 우리 어디로 먼저 갈까?
> B: N 서울 타워는 어때? 우리는 타워에서 도시 전체를 볼 수 있어.
> A: 그 후에, 한양 도성을 따라 걷자.
> B: 완벽해! 이제, 서울을 탐험하러 가자.

14 대화에서 A가 'What should I do to make more friends(친구를 더 사귀려면 어떻게 해야 하나요?)'라고 물었으므로 빈칸에는 'be nice to people around you(주변 사람들에게 친절하게 대하는 것)'가 가장 적절하다.

① 쉽게 화를 내는 것
② 지금 주문을 취소하는 것
③ 예약을 확인하는 것

- make friends: 친구를 사귀다
- be nice to: ~에게 상냥하게 대하다
- easily: 쉽게, 수월하게, 용이하게
- cancel: 취소하다
- reservation: 예약

> **해석**
> A: 친구를 더 사귀려면 어떻게 해야 하나요?
> B: 주변 사람들에게 친절하게 대하는 것이 중요해요.

15 대화에서 A가 'Can you share any shopping tips(쇼핑할 때 필요한 팁 좀 공유해 주겠니?)'라고 묻자, B가 'always keep your budget in mind(언제나 예산을 염두에 두어라).'와 'don't buy things just because they're on sale(단지 세일한다는 이유로 물건을 사지는 말아라).'이라고 조언하였으므로 대화의 주제로 가장 적절한 것은 '현명하게 쇼핑하는 방법'이다.
- first of all: 우선[가장 먼저]
- keep ~in mind: ~을 명심하다
- budget: 예산

> A: 쇼핑할 때 필요한 팁 좀 공유해 주겠니?
> B: 물론이지. 우선, 항상 너의 예산을 염두에 두어야 해.
> A: 좋은 지적이야. 다른 것은?
> B: 또, 단지 세일하기 때문에 물건을 사지는 마.
> A: 고마워! 좋은 조언들이네.

16 첫 번째 문장에서 'Many people have difficulty finding someone for advice(많은 사람들이 조언을 위한 누군가를 찾는 데 곤란을 느끼고 있습니다).'라고 한 다음, 세 번째 문장에서 'Why don't you join our online support group(저희 온라인 지원 그룹에 가입해 보시는 건 어때요)?'이라고 하였으므로 글을 쓴 목적으로 적절한 것은 '권유하려고'이다.
- have difficulty ~ing: ~하는 데 곤란을 느끼다
- someone: 어떤 사람, 누구
- advice: 조언, 충고
- personal: 개인의[개인적인]
- Why don't you ~?: 하는 게 어때요?

> 많은 사람들이 조언을 위한 누군가를 찾는 데 곤란을 느끼고 있습니다. 여러분은 개인적인 문제가 있을 수도 있고 부모님이나 친구들과 그것에 대해 이야기하고 싶지 않을 수도 있습니다. 저희 온라인 지원 그룹에 가입해 보시는 건 어때요? 우리는 여기에 여러분을 돕기 위해 있습니다.

17 기타 판매 광고문에서 'It's used but in good condition(그것은 중고지만 상태가 좋아요).'이라고 하였으므로 광고문의 내용과 일치하지 않는 것은 '새것이라 완벽한 상태이다.'이다.
- feature: 특징
- string: (악기의) 현[줄]
- condition: 상태
- used: 중고의
- price: 가격
- original price: 정가
- contact: 연락[접촉]

> **판매합니다.**
> **특징:** 6개의 현이 있는 기타
> **상태:** 중고지만 상태가 좋아요.
> **가격:** 150 달러(정가: 350 달러)
> **문의처:** 문의 사항이 있으시면 014-4365-8704로 전화하세요.

18 주어진 글의 마지막 문장에서 'On that day people turn off the lights from 8:30 p.m. to 9:30 p.m.(그날 사람들은 저녁 8시 30분부터 9시 30분까지 전등을 끈다).'이라고 하였으므로 Earth Hour campaign에 대한 설명과 일치하지 않는 것은 '사람들은 그날 하루 종일 전등을 끈다.'이다.
- participate: 참가[참여]하다
- take place: 개최되다[일어나다]

> Earth Hour campaign에 참여해 보는 것은 어떨까요? 그것은 2007년 호주 시드니에서 시작되었습니다. 요즘에는 전 세계 7,000개 이상의 도시들이 참여하고 있습니다. Earth Hour는 3월 마지막 토요일에 개최합니다. 그날 사람들은 저녁 8시 30분부터 9시 30분까지 전등을 끕니다.

19 첫 번째 문장에서 'Recent research shows how successful people spend time in the morning(최근의 연구는 성공한 사람들이 아침에 시간 보내는 방법을 보여준다).'이라고 하고, 성공한 사람들은 아침 일찍 일어나 조용한 시간을 즐기고, 규칙적으로 운동하며, 그날 해야 할 일의 목록을 작성한다고 하였다. 마지막 문장에서 'Little habits can make a big difference towards being successful(작은 습관들이 성공을 향한 큰 차이를 만들 수 있다).'이라고 하였으므로 글의 주제로 가장 적절한 것은 '성공한 사람들의 아침 시간 활용 방법'이다.
- recent: 최근의
- research: 연구, 조사
- successful: 성공한, 성공적인
- regularly: 정기[규칙]적으로
- make a list of: ~을 표로 작성하다
- habit: 습관
- make a big difference: 큰 차이를 만들다
- towards: (목표를) 향하여

> 최근의 연구는 성공한 사람들이 아침에 시간을 보내는 방법을 보여준다. 그들은 일찍 일어나서 조용한 시간을 즐긴다. 그들은 규칙적으로 운동을 한다. 게다가, 그들은 그날 해야 할 일들의 목록을 만든다. 작은 습관들이 성공을 향한 큰 차이를 만들 수 있다.

20 첫 번째 문장에서 'People who improve themselves try to understand what they did wrong, so they can do better next time(자기 자신을 향상시키는 사람들은 그들이 잘못하였던 것을 이해하려고 노력해서 다음에는 더 잘 할 수 있다).'이라고 하였다. 또, 빈칸 앞의 문장에서 'The process of learning from mistakes makes them smarter(실수로부터 배우는 과정은 그들을 더 똑똑하게 만든다).'라고 하였으므로 문맥상 빈칸에 들어갈 말로 가장 적절한 것은 'mistake(실수)'이다.
① 사랑
② 국가
③ 마을
- improve: 개선하다, 향상시키다
- understand: 이해하다
- process: 과정[절차]
- learning: 학습
- make: (~이 어떻게 되도록) 하다
- get better: (병·상황 따위가) 좋아지다, 호전되다

해석
자신을 향상시키는 사람들은 그들이 잘못하였던 것을 이해하려고 노력해서 다음에는 더 잘 할 수 있다. 실수로부터 배우는 과정은 그들을 더 똑똑하게 만든다. 그들에게, 모든 실수는 더 좋아지는 것을 향한 단계이다.

21 첫 번째 문장에서 'I'd like to have a parrot as a~(저는 앵무새를 ~로 갖고 싶습니다).'라고 하고, 그 이유를 앵무새가 제 말을 반복하고, 멋지고 화려한 깃털을 갖고 있어서 보기만 해도 기분이 좋아지며, 집에서 기르는 다른 동물들보다 더 오래 살기 때문이라고 하였으므로 문맥상 빈칸에 들어갈 말로 가장 적절한 것은 'pet(반려동물)'이다.
② 말, 단어
③ 색깔
④ 식물
- parrot: 앵무새
- Let me~: 내가 ~하게 해 주세요
- repeat: 반복[되풀이]하다
- gorgeous: 선명한, 화려한
- colorful: 형형색색의, (색이) 다채로운
- feather: (새의) 털, 깃털

해석
저는 앵무새를 반려동물로 갖고 싶습니다. 그 이유를 말해보겠습니다. 첫째, 앵무새는 제 말을 반복할 수 있습니다. 제가 앵무새에게 "안녕."이라고 말하면, 그것은 제게 "안녕."이라고 말할 것입니다. 다음으로, 그것은 화려하고, 다채로운 깃털을 가지고 있어서, 그것을 보는 것만으로도 행복해질 것입니다. 마지막으로, 앵무새는 집에 있는 대부분의 다른 동물들보다 더 오래 삽니다.

22 주어진 문장은 'However(하지만)'로 시작하면서 'despite its usefulness, plastic pollutes the environment severely(그 유용성에도 불구하고 플라스틱은 환경을 심하게 오염시킨다).'라고 하였으므로 내용이 대조되는 문장 사이에 들어가야 한다. 두 번째 문장에서 'Its usefulness comes from the fact that plastic is cheap, lightweight, and strong(플라스틱의 유용성은 값싸고, 가볍고, 튼튼하다는 사실로부터 비롯된다).'과 같이 플라스틱의 유용성을 설명하였고, 세 번째 문장에서는 'For example, plastic remains in landfills for hundreds or even thousand of years, resulting in soil pollution(예를 들어, 플라스틱은 수백 년 혹은 수천 년 동안 매립지에 남아 그 결과 토양이 오염된다).'과 같이 플라스틱이 환경을 오염시키는 사례를 들고 있으므로 주어진 문장이 들어가기에 가장 적절한 곳은 ②이다.
- material: 재료
- come from: ~에서 생겨나다
- cheap: (값이) 싼
- lightweight: 가벼운[경량의]
- severely: 심하게
- remain: (없어지지 않고) 남다
- landfill: 쓰레기 매립지
- result in: 그 결과 ~가 되다
- solution: 해법, 해결책
- alternative to: ~에 대한 대안

해석
플라스틱은 매우 유용한 재료이다. 그것의 유용성은 플라스틱이 싸고, 가볍고, 튼튼하다는 사실로부터 비롯된다. 하지만, 그것의 유용성에도 불구하고, 플라스틱은 환경을 심하게 오염시킨다. 예를 들어, 플라스틱은 수백 년 혹은 심지어 수천 년 동안 매립지에 남아 그 결과 토양이 오염된다. 이 문제에 대한 최선의 해결책은 플라스틱에 대한 친환경적인 대안을 만드는 것이다.

23 첫 번째 문장에서 콩은 수천 년 동안 우리와 함께 해 왔다고 한 뒤, 콩은 어디서나 쉽게 자라고, 더 중요한 것은 단백질 함량이 높고 지방 함량은 낮다는 것 때문에 슈퍼 푸드들 중 하나라고 하였다. 마지막 문장에서 전 세계의 다양한 콩 요리법을 배워보자고 하였으므로 바로 뒤에 이어질 내용으로 적절한 것은 '콩의 다양한 요리법'이다.
- everywhere: 모든 곳(에[에서/으로]), 어디나
- factor: 요인, 인자
- in a variety of: 여러 가지의 ~로

해석
콩은 수천 년 동안 우리와 함께 해 왔다. 그것들은 어디서나 쉽게 자랄 수 있다. 더 중요한 것은, 그것들은 단백질이 많고 지방이 적다는 것이다. 이러한 요소들은 콩을 세계 최고의 슈퍼 푸드들 중 하나로 만든다. 이제, 전 세계의 다양한 콩 요리법을 배워보자.

[24~25]
- volunteer: 지원하여 하다, 자원봉사자
- mind: 마음, 정신
- according to: ~에 따르면
- survey: 조사
- report: 알리다[발표하다]
- community: 주민, 지역 사회
- motivate: 동기를 부여하다
- ordinary: 보통의, 일상적인

해석

> 자원봉사를 하는 것은 여러분에게 건강한 마음을 줍니다. 한 조사에 따르면, 96%의 자원봉사자들이 그것을 한 후에 더 행복감을 느낀다고 보고합니다. 만약 여러분이 지역 사회에서 다른 사람들을 돕는다면, 여러분은 자신에 대해 더 기분이 좋아질 것입니다. 그것은 또한 여러분이 평범한 일상생활에서 여러분을 도울 수 있는 더 많은 에너지를 갖고 살도록 동기를 부여할 수 있습니다. 그러므로 여러분은 인생에 대한 더 긍정적인 시각을 갖게 될 것입니다.

24 네 번째 문장에서 'It can also motivate you to live with more energy that can help you in your ordinary daily life(그것은 또한 여러분이 평범한 일상생활에서 여러분을 도울 수 있는 더 많은 에너지를 갖고 살도록 동기를 부여할 수 있다).'라고 하였으므로 문맥상 빈칸에 들어갈 말로 가장 적절한 것은 'positive (긍정적인)'이다.
① 수줍어[부끄러워]하는
② 소용없는, 쓸모없는
③ 불행한, 슬픈

25 첫 번째 문장에서 'Volunteering gives you a healthy mind(자원봉사를 하는 것은 여러분에게 건강한 마음을 줍니다).'라고 한 후 조사에 따르면, 96%의 자원봉사자들이 봉사를 한 후에 행복감을 느끼고, 일상생활에서 더 많은 에너지를 갖고 살게 되는 동기를 부여받아 더욱 긍정적인 인생관을 갖게 될 것이라고 하였으므로 주제로 가장 적절한 것은 '자원봉사가 주는 이점'이다.

제4교시 사회

01 ④	02 ③	03 ③	04 ①	05 ②
06 ②	07 ①	08 ①	09 ②	10 ④
11 ③	12 ③	13 ④	14 ②	15 ③
16 ④	17 ③	18 ①	19 ②	20 ④
21 ②	22 ①	23 ④	24 ③	25 ①

01 헌법은 국가의 통치 조직과 통치 작용의 원리를 정하고, 국민의 기본권을 보장하는 최고법이다.
① 명령: 헌법, 법률의 하위 규범으로, 국회의 의결을 거치지 않고 각부에 의해 제정된다.
② 법률: 입법기관인 국회의 의결을 거쳐 제정되는 법이다.
③ 조례: 지방 자치 단체가 법령의 범위 안에서 지방의회의 의결을 거쳐 그 지방의 사무에 관해 제정되는 법이다.

02 청구권은 국민이 국가에 대해 일정 행위를 적극적으로 청구할 수 있는 권리이다.
① 자유권: 국민이 국가 권력의 간섭이나 침해를 받지 않을 권리이다.
② 참정권: 국민이 국가의 정치 과정에 능동적으로 참여할 수 있는 권리이다.
④ 평등권: 성별, 종교, 학력, 사회적 신분 등에 의해 불합리하게 차별받지 않을 권리이다.

03 인권
- 개념: 인간이라면 누구나 가지는 기본적 권리로, 인간답게 살기 위해 꼭 필요한 권리이자 반드시 보장받아야 할 권리
- 특징

기본성(천부성)	인간으로서 누려야 할 기본적이며 필수적인 권리
보편성	성별, 신분, 인종, 종교에 상관없이 모든 사람이 가질 수 있는 권리
불가침성	다른 사람에게 양도하거나 포기할 수 없고, 다른 사람의 인권을 침해할 수 없는 권리
항구성	영구적으로 권리가 보장되는 권리

04 제시된 내용은 편익에 대한 설명이다. 편익은 선택을 통해 얻게 되는 경제적 이득이나 심리적 만족감으로, 임금, 수입, 경제 성장과 같은 물질적이고 금전적인 이익뿐 아니라 교육의 즐거움, 만족감, 성취감, 배움의 기쁨과 같은 비금전적인 것도 포함한다.
② 희소성: 인간의 물질적 욕구에 비해 그 충족 수단이 질적·양적으로 제한되어 있거나 부족한 상태를 말한다.
③ 금융 자산: 보험, 예금, 주식, 채권, 현금 등이 금융 기관에서 거래되는 것을 말한다.
④ 암묵적 비용: 실제로 투입되지 않지만 포기해야 하는 것의 가치를 말한다.

05 제시된 내용은 정부 간 국제기구에 대한 설명이다. 정부 간 국제기구는 각국 정부를 회원으로 하는 국제 사회의 행위 주체로, 국제법상 독자적인 지위를 갖는 조직이다. 국제기구의 종류에는 유럽 연합(EU), 세계 무역 기구(WTO), 경제 협력 개발 기구(OECD), 국제 통화 기금(IMF) 등이 있다. '다문화 사회'는 다양한 인종, 종교, 문화 등 서로 다른 문화 집단들이 함께 어우러져 공존하는 사회로, 정부 간 국제기구에 해당하지 않는다.

① 유럽 연합(EU): 유럽의 정치적 · 경제적 통합을 실현하기 위한 연합 기구이다. 일반적인 국제기구와 달리 입법 · 사법의 독자적인 법령 체계와 자치 행정 기능을 갖추고 있다.

③ 세계 무역 기구(WTO): 세계 무역 질서를 위해 국가 간 경제 분쟁을 조정하는 국제기구이다.

④ 경제 협력 개발 기구(OECD): 세계 경제의 발전과 무역 촉진을 위해 회원국의 경제 성장과 금융 안정을 추구하는 국제기구이다.

06 시장 실패, 즉 시장 경제의 한계란 시장이 효율적인 자원 배분을 이루어 내지 못하는 현상을 말한다. 시장 실패의 사례로는 첫째, 독과점 문제 발생이 있는데, 시장에서 자원의 효율적 배분을 방해하여 소비자에게 피해를 주는 현상이다. 둘째, 외부 효과의 발생은 외부 효과에 따른 비용이 생산 비용에 포함되지 않아 사회적 적정 수준보다 부족하거나 과도하게 생산되어 자원 배분의 비효율성이 발생하는 것을 말한다. 셋째, 공공재의 공급 부족은 공공재의 생산을 시장에 맡기면 아무도 생산하려 하지 않으므로 필요한 만큼 공급되기 어렵고, 누가 얼마나 혜택을 보았는지 가늠하기 어려워 개인에게 비용을 부담하기 어려운 현상을 말한다.

① 남초 현상: 남성의 비율이 여성에 비해 높아지는 현상이다.

③ 규모의 경제: 기업 입장에서 재화 및 서비스의 생산량이 증가할수록 생산의 평균 비용이 감소하는 현상이다.

④ 소비자 주권: 소비자가 생산물의 종류와 수량을 결정하고, 불량 상품이나 부당 영업 행위에 대해 주권자로서 결정하는 활동을 의미한다.

07 권력(삼권) 분립 제도는 서로 다른 국가 기관들이 국가 권력을 나누어 행사하게 하여 상호 견제와 균형을 유지하게 하는 것이다.

② 사회 보장 제도: 출산, 양육, 실업, 은퇴, 장애, 질병, 빈곤, 사망 따위의 어려움에 처한 사회 구성원들의 생활을 국가 및 지방 자치 단체가 일련의 사회 정책을 통해 해결하는 제도이다.

③ 위헌 법률 심판: 국회가 만든 법률이 헌법에 위배되는지 여부를 심판하고 헌법에 위반될 경우 그 법률에 대해 효력을 잃게 심판하는 제도이다.

④ 헌법 소원 심판: 국가 권력에 의해 국민의 기본권이 침해된 경우 침해된 권리를 구제해 달라고 헌법 재판소에 청구하는 제도이다.

08 공공 부조는 국가와 지방 자치 단체가 생활 유지 능력이 부족한 사람들(보험료 납부 능력이 없는 국민)에게 최저 생활 보장과 자립 지원을 하는 제도로, 국민 기초 생활 보장 제도, 의료 급여, 주거 급여 등이 대표적이다.

② 재무 설계: 생애 주기 전체를 고려하여 소득과 소비, 저축의 규모를 예측하고 자금에 대한 계획을 세우는 것이다.

③ 정주 환경: 인간이 일정한 장소에서 살아가기에 필요한 환경이다.

④ 지리적 표시제: 그 지역의 자연환경에서 생산 · 가공된 우수한 품질의 특산품에 대해 국가가 그 지역명을 상표권으로 사용할 수 있게 인정하는 제도이다.

09 수익성은 원금보다 많은 이익을 기대할 수 있는 정도, 즉 투자한 자산으로부터 이자 수익이나 가격 상승을 기대할 수 있는 정도를 말한다.

자산 관리의 원칙

안전성	투자한 자산의 원금과 이자가 안전하게 보호될 수 있는 정도이다.
수익성	투자한 자산의 가격 상승이나 이자 수익을 기대할 수 있는 정도이다.
유동성(환금성)	보유하고 있는 자산을 현금으로 바꿀 수 있는 정도이다.

10 문화를 바라보는 다양한 관점 중 문화 간 우열이 존재한다고 보는 관점은 문화 사대주의와 자문화 중심주의이다. 문화 사대주의는 자신의 문화는 열등하게 생각하고, 다른 특정 사회의 문화를 가치 있고 우수한 것으로 여기는 태도이다. 자문화 중심주의는 자기 문화만을 우수한 것으로 믿고, 다른 문화를 부정적으로 평가하는 태도이다.

ㄱ. 문화 상대주의: 문화를 그 사회의 특수한 환경과 역사적 맥락을 고려하여 그 사회의 입장에서 이해하고 존중하는 태도이다.

ㄴ. 자유 방임주의: 개인의 경제 활동의 자유를 최대한 보장하고, 국가의 간섭을 최대한 배제하는 경제사상 및 정책을 말한다.

11 윤리적 소비란 사회적 책임을 다하지 않는 기업에 대한 불매 운동, 환경친화적 제품 · 공정 무역 제품 등의 구입으로 보다 나은 공동체를 위해 소비 활동을 전개하는 것을 말한다.

윤리적 소비와 합리적 소비

윤리적 소비	• 상품이나 서비스를 만들고 유통하는 전체 과정을 윤리적인 가치 판단에 따라 구매하여 사용하는 소비이다. • 경제성을 넘어 환경, 인권, 복지, 노동 조건, 경제 정의 등 인류의 보편적 가치를 실천하는 소비를 말한다.
합리적 소비	• 자신의 경제력 안에서 최소한의 비용으로 최대의 만족을 추구하는 소비이다. • 개인의 경제적 이익이나 만족감 등 합리성과 효율성이 상품 선택의 기준이 된다.

12 제1차·제2차 세계 대전 후 전 인류에 대한 인권 보장의 필요성이 확산되었다. 이에 따라 국제 연합은 세계 인권 선언(1948)을 채택하여 인권 보장의 국제 기준을 제시하였다.
① 권리 장전: 1689년에 제정된 영국의 법률로, 명예혁명의 결과로 이루어진 권리 선언이다.
② 바이마르 헌법: 1919년에 제정된 독일 헌법으로, 최초로 인간다운 생활을 보장하는 사회권의 내용을 명시하였다.
④ 미국 독립 선언: 1776년 영국의 식민지 상태에 있던 미국이 독립을 선포하였다.

13 문화 동화는 전통문화 요소가 새로운 외래문화 요소에 흡수·통합되어 소멸되는 현상을 말한다.
① 문화 갈등: 서로 다른 문화들이 같이 공존할 수밖에 없는 상황에서 발생하는 문제를 말한다.
② 문화 성찰: 문화에 대한 윤리적인 비판과 개선을 요구함으로써 반성하는 것을 말한다.
③ 문화 병존: 기존 문화 요소와 외래문화 요소가 함께 공존하는 현상을 말한다.

14 한대 기후 지역은 여름이 짧은 반면 겨울이 길고 매우 추워서 가축의 털과 가죽을 이용하여 두꺼운 옷을 만들어 입는다. 주로 순록 유목이나 사냥 등을 하며 생활하고, 사냥을 위해 눈과 얼음을 이용하여 이글루라는 얼음집을 짓기도 한다.
ㄴ·ㄹ. 열대 기후 지역의 생활 모습에 대한 설명이다.

15 지진 해일은 해저 지각 변동으로 인해 거대한 파도가 몰려오는 것으로, 주로 해안 지역이 침수되는 피해가 발생한다.
① 가뭄: 오랫동안 비가 내리지 않아 식수와 농업용수가 부족해지는 것을 말한다.
② 폭설: 단기간에 많은 눈이 내려 시설물이 붕괴되고, 교통이 단절되는 것을 말한다.
④ 열대 저기압: 열대 지방의 해상에서 발생하는 저기압으로, 태풍, 허리케인, 사이클론 등을 만들어 강한 바람과 많은 비를 동반한다.

16 ㉠에 들어갈 화석 연료는 석탄이다. 석탄은 산업 혁명 시기에 증기 기관의 연료로 대량 이용되었다. 주로 고생대에 형성된 고기 습곡산지를 중심으로 매장되어 있다.
㉡에 들어갈 화석 연료는 석유이다. 석유는 세계적으로 사용 비중이 가장 높은 에너지 자원이다. 주로 서남아시아와 같은 신생대 지층에 매장되어 있다.

17 이슬람교는 7세기 초 아라비아의 예언자 무함마드가 창시한 종교이다. 쿠란이라는 경전을 바탕으로 엄격한 생활을 하며, 술과 부정하다고 여기는 돼지고기를 먹지 않는다. 또한, 여성들은 히잡, 부르카, 차도르 등으로 얼굴이나 몸을 가리는 독특한 복식 문화를 따른다.

18 대도시권의 형성
• 교외화 현상 발생: 대도시와 주변 지역이 기능적으로 밀접한 관계를 갖게 되는 현상이 발생한다.
• 대도시권의 확대: 교통의 발달로 공간적 범위가 점차 확대되어 주거지와 직장의 거리가 점차 멀어진다.
• 근교 촌락의 변화: 대도시 주변의 농촌에 도시의 공장과 주거 기능이 이전하면서 도시적 경관이 확대된다.

19 열섬 현상은 인구 증가, 각종 인공 시설물의 증가, 고층 건물의 바람 순환 방해, 자동차 통행의 증가, 온실 효과 등의 영향으로 도시 중심부의 기온이 주변 지역보다 높게 나타나는 현상을 말한다.
① 슬럼: 삶의 질이 낮으며, 오염되어 있는 쇠퇴한 지역이다.
③ 빨대 효과: 빠른 교통으로 도시 간의 이동 시간이 단축되면서 중소 도시의 인구와 자본이 대도시로 흡수되는 현상이다.
④ 제노포비아: 이방인이란 뜻의 제노(xeno)와 싫다는 의미인 포비아(phobia)를 합쳐 만든 말로, 외국인 또는 이민족 집단을 혐오, 배척이나 증오하는 것을 말한다.

20 인구 분포의 요인에는 기후, 지형, 식생, 토양 등의 자연적 요인과 사회·산업, 교통, 문화, 교육, 정책 등의 사회·경제적 요인이 있다. 풍부한 일자리는 인구 분포에 영향을 미치는 사회·경제적 요인이다.
①·②·③ 인구 분포에 영향을 미치는 자연적 요인이다.

21 카슈미르는 인도와 중국, 파키스탄의 경계에 있는 산악 지대로, B에 해당한다. 이슬람교를 믿는 주민 중 대부분은 카슈미르가 파키스탄에 속하기를 바랐지만, 카슈미르의 지도자는 힌두교를 믿었기 때문에 일방적으로 인도 편입을 결정하면서 현재까지 분쟁 지역으로 남아있다.

22 정보화로 인해 가상 공간에서 의견 표출, 원격 수업 및 진료 실시, 전자 상거래, 인터넷 쇼핑, 홈쇼핑 등을 통한 물건 구매, 인터넷 뱅킹, 원격 근무, 화상 회의를 수행하는 등 시공간의 제약이 감소하였으나, 완전히 사라졌다고 볼 수는 없다.

23 산업화는 농업 중심의 사회에서 공업 중심의 사회로 변화하는 현상을 말한다. 산업화로 대량 생산 및 소비가 가능해지고, 소득 증대 및 생활 수준이 향상되었다. 또한, 노동 시간이 단축되고 여가 시간이 증가하였으며, 2·3차 산업의 발달로 다양한 직업 분화 및 전문화 등의 생활 양식이 변화되었다.

24 환경 영향 평가는 개발 사업 계획 시 환경에 미치는 영향을 미리 예측·평가하는 제도이다.
① 용광로 정책: 용광로가 철광석을 녹이듯 기존의 문화에 여러 문화를 녹여 융합시키려는 정책이다.
② 공적 개발 원조: 경제 협력 개발 기구(OECD)에서 개발 도상국의 빈곤 문제 해결, 경제·사회 발전, 복지 증진 등을 위해 원조하는 것이다.
④ 핵 확산 금지 조약: 핵무기를 보유하지 아니한 국가가 새로

핵무기를 개발하는 일과 핵보유국이 비보유국에 핵무기를 인도하는 일을 동시에 금지하는 조약이다.

25 그린피스는 지구 환경을 보존하고 평화를 증진하기 위해 조직된 국제 비정부 기구(NGO)로, 기후변화 방지, 산림·해양 보호, 핵실험 금지, 유전자 조작 반대 등의 활동을 한다.
② 브렉시트(Brexit): 영국의 유럽 연합(EU) 탈퇴를 뜻하는 용어이다.
③ 국제 통화 기금(IMF): 세계 무역의 안정을 위해 설립된 국제 금융 기구이다.
④ 세계 보건 기구(WHO): 인류 건강의 증진 및 보건·위생 분야의 국제 협력을 도모하는 국제 연합 산하 기구이다.

제5교시 과학

01 ④	02 ②	03 ④	04 ①	05 ④
06 ②	07 ③	08 ②	09 ④	10 ②
11 ①	12 ④	13 ③	14 ④	15 ②
16 ③	17 ④	18 ①	19 ②	20 ③
21 ①	22 ①	23 ③	24 ③	25 ①

01 핵발전은 원자로 안에서 우라늄의 핵분열로 발생하는 열을 이용한다. 이 열로 물을 끓여 발생하는 수증기로 터빈을 돌리고, 터빈의 회전으로 전기를 생산한다.

핵분열 반응
우라늄 원자핵이 중성자를 흡수하여 핵분열을 일으키면 2개의 다른 원자핵 및 많은 에너지가 방출된다.

02 열효율이 20 %인 열기관에 공급된 열에너지가 100 J이라고 하였으므로

$$20(\%) = \frac{x}{100(\text{J})} \times 100$$

따라서 이 열기관이 한 일(x) = 20 J이다.

$$\text{열기관의 열효율(\%)} = \frac{\text{열기관이 한 일}}{\text{공급한 열에너지}} \times 100$$

03 구간 A~C에서 모두 지면 방향으로 중력이 작용하므로 A와 B에서 물체에 작용하는 힘의 방향은 같다.
① 중력 가속도는 물체에 작용하는 지구 중력에 의해 생기는 가속도로, 질량과 관계없이 9.8 m/s^2로 일정하다. 따라서 구간 A에서 지면 방향으로 중력을 계속 받으므로 가속도는 9.8 m/s^2이다.
② 자유 낙하하는 물체는 등가속도 운동을 하므로 구간 B에서 속도는 일정하게 증가한다.
③ 구간 C에서 물체에 중력이 작용한다.

04 운동량은 운동하는 물체의 운동 효과를 나타내는 물리량으로, 질량(m)과 속도(v)의 곱으로 나타낸다.

$$p = mv \text{ [단위: kg·m/s]}$$

두 물체 A와 B의 운동량의 크기가 같다고 하였으므로
$3 \text{ kg} \times 1 \text{ m/s} = 1 \text{ kg} \times x \text{ m/s}$
$\therefore x = 3 \text{ m/s}$
따라서 B의 속도는 3 m/s이다.

05 신소재 중 그래핀이 튜브 형태로 결합된 구조는 탄소 나노 튜브이다.

탄소 나노 튜브
• 6개의 탄소가 육각형 모양으로 결합하여 원통 모양을 이루고 있다.
• 강도가 강하고, 열전도율과 전기 전도율이 높아 첨단 현미경의 탐침, 금속이나 세라믹과 섞어 강도를 높인 복합 재료 등에 쓰인다.

06 염화 나트륨(NaCl)은 이온 결합 물질로, 수용액 상태에서 이온으로 분해되어 자유롭게 이온이 이동하므로 전기가 통한다.
ㄱ. 설탕은 공유 결합 물질이다.
ㄴ. 설탕은 물에 녹지만, 설탕 분자가 이온으로 분해되지는 않는다.

07 전력 수송 과정에서 송전선의 저항에 의해 전기 에너지의 일부가 열에너지로 전환되어 전력 손실이 발생한다. 전력 손실을 줄이기 위해서는 송전 전압을 높게 하거나 송전선의 저항을 작게 해야 한다.

08 산소 원자(O)는 최외각 전자의 수가 6개이다. 따라서 네온(Ne)과 같이 최외각 전자껍질에 전자가 8개 채워져 안정한 전자 배치를 이루려면 2개의 전자가 더 있어야 한다.

09 질산 은($AgNO_3$) 수용액에 구리(Cu) 선을 넣어 두면 구리는 전자를 잃어 구리 이온(Cu^{2+})으로 산화되고, 이온 상태로 있던 은 이온(Ag^+)은 전자를 얻어 은(Ag)으로 환원된다. 따라서 ㉠에 해당하는 것은 환원이다.

산화와 환원
• 산화: 물질이 산소를 얻거나 전자를 잃는 반응이다.
• 환원: 물질이 산소를 잃거나 전자를 얻는 반응이다.

10 수산화 나트륨($NaOH$) 수용액에는 수산화 이온(OH^-)이 존재하므로 염기성을 띤다. 염기성 용액은 붉은색 리트머스 종이를 푸른색으로 변하게 한다. 이러한 염기의 성질을 나타내는 수용액에는 수산화 칼륨(KOH), 암모니아(NH_3), 수산화 칼슘($Ca(OH)_2$), 수산화 바륨($Ba(OH)_2$), 수산화 마그네슘($Mg(OH)_2$) 등이 있다.
① · ③ · ④ 염산(HCl), 질산(HNO_3), 황산(H_2SO_4)은 모두 산성 용액이다.

11 중화 반응
산의 수소 이온(H^+)과 염기의 수산화 이온(OH^-)이 1 : 1의 개수비로 반응하여 물(H_2O)을 생성한다.
($H^+ + OH^- \rightarrow H_2O$)

12 단백질을 구성하는 단위체는 아미노산이다. 20여 종의 아미노산이 펩타이드 결합을 통해 폴리펩타이드를 만들며, 분자량이 더 커진 폴리펩타이드 구조가 단백질을 형성한다.

13 하나의 종에서 나타나는 유전자의 다양한 정도를 유전적 다양성이라고 한다. 유전적 다양성이 높으면 급격한 환경 변화에도 적응하여 살아남는 개체가 존재할 가능성이 크다.
① 군집: 일정한 지역에서 서로 관계를 맺고 살아가는 여러 개체군의 집단이다.
② 개체군: 같은 종의 개체가 일정한 지역에 모여 사는 무리이다.
④ 생태계 다양성: 생물 서식지의 다양한 정도를 의미한다. 지구에는 열대 우림, 갯벌, 습지, 삼림, 초원, 사막, 해양 등 다양한 생태계가 존재한다.

14 생명체 내에서 물질을 분해하거나 합성하는 모든 화학 반응은 물질대사이며, 생체 촉매(효소)가 관여한다. 물질대사는 물질을 합성하는 동화 작용과 물질을 분해하는 이화 작용으로 구분되는데, 동화 작용의 예로는 광합성, 단백질 합성 등이 있고, 이화 작용의 예로는 소화, 호흡 등이 있다.

15 광합성이 일어나는 식물의 세포 소기관은 엽록체이다. 엽록체에서는 이산화 탄소와 물을 원료로 하여 포도당과 산소를 생성한다.
① 핵: 핵막으로 둘러싸여 있으며, 유전 정보를 저장하고 있는 DNA가 있어 세포의 생명 활동을 조절한다.
③ 세포막: 세포를 둘러싸는 막으로, 세포 안팎으로 물질이 출입하는 것을 조절한다.
④ 미토콘드리아: 세포 호흡이 일어나는 장소로, 유기물을 산화시켜 세포가 생명 활동을 하는 데 필요한 에너지를 생산한다.

16 유전 정보의 흐름
• 세포에서 유전 정보가 DNA에서 RNA를 거쳐 단백질로 전달된다.

	전사	번역	
DNA	$\rightarrow$	RNA $\rightarrow$	단백질

• 전사: DNA 한쪽 가닥에 상보적인 염기 서열을 가진 RNA가 합성된다.
• 번역: 전사된 RNA의 유전 정보에 따라 세포질에서 단백질이 합성된다.

17 유전 물질인 핵산은 DNA와 RNA로 구분되는데, 이 중 이중 나선 구조이며, A(아데닌), G(구아닌), C(사이토신), T(타이민)의 염기 서열로 유전 정보를 저장하는 것은 DNA이다.

18 생태계의 구성 요소 중 생물적 요인은 생태계에 존재하는 생물로, 생산자, 소비자, 분해자로 구분한다. 이 중 A는 생산자로, 광합성을 통해 스스로 양분을 만드는 생물이다. 따라서 생산자 A에 해당하는 것은 벼이다.
② 토끼 – 소비자
③ 독수리 – 소비자
④ 곰팡이 – 분해자

19 공룡이 번성하였던 지질 시대는 중생대이다.
표준 화석

특징	• 생존 기간이 짧고, 분포 면적은 넓다. • 지층의 생성 시대를 알려 준다.
예	• 고생대: 삼엽충, 방추충, 갑주어 등 • 중생대: 암모나이트, 공룡 등 • 신생대: 화폐석, 매머드 등

20 지구 내부의 층상 구조 중 액체 상태인 층은 C – 외핵이다.
① A – 지각
② B – 맨틀
④ D – 내핵

지구 내부의 층상 구조

지각	• 지구의 겉 부분으로, 대륙 지각과 해양 지각으로 구분한다. • 규산염 물질로 이루어져 있다.
맨틀	• 지권 전체 부피의 약 80 %를 차지한다. • 고체 상태이지만 일부는 유동성이 있어 대류가 일어난다.
외핵	• 주로 철과 니켈 등 무거운 물질로 이루어져 있으며, 액체 상태이다. • 철과 니켈의 대류로 지구 자기장이 형성된다.
내핵	고체 상태이며, 철과 니켈 등 무거운 물질로 이루어져 있어 밀도가 크다.

21 발산형 경계는 판과 판이 서로 멀어지면서 새로 판이 생성되는 곳으로, 해양판과 해양판이 멀어지면서 해령이 발달한다.
②·③ 밀도가 큰 해양판이 밀도가 상대적으로 더 작은 해양판 아래로 섭입하면 경계 부근에 해구 및 호상 열도가 형성된다.
④ 발산하는 판의 이동 속도 차이로 해령이 끊어지면서 해령과 해령 사이에 수직으로 변환 단층이 발달한다.

22 지구 시스템을 이루는 지권, 기권, 수권, 생물권은 서로 상호 작용을 하며 영향을 주고받는다. 이 중 화산 활동에 의한 화산 가스가 대기 중에 방출되는 것은 지권이 기권에 영향을 미치는 것이므로 A에 해당한다.

23 적도 부근에서 부는 무역풍이 약해지면서 남적도 해류의 흐름이 느려짐에 따라, 동태평양 적도 해역의 표층 수온이 평년보다 높은 상태로 지속되는 현상을 엘니뇨라고 한다. 엘니뇨 현상이 나타나면 적도 부근 동태평양은 어획량 감소, 강수량 증가, 홍수 발생 등이 나타난다.

24 수소 기체 방전관에서 나온 빛의 방출 스펙트럼은 선 스펙트럼이다. 태양광의 경우 연속 스펙트럼으로 관찰되지만, 원소의 스펙트럼은 선 형태로 나타난다. 또한, 파장이 400∼700 nm인 영역은 가시광선 영역으로, 수소의 경우 총 4개의 선이 관찰된다.
ㄷ. 원소마다 선 스펙트럼의 위치와 모양이 모두 다르다. 따라서 헬륨의 스펙트럼 또한 수소의 스펙트럼과 선의 위치가 다르다.

25 질량이 태양과 비슷한 별의 중심부에서는 수소 핵융합 반응이 일어나 헬륨을 생성하며, 중심부가 수축하여 밀도가 커지고 온도가 높아지면 헬륨 핵융합 반응이 일어나 중심부에서 탄소 및 산소가 생성된다. 이후 헬륨 핵융합 반응이 중단되면 바깥층은 팽창하여 행성상 성운이 되고, 중심부는 수축하여 백색 왜성이 된다. 따라서 ㉠에 해당하는 원소는 헬륨이다.

제6교시 한국사

01 ③	02 ①	03 ④	04 ②	05 ②
06 ③	07 ②	08 ②	09 ④	10 ①
11 ①	12 ④	13 ①	14 ③	15 ④
16 ③	17 ④	18 ③	19 ②	20 ④
21 ①	22 ②	23 ①	24 ④	25 ④

01 빗살무늬 토기는 신석기 시대에 처음으로 제작되어 음식을 조리하고 보관하는 데 사용되었다. 또한, 이 시대에는 가락바퀴로 실을 뽑아 뼈바늘로 옷을 지어 입었다.
① 상평통보: 조선 인조 때 처음 주조·유통되다 중지된 화폐로, 숙종 때 허적의 건의에 따라 다시 주조하기 시작하였다. 상업이 발달한 18세기 후반부터는 일상생활에서 널리 쓰이게 되었다.
② 비파형 동검: 청동기 시대에는 거푸집으로 비파형 동검을 제작하면서 독자적인 청동기 문화를 형성하였다.
④ 불국사 3층 석탑: 경주 불국사 대웅전 앞에 있는 석탑으로, 통일 신라 경덕왕 때 조성된 것으로 추측된다. 해체·수리하는 과정에서 사리 장엄구와 세계에서 가장 오래된 현존 목판 인쇄물인 무구정광대다라니경이 발견되기도 하였다.

02 법흥왕은 6세기 신라의 성장을 이끈 왕으로, 불교를 공인하고 율령을 반포하였다. 또한, 금관가야를 정복하여 신라의 영토를 확장하였다.
② 조선 세종
③ 고려 태조
④ 고려 공민왕

03 신라 촌락 문서(민정 문서)는 통일 신라 시대 촌락에 대한 기록물이다. 촌락 내 인구, 토지 종류와 면적, 가축 수 등을 기록하여 당시의 경제생활을 짐작할 수 있게 해 역사적 가치가 높다.
① 공명첩: 조선 시대에 국가에서 부유한 양민들에게 재물을 받고, 형식상의 관직을 부여하기 위해 발급하였던 이름이 비어 있는 임명장이다.
② 시무 28조: 고려 초기 최승로는 성종에게 시무 28조를 건의하였다. 성종은 이를 받아들여 지방에 12목을 설치하고 지방관을 파견하였다.
③ 영남 만인소: 김홍집이 청에서 『조선책략』을 들여온 이후 러시아를 견제하고 미국과 외교 관계를 맺어야 한다는 여론이 형성되자 이만손을 중심으로 한 영남 유생은 만인소를 올려 이를 반대하였다.

04 신라는 당과 동맹을 맺고 백제와 고구려를 공격하여 멸망시켰다. 이후 당이 신라와의 동맹을 깨고 한반도 전체를 지배하려 하자 신라는 당과 전쟁을 벌였다. 이때 매소성·기벌포 전투에서 신라가 전쟁을 승리로 이끌면서 당의 세력을 한반도에서 몰아내고 삼국 통일을 완성하였다.

05 고려 승려 의천은 송에서 유학하고 돌아와 개경(개성) 흥왕사에서 교종과 선종의 불교 통합 운동을 전개하였으며, 국청사를 중심으로 해동 천태종을 창시하였다. 또한, 교종과 선종의 통합 운동을 뒷받침하기 위한 사상적 바탕으로 이론의 연마와 실천을 강조하는 교관겸수를 주장하였다.

06 일본은 명성 황후를 시해하고(을미사변), 친일 내각을 수립하여 단발령의 실시 등을 포함한 을미개혁을 추진하였다. 이에 대한 반발로 전국적으로 을미의병이 전개되었다.

07 고려 광종은 호족의 세력을 약화시키기 위해 노비안검법을 실시하여 강제로 노비가 된 자를 해방시켰다. 또한, 후주 출신 쌍기의 건의를 받아들여 과거 제도를 도입하고 신진 인사를 등용하였다.

08 조선 후기에는 일부 가문이 권력을 독점하는 세도 정치로 인해 삼정(전정·군정·환곡)이 제대로 운영되지 않아 수령과 향리의 수탈이 극심하였다. 이에 큰 고통을 겪은 백성들이 전국 각지에서 봉기를 일으켜 홍경래의 난(1811), 임술 농민 봉기(1862) 등이 발생하였다.
① 고려 원 간섭기
③ 통일 신라 말
④ 일제 강점기

09 고려 시대 특수 행정 구역인 향·부곡·소에 거주하는 사람들은 신분이 양민임에도 불구하고 과거 응시와 거주 이전이 제한되고 일반 군현민에 비해 많은 세금을 내는 등 차별 대우를 받았다.

10 조선 중기 이후 사림의 주도로 지방 사립 교육 기관인 서원이 전국 각지에 세워졌다. 서원은 지방 양반의 권위 강화와 선현에 대한 제사, 양반 자제의 교육을 담당하였으며, 사림 세력의 기반 역할을 하였다.

11 조선은 중앙에 사헌부, 사간원, 홍문관의 3사를 두어 언론과 권력 독점을 견제하는 기능을 하도록 하였다. 또한, 사헌부는 관리 감찰, 사간원은 간쟁, 홍문관은 왕의 자문과 경연을 담당하였다.

12 1866년 병인박해를 빌미로 프랑스의 군함이 조선의 강화도를 침략하면서 병인양요가 발생하였다. 한성근 부대가 문수산성, 양헌수 부대가 정족산성에서 프랑스 군대를 격퇴하였으며, 이 과정에서 프랑스 군대는 외규장각을 불태우고 의궤 등을 약탈하였다.

13 동학 농민 운동 당시 농민군은 청과 일본의 군대 개입을 우려하여 조선 정부와 전주 화약을 맺었다. 이후 농민군은 탐관오리 처벌, 조세 제도 개혁, 사회적 악습 폐지 등을 위해 농민 자치 기구로서 집강소를 설치한 뒤 폐정 개혁을 실시하였다.

14 순종의 인산일에 조선 공산당을 중심으로 한 사회주의 세력, 천도교를 중심으로 한 민족주의 세력, 그리고 학생 단체들이 함께 만세 시위를 계획하였다. 그러나 사전에 발각되어 학생들의 주도로 6·10 만세 운동이 전개되었다. 6·10 만세 운동 이후 사회주의 세력과 민족주의 세력이 연대하여 민족 유일당을 결성할 수 있다는 공감대가 형성되었다.

15 1910년대 일제는 무단 통치하에 헌병 경찰 제도를 실시하였다. 이에 일반 관리와 학교 교원에게까지 제복을 입히고 칼을 차게 하였으며, 헌병 경찰에게 즉결 처분권을 부여하였다. 또한, 조선 태형령을 제정하여 조선인에게만 태형을 적용하였다.

16 김구는 대한민국 임시 정부 활동의 침체를 극복하기 위해 한인 애국단을 조직하고 적극적으로 항일 투쟁을 전개하였다. 한인 애국단원인 윤봉길은 1932년 홍커우 공원에서 열린 일왕 생일 기념식에 폭탄을 투척하였고, 그의 의거로 큰 감명을 받은 중국 국민당 정부는 대한민국 임시 정부의 활동을 지원하였다.

17 1920년대 일본은 급속하게 공업화가 진행되어 쌀값이 폭등하고 식량 사정이 악화되었다. 이에 일본은 자국의 부족한 쌀을 한국에서 충당하기 위한 산미 증식 계획을 추진하였고, 이로 인해 한국은 일본의 식량 공급지가 되었다.

18 방정환은 1920년대에 김기전 등과 함께 천도교 소년회에서 활동하면서 5월 1일을 어린이날로 정하고, 잡지 『어린이』를 간행하였다. 1930년대에 들어서는 일제가 소년 운동을 애국 운동으로 간주하여 탄압하면서 활동이 중단되었다.
① 조선 조광조
② 고려 김부식
④ 안중근

19 박종철 고문치사 사건과 전두환 정부의 4·13 호헌 조치로 인해 직선제 개헌과 민주 헌법 제정을 요구하는 6월 민주 항쟁이 전국적으로 확산되었다. 시민들은 호헌 철폐와 독재 타도를 외치며 전국적으로 시위를 전개하였으며, 그 결과 5년 단임의 대통령 직선제를 바탕으로 한 개헌이 이루어졌다.

20 1945년 개최된 모스크바 3국 외상 회의 결과, 한반도에 임시 민주주의 정부를 수립하기 위해 미·소 공동 위원회를 개최하고 최대 5년간 신탁 통치를 실시한다는 내용이 결정되었다.

21 1950년 6월 25일에 북한의 남침으로 6·25 전쟁이 발발하였다. 전쟁 초기 낙동강 방어선까지 밀렸던 국군은 유엔군의 파병과 인천 상륙 작전의 성공으로 압록강 근처까지 진격하였으나 중국군의 개입으로 인해 1·4 후퇴를 하게 되면서 서울은 다시 함락당하였다. 이후 38도선 일대에서 전쟁이 고착화되자 미국과 소련은 1953년 7월 27일에 정전 협정을 체결하였다. 6·25 전쟁으로 많은 군인과 민간인이 희생되었고 전쟁고아가 발생하였으며, 남북이 분단되어 이산가족이 생겨났다.

22 박정희 정부는 국가 주도의 경제 개발을 추진하여 경제 개발 5개년 계획을 실시하고, 이에 대한 자금을 마련하기 위해 베트남 파병, 한일 국교 정상화, 외국 차관의 도입 등을 실시하였다. 1970년대에는 유신 헌법을 제정하고, 농촌 환경 개선과 소득 증대를 목표로 새마을 운동을 추진하였다. 또한, 남북 관계를 개선하기 위해 자주ㆍ평화ㆍ민족 대단결의 3대 통일 원칙에 합의한 7ㆍ4 남북 공동 성명을 발표하였다.
  ① 조선 고종
  ③ 통일 신라 원성왕
  ④ 김대중 정부

23 1950년대 이승만 정부 때 미국의 원조를 기반으로 밀가루, 설탕, 면직물을 중심으로 한 삼백 산업이 발달하였다. 1960년에는 이승만과 자유당 정권의 3ㆍ15 부정 선거에 대한 항거로 4ㆍ19 혁명이 발발하여 이승만이 하야하였다.

24 3ㆍ1 운동을 계기로 조직적인 독립운동을 추진하기 위해 수립된 대한민국 임시 정부는 이봉창과 윤봉길의 의거 이후 일제 탄압이 심해지자 근거지를 충칭으로 이동하였다. 이곳에서 지청천을 총사령관으로 하여 임시 정부의 직할 부대인 한국 광복군을 창설하였다. 한국 광복군은 영국군의 요청으로 인도, 미얀마 전선에 파견되었으며, 미군의 협조를 받아 국내 진공 작전을 준비하였다.

25 김영삼 정부는 1993년에 탈세와 부정부패를 뿌리 뽑기 위해 금융 실명제를 실시하여 경제 개혁을 추진하였고, 1996년에는 경제 협력 개발 기구(OECD)에 가입하였다. 정부 말기에는 외환 위기로 인해 국제 통화 기금(IMF)으로부터 구제 금융을 받게 되어 기업 구조 조정, 대규모 실업 등의 사태가 발생하였다.

제7교시 도덕

01	①	02	②	03	④	04	②	05	④
06	①	07	②	08	③	09	④	10	③
11	④	12	①	13	④	14	①	15	③
16	②	17	③	18	③	19	①	20	③
21	②	22	③	23	②	24	④	25	①

01 메타 윤리학은 도덕적 언어의 의미를 분석하고 도덕적 추론의 정당성을 검증하기 위한 논리 분석을 주된 목표로 둔 학문이다.
  ② 실천 윤리학: 이론 윤리학을 활용하여 현대 사회의 다양한 윤리 문제를 해결하는 데 목표를 둔 학문이다.
  ③ 신경 윤리학: 도덕 판단 과정에서 이성과 정서의 역할, 인간의 자유 의지나 공감 능력 등을 과학적 방법으로 측정하여 입증하고자 하는 학문이다.
  ④ 기술 윤리학: 도덕적 관습이나 풍습 등을 조사하여 객관적으로 서술하고 그 인과 관계를 설명하는 것을 주된 목표로 하는 학문이다.

02 중국 춘추 시대 사상가이며, 도가 사상의 창시자는 노자이다. 노자는 인간도 인위적 욕망을 버리고 자연의 순리에 따르는 무위자연(無爲自然)의 삶을 살아야 함을 강조하였다. 그러한 노자의 사상은 『도덕경』에 잘 나타나 있다.

03 도덕적 탐구 과정에서는 이성적 사고뿐만 아니라 정서적 측면도 함께 고려해야 한다.

도덕적 탐구

의미	도덕적 사고를 통해 도덕적 의미를 새롭게 구성하는 지적 활동이다.
특징	• 현실 문제를 해결할 때 당위적 차원에 주목하여 가치와 규범의 탐구에 집중하고 도덕적인 실천을 중요시한다. • 윤리적 딜레마를 활용한 도덕적 추론으로 이루어진다. • 이성적 사고뿐만 아니라 정서적 측면도 함께 고려한다.

04 세상 모든 존재는 서로 의지한다는 불교의 근본 교리는 연기(緣起)이다. 불교에서는 모든 존재와 현상에는 원인[因]과 조건[緣]이 있어, 이것이 결합하여 상호 의존한다는 연기(緣起)적 세계관을 강조한다.
  ① 심재(心齋): 마음을 비워 깨끗이 함을 의미한다.
  ③ 오륜(五倫): 유교에서 강조하는 것으로, 인간관계에서 지켜야 할 다섯 가지의 기본 윤리를 말한다. 부자유친(父子有親), 군신유의(君臣有義), 부부유별(夫婦有別), 장유유서(長幼有序), 붕우유신(朋友有信)이 있다.
  ④ 정명(正名): 임금은 임금다워야 하고 신하는 신하다워야 하며, 부모는 부모다워야 하고 자식은 자식다워야 한다는 뜻으로, 사람들이 각자의 신분과 지위에 맞는 역할을 제대로 해야 한다는 의미이다.

05 ㉠에 들어갈 사상으로 적절한 것은 규칙 공리주의이다. 규칙 공리주의는 행위 공리주의의 한계를 극복하기 위해 등장한 사상으로, 어떤 규칙이 최대의 유용성을 낳는지에 집중하며 더 큰 유용성을 산출하는 규칙을 중시한다.

① 의무론: 언제 어디서나 인간이 따라야 할 행위의 보편 법칙이 있으며, 인간의 행위가 이 법칙을 따르면 옳고 따르지 않으면 그르다고 본다. 또한, 행위의 결과를 고려하기보다 보편타당한 법칙에 따를 것을 요구한다.

② 덕 윤리: 아리스토텔레스의 윤리 사상적 전통을 따르며, 행위자의 품성과 덕성을 중요시한다. 또한, 의무론과 공리주의가 행위자 내면의 도덕성과 인성의 중요성을 간과하며, 개인의 자유와 권리 강조로 공동체의 전통을 무시한다고 비판한다.

③ 자연법 윤리: 의무론적 접근 방법에 해당한다. 모든 인간에게 자연적으로 주어진 보편적이고 불변적인 법칙이 있다고 보며, 자연의 질서에 부합하는지를 검토하고자 한다.

06 자연을 바라보는 관점 중 과학적 지식을 활용하여 인간이 자연을 정복해야 하며, 자연은 단순한 기계로서 도덕적 고려 대상에서 제외된다고 보는 자연관은 인간 중심주의이다.

② 동물 중심주의: 도덕적인 고려 범위를 동물로 확대해야 한다는 입장이다. 동물을 인간의 수단으로 여기는 것에 반대하며, 동물의 복지와 권리를 향상해야 한다고 주장한다.

③ 생명 중심주의: 도덕적 지위를 갖는 기준이 생명이라고 보고 도덕적 고려 범위를 모든 생명체로 확대해야 한다는 입장이다. 인간과 동물뿐만 아니라 식물을 포함한 모든 생명체가 생명이라는 점에서 내재적 가치를 지닌다고 주장한다.

④ 생태 중심주의: 도덕적 고려 범위를 무생물을 포함한 생태계 전체로 보아야 한다는 입장이다. 생명 개체에만 초점을 맞춘 개체 중심적 환경 윤리를 비판한다.

07 법률이나 정부의 권력, 명령 등이 기본권을 침해하거나 부당하다고 판단될 때, 법이나 정책을 변화시키려는 목적을 가지고 의도적으로 법을 위반하는 행위는 시민 불복종이다.

시민 불복종의 사례
• 영국의 식민지 정책에 저항한 간디의 무저항 불복종 운동
• 마틴 루서 킹의 흑인 차별 철폐를 위한 인권 운동
• 미국의 노예 제도와 멕시코 전쟁에 반대한 헨리 데이비드 소로의 세금 납부 거부 운동

08 과학 기술자는 자신만의 이익을 위해 연구 결과를 조작해서는 안 되며, 연구 결과가 사회에 부정적 영향을 미친다면 이를 중단하거나 예방적 조치를 취해야 한다.

09 대중문화의 건전한 발전을 위해서는 대중문화를 맹목적으로 받아들이지 말고, 주체적인 자세로 선별하고 비판적으로 수용하여 감상해야 한다.

대중문화에 대한 바람직한 태도
• 지나친 이윤 추구를 지양하며, 건전하고 의미 있는 대중문화를 보급하기 위해 노력해야 한다.
• 방송법 등을 통해 대중문화의 생산 및 소비에 공적 책임을 부여해야 한다.
• 다양한 계층이 참여할 수 있는 사회적 기구를 만들어 대중문화에 대한 자율적인 자정 노력을 해야 한다.

10 통일 시기와 과정은 민주적 절차에 따라 추진해야 하며, 그 과정에서 표출되는 각종 갈등을 적극적으로 해결해 나가야 한다. 또한, 열린 마음으로 소통과 배려를 실천하며, 남북 교류와 협력을 통해 서로 간의 신뢰를 형성해야 한다.

ㄱ. 무력 통일이 아닌 점진적으로 사회·경제·문화 및 인도적 교류의 장을 확대하여 신뢰를 형성하고, 남북한의 긴장 관계를 해소시켜 평화적 통일을 도모해야 한다.

ㄹ. 체제 통합을 우선하기보다 북한에 대한 올바른 인식, 통일에 대한 관심, 통일을 위한 체계적 준비 등 평화 통일을 위한 기반 조성 노력이 우선되어야 한다.

11 부부는 양성평등의 관점에서 고정된 성 역할을 절대시하는 것을 지양해야 하고, 각자의 주체성과 자유를 존중하며, 삶의 동반자로서 상호 발전할 수 있도록 도와주어야 한다.

12 다문화를 바라보는 관점 중 동화주의의 대표적 이론은 용광로 이론이다. 용광로가 모든 것을 녹이듯이 비주류 문화를 주류 문화에 녹여서 하나로 통합시켜야 한다는 입장이다. 이는 사회를 통합하고 질서를 유지하는 데 유리하지만, 소수 민족의 문화가 소실되고 인권 침해의 문제가 발생할 수 있다.

② 모자이크 이론: 다문화주의 이론으로, 여러 색의 모자이크 조각이 조화를 이루어 하나의 작품이 되듯 다양한 문화의 공존을 목표로 하는 입장이다.

③ 샐러드 볼 이론: 모자이크 이론과 함께 다문화주의의 대표적 이론으로, 다양한 채소와 과일이 샐러드 볼 안에서 조화를 이루듯 국가라는 샐러드 볼 안에서 여러 문화가 서로 조화롭게 공존해야 한다는 입장이다.

④ 국수 대접 이론: 문화 다원주의 이론으로, 주류 문화는 국수와 국물처럼 중심적인 역할을 하고, 이주민의 문화는 고명처럼 부수적 역할을 하며 공존해야 한다는 입장이다. 이는 이주민의 문화를 존중하고 공존을 추구하지만 주류 문화의 우위를 인정한다는 의미이다.

13 공정한 분배에 대해 롤스(Rawls, J.)는 분배 절차가 공정하면 분배 결과도 공정하다고 보는 절차적 정의를 중시한다. 그는 모든 사람이 기본적 자유에서 평등한 권리를 가지며, 사회적 약자에게 최대의 이익을 보장해야 한다고 주장한다.

롤스의 정의의 원칙

제1원칙	평등한 자유의 원칙	모든 사람은 다른 사람과 유사한 자유와 양립할 수 있는 가장 광범위한 기본적 자유에서 평등한 권리를 가진다.
제2원칙	차등의 원칙	사회적·경제적 불평등은 최소 수혜자에게 최대의 이익을 보장해야 한다.
	기회균등의 원칙	불평등의 계기가 되는 지위는 공정한 기회균등의 원칙에 따라 모든 사람에게 개방되어야 한다.

14 칸트의 사상은 보편화 가능성과 인간 존엄성에 부합하는 도덕 법칙을 준수할 것을 강조하였다. 또한, 칸트는 도덕 법칙이 정언 명령의 형식의 띠고 있어야 한다고 보았다. 정언 명령은 행위의 결과와 상관없이 행위 자체가 선(善)이기 때문에 무조건 수행해야 하는 도덕적 명령을 의미한다.

ㄷ. 칸트는 인간 존엄성을 중시하였는데, 어떤 준칙이 도덕 법칙이 될 수 있는지 검토하기 위해 먼저 해당 준칙을 보편 진술로 바꾼 후에 그 진술을 보편화 가능성과 인간 존엄성의 관점에서 검토하였다.

ㄹ. 칸트는 도덕성을 판단함에 있어 행위의 결과보다는 동기를 중시해야 한다고 보았다.

15 태아는 여성 몸의 일부이기 때문에 태아에 대한 소유권이 임신한 여성에게 있다고 보는 입장은 인공 임신 중절에 대한 찬성 근거에 해당한다.

16 '학생 2'는 환경 보존을 생각한 소비를 실천하였으므로 윤리적 소비를 실천한 학생이다.

윤리적 소비
개인의 경제적 이익이나 만족감 등 합리성과 효율성이 상품 선택의 기준이 되는 소비가 아니라, 경제성을 넘어 환경, 인권, 복지, 노동 조건, 경제 정의 등 인류의 보편적 가치를 실천하는 소비를 말한다. 윤리적 소비를 위해서는 인권과 정의를 생각하는 소비, 공동체적 가치를 생각하는 소비, 동물 복지를 생각하는 소비, 환경 보존을 생각하는 소비를 실천해야 한다.

17 도덕주의 입장에서 예술은 도덕적 선을 지향하는 것이 바람직하므로 예술에 대한 윤리적 규제가 필요하다고 본다. 또한, 예술의 목적은 인간의 올바른 품성을 기르고 도덕적 교훈을 제공하는 것이라고 본다.

ㄱ·ㄷ. 예술의 자율성만 강조해야 한다고 주장하며, 미적 가치를 제외한 모든 가치를 부정해야 한다고 보는 입장은 심미주의 관점이다.

18 바람직한 의사소통을 위해서는 진실한 마음으로 상대를 속이지 않는 진술한 태도가 필요하다.
① 대화의 상대방을 존중하는 태도가 필요하다.
② 타인의 주장을 진실하게 받아들이는 태도가 필요하다.
④ 독선적 태도를 버리고 자신의 의견에 오류가 있을 수도 있다는 가능성을 인정하는 태도가 필요하다.

19 전문직은 고도의 전문적 교육과 훈련을 거쳐 업무를 수행하며, 독점성과 자율성을 갖는 직업이므로 전문직 종사자는 직업적 양심과 사회에 대한 책임 의식을 지녀야 한다.
② 전문적 지식과 기술을 직무의 공공성보다 개인적 이익만을 위해 사용한다면 사회 문제가 발생할 수 있다.
③ 독점적 지위의 보장보다 고도의 전문적인 훈련을 통한 전문성 함양에 신경 써야 한다.
④ 전문 지식을 개인의 비윤리적 이익을 위해 사용해서는 안된다.

20 타인의 명예를 훼손하여 정신적 피해를 주는 것은 사이버 폭력 문제를 해결하기보다 오히려 사이버 명예 훼손을 야기한다.

사이버 폭력
사이버 공간에서 상대방이 원하지 않는 언어, 이미지 등을 이용하여 정신적으로 피해를 주는 폭력 행위를 말한다. 광범위하고 빠르게 확산되어 피해가 확대되고, 시공간 제약이 없이 가해가 이루어진다. 또한, 삭제가 어려워 피해 기록이 영속적으로 남고, 익명성을 이용하여 은밀하고 가혹한 폭력이 행해지는 등 많은 문제점이 있다.

21 형벌의 목적을 범죄 예방을 통해 사회 전체의 이익을 증대시키는 것이라고 보는 관점은 공리주의이다.

형벌에 대한 관점

공리주의 관점	• 처벌 자체에 목적을 두는 게 아니라 사회의 이익을 증진하기 위한 수단으로 간주한다. • 위법을 통한 이익보다 처벌로 인한 손실이 더 크도록 형벌을 부과한다. • 처벌을 통해 범죄자를 교화시켜 장래의 범죄를 예방할 수 있기 때문에 처벌이 정당화된다고 본다.
응보주의 관점	• 형벌은 죄에 대한 정당한 보복을 가하는 데 목적이 있다고 보는 사상이다. • 처벌 그 자체를 목적으로 하므로 범죄 예방이 거의 불가능하며 범죄자의 교화에 무관심해질 수 있다.

22 자신의 인간관, 가치관, 세계관 등을 전체적으로 검토하고 반성하는 과정은 윤리적 성찰에 해당한다. 윤리적 성찰은 스스로를 비판적으로 성찰하고 불완전함을 보완하여 올바른 가치관을 형성하는 데 도움을 준다.

동서양의 윤리적 성찰 방법

유교	• 일일삼성(一日三省): 증자가 주장한 내용으로 하루에 세 번 돌아본다는 뜻으로, 날마다 자신의 행동을 반성하고 개선하라는 뜻이다. • 거경(居敬): 유학에서 강조하는 거경은 늘 한 가지를 주로 하고 다른 것으로 옮김이 없이, 심신이 긴장되고 순수한 상태를 유지함으로써 덕성을 함양하는 수양을 의미한다. • 신독(愼獨): 혼자 있어도 도리에 어긋나는 행동을 하지 않는다는 뜻이다.
불교	참선: 무엇이 참된 삶인지 깨닫고 자신 안에 내재한 맑은 본성을 찾아 바르게 살아가기 위해 하는 수행법이다.
소크라테스	• 산파술: 끊임없는 질문을 통해 자신의 무지를 자각하고 성찰할 수 있도록 하는 방법이다. • 반성하지 않는 삶은 살 가치가 없다고 주장하며, 반성적으로 검토하는 삶이 중요함을 강조하였다. • 가장 유명한 격언으로 '너 자신을 알라.'가 있다.
아리스토텔레스	• 중용: 마땅한 때에 마땅한 일에 대해 마땅한 사람에게 마땅한 동기로 느끼거나 행하는 태도이다. • 중용을 통해 자신의 행위와 태도를 성찰하고, 비도덕적 행위에 대한 반성을 강조하였다.

23 결혼이라는 합법적 테두리 내에서 이루어진 성적 관계만을 정당하다고 보며, 혼전·혼외 성적 관계는 부도덕하다고 보는 ㉠은 보수주의에 해당한다. 반면, 타인에게 피해를 주지 않고 동의 하에 이루어진 성적 관계는 사랑이 없더라도 가능하다고 보는 ㉡은 자유주의에 해당한다.

사랑과 성에 대한 관점

보수주의	• 성이 부부간의 신뢰와 사랑을 전제로 할 때만 도덕적이다. • 결혼이라는 합법적 테두리 내에서 이루어진 성적 관계만이 정당하며, 혼전이나 혼외 성적 관계는 부도덕하다.
중도주의	• 성과 사랑을 결혼과 결부시키지 않으며, 사랑을 동반한 성적 관계는 허용될 수 있다. • 사랑이 결부된 성적 관계는 인간의 육체적·정신적 교감이 이루어지게 한다는 점에서 긍정적이다.
자유주의	타인에게 피해를 주지 않고 성인이 자발적으로 동의한다면 사랑 없는 성적 관계도 가능하다.

24 기후 변화는 생활 기반을 잃게 하는 등 인류의 삶을 위협한다. ①·②·③ 기후 변화는 생태계 파괴 및 교란, 새로운 질병의 유행, 홍수·가뭄·해일 등 자연재해의 증가를 가져온다.

25 국제 관계를 바라보는 관점 중 이상주의는 국가가 이성적 존재이므로 국제 분쟁은 국제법, 국제기구 등 제도의 개선으로 해결할 수 있다고 본다. 이상주의의 대표적 사상가는 칸트로, 국제 분쟁은 국가 간 도덕성을 확보해야 해결된다고 주장하였다. 또한, 인간의 본성은 선하며 대화와 협력이 가능한 이성적 존재이므로 분쟁은 잘못된 제도로 인한 것이라고 보았다.

제1교시 국어

01 ②	02 ②	03 ③	04 ④	05 ①
06 ①	07 ④	08 ④	09 ①	10 ③
11 ①	12 ③	13 ②	14 ④	15 ②
16 ①	17 ①	18 ②	19 ②	20 ①
21 ②	22 ③	23 ④	24 ③	25 ④

01 제시된 대화에 언급된 '이데마', '만니톨', '엔시드'와 같은 언어는 의사들 사이에 사용되는 '전문어'이다. 전문어란 어떤 전문적인 작업을 효과적으로 수행하기 위해 그 직업에 종사하는 사람들 사이에서 특수하게 발달된 말을 뜻한다.
① '신조어'는 새로 생긴 말 또는 새로 귀화한 외래어를 뜻한다.
③ '지역 방언'은 지역적으로 분화되어 지역에 따라 다르게 사용하는 말을 뜻한다.
④ '관용 표현'은 두 개 이상의 낱말이 합쳐져 새로운 말로 굳어져 사용되는 표현을 뜻한다.

02 수정 후의 문장은 언어 예절 중 '공손성의 원리'를 바탕으로 한 것이다. 즉, 말하는 사람의 입장에서 자신에게 이익이 되는 표현은 최소화하고, 자신에게 부담이 되는 표현은 최대화하는 방법인 '관용의 격률'을 활용하였다. 화자는 선생님의 자료가 어려워서 추가 자료를 요청하는 상황에 대해 자신이 잘 이해하지 못하였기 때문이라고 바꾸어서 자신의 탓으로 돌려 말하였다.
공손성의 원리
• 개념: 상대방을 존중하고 배려하는 마음을 갖고, 예절 바르게 대화한다.
• 종류
　– 요령의 격률: 상대방에게 부담이 되는 표현은 최소화하고, 상대방에게 이익이 되는 표현은 최대화하는 방법이다.
　– 관용의 격률: 말하는 사람의 입장에서, 자신에게 이익이 되는 표현은 최소화하고, 자신에게 부담이 되는 표현은 최대화하는 방법(자신의 탓으로 돌리기)이다.
　– 찬동의 격률: 상대방을 비난하는 표현은 최소화하고, 상대방을 칭찬하는 표현은 최대화하는 방법이다.
　– 겸양의 격률: 말하는 사람의 입장에서, 자신을 칭찬하는 표현은 최소화하고, 자신을 낮추는 표현은 최대화하는 방법이다.
　– 동의의 격률: 상대방의 의견과 불일치하는 표현은 최소화하고, 상대방의 의견과 일치하는 표현은 최대화하는 방법이다.

03 '신라[실라]'는 선행 종성 'ㄴ'이 후행 초성 'ㄹ'의 영향을 받아 유음으로 조음 방법이 같아지는 '유음화' 현상이 발생한 예이다.
① 심리[심니]: 후행 초성 'ㄹ'이 선행 종성 'ㅁ'의 영향을 받아 비음으로 조음 방법이 같아지는 '비음화' 현상이 발생한 예이다.
② 종로[종노]: 후행 초성 'ㄹ'이 선행 종성 'ㅇ'의 영향을 받아 비음으로 조음 방법이 같아지는 '비음화' 현상이 발생한 예이다.
④ 국물[궁물]: 선행 종성 'ㄱ'이 후행 초성 'ㅁ'의 영향을 받아 비음으로 조음 방법이 같아지는 '비음화' 현상이 발생한 예이다.

04 '떨어지다'는 '달려 있거나 붙어 있는 것을 쳐서 떼어 내다.'라는 의미의 용언 '떨다'에 '어떤 현상이나 상태가 이루어지다.'라는 의미의 용언 '지다'가 결합하여 '위에서 아래로 내려지다.'라는 용언이 된 것으로, 앞말의 본뜻이 유지되고 있기 때문에 원형을 밝혀 '떨어지다'로 표기해야 한다.
① '늘어나다'는 '물체의 길이나 넓이, 부피 따위가 본디보다 커지다.'라는 의미의 용언 '늘다'에 '어떤 현상이나 사건이 일어나다.'라는 의미의 용언 '나다'가 결합하여 '부피나 분량 따위가 본디보다 커지거나 길어지거나 많아지다.'라는 용언이 된 것으로, 앞말의 본뜻이 유지되고 있기 때문에 원형을 밝혀 '늘어나다'로 표기해야 한다.
② '드러나다'는 '밖에서 속이나 안으로 향해 가거나 오거나 하다.'라는 의미의 용언 '들다'에 '어떤 현상이나 사건이 일어나다.'라는 의미의 용언 '나다'가 결합하여 '가려 있거나 보이지 않던 것이 보이게 되다.'라는 용언이 된 것으로, 앞말의 본뜻에서 멀어졌기 때문에 원형을 밝히지 않은 '드러나다'로 표기해야 한다.
③ '돌아가다'는 '물체가 일정한 축을 중심으로 원을 그리면서 움직이다.'라는 의미의 용언 '돌다'에 '한곳에서 다른 곳으로 장소를 이동하다.'라는 의미의 용언 '가다'가 결합하여 '물체가 일정한 축을 중심으로 원을 그리면서 움직여 가다.'라는 용언이 된 것으로, 앞말의 본뜻이 유지되고 있기 때문에 원형을 밝혀 '돌아가다'로 표기해야 한다.

05 직접 인용 표현을 간접 인용 표현으로 바꿀 때는 인용할 내용인 "너의 취미가 뭐야?"에서 큰따옴표를 없애고, 인용격 조사 '고'를 붙여야 한다. 또한, 친구의 입장에서 쓰였던 인칭 대명사 '너'는 간접 인용에 따라 '나'로 변경되어야 한다. 따라서 ㉠에 들어갈 말로 가장 적절한 것은 '나의 취미가 뭐냐고'이다.

06 동물 실험에 대해 문제를 제기하며, 반대하는 근거로 가장 적절한 것은 '동물 실험을 대체할 실험 방안이 있다.'이다. 이를 통해 동물 실험이 제품 개발에 필수적 요소가 아님을 지적할 수 있으며, 동물 실험 반대라는 결론을 도출해 낼 수 있다.
②·③·④ 동물 실험을 찬성하는 근거에 적합한 내용에 해당한다.

07 접속어 '따라서'는 앞에서 말한 일이 뒤에서 말할 일의 원인, 이유, 근거가 됨을 나타내는 말이다. 제시된 내용은 과거에 메모지나 필기구가 없어 불편한 경우가 있었으나, 지금은 쉽게 메모할 수 있게 되었다는 내용이므로 앞의 내용과 상반되는 내용을 연결하는 역접의 접속어 '그러나'가 사용되어야 한다.

작품 해설 「용비어천가」 제2장

• 갈래: 악장
• 성격: 송축적, 예찬적, 서사적
• 제재: 조선 왕조의 창업
• 주제: 조선 건국의 정당성과 사적 찬양 및 후왕에 대한 권계
• 특징
  – 기본적으로 2절 4구의 대구 형식을 취함
  – 대구법, 영탄법, 설의법 등 다양한 수사법을 사용함

현대어 풀이
뿌리가 깊은 나무는 바람에 흔들리지 아니하므로
꽃이 좋고 열매가 많이 열리니
샘이 깊은 물은 가뭄에 그치지 아니하므로
내가 되어서 바다에 이르니

---

08 ':내·히'는 '시내보다는 크지만 강보다는 작은 물줄기.'를 뜻하는 'ㅎ' 종성 체언 '내ㅎ'에 중세 국어의 주격 조사 'ㅣ'가 결합한 예이다.
① 중세 국어에서는 앞 음절의 끝소리를 뒤 음절의 첫소리로 옮겨 적는 이어 적기(연철식 표기)가 많이 활용되었는데, 이는 소리 나는 대로 표기한다고 하여 표음주의 표기법이라고도 한다. '기·픈'은 '깊+-은'의 결합으로, 발음에 따라 이어 적기 표기가 된 예이다.
② 중세 국어에서는 부사격 조사 '-애/에'가 사용되었는데, 그중 양성 모음 뒤에 활용되는 '-애'는 현재 쓰이지 않는 모음에 해당한다. '부르·매'는 '부룸+-애'의 결합으로, 현재 쓰이지 않는 모음인 '-애'가 사용된 예이다.
③ 중세 국어에서는 양성 모음은 양성 모음끼리, 음성 모음은 음성 모음끼리 어울리는 모음 조화가 잘 지켜졌는데, 'ㆍ므·른'은 '믈+-은'의 결합으로, 음성 모음끼리 어울려 모음 조화를 잘 지킨 예이다.

작품 해설 김소월, 「진달래꽃」

• 갈래: 자유시, 서정시
• 성격: 전통적, 애상적, 민요적, 향토적
• 제재: 진달래꽃
• 주제: 이별의 정한(情恨)과 승화
• 특징
  – 여성적이고 간절한 어조를 사용함
  – 이별의 상황을 가정한 '기 – 승 – 전 – 결'의 구조로 시상을 전개함
  – 수미상관, 반어법, 도치법을 통해 애이불비(哀而不悲)의 정서를 강조함

---

09 설의법은 '가난하다고 해서 사랑을 모르겠는가'와 같이 쉽게 판단할 수 있는 사실을 의문의 형식을 사용하여 표현하는 수사법이다. 이 글에서는 설의법이 사용된 양상을 찾을 수 없다.
② 이 글은 '드리우리다.', '뿌리우리다.', '흘리우리다.'와 같이 비슷한 소리가 나는 유사한 종결 어미를 반복하여 리듬감, 즉 운율을 형성하고 있다.
③ 반어법은 겉으로 드러난 표현과 속에 숨겨져 있는 내용이 서로 반대가 되게 하는 수사법이다. 이 글은 '죽어도 아니 눈물 흘리우리다.'와 같이 화자의 의도와 반대되는 표현을 활용하여 슬픔, 애상, 비애의 정서를 강화하였다.
④ 수미상관 구조는 첫 연과 마지막 연이 동일한 혹은 비슷한 형태를 취해 안정감을 형성하는 문학적 구성법이다. 이 글은 1연과 4연이 유사한 형태로 제시되어 수미상관 구조를 취하고 있다.

10 ㉠은 자신을 떠나는 임을 축복하는 의미에서 뿌린 '진달래꽃'을 밟고 가라는 뜻으로, 이때 '진달래꽃'은 임에 대한 사랑과 시적 화자의 분신을 상징한다. 이러한 표현을 통해 ㉠에서는 임을 향한 시적 화자의 헌신적인 사랑과 자기희생의 태도가 효과적으로 두드러진다.

11 이 글과 〈보기〉는 일정한 음보가 규칙적으로 반복되는 운율인 '음보율'이 두드러지는데, 이는 우리나라 시가 문학의 특징 중 하나이다. 이 글의 '나 보기가 / 역겨워 / 가실 때에는'과 〈보기〉의 '아리랑 / 아리랑 / 아라리요'에는 3음보의 민요적 율격이 나타나고 있다.

시의 운율
• 내재율: 외형상 규칙성은 없지만 작품 내면에 흐르는 개성적 운율로, 자유시에서 흔히 나타난다.
• 외형률: 시의 외형상 분명히 드러나 있는 운율로, 정형시에서 흔히 나타난다.

음위율	일정한 음이 일정한 위치에 반복되는 운율
음수율	일정한 수의 음절이 규칙적으로 반복되는 운율
음보율	일정한 음보가 규칙적으로 반복되는 운율로, 우리 시에서 가장 두드러진 운율

작품 해설 송순, 「십 년을 경영하여~」

- 갈래: 평시조, 정형시, 서정시
- 성격: 전원적, 풍류적, 낭만적
- 제재: 전원생활, 안빈낙도
- 주제: 전원생활에 도취된 심정, 자연에의 귀의(歸依)
- 특징
  - 근경과 원경의 조화가 두드러짐
  - 의인법과 비유법을 통해 물아일체의 모습을 보임
  - 자연을 소유의 대상으로 여기지 않는 동양의 자연관이 잘 드러남

윤선도, 「만흥」

- 갈래: 평시조, 연시조, 정형시
- 성격: 자연 친화적, 강호 한정가
- 제재: 자연을 벗하는 생활
- 주제: 자연에 묻혀 사는 즐거움과 임금님의 은혜
- 특징
  - 물아일체의 자연 친화 정신이 두드러짐
  - 비교적 한자어가 많지 않고 우리말을 많이 사용함
  - 설의법을 통해 자연 속 삶에 대한 만족감을 드러냄

12 이 글에서 시적 화자는 세 칸짜리 초가집에서 생활하며 자연에서 은거하는 청빈한 생활을 노래하고 있다. 자연 속 소박한 삶에 대한 만족감이 드러난다는 점이 특징적이다.

13 윤선도의 「만흥」은 속세와 떨어진 공간에서 '뫼', 즉 산을 바라보며 산이 말하거나 웃음을 짓지 않아도 한없이 좋음을 표현하고, 그리워하던 임이 오는 것보다 자연에 묻혀 사는 삶이 훨씬 즐거움을 노래하고 있다. 이러한 내용을 통해 이 글의 '강산'과 의미가 가장 유사한 것은 ⓒ임을 알 수 있다.

작품 해설 김원일, 「도요새에 관한 명상」

- 갈래: 중편 소설, 생태 소설
- 성격: 사실적, 비판적, 생태학적
- 제재: 낙동강 공사 이후 오염된 동진강과 이를 둘러싼 갈등
- 주제: 비극적 역사 현실과 산업화의 폐해로 훼손된 인간성 회복
- 특징
  - 산업화로 인한 환경 문제에 대해 선구적으로 문제를 제기함
  - 분단의 문제를 실향민의 개별화된 문제가 아닌, 생명 회복의 차원으로 승화시킴

14 이 글에서 '병국'은 새들의 떼죽음에 의혹을 품고 진실을 파헤치기 위해 통금 시간에 허가증 없이 해안을 돌아다니거나, 새들의 사인을 캐 보려 하는 등 여러 시도를 하였다.

15 [A]는 '병국'의 초췌한 외양 묘사를 통해 새들의 떼죽음에 대한 원인을 알아보려 주변을 헤집고 다녔던 그의 상황을 보여 주고 있다.

16 ⊙은 '병국'의 부친인 '나'를 부른 '윤 소령'을 지칭하는 말로, '병국'을 지칭하는 ⓒ, ⓒ, ⓔ과 가리키는 대상이 다르다.

작품 해설 작자 미상, 『홍계월전』

- 갈래: 고전 소설, 국문 소설, 군담 소설, 여성 영웅 소설
- 성격: 전기적, 우연적, 영웅적, 일대기적
- 제재: 계월의 수난과 극복
- 주제: 여성 영웅의 수난과 극복, 남성 중심 사회에 대한 비판
- 특징
  - 영웅 소설의 서사 구조를 지님
  - 남성보다 우월한 여성이 영웅으로 등장함
  - 여성의 봉건적 역할을 거부하는 근대적 가치관이 담겨 있음

17 이 글에서 '천자'는 '계월'에 대해 문무(文武)를 다 갖추었으며, 충성을 다해 나라의 은혜를 갚기도 하였고, 충성과 효도를 다하며 재상이 될 만한 재주를 가졌다고 평가하고 있다. 이러한 인물의 평가를 통해 홍계월의 영웅적 면모를 알 수 있다.

영웅 소설

- 개념: 탁월한 능력을 지닌 주인공의 영웅적 삶을 그린 고전 소설
- 구성: 고귀한 혈통 → 비정상적 출생 → 시련(기아) → 구출자에 의해 양육됨 → 투쟁으로 위업 이룸 → 고향으로의 개선과 고귀한 지위의 획득 → 신비한 죽음

18 '평국'은 '계월'의 남자로서의 이름이다. '평국'은 자신이 여자임이 밝혀지고 난 뒤 '천자'에게 상소문을 올려 자신의 상황을 설명하였다. 이에 대해 '천자'는 그녀만큼 재상이 될 만한 재주를 가진 이는 없다고 언급하며, 그녀의 능력을 인정하였다.
① '계월'은 '천자'로부터 대원수의 직책을 받았고, 남편인 '보국'을 중군장으로 삼고자 하였다.
③ 자신을 중군장으로 삼으려 하는 '계월'의 전령에 분함을 느끼는 '보국'의 태도를 통해 그가 '계월'의 권위를 인정하고 있지 않음을 알 수 있다.
④ '여공'은 '나랏일이 더할 수 없이 중요'하다고 말하며, '보국'에게 '계월'을 괄시하지 말 것을 강조하고, '계월'의 편을 들어 주고 있다.

19 '계월'은 ⊙의 마지막 문장에서 '임금을 속인 죄를 물어 신첩을 속히 처참하옵소서.'라고 말하며 천자를 속인 죄에 대해 벌을 청하고 있다.

작품 해설 김남희, 「왜 당신의 시간을 즐기지 않나요」

• 갈래: 기행문
• 성격: 설명적, 예시적
• 제재: 부탄 여행
• 주제: 부탄 사람들의 삶의 모습을 통해 본 행복의 조건
• 특징
 – 사례와 인용을 통해 독자의 이해를 도움
 – 솔직하고 담백한 문체로 내용을 편안하게 전달함
 – 부탄에서 보고 들은 것을 바탕으로 현대 사회의 삶을 성찰함

20 ㄱ. 이 글은 활쏘기를 구경하려고 멈추면 돗자리를 꺼내 오고, 논두렁길을 걷다 보면 달걀을 나누어 주는 것과 같이 행복한 삶을 살아가는 부탄 사람들의 모습을 구체적인 예를 들어 설명하고 있다.
ㄴ. 이 글은 가난하더라도 기꺼이 나누며 살아가는 삶, 늘 몸을 움직이는 삶을 설명할 때 비슷한 사례와 상황을 열거하여 독자의 이해를 돕고 있다.

21 '대중 매체'는 제시된 글의 3문단에서 언급된 '텔레비전', '인터넷', '카메라'와 같이 부탄 사람들의 삶과 대비되는 대상에 해당하므로 ㉠과 가장 거리가 멀다.
① 2문단에서 부탄 사람들은 생활에 필요한 모든 것은 몸을 써야만 얻을 수 있는 불편함이 따라옴에도 오히려 그로 인해 '살아 있음을 실감케 한다.'라고 언급한 것을 통해 알 수 있다.
③ 3문단에서 부탄 사람들은 노는 듯 일하고 일하듯 놀며, '몸을 움직여 직접 만들고 경험하는 삶'을 산다고 언급한 것을 통해 알 수 있다.
④ 1문단에서 부탄 사람들은 '빈한한 살림마저도 기꺼이 나누며 살아가는 듯하'다고 언급한 것을 통해 알 수 있다.

22 3문단에 의하면 부탄 사람들은 노는 듯 일하고 일하듯 노는 '유희하는 인간'에 해당한다. '유기적'은 '생물체처럼 전체를 구성하고 있는 각 부분이 서로 밀접하게 관련을 가지고 있어서 떼어 낼 수 없는 것.'을 뜻하므로 ㉡에 들어갈 말로 가장 적절하다.
① 대립적: '의견이나 처지, 속성 따위가 서로 반대되거나 모순되는 것.'을 뜻한다.
② 일시적: '짧은 한때의 것.'을 뜻한다.
④ 수동적: '스스로 움직이지 않고 다른 것의 작용을 받아 움직이는 것.'을 뜻한다.

작품 해설 이은희, 「라면의 과학」

• 갈래: 설명문
• 성격: 객관적, 설명적
• 제재: 컵라면과 과학
• 주제: 컵라면에 숨어 있는 과학적 원리
• 특징
 – 컵라면과 봉지 라면을 대조하여 컵라면의 특징을 부각함
 – 컵라면의 면에 숨겨 있는 과학적 원리를 병렬적으로 설명함

23 이 글에서 구체적인 통계 자료가 활용된 부분은 찾을 수 없다.
① 이 글은 '대류 현상', '알파화'와 같은 과학 용어를 사용하여 컵라면의 과학적 현상을 설명하였다.
② 이 글은 '컵라면을 먹을 때마다 3분이 얼마나 긴 시간인지를 새삼 깨닫는다.'와 같은 표현을 통해 컵라면과 관련된 구체적 경험을 제시하여 대상에 대한 흥미를 불러일으켰다.
③ 이 글은 컵라면과 봉지 라면을 비교·대조하여 컵라면의 면에 숨어 있는 과학적 원리를 효과적으로 설명하였다.

24 2문단에 의하면 컵라면의 면은 봉지 라면보다 더 가늘거나 납작한데, 이는 면의 표면적을 넓혀 뜨거운 물에 더 많이 닿게 하기 위함이다.
① 컵라면의 면은 밀가루와 정제된 전분으로 이루어져 있는데, 밀가루에는 전분 외에 단백질을 포함한 다른 성분도 들어가 있다.
② 국수나 우동의 면과 다르게 라면은 면을 한 번 더 튀겨서 익혔다는 특징이 있다.
④ 면에 순수한 전분의 비율을 높이면 그만큼 알파화가 많이 일어나게 된다.

25 컵라면의 면의 위쪽과 아래쪽이 서로 다르게 짜여 있는 이유는 면이 고르게 익도록 하기 위함이다. 컵라면 용기에 물을 부으면 대류 현상으로 인해 따뜻한 물은 위로, 차가운 물은 아래로 내려가게 되어 위쪽보다는 아래쪽이 덜 식는다. 뜨거운 물이 위로 올라가려 할 때 아래쪽 면이 성글게 엉켜 있으면 뜨거운 물의 대류 현상이 원활해져 봉지 라면처럼 물을 계속 끓이지 않더라도 면이 고르게 익게 된다.

제2교시 수학

01 ③	02 ②	03 ①	04 ③	05 ②
06 ④	07 ④	08 ①	09 ④	10 ③
11 ③	12 ②	13 ①	14 ④	15 ③
16 ②	17 ①	18 ②	19 ④	20 ①

01 $A = 2x^2 + x$, $B = x^2 - 1$이므로
$$A + 2B = 2x^2 + x + 2(x^2 - 1)$$
$$= 2x^2 + 2x^2 + x - 2$$
$$= 4x^2 + x - 2$$

02 $(x-2)^2 = x^2 - 4x + a$에서
$$x^2 - 4x + 4 = x^2 - 4x + a$$
위 식이 x에 대한 항등식이므로
$$a = 4$$

03 $f(x) = x^3 - 3x + 7$이라 하자.
나머지정리에 의해 다항식 $f(x)$를 $x-1$로 나누었을 때의 나머지는 $f(1)$이므로
$$f(1) = 1^3 - 3 \times 1 + 7 = 5$$

04 $x^3 + 9x^2 + 27x + 27 = x^3 + 3 \times 3 \times x^2 + 3 \times 3^2 \times x + 3^3$
$$= (x + 3)^3$$
따라서 구하는 상수 a의 값은
$$a = 3$$

05 $i(2+i) = a + 2i$에서
$$2i - 1 = a + 2i, \ 즉 \ 2i - 1 = 2i + a$$이므로
$$a = -1$$

06 두 수 2, 4를 근으로 하고 x^2의 계수가 1인 이차방정식은 근과 계수의 관계에 의해
$$x^2 - (2+4)x + 2 \times 4 = 0$$
$$\therefore x^2 - 6x + 8 = 0$$
따라서 구하는 상수 a의 값은 8이다.

07 이차함수 $y = -x^2 + 4x + 1 = -(x-2)^2 + 5$에 대하여
$x = 0$일 때, $y = -(0-2)^2 + 5 = 1$
$x = 2$일 때, $y = -(2-2)^2 + 5 = 5$
$x = 3$일 때, $y = -(3-2)^2 + 5 = 4$
이므로 $x = 2$일 때 최댓값 5를 갖는다.

08 사차방정식 $x^4 - 3x^2 + a = 0$의 한 근이 2이므로 $x = 2$를 대입하여 풀면
$$2^4 - 3 \times 2^2 + a = 0, \ 16 - 12 + a = 0$$
$$\therefore a = -4$$

09 연립방정식 $\begin{cases} x + 2y = 10 \ \cdots\cdots \ ㉠ \\ x^2 + y^2 = a \ \cdots\cdots \ ㉡ \end{cases}$ 에 대하여
$x = 2$, $y = b$를 ㉠에 대입하여 풀면 $2 + 2b = 10$
$$2b = 8 \quad \therefore b = 4$$
$x = 2$, $y = 4$를 ㉡에 대입하여 풀면
$$2^2 + 4^2 = 4 + 16 = a$$
$$\therefore a = 20$$
$$\therefore a + b = 20 + 4 = 24$$

10 이차방정식 $(x+1)(x-4) \leq 0$에서
$x + 1 \geq 0$, $x - 4 \leq 0$ 또는 $x + 1 \leq 0$, $x - 4 \geq 0$이므로
$$-1 \leq x \leq 4$$

11 좌표평면 위의 두 점 $A(-1, 1)$, $B(2, 4)$에 대하여 선분 AB를 $1 : 2$로 내분하는 점 P의 좌표를 $P(x, y)$라 하면
$$x = \frac{2 \times (-1) + 1 \times 2}{1 + 2} = 0, \ y = \frac{2 \times 1 + 1 \times 4}{1 + 2} = \frac{6}{3} = 2$$
따라서 구하는 점의 좌표는 $(0, 2)$

12 구하는 직선의 방정식을 $y = ax + b$라 하자.
직선 $y = x + 2$에 수직이므로
$$a \times 1 = -1 \quad \therefore a = -1$$
또, 이 직선이 점 $(4, 0)$을 지나므로 $x = 4$, $y = 0$을 대입하여 풀면
$$0 = (-1) \times 4 + b \quad \therefore b = 4$$
따라서 구하는 직선의 방정식은
$$y = -x + 4$$

13 x축에 접하므로 원의 반지름의 길이는 1이다.
따라서 중심이 $(3, 1)$이고 반지름의 길이가 1인 원의 방정식은 $(x-3)^2 + (y-1)^2 = 1$

14 좌표평면 위의 점 (a, b)를 x축에 대하여 대칭이동한 점의 좌표는 $(a, -b)$, y축에 대하여 대칭이동한 점의 좌표는 $(-a, b)$, 원점에 대하여 대칭이동한 점의 좌표는 $(-a, -b)$, 직선 $y = x$에 대하여 대칭이동한 점의 좌표는 (b, a)이다.
따라서 좌표평면 위의 점 $(2, 3)$을 직선 $y = x$에 대하여 대칭이동한 점의 좌표는 $(3, 2)$이다.

15 $A \cap B$는 두 집합 A, B에 대하여 A에도 속하고 B에도 속하는 모든 원소로 이루어진 집합이다.
따라서 두 집합 $A = \{1, 3, 6\}$, $B = \{3, 5, 6\}$에 대하여
$$A \cap B = \{3, 6\}$$

16 전체집합 U의 원소 중에서 조건 p가 참이 되게 하는 모든 원소의 집합을 조건 p의 진리집합이라 한다.
전체집합 $U=\{1,\ 2,\ 3,\ 4,\ 5,\ 6\}$에 대하여 조건 '$x$는 짝수이다.'가 참이 되게 하는 모든 원소는 2, 4, 6이므로 진리집합은 $\{2,\ 4,\ 6\}$이다.

17 함수 $f:X \to Y$가 문제에 제시된 그림과 같을 때
$f(1)=c$이므로 $f^{-1}(c)=1$

18 무리함수 $y=\sqrt{x}$의 그래프를 x축의 방향으로 1만큼, y축의 방향으로 4만큼 평행이동한 것은
$y=\sqrt{x-1}+4$
따라서 $a=1$, $b=4$이므로
$a+b=1+4=5$

19 등산로의 입구에서 쉼터까지 가는 길은 4가지, 쉼터에서 전망대까지 가는 길은 2가지이므로 입구에서 쉼터를 거쳐 전망대까지 길을 따라 가는 경우의 수는
$4 \times 2=8$

20 구하는 경우의 수는 서로 다른 6개에서 2개를 선택하는 조합의 수와 같으므로
$_6C_2 = \dfrac{6 \times 5}{2 \times 1}=15$

제3교시 영어

01 ④	02 ③	03 ③	04 ④	05 ②
06 ④	07 ①	08 ③	09 ③	10 ②
11 ①	12 ①	13 ④	14 ④	15 ③
16 ①	17 ④	18 ③	19 ③	20 ②
21 ①	22 ②	23 ②	24 ②	25 ④

01 밑줄 친 'knowledge'는 '지식'이라는 뜻으로, 동사(is)의 보어가 되는 명사(a great way)를 수식하는 'to gain'의 목적어이다.
• gain: 얻다, 획득하다

> 해석
> 책을 읽는 것은 <u>지식</u>을 얻는 정말 좋은 방법이다.

02 밑줄 친 'give up'은 '포기하다'라는 뜻이며, 'be going to'는 '~할 예정이다'라는 뜻으로, 가까운 미래를 나타낸다.
• dream: 꿈
• even if: (비록) ~일지라도
• meet: (흔히 불쾌한 일을) 만나다[겪다]

> 해석
> 그녀는 어려움을 겪더라도 절대 꿈을 <u>포기하지</u> 않을 것이다.

03 밑줄 친 'For example'은 '예를 들면'이라는 뜻으로, 'for instance'로도 쓸 수 있다. 'like(좋아하다)'는 to 부정사와 동명사를 모두 목적어로 취할 수 있고, 'enjoy(즐기다)'는 동명사만을 목적어로 취한다.
• play with: ~와 놀다
• toy: 장난감

> 해석
> 많은 동물들이 장난감을 가지고 노는 것을 좋아한다. <u>예를 들면</u>, 개들은 공을 가지고 노는 것을 즐긴다.

04 밑줄 친 'Spring(봄)'은 'season(계절)'에 포함되는 관계인데, 'shoulder(어깨)'는 'country(나라)'에 포함되는 관계가 아니다.
①, ②, ③은 밑줄 친 두 단어의 의미 관계와 같다.
① 사과 – 과일
② 간호사 – 직업
③ 삼각형 – 모양
• because of: ~때문에
• warm: 따뜻한
• weather: 날씨

> 해석
> 아름다운 꽃과 따뜻한 날씨 때문에 봄은 내가 가장 좋아하는 <u>계절</u>이다.

05 광고문에는 날짜(September 10th (Sunday), 2023), 활동 내용(Tasting various kinds of cheese, Baking cheese cakes), 입장료(10,000 won)는 언급되어 있지만, '장소'는 언급되어 있지 않다.
• taste: 맛보다
• various: 다양한
• kind: 종류
• bake: [빵 등을] 굽다
• entrance fee: 입장료

> 해석
> **치즈 박람회**
> ○ **날짜**: 2023년 9월 10일(일요일)
> ○ **활동 내용**:
>   – 다양한 종류의 치즈 맛보기
>   – 치즈 케이크 굽기
> ○ **입장료**: 10,000원

06 첫 번째 문장의 빈칸 다음에 목적어(your project)가 있으므로 빈칸에 들어갈 말로 가장 적절한 것은 '발표하다'라는 뜻의 동사 'present'이다. 두 번째 문장에서 빈칸 앞의 동사(live)가 자동사이므로 부사구(in the~) 다음의 빈칸에 들어갈 말로 가장 적절한 것은 '현재'라는 뜻의 명사 'present'이다.

① 자라다[크다]
② 잃어버리다
③ 잊다

• be ready to: ~할 준비가 되어 있다
• project: 프로젝트, 과제
• worry about: ~에 대해 걱정하다
• past: 과거

> **해석**
> ○ 네 프로젝트를 수업에서 <u>발표할</u> 준비가 되었니?
> ○ 과거에 대한 걱정은 그만두고 <u>현재</u>에서 살아라.

07 첫 번째 문장의 빈칸 다음에 수량사(many)와 명사(countries)가 있으므로 빈칸에 들어갈 말로 가장 적절한 것은 '몇 개의'를 뜻하는 'how'이다. 이때 'how many' 다음에는 셀 수 있는 명사가 오는데, 명사 앞에서 수량을 나타내는 수량사에는 'many, much, few, little, a lot lots of' 등이 있다. 두 번째 문장 빈칸 앞에 동사(know)가 있고, 빈칸 다음에 'far it is from here(여기로부터 멀리 떨어진)'가 있으므로 빈칸에 들어갈 말로 가장 적절한 것은 'how far(얼마나 멀리 떨어진)'를 뜻하는 'how'이다.

② 언제
③ 어디에
④ 어느[어떤]

> **해석**
> ○ John, 아시아에는 <u>몇 개의</u> 나라들이 있나요?
> ○ 그는 여기로부터 <u>얼마나 멀리</u> 떨어져 있는지 모른다.

08 첫 번째 문장의 빈칸 앞에 to 부정사(to focus)가 있고, 빈칸 다음에서 동명사(studying)를 목적어로 취하고 있으므로 빈칸에 들어갈 말로 가장 적절한 것은 '~에 집중하다(focus on)'의 전치사 'on'이다. 이때, 전치사 다음에는 명사 또는 동명사가 목적어로 온다. 두 번째 문장의 빈칸 앞에 'put'이 있고, 빈칸 다음에 'take off(벗다)'가 있으므로 빈칸에 들어갈 말로 가장 적절한 것은 '입다(put on)'의 전치사 'on'이다. 이때, 'which is easy to put on and take off(입고 벗기 쉬운)'는 선행사 'jacket'을 수식하는 관계 대명사절이다.

• need: ~해야 한다
• instead of: ~ 대신에
• bring: 가져오다
• put on: 입다
• take off: 벗다

> **해석**
> ○ 그는 게임을 하는 대신에 공부하는 데 <u>집중해야</u> 한다.
> ○ <u>입고</u> 벗기 쉬운 재킷을 가져오세요.

09 대화의 밑줄 친 표현 다음에 A가 'Oh, you think carefully before you do something(오, 너는 뭔가를 하기 전에 신중하게 생각하는구나).'이라고 하였으므로 밑줄 친 표현의 의미로 가장 적절한 것은 '행동하기 전에 신중하게 생각해라.'이다.

• describe: 묘사하다
• personality: 성격, 인격
• tend to: (~하는) 경향이 있다
• cautious: 조심스러운, 신중한
• try: 노력하다, 애를 쓰다
• follow: 따라가다[오다]
• saying: 속담, 격언
• leap: 뛰다, 뛰어오르다[넘다]

> **해석**
> A: Sumi, 네 성격을 어떻게 설명하겠니?
> B: 나는 신중한 편이야. '<u>행동하기 전에 신중하게 생각하라</u>.'라는 속담을 따르려고 노력해.
> A: 오, 너는 뭔가를 하기 전에 신중하게 생각하는구나.

10 대화에서 A가 'I'd like to return these headphones(이 헤드폰을 반납하고 싶어요).'라고 하자, B가 그 이유와 문제가 있는지 물었다. 그러자 A가 'I'm not satisfied with the sound. It's not loud enough(나는 소리가 만족스럽지 않아요. 소리가 충분히 크지 않아요).'라고 하였으므로 A의 심정으로 가장 적절한 것은 '불만'이다.

• return: 반납하다
• problem: 문제
• be satisfied with: ~에 만족하다
• loud: (소리가) 큰, 시끄러운
• enough: 필요한 만큼의[충분한]

> **해석**
> A: 이 헤드폰을 반납하고 싶어요.
> B: 왜요? 문제가 있나요?
> A: 나는 소리가 만족스럽지 않아요. 소리가 충분히 크지 않아요.

11 대화에서 A가 'There are so many people in this restaurant(이 식당에 사람이 정말 많구나)!'라고 하자 B가 'This place is well known for its pizza(이곳은 피자로 잘 알려져 있어).'라고 하였고, A가 'Let's order some(주문하자).'이라고 하였으므로 대화가 이루어지는 장소로 적절한 것은 '식당'이다.

• be well known for: ~로 잘 알려져 있다
• order: 주문하다

해 석

> A: 이 식당에 사람이 정말 많구나!
> B: 맞아. 이곳은 피자로 잘 알려져 있어.
> A: 그래. 주문하자.

12 밑줄 친 'it'의 앞 문장에서 'The book is so interesting and encourages imagination(그 책은 매우 흥미롭고 상상력을 북돋아 준다).'이라고 하였으므로 밑줄 친 'it'이 가리키는 것으로 가장 적절한 것은 'book(책)'이다.

- myth: 신화
- encourage: 격려[고무]하다, 용기를 북돋우다
- imagination: 상상력, 상상
- moreover: 게다가, 더욱이
- understanding: 이해
- source: 원천, 근원

해 석

> 요즘 나는 *Greek and Roman Myths* 책을 읽고 있다. 그 책은 매우 흥미롭고 상상력을 북돋아 준다. 게다가, 신화는 서양 문화의 원천이기 때문에, 그것은 내게 서양의 예술에 대해 더 많은 이해를 준다.

13 대화에서 빈칸 다음에 'cycling or walking(자전거 타기 혹은 걷기)'이 있고, B가 'I like cycling rather than walking(나는 걷는 것보다 자전거 타는 것을 좋아해요).'이라고 대답하였으므로 빈칸에는 자전거 타기 혹은 걷기 중 어느 것을 선호하는지 묻는 표현이 와야 함을 짐작할 수 있다. 따라서 대화의 빈칸에 들어갈 말로 가장 적절한 것은 'Which type of exercise do you prefer(어떤 유형의 운동을 더 좋아하나요)'이다.

① 어디서 차를 빌릴 수 있을까요
② 쇼는 언제 시작하나요
③ 왜 영어를 배우고 싶어 하나요
- cycling: 자전거 타기, 사이클링
- walking: 걷기
- rather than: ~보다는[대신에/~하지 말고]
- burn: [에너지 등을] (급격히) 소비[낭비]하다
- calory: 칼로리, 열량

해 석

> A: 자전거 타기 혹은 걷기 중에서 <u>어떤 유형의 운동을 더 좋아하나요</u>?
> B: 나는 걷는 것보다 자전거 타는 것을 좋아해요.
> A: 왜 그것을 좋아하나요?
> B: 자전거를 타면 칼로리가 더 소비된다고 생각하기 때문이에요.

14 대화에서 빈칸 다음에 A가 'That's why you are a good listener(그게 바로 네가 좋은 청자인 이유구나).'라고 하였으므로 대화의 빈칸에 들어갈 말로 적절한 것은 'listen carefully when others speak(남들이 말할 때 주의 깊게 듣다)'이다.

① 영화를 보다
② 이 가방을 교환하다
③ 다음 거리에서 좌회전하다
- show respect: 존경심을 나타내다
- believe: 생각하다[여기다]
- That's why: 그런 이유[까닭]이다
- listener: 듣는 사람, 청자

해 석

> A: 우리가 어떻게 다른 사람들에게 존경심을 나타낼 수 있을까?
> B: 우리는 <u>남들이 말할 때 주의 깊게 들어야</u> 한다고 생각해.
> A: 그것이 바로 네가 좋은 청자인 이유구나.

15 대화에서 A가 'Whenever I see koalas in trees, I wonder why they hug trees like that(나무에 있는 코알라를 볼 때마다, 그들이 왜 그렇게 나무를 껴안고 있는지 궁금해요).'이라고 하자 B가 'Koalas hug trees to cool themselves down(코알라는 그들 자신을 식히기 위해 나무를 껴안고 있어요).'이라고 하였으므로 대화의 주제로 가장 적절한 것은 '코알라가 나무를 껴안고 있는 이유'이다.

- whenever: ~할 때마다
- koala: 코알라
- I wonder why: 이유가 뭔지 궁금하다
- hug: 껴안다[포옹하다]
- cool down: 식다, 식히다
- make sense: 의미가 통하다[이해가 되다]

해 석

> A: 나무에 있는 코알라들을 볼 때마다, 그들이 왜 그렇게 나무를 껴안고 있는지 궁금해요.
> B: 코알라는 그들 자신을 식히기 위해 나무를 껴안고 있어요.
> A: 오, 이해가 되네요. 호주는 매우 더운 기후를 가지고 있어요.

16 첫 번째 문장에서 'I'm writing this e-mail to confirm my reservation(내 예약을 확인하기 위해 이메일을 보냅니다).'이라고 하였으므로 글을 쓴 목적으로 적절한 것은 '확인하려고'이다.

- confirm: 확인하다
- reservation: 예약
- book: 예약하다
- family room: 가족실
- look forward to: ~을 기대하다
- reply: 답장, 답신

내 예약을 확인하기 위해 이메일을 보냅니다. 나는 귀 호텔에 2박으로 가족실을 예약하였습니다. 우리는 성인 2명과 어린이 1명입니다. 12월 22일 오후에 도착할 예정입니다. 답신을 기다리겠습니다.

17 제시된 경기 안내문에는 'If it rains, the competition will be canceled(비가 오면 경기가 취소될 것이다).'라고 나와 있으므로 경기 안내문의 내용과 일치하지 않는 것은 '비가 와도 경기는 진행된다.'이다.
• beginner: 초보자, 초심자
• participate: 참가[참여]하다
• serve: (식당 등에서) 음식을 제공하다
• competition: 대회, 시합
• cancel: 취소하다

테니스 대회
○ 초보자만 참여할 수 있다.
○ 우리는 오전 10시에 시작해서 오후 5시에 마칠 것이다.
○ 점심은 제공되지 않을 것이다.
○ 비가 오면 경기가 취소될 것이다.

18 글의 세 번째 문장에서 'They run to raise money for sick children(그들은 아픈 어린이들을 위해 모금을 하려고 달린다).'이라고 하였으므로 Santa Fun Run에 대한 설명과 일치하지 않는 것은 '멸종 위기 동물을 돕기 위해 모금을 한다.'이다.
① 첫 번째 문장에서 'The Santa Fun Run is held every December(Santa Fun Run은 매년 12월에 열린다).'라고 하였으므로 글의 내용과 일치한다.
② 두 번째 문장에서 'Participants wear Santa costumes(참가자들은 산타 복장을 입고)'라고 하였으므로 글의 내용과 일치한다.
④ 마지막 문장에서 'You can see Santas of all ages~(여러분은 모든 연령대의 산타들이 ~하는 것을 볼 수 있다).'라고 하였으므로 글의 내용과 일치한다.
• participant: 참가자
• costume: 의상[복장]
• raise: (자금·사람 등을) 모으다
• run around: 뛰어다니다

해석
Santa Fun Run은 매년 12월에 열린다. 참가자들은 산타 복장을 입고 5 km를 달린다. 그들은 아픈 어린이들을 위해 모금을 하려고 달린다. 여러분은 모든 연령대의 산타들이 걷고 뛰어다니는 것을 볼 수 있다.

19 글의 첫 번째 문장에서 'Do you suffer from feelings of loneliness(여러분은 외로움의 감정으로 고통받고 있나요)?'라고 한 다음에 여러분의 감정을 부모님, 선생님, 카운슬러와 공유하고 부정적인 감정을 극복하기 위해 긍정적인 행동을 취하는 것이 중요하다고 하였으므로 글의 주제로 가장 적절한 것은 '외로움에 대처하는 방법'이다.
• suffer from: ~로 고통받다
• loneliness: 외로움, 고독
• helpful: 도움이 되는, 유용한
• share: 공유하다, 나누다
• counselor: 상담역, 카운슬러
• positive: 적극적인, 긍정적인
• overcome: 극복하다, 이겨내다
• negative: 부정의, 부정적인

여러분은 외로움의 감정으로 고통받고 있나요? 그런 경우, 여러분의 감정을 부모님, 선생님 또는 카운슬러와 공유하는 것이 도움이 될 수 있습니다. 여러분의 부정적인 감정을 극복하기 위해 긍정적인 행동을 취하는 것 또한 중요합니다.

20 빈칸 다음의 문장에서 'If you sleep on your back, you will have less neck and back pain(만약 여러분이 등을 대고 자면, 목과 등의 통증이 덜할 것이다).'이라고 하였으므로 문맥상 빈칸에 들어갈 말로 가장 적절한 것은 'position(자세)'이다.
① 편지
③ 감정
④ 인구
• back: 등, (등)허리
• less: 더 적은[덜한]
• pain: 통증, 고통
• spine: 척추, 등뼈
• straight: 똑바로 (일직선으로)

대부분 사람들에게, 가장 좋은 수면 자세는 등을 대고 자는 것이다. 만약 여러분이 등을 대고 자면, 목과 등의 통증이 덜할 것이다. 그것은 여러분이 자는 동안에 목과 척추가 곧게 펴질 것이기 때문이다.

21 빈칸 다음에 목적어(your problems)가 있고, 두 번째 문장의 'to find various solutions(다양한 해결책을 찾다)'와 세 번째 문장의 'choose the best possible solution(가능한 최선의 해결책을 선택하다)'이 있으므로 빈칸에는 '해결하다'라는 뜻의 타동사가 들어가야 함을 짐작할 수 있다. 따라서 글의 빈칸에 들어갈 말로 가장 적절한 것은 'solve(해결하다)'이다.
② 춤추다
③ 기부하다
④ 약속하다

- solution: 해법, 해결책
- gather: 모으다[수집하다]
- necessary: 필요한
- information: 정보
- put into action: 행동에 옮기다
- at the end: 결국에는
- evaluate: 평가하다[감정하다]

해석

여기 여러분의 문제들을 <u>해결하기</u> 위한 몇 가지 단계들이 있다. 첫째, 여러분은 필요한 모든 정보를 모아서 다양한 해결책을 찾아야 한다. 둘째, 가능한 최선의 해결책을 선택하고 나서 그것을 실행에 옮겨라. 마지막으로, 그 결과를 평가해라. 나는 이 단계들이 여러분에게 도움이 될 것이라고 확신한다.

22 글이 'Instead(대신에)'로 시작하고 있으므로 주어진 문장은 앞뒤에 서로 다른 내용이 있는 곳에 들어가야 한다. ②의 앞 문장에서 우리는 보통 처음에 서로에게 우리의 인생 이야기를 하지 않는다고 하였고, ②의 다음 문장에서 'This casual conversation is referred to as small talk(이 가벼운 대화는 잡담이라고 불립니다.)'라고 하였으므로 글의 흐름상 주어진 문장이 들어가기에 가장 적절한 곳은 ②이다. 주어진 문장의 'a casual conversation(가벼운 대화)'을 ②의 다음 문장에서 'This casual conversation(이 가벼운 대화)'으로 받아서 설명하고 있다.

- casual conversation: 가벼운 대화
- serious: 심각한, 진지한
- break the ice: (특히 회의, 파티 등을 시작할 때) 서먹서먹한[딱딱한] 분위기를 깨다

해석

여러분은 누군가를 처음 만났을 때, 어떻게 대화를 시작하는가? 우리는 보통 처음에 서로에게 우리의 인생 이야기를 하지 않는다. <u>대신에, 우리는 날씨나 교통과 같은 덜 심각한 것들에 대한 가벼운 대화로 시작한다.</u> 이 가벼운 대화는 잡담이라고 불린다. 그것은 우리가 편안함을 느끼고 서로를 더 잘 알 수 있도록 도와준다. 그것은 서먹서먹한 분위기를 깨는 좋은 방법이다.

23 글의 두 번째 문장에서 'One strategy for remembering English proverbs more easily is to learn about their origins(영어 속담을 더 쉽게 기억하기 위한 하나의 전략은 그것들의 기원에 대해 배우는 것이다).'라고 한 다음에, 마지막 문장에서 'Let's look at some examples(몇 가지 예를 살펴봅시다).'라고 하였으므로 글의 바로 뒤에 이어질 내용으로 가장 적절한 것은 '영어 속담의 기원에 관한 예시'이다.

- proverb: 속담
- strange: 이상한
- non-native: 모국어 사용자가 아닌

- strategy: 계획[전략]
- origin: 기원, 근원

해석

영어 속담은 영어를 모국어로 사용하지 않는 사람들에게는 이상하게 보일 수 있고 배우고 기억하는 것이 매우 어려울 수 있다. 영어 속담을 더 쉽게 기억하기 위한 하나의 전략은 그것들의 기원에 대해 배우는 것이다. 몇 가지 예를 살펴봅시다.

[24~25]

- book review: 서평
- begin with: ~으로 시작하다
- brief: 간단한
- summary: 요약, 개요
- description: 서술[기술/묘사/표현]
- state: 말하다[쓰다]
- whether or not: 어떻게 됐든, 아무튼, 여하간

해석

서평은 책에 대한 독자의 의견이다. 서평을 쓸 때, 책에 대한 간단한 요약이나 설명으로 시작하세요. 그리고 나서, 여러분이 그것을 좋아하든지 싫어하든지, 그것에 대한 여러분의 <u>의견</u>과 이유를 쓰세요.

24 글의 첫 번째 문장에서 'A book review is a reader's opinion about a book(서평은 책에 대한 독자의 의견이다).'이라고 하였고, 빈칸 앞의 'state your'와 빈칸 다음의 'of it', 그리고 이어서 제시된 'whether you liked it or not and why(여러분이 그것을 좋아하든지 싫어하든지)'를 통해 빈칸에는 책에 대한 독자의 '무엇'이 들어가야 함을 짐작할 수 있다. 선지에 나온 말 중 가장 적절한 것은 'opinion(의견)'이다.

① 비행
③ 몸짓
④ 건축물

25 글의 첫 번째 문장에서 'A book review is a reader's opinion about a book(서평은 책에 대한 독자의 의견이다).'이라고 하였고, 다음 문장에서 서평을 쓸 때는 그 책의 간단한 요약 또는 설명으로 시작하라고 하였다. 마지막 문장에서 그러고 나서 그것에 대한 여러분의 의견과 이유를 쓰라고 하였으므로 글의 주제로 적절한 것은 '독서 감상문 쓰는 법'이다.

제4교시 사회

01	③	02	③	03	①	04	②	05	①
06	④	07	①	08	②	09	③	10	④
11	③	12	④	13	①	14	④	15	③
16	①	17	②	18	④	19	④	20	②
21	②	22	①	23	③	24	③	25	④

01 제시문은 행복한 삶을 실현하기 위한 조건 중 도덕적 실천을 강조하는 내용이다. 도덕적 실천은 개인뿐 아니라 공동체의 행복을 실현하기 위해 도덕적 가치에 합의하고 이를 행동으로 실천하는 것이다.

02 사회 복지 제도는 사회 구성원들이 행복하고 인간다운 삶을 살 수 있도록 지원하는 제도이다. 그 종류에는 사회 보험(국민에게 발생하는 사회적 위험을 대비), 공공 부조(생활 유지 능력이 부족한 사람들의 최저 생활 보장과 자립 지원), 사회 서비스(도움이 필요한 취약 계층에게 서비스 혜택을 제공) 등이 있다.
① 선거 제도: 국민이 민주적인 절차를 거친 선거를 통해 국민의 대표자를 선출하는 것을 말한다.
② 권력 분립 제도: 국가 권력을 서로 다른 국가 기관들이 나누어 행사하게 하여 상호 견제와 균형을 유지하게 하는 것을 말한다.
④ 헌법 소원 심판 제도: 공권력 행사로 인해 기본권이 침해받았을 때 헌법재판소에 헌법 소원 심판을 청구할 수 있는 제도이다.

사회 복지 제도의 종류

종류	목적	대상	특징
사회 보험	국민에게 발생하는 사회적 위험을 대비(질병, 노령, 실업, 사망, 재해 등)	부담 능력이 있는 모든 국민	• 강제 가입 • 상호 부조 • 수혜자·국가·기업 부담 • 능력별 부담
공공 부조	생활 유지 능력이 부족한 사람들의 최저 생활 보장과 자립 지원	보험료 납부 능력이 없는 국민	• 국가가 전액 부담 • 소득 재분배 효과 • 재정 부담 • 근로 의욕 상실 우려
사회 서비스	도움이 필요한 취약 계층에게 서비스 혜택을 제공	취약 계층	• 상담, 재활, 직업 소개, 복지 시설 제공 • 비경제적 보상 • 보건, 교육, 주택, 문화, 환경 분야

03 법치주의는 국가가 국민의 자유와 권리를 제한하거나 국민에게 의무를 부과할 때는 반드시 국민의 대표기관인 국회에서 제정한 법률로써 해야 하고, 사법·행정작용도 법률에 근거를 두어야 한다는 원칙을 말한다. 이를 통해 국민의 자유와 권리를 보장하고 통치자의 자의적 지배를 방지할 수 있다.

② 인권 침해: 인간으로서 존엄을 실현하기 위해 반드시 보장되어야 하는 최소한의 기본적 권리들을 침해하는 것을 말한다.
③ 준법 의식: 사회 구성원이 스스로 법과 규칙을 지키려는 의지를 말한다.
④ 시민 불복종: 잘못된 법률이나 정책을 바로잡기 위한 목적으로 의도적으로 법을 위반하는 행위를 말한다.

04 투자한 자산의 원금과 이자가 안전하게 보전될 수 있는 정도를 의미하는 자신 관리의 원칙은 안전성이다.

자산 관리의 원칙

안전성	투자한 자산의 원금과 이자가 안전하게 보전될 수 있는 정도를 의미한다.
수익성	투자한 자산으로부터 가격 상승이나 이자 수익을 기대할 수 있는 정도를 의미한다.
유동성 (환금성)	보유하고 있는 자산을 현금으로 바꿀 수 있는 정도를 의미한다.

05 문화 변동의 내재적 요인이란 사회 내부에서 새로운 문화 요소가 나타나는 것으로, 그 종류에는 발명, 발견이 있다.

내재적 요인의 종류

발명	원래 없었던 문화 요소가 새롭게 만들어진 것(전화, 컴퓨터, 한글, 수레바퀴, 안경 등)
발견	존재하였지만 알려지지 않은 문화 요소를 뒤늦게 찾아낸 것(불, 새로운 병원균, 태양의 흑점, 비타민 등)

06 사회적 소수자는 신체적·문화적 특징으로 인해 불리한 환경에 처하거나 다른 구성원에게 불평등한 대우를 받으면서 스스로가 다수의 구성원과 다르다는 것을 인식하는 사람의 집단이다.
① 사회적 소수자는 사회에서 차별적 대우를 받는다.
② 사회적 소수자는 성, 연령, 신체, 인종, 민족, 국적 등 다양한 요인에 의해 규정된다.
③ 우리 사회의 사회적 소수자에는 장애인, 이주 외국인, 비정규직 노동자, 여성, 북한 이탈 주민 등이 있다.

07 단결권이란 근로자들이 근로 조건의 향상을 위해 자주적으로 노동조합을 설립할 수 있는 권리를 말한다.
② 선거권: 국민이 선거에 참여할 수 있도록 헌법이 보장하는 권리를 말한다.
③ 청구권: 기본권이 침해당하였을 때, 국가에 대해 일정 행위를 적극적으로 청구할 수 있는 권리를 말한다.
④ 환경권: 건강하고 쾌적한 환경에서 생활할 권리(사회·문화적 환경 포함)를 말한다.

08 시장 실패란 시장이 효율적인 자원 배분을 이루어 내지 못하는 현상을 말한다. 그 예로는 불완전 경쟁 시장, 외부 효과 발생, 공공재의 공급 부족 발생, 정보의 불완전성(정보의 비대칭성) 등이 있다.

09 자문화 중심주의는 자기 문화만을 우수한 것으로 믿고, 다른 문화를 부정적으로 평가하는 태도이며, 문화 사대주의는 자신의 문화는 부정적으로 평가하고, 다른 특정 사회의 문화를 가치 있고 우수한 것으로 여기는 태도이다. 이 둘의 공통점은 문화의 상대성을 인정하지 않고 특정 문화를 기준으로 다른 문화를 평가하려는 태도이다.

10 헌법 제37조 제2항은 기본권의 제한을 규정하고 있다. 이 법에서는 국회에서 제정하는 법률에 따라 국민의 기본권을 제한할 수 있다고 명시하고 있다. 또한, 불가피하게 기본권을 제한하는 경우에도 자유와 권리의 본질적 내용은 침해할 수 없다고 명시하고 있는데, 이는 국가 권력의 남용을 방지하여 국민의 기본권을 최대한 보장하기 위함이다.

11 세계화란 인적 자원과 물자, 기술, 문화 등이 교류되면서 경제·사회·문화 등 각 분야의 장벽이 없어지는 현상이다. 세계화에 따라 자유 무역이 확대되고, 국가 간 분업이 이루어지면서 부가 증가되었지만, 높은 기술력과 자본을 앞세운 선진국과 그에 비해 경쟁력이 떨어지는 개발 도상국 간의 빈부 격차도 심화되었다.

세계화의 문제
• 국가 간 빈부 격차 심화
• 문화의 획일화
• 보편 윤리와 특수 윤리의 충돌

12 정부 간 국제기구
• 각국 정부를 회원으로 한 국제 사회의 행위 주체이다.
• 국가 연합(UN), 유럽 연합(EU), 국제 통화 기금(IMF) 등이 있다.
• 전쟁 방지, 평화로운 체제 유지의 합의체 역할을 한다.
• 평화 유지군 파견, 분쟁 지역 치안·재건 활동, 국비 축소 활동, 국제 협력 활동 등을 수행한다.

13 정보 격차는 정보 사회의 윤리적 문제점 중 하나로, 정보 기술에 접근할 수 있는 능력을 가진 사람과 아닌 사람 사이에서 나타나는 사회적·경제적 불평등 확대 현상을 말한다. 이를 해결하기 위한 방안으로는 정보화 기반 시설 지원 및 교육 등 정보 소외 계층을 위한 사회 복지 제도 확대가 있다.

14 ㄱ. 순록 유목은 한대 기후 지역의 생활 모습이다.
ㄴ. 고상식 가옥은 열대 기후 지역의 생활 모습이다.

건조 기후 생활 양식
• 온몸을 감싸는 옷
• 대추야자, 육류, 밀
• 흙벽돌집, 이동식 가옥(예 게르)
• 유목·오아시스 농업, 관개 농업

15 홍수는 일시에 많은 비가 내리는 것으로, 시가지와 농경지 침수 등의 피해가 발생한다.
① 가뭄: 오랫동안 비가 내리지 않는 것으로, 식수와 농업용수 등이 부족하다.
② 지진: 땅이 꺼지고 건물이 흔들리는 것으로, 건축물과 도로가 붕괴된다.
④ 화산: 용암이나 화산재가 분출되는 것으로, 농작물 등에 피해를 준다.

16 도시화란 도시 형성 과정에서 농촌 인구의 도시 유입 현상이 활발히 진행되면서 도시 인구 비중이 높아지는 현상을 말한다. 도시화가 진행되면 2차·3차 산업 종사자의 비중이 높아지고, 도시적 생활 양식이 확대된다.
② 남초 현상: 남성의 비율이 여성에 비해 높아지는 현상을 말한다.
③ 유리 천장: 자격과 능력을 갖추었음에도 여성이라는 이유만으로 고위직 승진을 가로막는 조직 내의 보이지 않는 장벽을 말한다.
④ 지리적 표시제: 지역의 지리적 특성을 반영한 우수한 상품에 그 지역에서 생산·가공되었음을 증명·표시하는 제도를 말한다.

17 생태 통로는 야생 동물들이 자유롭게 이동할 수 있도록 도로 위로 산과 연결된 다리를 놓거나 도로 아래로 굴을 파서 마련한 통로를 말한다.
① 열섬: 인구 증가, 각종 인공 시설물의 증가, 고층 건물의 바람 순환 방해, 자동차 통행의 증가, 온실 효과 등의 영향으로 도시 중심부의 기온이 주변 지역보다 높게 나타나는 것을 말한다.
③ 외래 하천: 건조 기후 지역의 하천 중, 물줄기의 근원이 다른 지역에서 유래하는 하천으로, 대체로 습윤한 지역에서 발원하여 사막을 관통하며 흐르는 하천을 말한다.
④ 업사이클링: 버려진 폐자원을 가공하거나 다시 디자인하여 새로운 가치를 부여하는 것을 말한다.

18 힌두교는 인도에서 고대부터 전해 내려오는 브라만교가 민간신앙과 융합하여 발전한 종교이다. 힌두교인들은 소를 신성시하여 소고기를 먹지 않으며, 갠지스강에서 목욕 의식을 갖는다.
ㄱ·ㄷ. 이슬람교에 대한 설명이다.

종교와 문화권

크리스트교 문화권	• 십자가, 성당, 교회 • 교회에서 예배 의식
이슬람교 문화권	• 모스크, 첨탑, 할랄 산업 • 부정하다고 여기는 돼지고기와 술을 먹지 않음 • 여성은 천으로 얼굴과 몸을 가림 • 라마단 기간의 금식
힌두교 문화권	• 소를 신성시하여 소고기를 먹지 않음 • 갠지스강에서 목욕 의식
불교 문화권	불교 사원, 불상, 탑

19 석유 수출국 기구(OPEC)는 국제 석유 가격 및 수출량을 통제하여 석유 공급의 안정을 위해 노력하는 국제기구로, 1960년에 사우디아라비아, 이란, 베네수엘라, 쿠웨이트, 이라크 등 5개국이 모여 결성되었다.
① 브렉시트(Brexit): 영국이 유럽 연합을 탈퇴한다는 의미로, 영국(Britain)과 탈퇴(exit)를 합쳐서 만든 합성어이다.
② 공적 개발 원조(ODA): 정부를 비롯한 공공기관이 개발 도상국의 경제 발전과 사회 복지 증진을 목표로 제공하는 원조를 말한다.
③ 국제 통화 기금(IMF): 세계 무역의 안정을 위해 설립된 국제 금융 기구이다.

20 남중국해는 중국과 인도차이나반도, 보르네오섬, 필리핀으로 둘러싸인 바다로, 중국, 타이완, 필리핀, 말레이시아, 브루나이, 베트남 6개국이 영유권을 놓고 영토 분쟁을 하고 있다. 분쟁의 주요 원인으로 풍부한 어족자원과 석유 및 가스 등 양질의 천연자원 매장 등을 꼽을 수 있다.
① 북극해: 북극점을 중심으로 유라시아와 북아메리카로 둘러싸인 바다를 말한다.
③ 카스피해: 아시아 북서부와 유럽 사이에 있는 내륙호이다.
④ 쿠릴 열도: 일본 홋카이도 북쪽에서 러시아 캄차카반도 남단까지 활처럼 이어진 열도이다.

21 B는 사하라 사막 이남의 열대 기후 지역에 형성된 아프리카 문화권이다. 아프리카 문화권에는 다양한 부족이 분포하며 부족 단위의 공동체 문화와 토속 신앙이 발달하였다. 일부 지역에서는 원시 농업과 수렵, 채집 생활이 지속되고 있다.
① A는 유럽 문화권으로, 산업 혁명의 발상지로서 일찍 산업화를 이룬 세계 경제의 중심지이다.
③ C는 오스트레일리아, 뉴질랜드, 남태평양의 도서 지역의 오세아니아 문화권으로, 영국의 식민 지배로 인해 영어를 사용하고, 크리스트교를 믿는다.
④ D는 리오그란데강 이북 지역의 앵글로아메리카 문화권으로, 미국과 캐나다가 해당된다.

22 슬로시티는 자연, 환경, 인간이 조화를 이루며 느림의 철학을 바탕으로 전통문화를 잘 보호하려는 국제 운동을 말한다. 실천 방법으로는 친환경 에너지 개발, 차량 통행 제한 및 자전거 이용, 나무 심기, 패스트푸드 추방 등이 있다.
② 플랜테이션: 월등한 기술력과 자본, 원주민과 이주 노동자의 값싼 노동력, 좋은 토지로 이루어지는 농업으로, 열대·아열대에서 이루어지는 대규모 상업적 농업을 가리킨다.
③ 환경 파시즘: 에코 파시즘이라고도 하며, 생태계와 환경을 보호한다는 명분으로 전체주의를 정당화하는 사상을 말한다.
④ 차티스트 운동: 1838~1848년에 영국의 노동자들이 보통 선거권 획득을 위해 전개한 참정권 확대 운동이다.

23 고령화에 대비하기 위해서는 노인 복지 시설 확충 등 실버산업을 발전시켜야 하며, 노인 연금 제도, 임금 피크제, 정년 연장 등의 사회 보장 제도를 확대해야 한다.

24 공정 무역은 선진국과 후진국 간의 무역 거래 시 불공정한 거래를 막고 후진국에 정당한 값을 주고 물건을 직거래함으로써 양 당사자 간의 거래에 공정성을 확립하는 무역 거래를 말한다.

25 온실가스 배출권 거래제는 정부가 기업이 배출할 수 있는 온실가스의 양을 할당하여 남거나 모자란 부분을 거래할 수 있게 한 제도이다.
① 전자 상거래: 전자적 매체(시스템)를 이용하여 가상 공간에서 제품이나 용역을 사고파는 거래 행위를 말한다.
② 쓰레기 종량제: 쓰레기 배출량에 따라 수수료를 부과하여 배출량을 줄이고, 재활용품을 최대한 분리배출하게 유도한 제도를 말한다.
③ 빈 병 보증제: 빈 병 보증금을 제품 가격에 포함시켜 판매한 뒤, 병을 반환하는 경우 보증금을 돌려주는 제도를 말한다.

제5교시 과학

01 ②	02 ③	03 ④	04 ②	05 ②
06 ④	07 ②	08 ④	09 ④	10 ③
11 ①	12 ①	13 ③	14 ③	15 ①
16 ②	17 ②	18 ④	19 ④	20 ①
21 ①	22 ③	23 ③	24 ①	25 ④

01 조차를 이용하여 전기 에너지를 생산하는 발전 방식은 조력 발전이다. 이는 밀물과 썰물에 의한 해수면의 높이 차이를 이용해 바닷물을 가두었다가 댐의 수문을 열어 방류하면서 발전기의 터빈을 돌려 전력을 생산하는 방식이다.

02 충격량은 물체가 받는 충격의 정도를 나타내는 물리량으로, 힘과 시간의 곱과 같다. 따라서 물체에 한 방향으로 10 N의 힘이 5초 동안 작용하였을 때 충격량의 크기는
$10 \, N \times 5 \, s = 50 \, N \cdot s$ 이다.

충격량(I)

$$I = F \Delta t \quad [\text{단위: } N \cdot s, \, kg \cdot m/s]$$

03 막대자석을 코일 속에 넣었다 뺐다 하면 코일 주변 자기장에 변화가 생기면서 도선에 전류가 발생하는데, 이를 전자기 유도라고 한다. 이때 막대자석의 세기가 셀수록, 자석을 빠르게 움직일수록, 코일의 감은 수가 많을수록 유도되는 전류의 세기가 세다.

04 공기의 저항을 무시할 때, 물체가 자유 낙하하면 속력이 일정하게 증가하는 등가속도 운동을 하게 된다. 따라서 공이 자유 낙하하는 동안의 시간에 따른 속력의 그래프는 ②이다.

자유 낙하 운동
• 공기 저항을 무시할 때 물체가 중력만 받아 연직 낙하하는 운동이다.
• 일정한 크기의 중력이 작용하므로 물체는 1초마다 9.8 m/s씩 속도가 증가하는 등가속도 운동을 한다.

05 고열원에서 1000 J의 열에너지를 흡수하여 저열원으로 600 J의 열에너지를 방출하므로 이 열기관이 한 일(W)은 400 J이다. 따라서 이 열기관의 열효율은 $\dfrac{400\ \text{J}}{1000\ \text{J}} \times 100 = 40\ \%$이다.

> 열기관의 열효율(%) = $\dfrac{\text{열기관이 한 일}}{\text{공급한 열에너지}} \times 100$

06 ㄱ. 신재생 에너지는 온실가스 등을 배출을 줄이는 효과가 있으므로 화석 연료보다 친환경적이다.
ㄴ. 태양광 에너지는 자원 고갈의 염려가 없고 영구적인 신재생 에너지에 속한다.
ㄷ. 기존의 석유, 석탄과 같은 화석 연료는 매장량이 한정되어 있고, 온실가스 배출 등의 환경 문제가 발생한다. 따라서 인류 문명의 지속 가능한 발전을 위해서는 지속적으로 공급이 가능하고 환경 오염에 영향이 적은 신재생 에너지의 개발이 필요하다.

07 원자가 전자 수는 가장 바깥 전자껍질에 들어 있는 전자의 수이므로, 원자가 전자의 수가 4개인 것은 ②이다.
① 원자가 전자의 수: 3개
③ 원자가 전자의 수: 5개
④ 원자가 전자의 수: 6개

08 ①~④ 중 이온 결합 물질은 염화 나트륨(NaCl)이다.

이온 결합
• 금속 원소의 원자와 비금속 원소의 원자가 서로 전자를 주고받아 양이온과 음이온을 생성한다.
• 이 이온들 사이의 정전기적 인력으로 결합이 형성된다.

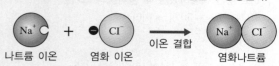

09 주기율표는 원소들을 구분하기 쉽게 성질에 따라 배열한 표로, 원소들을 원자 번호순으로 나열하면서 성질이 비슷한 원소는 같은 세로줄에 오도록 주기성을 기준으로 배열한 것이다. 주기의 번호가 클수록, 족의 번호가 클수록 원자 번호가 크므로 A~D 중 원자 번호가 가장 큰 것은 D이다.

10 메테인(CH_4)은 탄소(C) 원자를 중심으로 수소(H) 원자가 4개 결합한 공유 결합 물질로, 정사면체 구조이다. 따라서 탄소(C) 원자와 수소(H) 원자의 개수비는 1 : 4이다.

11 철의 제련 과정에서 일어나는 화학 반응 중 산소를 잃어 환원되는 반응 물질은 Fe_2O_3이다.
• CO(일산화 탄소)는 산소를 얻어 CO_2(이산화 탄소)로 산화된다.
• Fe_2O_3(산화 철(Ⅲ))은 산소를 잃고 Fe(철)로 환원된다.

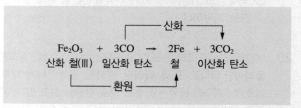

12 수산화 나트륨(NaOH) 수용액에는 나트륨 이온(Na^+)과 수산화 이온(OH^-)이 들어있으며, 이 중 수산화 이온(OH^-)이 묽은 염산(HCl) 수용액의 수소 이온(H^+)과 만나면 중화 반응을 하여 물(H_2O)을 생성한다. 따라서 이온 ㉠은 OH^-이다.

13 세포에서 유전 정보를 저장하거나 전달하는 물질은 핵산이다. 핵산의 종류에는 DNA와 RNA가 있으며, 핵산의 단위체는 뉴클레오타이드이다.

14 세포 호흡이 일어나 생명 활동에 필요한 에너지를 생산하는 세포 소기관은 C(미토콘드리아)이다.
① A(리보솜): 작은 알갱이 모양이며, DNA의 유전 정보에 따라 단백질이 합성되는 장소이다.
② B(핵): 세포에서 가장 큰 세포 소기관으로 핵막으로 둘러싸여 있으며, 유전 정보를 저장하고 있는 DNA가 있어 세포의 생명 활동을 조절한다.
④ D(소포체): 막으로 둘러싸인 납작한 주머니 모양으로 핵막과 연결되어 있으며, 리보솜에서 합성된 단백질을 골지체나 세포의 다른 부위로 운반하거나 지질을 합성한다.

15 그림에서 물질 A가 농도가 높은 쪽에서 낮은 쪽으로 세포막을 직접 통과하여 이동함을 알 수 있다. 이는 인지질 2중층을 통한 확산에 해당하며, 이때 분자의 크기가 작을수록, 온도가 높을수록, 세포 안팎의 농도 차가 클수록, 지질에 대한 용해도가 클수록 빠르게 확산된다. 따라서 ㉠에 해당하는 것은 확산이다.

16 과산화 수소의 분해 반응에서 효소인 카탈레이스가 있을 때의 활성화 에너지는 B이다. 효소는 활성화 에너지를 낮추어 화학 반응 속도를 증가시킨다.
• A+B는 효소가 없을 때의 활성화 에너지이다.
• C는 반응물과 생성물의 에너지 차이를 나타내는 반응열이다. 반응열은 효소의 유무와 관계없이 일정하다.

17 • 과정 (가)는 DNA 한쪽 가닥에 상보적인 염기 서열을 가진 RNA가 합성되는 과정이므로 전사이다.
• ㉠은 DNA를 구성하는 두 가닥 염기의 상보 결합 중 C(사이토신)과 결합한 염기를 나타내므로 G(구아닌)이다.

18 제시된 그림은 생태계 평형이 유지되고 있는 먹이 그물이라고 하였으므로 가장 하위 단계에서 상위 단계로 올라갈수록 개체 수, 생물량, 에너지양 등이 감소하는 경향을 나타낸다. 따라서 개체 수가 가장 많은 생물은 가장 하위 단계의 생산자인 옥수수이다.

19 생태계 내에 존재하는 생물의 다양한 정도를 의미하는 것은 생물 다양성이다.

생물 다양성의 의미

유전적 다양성	• 같은 생물종이라도 서로 다른 유전자를 가지고 있어 다양한 형질이 나타나는 것을 의미한다. • 하나의 형질을 결정하는 유전자가 다양할수록 유전적 다양성이 높아 변이가 다양하다.
종 다양성	• 일정한 지역에 얼마나 많은 생물종이 고르게 분포하며 살고 있는지를 의미한다. • 생물종이 많을수록, 각 종의 분포 비율이 균등할수록 종 다양성이 높다.
생태계 다양성	• 생물 서식지의 다양한 정도를 의미한다. • 지구에는 대륙과 해양의 분포, 위도, 기온, 강수량, 계절 등 환경의 차이로 인해 열대 우림, 갯벌, 습지, 삼림, 초원, 사막, 해양 등 다양한 생태계가 존재한다. • 생태계의 종류에 따라 환경이 다르므로 서식하는 생물종과 개체 수가 다르다.

20 빅뱅 우주론은 우주가 약 138억 년 전 대폭발과 함께 시작되었으며, 지금까지 계속 팽창하고 있다는 기원 가설이다. 빅뱅 우주론에 의하면 시간의 흐름에 따라 우주의 크기는 증가하며, 우주의 평균 밀도 및 평균 온도는 감소한다.

빅뱅 우주론과 정상 우주론의 비교

구분	빅뱅 우주론	정상 우주론
우주의 크기	증가	증가
총 질량	일정	증가
밀도	감소	일정
온도	감소	일정

21 지구에서 온실 효과를 일으키는 기체는 지구 복사 에너지를 잘 흡수하는 기체로, 수증기, 이산화 탄소, 메테인, 오존 등이 있다. 헬륨(He)은 공기보다 가벼운 비활성 기체로, 온실 기체에 해당하지 않는다.

22 A~D 중 가장 무거운 원소가 생성되는 곳은 태양보다 질량이 매우 큰 별의 중심부인 C이다.
태양 정도의 질량을 가진 별은 수소 핵융합 반응에 이어 헬륨 핵융합 반응까지 일어난 후 중심부에 탄소가 생성된다.
태양보다 질량이 매우 큰 별은 중심부의 온도가 계속 높아져 수소, 헬륨, 탄소, 산소, 규소의 핵융합 반응까지 일어나면서 중심부에 철이 생성된다. 철은 가장 무겁고 안정된 원소로 더 이상은 핵융합 반응이 일어나지 않는다.

23 두 판이 충돌하면서 높게 형성된 거대한 산맥은 습곡 산맥이다. 습곡 산맥은 판과 판이 서로 모이는 수렴형 경계 지역에서 주로 발달한다.
① 해령: 판과 판이 서로 멀어지는 발산형 경계에서 나타나며, 해양판과 해양판이 멀어지면서 나타나는 해저 산맥에 해당한다.
② 열곡: 판과 판이 서로 멀어지면서 V자 모양으로 생성된 깊은 골짜기로, 고온의 마그마가 분출되는 출구이기도 하다.
④ 변환 단층: 발산하는 판의 이동 속도 차이로 해령이 끊어지면서 해령과 해령 사이에 수직으로 나타나는 단층이다.

24 대기 중의 이산화 탄소가 바닷물에 녹아 들어가는 과정은 기권에 해당하는 대기의 이산화 탄소가 수권에 해당하는 바닷물 속에 용해되는 것이므로 기권과 수권의 상호 작용에 해당한다.

25 지질 시대는 생물계의 급격한 변화에 따라 선캄브리아 시대, 고생대, 중생대, 신생대로 구분할 수 있으며, 이 중 기간이 가장 짧은 시기는 신생대이다. 신생대는 매머드 등 포유류와 속씨식물이 번성하고 최초로 인류의 조상이 출현하였다.

지질 시대
약 46억 년 전 지구가 탄생한 후부터 현재까지의 기간이다.

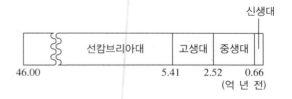

제6교시 한국사

01 ③	02 ①	03 ②	04 ③	05 ④
06 ④	07 ②	08 ③	09 ①	10 ①
11 ④	12 ④	13 ③	14 ①	15 ②
16 ①	17 ④	18 ④	19 ③	20 ②
21 ④	22 ④	23 ③	24 ②	25 ①

01 청동기 시대에는 벼농사가 시작되었으며, 반달 돌칼을 이용하여 벼를 수확하였다. 농업이 발달함에 따라 생산력이 증가하여 빈부 격차와 계급 분화가 발생하였으며, 사회 규모가 커지면서 여러 국가 또한 생겨났다. 역사상 최초의 국가인 고조선은 청동기 시대에 건국되었으며, 고조선의 영역은 비파형 동검, 거친무늬 거울 등의 출토를 통해 알 수 있다.

선사 시대 대표 유물

구석기 시대	주먹도끼, 찍개, 긁개, 슴베찌르개 등
신석기 시대	갈돌·갈판, 가락바퀴·뼈바늘, 빗살무늬 토기, 이른 민무늬 토기 등
청동기 시대	반달 돌칼, 비파형 동검, 미송리식 토기, 민무늬 토기, 거친무늬 거울 등
철기 시대	철제 농기구·무기, 덧띠토기, 검은 간 토기, 잔무늬 거울 등

02 통일 신라 신문왕은 교육 기관으로 국학을 설립하고 수도 경주의 편재성을 보완하기 위해 전국을 9주 5소경으로 나누었다. 또한, 관료들에게 관료전을 지급하고 녹읍을 폐지하는 등 왕권 강화 정책을 펼쳤다.

03 『삼국사기』는 고려 시대에 김부식이 왕명에 따라 삼국의 역사를 정리한 책으로, 현존하는 우리나라 최고의 역사서이다.
　① 『경국대전』: 조선의 기본 법전으로, 세조 때 편찬을 시작하여 성종 때 완성·반포되었다.
　③ 『조선책략』: 황쭌셴이 러시아의 남하 정책을 대비하기 위해 조선, 일본, 청이 각각 펼쳐야 할 외교 정책에 대해 저술한 책이다.
　④ 팔만대장경: 부처의 힘으로 몽골의 침략을 물리치려는 고려인들의 소망을 담아 만들어진 대장경이다.

04 공민왕은 원의 내정 간섭을 탈피하기 위한 반원 정책의 일환으로 친원 세력을 숙청하였다. 또한, 고려의 내정을 간섭하던 정동행성 이문소를 폐지하고, 쌍성총관부를 탈환하였다.
　① 조선 정조의 업적이다.
　② 신라 법흥왕의 업적이다.
　④ 1920년대 일제의 정책이다.

05 의정부 서사제는 조선 초기의 통치 제도 중 하나로, 6조에서 올라오는 모든 일을 의정부에서 논의한 뒤 합의된 의견을 왕에게 올려 결재를 받는 방식이다.

　① 골품제: 신라의 신분 제도로, 골품에 따라 관직 승진에 제한을 두었다.
　② 6조 직계제: 의정부를 거치지 않고 국왕이 바로 6조에게 재가를 내리도록 하는 통치 제도이다.
　③ 헌병 경찰제: 1910년대 일제가 무단 통치를 시행하면서 실시한 정책으로, 교사들까지 제복을 입고 칼을 차고 다니게 하였으며, 조선 곳곳에 헌병 경찰을 배치하였다.

06 원산 학사는 개항 이후인 1883년 근대적 교육의 필요성에 따라 함경남도 덕원 지역 사람들이 요청하여 설립된 우리나라 최초의 근대적 사립 학교이다.
　① 태학: 고구려 소수림왕이 세운 교육 기관이다.
　② 국자감: 고려 성종이 세운 교육 기관이다.
　③ 성균관: 고려 말과 조선 시대에 세워진 최고 국립 교육 기관이다.

07 세도 정치는 조선 후기 순조, 헌종, 철종 3대에 걸쳐 소수의 유력한 외척 가문이 권력을 장악하는 정치 형태를 이르는 말로, 이때 권세를 부렸던 가문으로는 안동 김씨, 풍양 조씨 등이 있다. 또한, 이 시기에는 전정, 군정, 환곡 등의 폐단으로 인한 삼정의 문란이 발생하기도 하였다.

08 국채 보상 운동은 서상돈, 김광제 등의 제안으로 대구에서 시작되었던 운동이다. 일본에서 도입한 차관을 갚아 경제 주권을 회복하고자 하였다. 대한매일신보 등 언론 기관의 지원을 받아 전국으로 확산되었으나, 통감부의 탄압으로 인해 큰 성과를 거두지는 못하였다.
　① 형평 운동: 일제 강점기 백정들이 사회적 차별을 철폐하고자 조선 형평사를 결성하고 형평 운동을 전개하였다.
　② 북벌 운동: 병자호란 때 청으로 볼모 생활을 지냈던 효종은 즉위 후 청을 정벌하자는 북벌 운동을 전개하였다.
　④ 서경 천도 운동: 묘청 등이 고려의 수도를 서경으로 옮길 것을 주장하면서 서경 천도 운동을 전개하였다.

09 을사늑약은 대한 제국 때 일제의 강압으로 체결된 조약이다. 이 조약으로 대한 제국은 외교권을 박탈당하고, 통감부가 설치되었으며, 초대 통감인 이토 히로부미가 파견되어 내정을 간섭당하였다.
　② 헌의 6조: 독립협회는 만민 공동회와 관민 공동회를 개최하여 중추원 개편을 통한 의회 설립 방안이 담겨있는 헌의 6조를 고종에게 건의하였다.
　③ 남북 협상: 김구와 김규식 등은 평양을 방문하여 북한의 김일성과 함께 남북통일 정부 수립을 위한 남북 협상을 전개하였다.
　④ 간도 협약: 을사늑약 이후 일본은 남만주 철도 부설권 등을 얻는 대가로 간도 지역을 청에게 넘겨주는 간도 협약을 체결하였다.

10 을미사변 이후 김홍집 내각을 중심으로 을미개혁이 추진되었다. 이에 건양이라는 연호와 태양력이 사용되었고, 성인 남성의 상투를 자르도록 하는 단발령이 시행되었다.

11 흥선 대원군은 병인양요와 신미양요를 겪고 난 후 외세의 침입을 경계하고 서양과의 통상 수교 거부 의지를 알리기 위해 전국 각지에 척화비를 세웠다.

12 이승만은 같은 당인 이기붕을 부통령으로 당선시키고자 3·15 부정 선거를 자행하였다. 이에 대한 반발로 마산에서 대규모 시위가 벌어졌고, 이때 학생 김주열이 최루탄에 맞아 사망하였다. 이로 인해 시위가 전국적으로 확산되면서 4·19 혁명이 발발하여 이승만이 하야하게 되었다.

13 고종은 개화 정책과 군국 기무를 총괄하는 기구로서 통리기무아문을 설치하고, 그 아래 12사(司)를 두어 행정 업무를 맡게 하였다. 또한, 구식 군대인 5군영을 무위영과 장어영의 2군영으로 개편하고 신식 군대인 별기군을 설치하였다.
　① 집현전: 조선 세종은 집현전을 설치하여 학문 연구와 경연, 서연을 담당하게 하였다.
　② 교정도감: 고려 무신 정권 시기에 최충헌은 국정을 총괄하는 최고 권력 기구로서 교정도감을 설치하였다.
　④ 동양 척식 주식회사: 1908년 일본은 조선의 토지와 자원을 수탈하기 위해 동양 척식 주식회사를 설립하였다.

14 1910년대 무단 통치기에 일제는 회사령을 공포하여 회사를 설립하거나 해산할 때 총독부의 허가를 받도록 하는 등 민족 기업 설립을 방해하였다.

15 청산리 대첩은 1920년 김좌진이 이끄는 북로 군정서군과 홍범도가 이끄는 대한 독립군 등이 주축이 된 독립군 연합 부대가 만주 청산리 일대에서 일본군과 전투를 벌여 크게 승리한 사건이다.
　④ 황토현 전투: 전봉준을 중심으로 구성된 동학 농민군은 황토현 전투에서 승리하여 전주성을 점령하고 전라도 일대를 장악하였다.

16 3·1 운동은 미국 대통령 윌슨이 주창한 민족 자결주의와 도쿄 유학생들이 발표한 2·8 독립 선언의 영향을 받아 국내에서 전개되었다. 이 운동은 각계각층의 사람들이 참여한 일제 강점기 최대의 민족 운동으로, 대한민국 임시 정부 수립의 계기가 되었다.

17 민립 대학 설립 운동은 일제의 우민화 정책에 맞서 이상재 등이 한국인 본위의 고등 교육 기관을 설립하기 위해 전개하였던 운동이다. '한민족 1천만이 한 사람이 1원씩'이라는 구호로 모금 운동을 실시하였지만, 일제의 감시와 탄압으로 실패하였다.

18 1945년 개최된 모스크바 3국 외상 회의에서 한반도에 임시 민주주의 정부를 수립하고 이를 위한 미·소 공동 위원회 개최와 최대 5년간 신탁 통치를 실시한다는 내용이 결정되었다.

19 1930년대 이후 민족 말살 통치기에 일제는 중일 전쟁과 태평양 전쟁을 일으키면서 전시 동원 체제 하에 국가 총동원법을 제정하였다. 이를 통해 일제는 우리 민족을 전쟁에 강제로 동원하였으며, 내선일체의 구호와 함께 황국 신민화 정책을 실시하여 황국 신민 서사 암송과 신사 참배, 창씨개명 등을 강요하였다.

20 백범 김구는 대한민국 임시 정부 활동의 침체를 극복하기 위해 한인 애국단을 조직하였으며, 이후 대한민국 임시 정부의 주석을 역임하여 항일 운동에 힘썼다. 또한, 자서전으로 『백범일지』를 저술하여 우리나라 독립운동의 역사를 기록하였다.

21 반민족 행위 처벌법은 이승만 정부 시기 일제의 잔재를 청산하고 민족 정기를 바로잡기 위해 제헌 국회에서 제정하였던 법이다. 이 법에 따라 반민족 행위 특별 조사 위원회(반민 특위)를 설치하여 일제 강점기에 반민족 행위를 일삼았던 사람들을 조사하고 체포하였다.
　② 미쓰야 협정: 일제 강점기 일본은 중국 군벌과 미쓰야 협정을 체결하여 만주에서 활약하는 독립군을 일본에게 넘기도록 하였다.

22 1980년 신군부의 비상계엄 확대에 대항하여 광주에서 발생한 5·18 민주화 운동은 신군부가 공수 부대를 동원하여 무력으로 진압에 나서자 학생과 시민들이 시민군을 결성하여 대항하면서 확대되었다. 5·18 민주화 운동은 1980년대 우리나라 민주화 운동의 밑거름이 되었고, 2011년에 관련 기록물이 유네스코 세계 기록 유산으로 등재되었다.

23 1950년 6월 25일에 북한의 남침으로 6·25 전쟁이 발발하였다. 전쟁 초기 낙동강 방어선까지 밀렸던 국군은 유엔군의 파병과 인천 상륙 작전의 성공으로 압록강 근처까지 진격하였으나, 중국군의 개입으로 인해 1·4 후퇴를 하게 되면서 서울은 다시 함락당하였다. 이후 38도선 일대에서 전쟁이 고착화되자 미국과 소련은 1953년 7월 27일에 정전 협정을 체결하였다.

24 박정희 정부 시기 미국의 요청으로 베트남에 국군을 파병하고 이에 대한 보상으로 한국군 현대화, 장비 및 차관 제공을 약속한 브라운 각서를 체결하였다. 또한, 박정희 정부는 장기 독재를 위해 유신 헌법을 제정하였다.
　ㄴ. 조선 고종
　ㄹ. 노태우 정부

25 1900년 대한 제국은 대한 제국 칙령 제41호를 발표하여 울릉도를 군으로 승격시키고 독도를 관할하게 하여 우리의 영토임을 명시하였다. 그러나 1905년 러일 전쟁 당시 일본이 시마네현 고시를 발표하면서 독도를 자국 영토로 불법 편입하였다. 태평양 전쟁 이후 작성된 연합국 최고 사령관 각서 제677호에 독도가 우리나라 땅임이 명백히 표기되어 있지만, 현재까지도 일본은 독도를 자국의 영토라고 주장하고 있다.

제7교시 도덕

01 ③	02 ①	03 ③	04 ④	05 ①
06 ④	07 ④	08 ②	09 ③	10 ②
11 ②	12 ①	13 ③	14 ①	15 ③
16 ④	17 ③	18 ②	19 ①	20 ②
21 ④	22 ①	23 ④	24 ②	25 ④

01 인간이 어떻게 행동해야 하는가에 대한 보편적 원리의 정립을 주된 목표로 하는 것은 규범 윤리학으로, '선행을 하라.', '악행을 하지 말라.', '살인을 하지 말라.', '불우 이웃을 도우라.'와 같은 기본적인 도덕 기준들을 제시한다.
① 진화 윤리학: 도덕성을 진화의 관점에서 설명하고자 하며, 인간의 이타적 행동 및 도덕적 성품은 자연 선택을 통한 진화의 결과라고 주장한다.
② 기술 윤리학: 도덕적 관습이나 풍습 등을 경험적으로 조사하여 기술하고 그 인과 관계를 설명하고자 한다.
④ 메타 윤리학: 도덕적 언어의 의미를 분석하고 도덕적 추론의 정당성을 검증하기 위한 논리 분석을 주된 목표로 한다.

02 군자(君子)
유교에서 성품이 어질고 덕이 충만한 지성인을 나타내는 말이며, 공자가 이상적 인간상으로 제시하였다.

03 사이버 폭력은 가상 공간에서 타인에게 정신적, 물질적 피해를 주는 행위로, 익명성, 빠른 전파성, 시공간 초월성 등을 바탕으로 한 악성 댓글, 허위 사실 유포, 해킹 등의 비윤리적인 행위로 인해 심각한 문제가 되고 있다. 따라서 ㉠에 들어갈 용어는 사이버 폭력이다.

사이버 불링(cyber bullying)
사이버 공간에서 특정인을 집단적으로 따돌리거나 욕설, 험담 따위로 집요하게 괴롭히는 행위를 뜻하는 말이다. 사이버 불링은 신속성, 익명성, 광범위한 확산 등으로 사회 문제를 일으키고 있다.

04 윤리적 성찰은 생활 속에서 자신의 마음가짐, 행동 또는 가치관과 정체성에 대해 윤리적 관점에서 깊이 반성하고 살피는 태도를 말한다. 따라서 권위가 있는 이론이라고 해서 비판 없이 무조건 수용하기보다는 비판적·객관적으로 이론을 살피고 윤리적으로 옳은 것인지 탐구하는 자세가 필요하다.

05 덕 윤리
• 행위자의 품성과 덕성을 중요시한다.
• 아리스토텔레스의 윤리 사상적 전통을 따른다.
• 의무론과 공리주의가 행위자 내면의 도덕성과 인성의 중요성을 간과하며, 개인의 자유와 권리 강조로 공동체의 전통을 무시한다고 비판한다.

06 국민의 알 권리도 중요하지만, 개인의 인격권을 침해하지 않도록 해야 한다.

국민의 알 권리와 인격권
• 알 권리: 국민은 정보를 제한 없이 알 수 있는 알 권리가 있으며, 이는 인간의 존엄성을 실현하고 헌법에 명시된 행복 추구권을 보장하기 위해 필요한 권리이다.
• 인격권: 인간의 존엄성에 바탕을 둔 사적 권리이다. 국민의 알 권리가 중요하지만, 알 권리 보장을 위한 매체의 보도가 개인의 인격권을 침해해서는 안 된다.

07 가족은 정서적 안정을 주며, 사회화와 올바른 인격 형성에 도움을 주는 공동체이다. 따라서 가족의 화목과 안정을 위해서는 전통 가족 윤리를 거부하기보다는 다시 한번 되새기며 가족 간에 배려하고 서로의 부족함을 보완하려는 자세가 필요하다.

08 싱어(Singer, P.)는 동물 중심주의의 대표 사상가로, 공리주의에 근거하여 동물도 인간과 마찬가지로 쾌락과 고통을 느끼는 쾌고 감수 능력을 갖고 있으므로 도덕적 고려의 대상이라고 주장한다. 또한, 동물이 쾌락과 고통을 느끼므로 동물을 고통에서 해방시켜야 하며, 종이 다르다는 이유로 동물을 차별하는 것은 옳지 않다고 주장한다. 따라서 ㉠에 들어갈 용어는 쾌고 감수 능력이다.

동물 중심주의 대표 사상가

싱어	• 공리주의에 근거하여 동물도 쾌락과 고통을 느끼므로 도덕적 고려의 대상이라고 한다. • 동물 해방론을 주장하였으며, 종 차별주의에 반대한다.
레건	• 의무론에 근거하여 내재적 가치를 지닌 존재는 수단이 아닌 목적으로 해야 한다고 주장한다. • 동물 권리론을 주장하였으며, 동물에 대한 실험, 매매 등은 동물이 지닌 가치와 권리를 부정하는 것으로 본다.

09 고대 그리스의 철학자이며, 소크라테스의 제자로 이데아론을 주장한 윤리 사상가는 플라톤이다.

이데아
플라톤 철학의 중심 개념으로, 사물의 완전하고 이상적인 원형 또는 본질을 말한다. 플라톤은 이데아를 감각 너머에 있는 실재이자 참된 존재라는 의미로 사용하였다.

10 남녀 모두의 인권을 동등하게 보장하고, 성별에 따라 서로 차별하지 않고 동등하게 대우하는 것은 양성평등이다. 양성평등을 실현하기 위해서는 상호 인격을 존중하고 다양성과 개성을 존중해야 하며, 잘못된 성차별 문화를 개선해 나가야 한다.

11 행위의 결과와 상관없이 행위 자체가 선(善)이기 때문에 무조건 수행해야 하는 도덕적 명령은 정언 명령이다. 예를 들어, '부모님을 공경하라.', '거짓말하지 말라.'는 정언 명령이다. 이에 반해 '성공하려면 거짓말하지 말라.'와 같이 조건이 붙으면 가언 명령이다. 칸트에 따르면 가언 명령은 도덕 법칙이 될 수 없다.

12 '인간답게 죽을 권리는 있다.', '어떤 방법으로 죽을 것인지 선택할 수 있는 권리가 있다.' 등은 안락사의 허용을 찬성하는 논거에 해당한다.

안락사에 대한 찬성과 반대 입장

찬성	• 환자의 삶의 질과 자율성을 강조한다. • 불치병으로 고통받는 사람에게는 어떤 방법으로 죽을 것인지 선택할 수 있는 권리가 있으므로 자기 의사에 따라 안전하고 편안하게 죽을 수 있도록 허용해야 한다. • 공리주의 관점으로 환자 가족의 경제적 부담과 심리적 · 신체적 고통을 주는 것은 사회 전체의 이익에 부합하지 않는다.
반대	• 모든 사람의 생명은 소중하다(생명의 존엄성 강조). • 자연법 윤리의 관점에서 생명체의 탄생 과정에 인위적으로 개입하는 것은 자연의 섭리에 어긋나며 도덕적으로 옳지 않다. • 의료인은 치료를 통해 생명을 살리는 것이 최우선 의무이다.

13 성품과 품행이 맑고 깨끗하여 탐욕을 부리지 않는 것은 청렴으로, 공직자뿐만 아니라 직업인이 지녀야 할 대표적인 직업 윤리이다.

청렴한 사회의 실현 방안
• 자신의 지위를 이용하여 부당한 이익을 취하지 않고 자신의 양심과 사회 정의에 따라 행동한다.
• 업무 처리의 투명성을 보장하고 부정부패를 방지하기 위한 제도를 마련한다(부패방지법, 내부공익 신고제도, 부정 청탁 및 금품 수수 금지에 관한 법률 등).

14 도덕적 옳고 그름의 기준은 사회에 따라 다양하기 때문에 보편적으로 타당한 도덕 원칙은 없다고 보는 관점은 윤리적 상대주의이다. 이러한 윤리적 상대주의 관점에서는 노예 제도나 명예 살인, 인종 차별 등도 관습이나 전통이라고 정당화할 수 있다. 따라서 문화적 다양성에 대한 인정이 윤리적 상대주의로 흐르는 것을 경계해야 할 필요가 있다.

15 바람직한 문화적 정체성을 유지하기 위한 관점에만 잘 표시한 학생은 C이다. 바람직한 문화적 정체성을 유지하기 위해서는 자신의 주관이나 문화적 정체성을 버리지 않으면서도 다른 사람들과 조화롭게 살아가는 화이부동(和而不同)의 자세가 요구된다.

16 원효는 다양한 불교 종파들의 대립을 하나로 통합하여 일심(一心)으로 극복해야 한다는 화쟁(和諍) 사상을 강조하였다.
① 묵자의 겸애(兼愛)사상: 묵자는 남의 나라와 나의 나라, 남의 가족과 나의 가족을 차별하지 않고 서로 돌보는 겸애(兼愛)를 실천해야 천하에 혼란이 없다고 주장하였다.
② 공자의 덕치(德治)사상: 공자는 나라와 백성은 물론 세상에 존재하는 모든 사물을 덕(德)으로 다스려야 한다고 주장하였다.

③ 노자의 무위(無爲) 사상: 노자는 자연이 아무런 목적이 없는 무위(無爲)의 체계로 무목적의 질서를 담고 있으며, 인간도 인위적 욕망을 버리고 자연의 순리에 따르는 무위자연(無爲自然)의 삶을 살아야 한다고 주장하였다.

17 부정부패 행위는 자신의 지위를 이용하여 불법적인 방법으로 이득을 취하는 행위로, 개인의 권리를 부당하게 침해받을 수 있으며, 사회적 비용의 낭비로 사회 발전을 저해할 수 있다.
ㄱ. 국내 사회에 대한 신뢰감 상실로 국외 자본의 국내 투자가 감소한다.
ㄹ. 국민 간 위화감을 조성하여 사회 통합을 저해한다.

18 개인의 소유권을 보호하고 존중하는 것이 정의라고 주장한 사상가는 노직이다. 노직은 국가는 개인의 소유권을 침해하지 않은 최소 국가로, 세금이나 복지 정책 등 국가에 의한 재분배 행위를 반대하였다.
① 홉스: 주체의 대등(교환적 정의)과 결과의 공평(분배적 정의)으로 나누어 정의를 세우고자 하였다. 교환적 정의는 사물의 가치가 동일함을 전제로 한 계약상의 정의로서 그 이행에 본질을 두고 있으며, 분배적 정의는 동등한 가치 있는 사람들에게 동등한 이익을 배분하는 것이고, 이것이 공평이라고 주장하였다.
③ 벤담: 전체 사회가 얻을 이익의 총량을 최대화하는 것이 정의로운 분배라고 주장하였다.
④ 왈처: 모든 재화를 공정하게 분배할 수 있는 하나의 정의 원칙만 존재하지는 않는다고 주장하며, 다양한 삶의 영역에서 각각 다른 공정한 기준에 따라 사회적 가치가 분배될 때 사회 정의가 실현된다고 하였다.

19 유전자 치료는 유전적 질병으로 고통받는 환자의 고통을 해소하고, 질병을 치료하는 데 도움을 줄 수 있으므로 ①은 유전자 치료에 대한 찬성 근거이다.
②·③·④ 모두 유전자 치료에 대한 반대 근거이다.

20 분단 비용은 분단으로 인해 소요되는 비용, 즉 남북한 사이의 이념적 갈등과 대립으로 발생하고 있는 소모적 성격의 비용을 말한다. 분단 비용에는 군사비, 안보비, 외교 행정비 등이 있으며, 이는 분단이 지속되는 동안 영구적으로 발생한다. 따라서 ㉠에 들어갈 용어는 분단 비용이다.

21 특정 집단이 겪어 온 부당한 차별을 바로잡기 위해 다양한 측면에서 혜택을 제공하는 것은 소수자 우대 정책이다.
우대 정책
• 사례: 대학의 농어촌 특별 전형, 지역 균형 선발, 여성 할당제 등
• 우대 정책에 대한 찬성 입장
  - 과거의 부당한 차별에 대한 보상이다.
  - 사회적 격차를 해소하고 긴장을 완화한다.
  - 사회적 운으로 발생한 불평등을 시정하여 기회의 평등을 보장한다.

• 우대 정책에 대한 반대 입장
　– 과거의 피해와 현재의 보상 사이의 불일치가 문제될 수 있다.
　– 특정 집단에 대한 특혜는 업적주의에 위배되며 다른 집단에 대한 또 다른 차별을 발생시킨다.

22 국가는 도덕성보다 국가의 이익을 우선해야 하며, 국가가 힘을 키워 국가 간 세력 균형을 유지해야 분쟁을 막을 수 있다고 보는 관점은 현실주의이다. 즉, 현실주의 관점에서 국제 평화는 힘의 논리를 벗어날 수 없다고 보며, 대표 학자 모겐소는 국제 정치는 국가 이익의 관점에서 정의된 권력을 위한 투쟁이라고 보았다.
② 구성주의: 자국과 상대국이 서로 어떻게 상호 작용할 것인지에 따라 국익이 좌우되므로 분쟁 해결을 위해서는 서로 긍정적인 상호 작용을 해야 한다고 주장한다.
③ 이상주의: 국제 분쟁은 국가 간 도덕성을 확보해야 해결된다고 주장한다. 인간의 본성은 선하며 대화와 협력이 가능한 이성적 존재이므로 분쟁은 잘못된 제도로 인한 것으로 보고, 국제기구나 국제법, 국제 규범을 통해 잘못된 제도를 바로잡아야 한다고 주장한다.

23 시민 불복종은 기본권을 침해하거나 부당하다고 판단될 때 법이나 정책을 변화시키기 위해 의도적으로 법을 위반하여 저항하는 행위이다. 위법 행위에 대한 처벌을 받아들이며, 기본적인 사회 질서와 법을 존중하면서 정당한 법체계를 세우기 위한 노력에 해당한다.

24 갈퉁(Galtung, J.)은 진정한 평화는 직접적 폭력뿐만 아니라 간접적인 폭력까지 모두 제거된 적극적 평화를 의미한다고 주장하였다.

갈퉁(Galtung, J.)의 폭력론

직접적 폭력	폭행, 구타, 고문, 테러, 전쟁 등 폭력의 결과를 의도한 행위자(가해자)가 존재하는 의도적인 폭력
간접적 폭력	• 구조적 폭력: 사회 제도나 관습, 법률 등 사회 구조로부터 비롯되는 폭력 • 문화적 폭력: 종교나 사상, 언어, 예술, 과학 등 문화적 영역이 직접적 폭력과 구조적 폭력을 정당화하는 기능을 수행하는 것

25 생태 중심주의는 무생물을 포함한 생태계 전체를 도덕적 고려의 대상으로 보며, 생명 개체에만 초점을 맞춘 개체 중심적 환경 윤리를 비판한다. 또한, 생태 중심주의는 생태계 전체를 포괄적으로 바라볼 수 있는 시각을 제공한다는 데 큰 의미가 있지만, 전체 생태계의 선을 위해 개별 구성원의 희생을 강요한다는 한계점도 있다.

고·졸·검·정·고·시

2022년도

합격의 공식 시대에듀 www.sdedu.co.kr

| 제1회 | 정답 및 해설 |
| 제2회 | 정답 및 해설 |

제1교시 국어

01 ④	02 ③	03 ③	04 ③	05 ④
06 ①	07 ②	08 ②	09 ③	10 ②
11 ③	12 ④	13 ①	14 ③	15 ①
16 ①	17 ②	18 ②	19 ④	20 ④
21 ①	22 ②	23 ①	24 ④	25 ②

01 '준수'와 '민우'의 대화에서 상대방이 이해하지 못하는 관용 표현은 나타나지 않았다.
① '준수'는 '민우'가 색연필을 써야 하는 상황을 무시하고 있다.
② '준수'는 '민우'에게 색연필을 빌려줄 것을 일방적이고 막무가내로 요구하고 있다.
③ '준수'는 명령하는 어투와 '색연필 빌려 주는 게 그렇게 아깝냐!'와 같이 상대방의 기분이 상하는 표현을 하고 있다.

02 [A]에서 '은희'는 '그런 어려움이 있구나.'와 같이 뮤지컬 동아리의 처지에 우선 공감하고, 춤 동작을 도와주는 대신 강당을 쓰도록 해 달라는 요구사항을 전하고 있다.

03 '송년'은 받침 'ㅁ, ㅇ' 뒤에 연결되는 음운이 'ㄹ'이 아닌 'ㄴ'이므로 표준 발음법 규정에 해당하지 않는다.
① · ② · ④ 각각 '강릉[강능]', '담력[담녁]', '항로[항노]'로, 표준발음법 [제19항]에 근거하여 'ㅁ, ㅇ' 뒤에 연결되는 'ㄹ'이 [ㄴ]으로 발음된 것이다.

04 높임법이 사용된 곳은 '드렸다.'이다. 이는 주체인 '선배'를 높이는 것이 아닌, 인사를 받는 객체인 '선생님'을 높이는 방법으로, 객체 높임법에 해당한다.
① 주체인 '아버지'를 주격 조사 '께서'와 높임의 선어말 어미 '-(으)시-'를 통해 높이고 있으므로 주체 높임법에 해당한다.
② 주체인 '어머니'를 주격 조사 '께서'와 높임의 특수 어휘 '주무시다'를 통해 높이고 있으므로 주체 높임법에 해당한다.
④ 주체인 '할아버지'를 주격 조사 '께서'와 높임의 선어말 어미 '-(으)시-', 높임의 특수 어휘 '계시다'를 통해 높이고 있으므로 주체 높임법에 해당한다.

작품 해설 『소학언해』
• 갈래: 언해
• 성격: 유교적, 교훈적
• 주제: 효의 시작과 마침
• 특징
  – 16세기 국어의 모습을 알 수 있는 자료임
  – 끊어 적기가 확대된 모습을 관찰할 수 있음
  – 동국정운식 표기에서 현실적인 한자음 표기로 넘어간 것을 볼 수 있음

05 '거·시·라'는 '것이라'의 앞 음절의 끝소리 'ㅅ'이 뒤 음절의 첫소리로 옮겨져 발음된 것으로, 이어 적기에 해당한다.
① '·몸·이며'는 체언 '몸'과 조사 '이'가 구별되어 적힌 끊어 적기에 해당한다.
② '얼굴·이며'는 체언 '얼굴'과 조사 '이'가 구별되어 적힌 끊어 적기에 해당한다.
③ '머·리털·이·며·'는 체언 '머리털'과 조사 '이'가 구별되어 적힌 끊어 적기에 해당한다.

06 ①에서 '다리다'는 '옷이나 천 따위의 주름이나 구김을 펴고 줄을 세우기 위해 다리미나 인두로 문지르다.'라는 의미로, 한글 맞춤법에 맞지 않다. 이 문장에서는 '액체 따위를 끓여서 진하게 만들다.'라는 의미의 '달이다'가 적절하다.

07 ②는 고운 말을 사용해 아름다운 세상을 만들자는 주제를 드러내는 말이다. 비유법을 통해 고운 말씨를 따뜻한 '봄날'에 빗대어 표현하였고, 세상을 빛나는 '보석'에 빗대어 표현하였다. 또한, 비슷한 문장 구조를 나란히 배열하는 대구법을 활용하였다.
① 표현의 중요성을 주제로 강조하고 있으며, 비유법과 대구법을 사용하지 않았으므로 적절하지 않다.
③ 상처가 되는 말을 사용하지 말라는 주제를 나타내고 있다. '상처의 말'과 같이 비유법을 사용하였지만 대구법을 사용하지 않았으므로 적절하지 않다.
④ 대화와 소통의 중요성을 주제로 강조하고 있으며, '마음의 문'과 같이 비유법을 사용하였지만, 대구법을 사용하지 않았다.

08 이 글은 한지와 양지의 특징을 대비하며 제시하고 있다. 두 문장을 연결하는 접속어로 '그러나'가 적절하므로 고쳐 쓸 필요가 없다.

작품 해설 윤동주, 「자화상」

- 갈래: 자유시, 서정시
- 성격: 성찰적, 고백적
- 제재: 우물 속의 자아
- 주제: 자아 성찰, 자아 반성과 자신에 대한 애증
- 특징
  - 평이한 구어체를 사용하여 산문적으로 진술함
  - 시상 전개에 따라 화자의 심리가 분명한 변화를 보임
    (미움 → 가엾음 → 그리움)
  - 통사 구조의 반복을 통해 의미를 강조하고 운율을 형성함
  - 고백적 어조로 '부끄러움'과 '성찰'이라는 정서를 효과적으로
    드러냄

09 설의적 표현은 쉽게 판단할 수 있는 사실을 의문의 형식을 사용
하여 표현하는 수사법을 의미한다. 이 글에서는 그러한 표현을
찾을 수 없다.
① 이 시는 우물 속의 사나이, 즉 화자 자신이 미워져 돌아갔다
가, 가엾어 도로 가는 행위의 반복을 통해 시상이 전개된다.
② '들여다봅니다.', '있습니다.', '돌아갑니다.'와 같은 '−ㅂ니
다'의 반복적 사용으로 운율이 나타난다.
④ 2연에서 '우물 속'의 아름다운 풍경을 시각적 심상을 사용하
여 드러내고 있다.

10 2연에서는 우물 속의 아름다운 풍경을 묘사함을 통해 시적 화자
의 초라한 모습을 대비하여 나타낸다. 이 글에서 비정한 현실에
대한 분노의 정서는 드러나 있지 않다.
① 1연에서 시적 화자는 우물을 들여다보며 그곳에 비친 자기
자신을 바라보고 있다.
③ 4연의 '돌아가다 생각하니 그 사나이가 가엾어집니다.'를 통
해 시적 화자가 '사나이'에게 연민을 느낌을 알 수 있다.
④ 5연에서 시적 화자가 사나이가 미워져 돌아갔다가, 다시 그
사나이를 그리워하는 모습을 통해 미움의 감정이 그리움으
로 변화한 것을 알 수 있다.

11 사회・문화적 배경을 고려하였을 때, 시인은 일제 강점기에 적
극적으로 저항하지 못하는 자신의 모습을 부끄러워하고 그것을
시를 통해 드러낸 것으로 볼 수 있다. ㉠의 이유는 시인이 현실
에 저항하지 못하는 자기 자신에 대한 부끄러움을 느끼기 때문
이다.
① 시인에게 이상적 가치란 '광복'으로, 그 당시 아직 실현되지
못한 것이다.
② 시인은 경제적으로 안정된 삶보다는 부끄러움 없는 삶, 조국
의 광복 등을 바랐다.
④ 시인에게 삶의 고통은 아직 극복되지 못한 것으로, 그에 대
한 부끄러움을 느끼고 있다.

작품 해설 양귀자, 「마지막 땅」

- 갈래: 현대 소설, 단편 소설, 세태 소설
- 성격: 세태적, 일상적, 비판적
- 제재: 땅을 둘러싼 강 노인과 원미동 사람들의 갈등
- 주제: 급속한 도시화로 인한 전통적 가치관의 몰락
- 특징
  - 원미동의 평범한 사람들의 일상적이고 소박한 삶을 사실적으
    로 드러냄
  - 땅을 둘러싼 갈등을 인물 간의 대화와 행동을 통해 구체적으
    로 드러냄

12 1문단에서 강 노인은 땅을 팔라고 회유하는 박 씨에 대한 부정
적 외양 묘사를 통해 못마땅한 태도를 드러내고 있다.
① 이 글은 전지적 작가 시점으로, 작품 밖 서술자가 인물이나
사건을 서술하는 방식이다.
② 제시된 장면은 땅을 둘러싼 강 노인과 박 씨, 고흥댁 간의
갈등을 다루고 있다.
③ 이 글은 현실적이고 일상적인 원미동 사람들의 이야기를 그
리고 있다.

13 '유 사장이 저 심곡동 쪽으로 땅을 보러 다니나 봅디다.'와 같은
박 씨의 말을 통해 유 사장이 강 노인의 땅을 마음에 두고 있음
을 짐작할 수 있다.
② '우리사 셋방이나 얻어 주고 소개료 받는 것으로도 얼마든지
살 수 있지라우.'와 같은 고흥댁의 말을 통해 고흥댁이 소개
료를 받고 있음을 알 수 있다.
③ 팔팔 올림픽 전에 북에서 쳐들어올 확률이 높다는 신문 방송
때문에 집들의 매기가 끊기고 말았다는 고흥댁의 말을 통해
집을 사려는 분위기가 저하되었음을 알 수 있다.
④ 박 씨는 마지막까지 강 노인에게 땅을 팔 것을 요구하고 있
으며, 후회하는 감정은 나타나 있지 않다.

14 ㉠에서 박 씨는 유 사장이 동네의 발전을 위해 노력한 내용을
언급하며 강 노인이 땅을 팔도록 회유하고 있다.

작품 해설 월명사, 「제망매가(祭亡妹歌)」

- 갈래: 10구체 향가
- 성격: 추도적, 애상적, 불교적
- 제재: 누이의 죽음
- 주제: 죽은 누이에 대한 추모, 죽음에 대한 성찰과 불교적 득도
  를 통한 재회의 염원
- 특징
  - 정제되고 세련된 표현 기교를 사용함
  - 뛰어난 비유를 통해 슬픔을 종교적으로 승화함
  - 10구체 향가의 형식을 보여 줌
  - 배경 설화와 함께 전해짐

15 이 글은 9~10행의 낙구를 통해 화자의 고조된 정서를 드러내며 시상을 집약하는데, 이때 낙구의 첫머리는 감탄사 '아아'로 시작됨을 알 수 있다. 종장 첫 구의 감탄사는 이후 고전 시가의 형식적 전통으로 이어졌다.

16 ⓒ에서 화자는 누이의 죽음으로 인해 이별하였지만 미타찰(彌陀刹), 즉 불교적 내세에서 누이를 다시 만나기를 염원하고 있다.

> **작품 해설** 작자 미상, 완판본 「심청전」
> • 갈래: 고전 소설, 판소리계 소설
> • 성격: 교훈적, 비현실적, 환상적
> • 제재: 심청의 효(孝)
> • 주제: 부모에 대한 지극한 효심, 인과응보(因果應報)
> • 특징
>   – 유교적인 도덕 윤리인 효행을 강조함
>   – 인과응보, 권선징악 등 고전 소설 특유의 주제 의식을 보여 줌
>   – 비현실적이거나 우연적인 내용을 중심으로 순차적으로 사건을 전개함
>   – 유교의 효행 사상, 불교의 인과응보와 윤회사상, 도교의 신선 사상 등을 배경으로 함

17 사당은 조상의 신주(神主)를 모셔 놓은 집이다. 심청은 아버지가 아니라, 조상에게 하직 인사를 하기 위해 사당에 들어갔다.
① 심청은 아버지께 하직 인사를 하기 전 인당수 제물이 되었다는 사실을 토로하였다.
③ '마라 마라, 못 하리라. 아내 죽고 자식 잃고 내 살아서 무엇 하리?'라는 대사를 통해 심 봉사가 심청의 결정을 만류하고 있음을 알 수 있다.
④ '조상 제사를 끊게 되오니 사모하는 마음을 이기지 못하겠습니다.'라는 대사를 통해 심청이 자신이 떠난 후 제사를 지내지 못하게 되는 것을 안타까워함을 알 수 있다.

18 심 봉사는 꿈에서 심청이 수레를 타고 떠나는 모습을 보는데, 이는 추후 심청이 아버지의 곁을 떠나게 될 것임을 암시하는 역할을 한다. 동시에 수레는 '귀한 사람이 타는 것'이므로 심청이 나중에 황후가 될 것을 보여 주는 복선 역할을 하기도 한다.

19 [A]는 심청이 인당수 제물로 몸을 팔게 되었다는 사실을 들은 심 봉사가 하는 말로, '참말이냐, 참말이냐?', '애고 애고, 이게 웬 말인고?', '못 가리라, 못 가리라.'와 같은 반복적 표현을 통해 안타깝고 슬픈 심정을 드러내고 있다.

> **작품 해설** 교과서 발췌, 「상황에 맞는 독서 방법」
> • 갈래: 설명문
> • 제재: 독서 방법
> • 주제: 상황에 맞는 여러 가지 독서 방법
> • 특징
>   – 독서 방법을 기준에 따라 분류함
>   – 독서 방법을 예를 들어 설명함

20 이 글은 서로 다른 읽기 방법을 제시하고는 있으나, 그것을 절충하여 새로운 읽기 방법을 소개하는 내용은 제시되어 있지 않다.
① 읽을 때 소리를 내는지의 여부, 읽는 속도, 읽는 범위 등의 기준에 따라 읽기 방법을 각각 소개하고 있다.
② '음독', '묵독', '속독', '지독' 등 다양한 읽기 방법의 개념을 설명하는 설명문이다.
③ '미독'을 설명할 때 '차를 우려내듯 여유롭게 음미하며 읽는 것'과 같은 비유적 표현을 사용하였다.

21 요즘에는 대체로 '묵독'을 사용하지만, 잘 이해되지 않는 부분은 '음독'을 사용한다는 상반되는 두 문장이 제시되어 있다. 따라서 ⓒ에 들어갈 말로 적절한 것은 역접의 접속어인 '그러나'이다.
② 원인에 대한 결과를 제시하여 설명하는 접속어이다.
③ 구체적인 예를 제시하여 설명하는 접속어이다.
④ 원인·이유를 나타내어 설명하는 접속어이다.

22 ㉮는 읽기 속도와 관련된 방법 중 '빠르게 보는' 방법인 속독이 적절하다. ㉯는 읽는 범위와 관련된 방법 중 '필요한 부분을 찾아 읽는' 방법인 발췌독이 적절하다.

> **작품 해설** 이은희, 「고릴라를 못 본 이유」
> • 갈래: 설명문
> • 제재: 무주의 맹시
> • 주제: 주의 집중한 시각적 정보만 받아들이는 뇌의 특성
> • 특징
>   – 핵심 개념과 관련된 실험을 소개하여 독자의 이해를 도움
>   – 적절한 예와 비유를 활용하여 어려운 과학적 개념을 쉽게 풀이함

23 ㄱ. 이 글은 국제 학술지의 실험, 시각 피질 영역의 기능과 관련된 예시 등 다양한 사례를 제시하며 시각 피질의 역할을 설명하고 있다.
ㄴ. '도대체 이들은 왜 고릴라를 보지 못하였을까?'라는 질문을 통해 주제에 대한 독자의 호기심을 불러일으킨다.

24 ㉮의 이유는 '무주의 맹시', 즉 눈으로 보이는 모든 정보 중 선택하고 집중한 것만 인식하는 뇌의 특성 때문이다. 3문단의 '뇌의 많은 영역이 시각이라는 감각에 배정되어 있음에도 눈으로 받아들이는 모든 정보를 보이는 그대로 뇌가 빠짐없이 처리하기는 어렵다.'라는 내용을 통해 이를 확인할 수 있다.

25 '손상'의 사전적 의미는 '병이 들거나 다침.'으로, 시각이 다치거나 병이 들어 보지 못하는 상황에 사용한다. '자기도 모르는 사이에 물건 따위를 잃어버림.'에 해당하는 말은 '분실'이다.

제2교시 **수학**

01 ④	02 ②	03 ③	04 ③	05 ④
06 ①	07 ③	08 ①	09 ②	10 ③
11 ④	12 ②	13 ④	14 ④	15 ③
16 ①	17 ①	18 ③	19 ②	20 ①

01
$$A+B = (x^2+2x)+(2x^2-1)$$
$$= 3x^2+2x-1$$

02 $(x+1)(x-1) = x^2+a$의 좌변을 전개하면
$$x^2-1 = x^2+a$$
위 등식은 x에 대한 항등식이므로 $a = -1$

03 조립제법을 이용하여 다항식 x^3-2x^2-x+5를 일차식 $x-1$로 나누면 몫이 x^2-x-2이고 나머지가 3이다.

04 인수분해 공식
$$a^3-3a^2b+3ab^2-b^3 = (a-b)^3$$
에 의해
$$x^3-9x^2+27x-27 = x^3-3\times3\times x^2+3\times3^2\times x-3^3$$
$$= (x-3)^3$$
$$\therefore a = 3$$

05 $2-i+i^2 = a-i$에서
$$2-i-1 = a-i$$
$$1-i = a-i$$
복소수가 서로 같을 조건에 의해
$$a = 1$$

06 이차방정식 $x^2+3x-4 = 0$의 두 근을 α, β라고 할 때, 이차방정식의 근과 계수의 관계에 의해
$$\alpha+\beta = -3$$

07 $f(x) = x^2+2x-3$이라 할 때, $0 \le x \le 2$에서
$$f(0) = -3, \quad f(2) = 2^2+2\times2-3 = 5$$
따라서 $0 \le x \le 2$에서 이차함수 $y = x^2+2x-3$의 최댓값은 5이다.

08 $x^3-2x+a = 0$에 $x = 2$를 대입하여 풀면
$$2^3-2\times2+a = 0, \quad 8-4+a = 0$$
$$\therefore a = -4$$

09 $x+y = 3$에 $x = 2$를 대입하여 풀면 $2+y = 3$
$$\therefore y = 1, \text{ 즉 } b = 1$$
$x^2-y^2 = a$에 $x = 2$, $y = 1$을 대입하여 풀면
$$2^2-1^2 = 4-1 = 3$$
$$\therefore a = 3$$
$$\therefore a+b = 3+1 = 4$$

10 이차함수 $y = (x+3)(x-1)$의 그래프는 다음 그림과 같이 x축과 두 점 $x = -3$, $x = 1$에서 만난다.

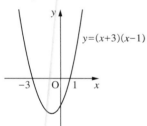

즉, 이차부등식 $(x+3)(x-1) \le 0$의 해는 위의 그래프에서 $y \le 0$인 부분의 x의 값의 범위이다.
따라서 구하는 해는 $-3 \le x \le 1$이다.

11 선분 AB의 중점의 좌표를 $M(x, y)$라 하면
$$x = \frac{1+3}{2} = 2, \quad y = \frac{2+(-4)}{2} = -1$$
$$\therefore M(2, -1)$$

12 직선 $y = -2x+5$에 평행하는 직선의 방정식을 $y = ax+b$라 하면 $a = -2$
또, 이 직선이 점 $(0, 1)$을 지나므로
$$1 = -2\times0+b \quad \therefore b = 1$$
따라서 구하는 직선의 방정식은 $y = -2x+1$이다.

13 중심의 좌표가 $(2, 1)$이고 반지름의 길이가 3인 원의 방정식은
$$(x-2)^2+(y-1)^2 = 3^2, \text{ 즉 } (x-2)^2+(y-1)^2 = 9$$

14 좌표평면 위의 점 (a, b)를 원점에 대하여 대칭이동한 점의 좌표는 $(-a, -b)$이다.
따라서 점 $(-2, 1)$을 원점에 대하여 대칭이동한 점의 좌표는 $(2, -1)$이다.

15 두 집합 A, B를 벤다이어그램으로 나타내면 다음 그림과 같다.

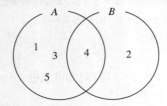

$$\therefore \ A-B=\{1, 3, 5\}$$

16 명제 'p이면 q이다.'의 역은 'q이면 p이다.'이다.
따라서 명제 '정삼각형이면 이등변삼각형이다.'의 역은 '이등변삼각형이면 정삼각형이다.'이다.

17 주어진 그림에서 $f(1)=4$, $f(2)=5$, $f(3)=3$, $f(4)=2$이다.
$$\therefore \ f^{-1}(4)=1$$

18 무리함수 $y=\sqrt{x}$ 의 그래프를 x축의 방향으로 p만큼, y축의 방향으로 q만큼 평행이동한 무리함수의 그래프는
$y=\sqrt{x-p}+q$이다.
즉, 무리함수 $y=\sqrt{x}$ 의 그래프를 x축의 방향으로 2만큼, y축의 방향으로 3만큼 평행이동한 무리함수의 그래프는
$y=\sqrt{x-2}+3$이다.
따라서 $a=2$, $b=3$이므로
$a+b=2+3=5$

19 3곳을 여행하는 순서를 정하는 경우의 수는 서로 다른 3개를 일렬로 나열하는 순열의 수와 같으므로
$3!=3\times2\times1=6$

20 4종류의 꽃 중에서 서로 다른 3종류의 꽃을 선택하는 경우의 수는 서로 다른 4개에서 3개를 선택하는 조합의 수와 같으므로
$${}_4\mathrm{C}_3=\frac{4\times3\times2}{3\times2\times1}=4$$

제3교시 영어

01 ①	02 ②	03 ②	04 ③	05 ①
06 ③	07 ①	08 ④	09 ④	10 ①
11 ①	12 ③	13 ④	14 ③	15 ②
16 ①	17 ④	18 ③	19 ④	20 ③
21 ②	22 ④	23 ④	24 ②	25 ③

01 밑줄 친 'behavior'는 '행동'이라는 뜻이다.
② rule
③ emotion
④ belief
• encourage: ~에게 용기를 북돋워 주다, ~을 격려하다

아이들에게 바른 행동을 격려하는 것은 중요하다.

02 밑줄 친 'put off'는 '미루다, 연기하다'라는 뜻이다.
① plan
③ record
④ start, begin
• heavy rain: 큰비, 폭우

그녀는 폭우로 인해 여행을 연기해야만 했다.

03 밑줄 친 'Besides'는 '게다가, 뿐만 아니라'라는 뜻이다.
① finally
③ but
④ for example
• free of charge: 공짜의, 무료의, 요금이 안 드는
• anytime: 언제든지
• anywhere: 어디든, 아무데나

많은 온라인 강좌가 무료이다. 게다가, 당신은 그것들을 언제든지 그리고 어디서든지 볼 수 있다.

04 밑줄 친 'full(가득 찬)'과 'empty(비어 있는)'는 ①, ②, ④와 같이 서로 반의어 관계인데, ③은 유의어 관계이다.
① high(높은) - low(낮은)
② hot(뜨거운) - cold(차가운)
④ fast(빠른) - slow(느린)
• while: ~에 반하여, ~하는 동안
• half: 반쯤

해석
> 어떤 사람들은 잔이 반쯤 <u>차 있다고</u> 말하는 한편, 다른 사람들은 그것이 반쯤 <u>비었다고</u> 말한다.

05 지문은 지구의 날 행사 안내 포스터로, 행사 날짜(When), 행사 장소(Where), 행사 내용(What to do) 정보는 있는데, 참가 자격은 언급되어 있지 않다.
- exchange: 교환, 대체
- used: 사용된, 써서 낡은, 중고의
- natural: 자연의, 천연의

해석
> **행복한 지구의 날 행사**
> **행사 날짜:** 2022년 4월 22일
> **행사 장소:** 시민 문화 회관
> **행사 내용**
> ○ 중고 물품 교환
> ○ 100% 천연 샴푸 제조

06 'leave'는 '~로부터 떠나다', '~을 두고 가다'라는 두 가지 뜻을 가지고 있으며, 첫 번째 문장에서는 '~로부터 떠나다', 두 번째 문장에서는 '~을 두고 가다'라는 의미로 빈칸에 들어간다.
① ~을 열다
② ~을 배우다
④ ~를 믿다
- one's belongings: 소지품

해석
> ○ 기차에서 떠날 때는 당신의 소지품을 잘 챙겼는지 꼭 확인하십시오.
> ○ 책을 다 읽으신 후에는 그것을 탁자 위에 <u>두고 가십시오.</u>

07 첫 번째 문장의 빈칸 다음에 '주어 + 조동사(are you going to) + 본동사(do)'가 나와 있으므로 어법상 동사의 목적어 역할을 하는 의문대명사(what)가 들어가야 한다. 두 번째 문장의 빈칸 다음에 동사(happened)가 나와 있으므로 주어 역할을 하는 의문대명사(what)가 들어가야 한다. 따라서 빈칸에 공통으로 들어갈 말로 가장 적절한 것은 'what'이다.
- exactly: 정확히, 틀림없이

해석
> ○ Minsu, 이번 주말에 <u>무엇을</u> 할 거니?
> ○ 정확히 <u>무슨</u> 일이 일어났는지는 아무도 모른다.

08 첫 번째 문장에는 빈칸 앞의 'is filled'와 함께 쓰여 '~으로 가득 차다'의 의미를 나타낼 수 있는 전치사가 들어가야 한다. 두 번째 문장에는 빈칸 앞의 'was satisfied'와 함께 쓰여 '~에 만족하다'의 의미를 나타낼 수 있는 전치사가 들어가야 한다. 따라서 빈칸에 공통으로 들어갈 말로 가장 적절한 것은 'with'이다.
- performance: 실행, 수행, 성과

해석
> ○ 아빠의 마음은 나에 대한 사랑으로 가득 차 있다.
> ○ Alice는 자신의 수행에 만족하였다.

09 대화에서 A가 B에게 수학 문제를 같이 풀어보자고 하자 B가 좋은 생각이라고 하였으므로 밑줄 친 표현 'Two heads are better than one.'의 의미는 '혼자보다 두 명이 함께 생각하는 것이 낫다.'가 적절하다. 이에 해당하는 우리말 속담은 '백지장도 맞들면 낫다'이다.
① No pain no gain.
② Too many cooks spoil the broth.
③ Don't judge a book by its cover.
- solve: ~을 풀다, 해명하다
- figure out: ~을 계산하다, ~을 해결하다

해석
> A: Junho, 뭐하고 있니?
> B: 이 수학 문제를 풀려고 노력하고 있는데, 그것이 내게는 너무 어려워.
> A: 그것을 같이 풀어보자.
> B: 좋은 생각이야. 혼자보다 두 명이 함께 생각하는 것이 <u>낫잖아.</u>

10 대화에서 A가 영어 말하기 대회 성적을 묻자 B가 1등 상을 받았다고 말하고 이어서 '인생에서 가장 행복한 날'이라고 하였으므로 B의 심정은 '행복'이 적절하다.
- result: 결과, 최종 득점[득표수]; (시험의) 결과, 점수, 성적
- win a prize: 상을 타다

해석
> A: 영어 말하기 대회 결과 받았니?
> B: 응, 지금 막 받았어.
> A: 그래서, 너는 어떻게 받았는데?
> B: 나 1등 상 받았어. 내 인생에서 가장 행복한 날이야.

11 대화에서 B가 'I'd like to open a bank account(계좌를 개설하고 싶어요).'라고 하였으므로 대화가 이루어지는 장소는 '은행'이다.
- open a bank account: 계좌를 개설하다
- fill out: 양식을 작성하다, 기입하다

> A: 좋은 아침입니다. 무엇을 도와 드릴까요?
> B: 안녕하세요. 계좌를 개설하고 싶어요.
> A: 알겠습니다. 이 서식을 작성해 주십시오.
> B: 감사합니다. 지금 할게요.

12 밑줄 친 It 앞 문장에서 기자 구인 광고를 보았다고 하였고, It 다음에는 'was a job(직업이었다)'이라고 하였으므로 밑줄 친 It이 가리키는 것으로 적절한 것은 'reporter(기자)'이다.
① 배우
② 교사
④ 디자이너
- advertisement: (상품·구인의) 광고
- reporter: 기자, 리포터
- make up one's mind: (~하기로) 결심하다

> 어느 날, Michael은 지역 신문에 난 기자 구인 광고를 보았다. 그것은 그가 항상 꿈꾸었던 직업이었다. 그래서 그는 그 직업에 지원하기로 마음먹었다.

13 대화에서 A의 말에 B가 외국인에게 한국어를 가르칠 예정이라고 하였고, 그 말에 A가 선한 마음으로 자원해야 한다고 하였으므로 빈칸에는 '너는 어떤 종류의 자원봉사를 할 예정이니'가 적절하다.
① 네 생일은 언제니
② 지난주 금요일에는 무엇을 했니
③ 한국 음식에 대해 어떻게 생각하니
- volunteer work: 자원봉사
- foreigner: 외국인
- volunteer: 자진하여 하다, 지원하다
- keep in mind: 명심하다

> A: 너는 어떤 종류의 자원봉사를 할 예정이니?
> B: 저는 외국인에게 한국어를 가르칠 예정이에요.
> A: 멋지구나. 선한 마음으로 자원해야 한다는 것을 기억해라.
> B: 그것을 명심할게요.

14 대화에서 A가 올해 어떤 동아리에 가입할지 결정하였는지를 물었으므로 빈칸에는 '나는 댄스 동아리에 가입하기로 했어'가 적절하다.
① 나는 한국을 떠나 캐나다로 갔어
② 나는 어제 의사의 진찰을 받으러 갔어
④ 나는 어제 저녁에 스파게티를 먹었어
- decide: 결정하다
- join: 가입[입회/입사/가담]하다

> A: 올해 어떤 동아리에 가입할지 결정했니?
> B: 나는 댄스 동아리에 가입하기로 했어.

15 대화에서 A가 의사에게 눈의 피로에 대해 설명하며 눈 관리 방법에 대한 조언을 구하고 있으므로 대화의 주제로 가장 적절한 것은 '눈 건강을 돌보는 방법'이다.
- look after: 돌보다, 보살피다
- else: 그 밖의

> A: 의사 선생님, 하루 종일 컴퓨터로 일을 해서 눈이 피로합니다. 제 눈을 돌보기 위해 무엇을 할 수 있을까요?
> B: 눈을 쉬게 하기 위해서 충분한 수면을 취하십시오.
> A: 네. 그 밖에 더 추천해 주실 것이 있을까요?
> B: 비타민이 많이 함유된 과일과 채소를 드십시오.

16 첫 문장에서 'This is an announcement from~(이것은 ~에서 알려 드리는 공지입니다).'이라고 한 다음, 두 번째 문장에서도 이어서 'As you were informed(어제 통지해 드린대로).'라고 내용을 덧붙이고 있으므로 글을 쓴 목적으로 가장 적절한 것은 '공지하려고'이다.
- management: 경영, 관리
- office: 사무실
- inform: (공식적으로) 알리다, 통지하다
- cut: (전기, 수도, 물자 등의 공급을) 끊다
- inconvenience: 불편
- understanding: 이해

> 이것은 관리사무소에서 알려 드리는 공지입니다. 어제 통지해 드린대로 오늘 오후 1시부터 2시까지 전기가 끊길 예정입니다. 불편을 드려 죄송합니다. 이해해 주셔서 감사합니다.

17 안내문 마지막 문장에 'Visitors can take photographs(방문객들은 사진 촬영이 가능합니다).'라고 하였으므로 안내문의 내용과 일치하지 않는 것은 '모든 사진 촬영은 금지된다.'이다.
- admission: 입장(허가), 입장료
- discount: 할인
- photography: 사진 촬영

> **셰익스피어 박물관**
> **시간**
> ○ 매일 개장: 매일 오전 9시 ~ 오후 6시까지
> **입장료**
> ○ 성인: $12
> ○ 학생 및 어린이: $8
> ○ 10명 이상의 단체인 경우 10% 할인
> **사진 촬영**
> ○ 방문객들은 사진 촬영이 가능합니다.

18 세 번째 문장에서 'Contestants can participate in the contest only as individuals(경진대회 참가자는 개인으로만 참가할 수 있습니다).'라고 하였으므로 설명과 일치하지 않는 것은 ③이다.
- presentation: 증여, 발표
- contest: 경쟁, 대회, 시합
- hold: 개최하다(hold-held-held)
- topic: 주제
- global warming: 지구 온난화
- individual: 개인

> 2022 과학 발표 경진대회가 2022년 5월 20일 개최될 예정입니다. 주제는 지구 온난화입니다. 경진대회 참가자는 개인으로만 참가할 수 있습니다. 발표는 10분 이내입니다. 더 자세한 정보는 교무실에서 Mr.Lee를 찾으십시오.

19 첫번째 문장에서 'I'd like to tell you about appropriate actions to take in emergency situations(비상 상황이 발생하였을 때 적절한 행동요령을 말씀드리겠습니다).'라고 하고, 대처 방법에 대해 알려주고 있으므로 글의 주제로 가장 적절한 것은 '비상 사태 발생 시 대처 방법'이다.
- appropriate: 적절한
- emergency: 비상 사태
- situation: 위치, 환경, 상황
- earthquake: 지진
- stay away: 떨어져 있다, 거리를 두다

> 비상 상황이 발생하였을 때 적절한 행동요령을 말씀드리겠습니다. 첫째, 불이 난 경우, 엘리베이터 대신 계단을 이용하십시오. 둘째, 지진이 발생한 경우, 건물이 무너질지도 모르기 때문에 개방된 장소로 가서 높은 건물에서 떨어져 계십시오.

20 두 번째 문장에서 식당들이 노쇼 고객들을 줄이는 몇 가지 조언들이 있다고 한 후 이에 대한 방법을 제시하고 있으므로 문맥상 빈칸에는 예약을 확정하라는 내용이 와야 한다. 따라서 빈칸에 들어갈 말로 적절한 것은 'confirm(확정하다)'이다.
① 요리하다
② 잊다
④ 상상하다
- restaurant: 식당
- show up: (예정된 곳에) 나타나다
- deposit: 보증금, 착수금
- customer: 고객

> 요즘에 많은 사람들이 식당을 예약한 후에 나타나지 않고 있습니다. 식당들이 노쇼 고객들을 줄일 수 있는 몇 가지 조언들이 있습니다. 첫째, 보증금을 요구하십시오. 고객이 나타나지 않으면 그들은 그들의 돈을 잃게 될 것입니다. 둘째, 예약일 하루 전에 고객에게 예약을 <u>확정하기</u> 위해 전화하십시오.

21 첫 번째 문장에서 기상 예보관들이 하는 일에 대해 제시하고 이후에 기상 예보에 대한 구체적인 방법을 설명하고 있으므로 문맥상 빈칸에 들어갈 말로 가장 적절한 것은 'predict(예측하다)'이다.
① 무시하다
③ 어기다, 위반하다
④ 협상하다
- weather forecaster: 기상 예보관
- path: 길, 방향
- observe: 관찰하다
- condition: (특정 시기의) 날씨
- current: 현재의, 지금의
- evidence: 증거, 흔적

> 기상 예보관들은 강수량, 풍속, 그리고 태풍의 진로를 <u>예측한다</u>. 그렇게 하기 위해서 그들은 기상 상황을 관찰하고 기상 조건에 대한 그들의 지식을 이용한다. 현재의 증거와 과거의 경험에 근거하여, 그들은 날씨가 어떨지 결정한다.

22 주어진 문장은 'To overcome this problem(이 문제를 극복하기 위해)'으로 시작하므로 'this problem'이 무엇인지 설명한 후 들어가는 것이 적절하다. 이전 문장에서 '그러나 문제는 이 지역에서 비누가 너무 비싸다는 것이다.'라고 하고, 다음 문장에서는 '이런 방식으로 우리는 좀 더 많은 생명을 구할 수 있다.'라고 하였으므로 주어진 문장이 들어가기에 가장 적절한 곳은 ④이다.
- overcome: 극복하다
- soap: 비누
- donate: 기부하다
- West and Central Africa: 서부와 중앙 아프리카
- million: 백만
- region: 지역

> **해석**
>
> 비누로 손을 씻는 것은 질병의 확산을 막는 데 도움이 된다. 사실, 서부와 중앙 아프리카에서만 비누로 손씻기가 매년 오십만 명의 생명을 구할 수 있었다. 그러나 문제는 이 지역에서 비누가 너무 비싸다는 것이다. <u>이 문제를 극복하기 위해 비누는 자원봉사 단체들에 의해 만들어지고 그것을 필요로 하는 국가에 기부될 수 있다.</u> 이런 방식으로 우리는 더 많은 생명을 구할 수 있다.

23 첫 번째 문장에서 '앞으로 많은 국가에서 노령 인구의 문제가 발생할 것'이라고 한 뒤, 노령화 시대에 따른 변화와 새로운 직업의 필요성을 설명하였다. 이후 마지막 문장에서 노령 인구 시대를 위한 몇 가지 직업 선택을 추천하고자 한다고 하였으므로 바로 뒤에 이어질 내용으로 적절한 것은 '노령화 시대를 위한 직업 추천'이다.
- aging: 나이를 먹음, 노화
- population: 인구
- related to: ~와 관련 있는
- demand: 수요가 많은
- choice: 선택

> **해석**
>
> 미래에는 많은 국가에서 노령 인구의 문제를 가지게 될 것이다. 노인들이 점점 더 많아질 것이다. 이것은 노령 인구와 관련된 직업들의 수요가 많아질 것을 의미한다. 따라서 직업을 생각할 때, 당신은 이러한 변화를 고려해야 한다. 이제 노령화 시대를 위한 몇 가지 직업 선택을 추천할 것이다.

[24~25]
- example: 예
- level: 수준, 정도
- helpful: 도움이 되는
- have trouble ~ing: ~하는 데 어려움이 있다

> **해석**
>
> 여러분은 꽃들이 많은 건강상의 이점을 제공한다는 것을 알고 있는가? 예를 들면 장미 향기는 스트레스 지수를 낮추는 데 도움을 준다. 다른 예로는 라벤더가 있다. 라벤더는 숙면에 문제가 있다면 도움이 된다고 알려져 있다. 이것들은 꽃들이 우리의 건강에 도움이 된다는 단지 두 가지 사례에 불과하다.

24 첫 번째 문장에서 꽃들이 많은 건강상의 이점을 제공한다고 소개한 후, 빈칸 문장에서 'For example, the smell of roses can help ~ stress levels(예를 들어 장미 향기는 스트레스 레벨을 ~ 하는 데 도움을 준다).'라고 하였으므로 문맥상 빈칸에 들어갈 말로 적절한 것은 'reduce(낮추다)'이다.
① 주장하다
③ 믿다
④ 존경하다

25 첫 번째 문장에서 'Do you know flowers provide us with many health benefits(꽃들이 많은 건강상의 이점을 제공한다는 것을 알고 있는가)?'라고 한 후 장미꽃과 라벤더를 예로 들어 설명하고 있으므로 주제로 가장 적절한 것은 '꽃이 건강에 주는 이점'이다.

제4교시 사회

01 ②	02 ②	03 ①	04 ④	05 ③
06 ④	07 ①	08 ①	09 ③	10 ②
11 ④	12 ④	13 ③	14 ②	15 ④
16 ①	17 ③	18 ③	19 ②	20 ②
21 ①	22 ③	23 ④	24 ④	25 ③

01 민주주의가 발전되면 인권이 보장되고 정치적 의사가 정책에 반영되어 시민들이 삶에 만족과 행복감을 느낄 수 있다. 이러한 민주주의의 발전을 위해서는 시민들의 정치 공동체에 대한 이해와 적극적인 정치 참여가 전제 조건이 되어야 한다.

02 참정권은 국민이 정치에 참여하여 자신의 의사를 표현할 수 있는 권리를 말한다.
① 국가 권력으로부터 간섭받지 않고 자유롭게 생활할 수 있는 권리는 자유권이다.

③ 기본권이 침해당하였을 때, 국가에 대해 일정 행위를 적극적으로 청구할 수 있는 권리는 청구권이다.

④ 성별, 종교, 학력, 사회적 신분 등에 의해 부당하게 차별받지 않고 동등한 인격체로서 대우 받을 권리는 평등권이다.

03 국가 권력을 서로 다른 국가 기관이 나누어 행사하게 하여 상호 견제와 균형을 유지하게 하는 것은 권력 분립 제도이다. 이는 국가 권력의 남용을 방지하기 위함이다.

② 계획 경제 제도: 생산·소비·분배 등의 경제 활동이 중앙 집권적 통제 계획 하에 관리되는 제도이다.

③ 시장 경제 제도: 시장에서 자유롭게 상품과 서비스를 거래하면서 자원의 효율적인 배분이 이루어지게 하는 경제 제도이다.

④ 헌법 소원 심판 제도: 공권력 행사로 인해 기본권이 침해받았을 때 헌법재판소에 헌법 소원 심판을 청구할 수 있는 제도이다.

04 잘못된 법이나 정부 정책을 바로잡기 위해 의도적으로 법을 위반하는 행위는 시민 불복종이다.

시민 불복종의 정당화 조건
• 최후의 수단: 합법적인 수단으로는 해결이 안 될 경우 마지막으로 행사하는 수단이어야 한다.
• 비폭력성: 폭력적인 방법은 배제되어야 한다.
• 정당성: 사회 정의를 실현하기 위해 공익 증진을 목표로 하는 행동을 해야 한다.
• 법의 수호: 불법적인 행동에 대한 처벌을 감수함으로써 법 수호의 의지를 분명히 해야 한다.

05 사용자와의 분쟁이 발생한 경우, 근로자들이 주장 관철을 위해 업무의 정상적인 운영을 저해할 수 있는 권리는 단체 행동권이다. 이는 단결권, 단체 교섭권과 함께 노동 3권에 해당한다.

노동 3권
• 단결권: 노동조합을 결성할 수 있는 권리
• 단체 교섭권: 노동조합을 통해 사용자와 교섭할 수 있는 권리
• 단체 행동권: 사용자와의 노사 분쟁 발생 시 단체 행동을 할 수 있는 권리

06 독과점 문제는 기업이 생산은 적게 하고 가격은 높게 책정한다거나 독점을 유지하기 위해 새로운 경쟁자의 시장 진입을 방해하는 것과 같은 문제로, 이러한 독과점 문제 발생은 시장 실패의 사례로 볼 수 있다. 또, 도로, 항만, 치안, 공원 등의 공공재는 시장에 맡겨 두면 사회적으로 필요한 만큼 충분히 공급되기 어렵다. 이러한 공공재의 공급 부족 발생 역시 시장 실패의 사례라고 볼 수 있다.

ㄱ·ㄴ. 기회비용의 발생과 규모의 경제 발생은 자본주의의 확장에 따른 특징이다.

07 금융 자산을 현금으로 쉽게 바꿀 수 있는 정도를 의미하는 자산 관리의 원칙은 유동성(환금성)이다.

자산 관리의 원칙

안전성	투자한 자산의 원금과 이자가 안전하게 보전될 수 있는 정도를 의미한다.
수익성	투자한 자산으로부터 가격 상승이나 이자 수익을 기대할 수 있는 정도를 의미한다.
유동성 (환금성)	보유하고 있는 자산을 현금으로 바꿀 수 있는 정도를 의미한다.

08 수정 자본주의는 기업 도산, 대량 실업 등의 경제 대공황을 계기로 1930년대에 등장하였다. 수정 자본주의에서는 정부의 적극적인 시장 개입과 국가의 경기 조절 정책, 복지 정책 등을 통한 경제 문제의 해결을 강조한다.

ㄷ. 수정 자본주의는 시장의 실패 및 자본주의 폐해의 등장으로 발달하였다.

ㄹ. 개인의 경제적 자유를 최대한 보장해야 한다고 보는 것은 자유방임주의(산업 자본주의, 18세기 후반~1920년대)이다.

09 도움이 필요한 국민에게 노인 돌봄 등 비금전적인 서비스를 제공하는 사회 복지 제도는 사회 서비스이다.

① 공공 부조: 생활 유지 능력이 부족한 사람들(보험료 납부 능력이 없는 국민)에게 최저 생활 보장과 자립 지원을 하는 것이다.

② 사회 보험: 국민에게 발생하는 사회적 위험(질병, 노령, 실업, 사망, 재해 등)을 대비하고자 하는 것으로, 부담 능력이 있는 모든 국민이 대상이며 강제 가입 및 능력별 부담의 특징이 있다.

④ 적극적 우대 조치: 사회적 약자에게 실질적인 기회의 평등을 보장하기 위해 다양한 혜택을 부여하는 정책으로, 여성 고용 할당제, 장애인 고용 의무제, 기회균등 대학 입학 전형 등이 있다.

10 사회적 약자에 대한 다양한 지원 정책을 확대하고자 하는 것은 기본적 필요에 따른 분배에 해당한다. 이는 결과의 평등을 추구한다.

결과의 평등
모두에게 기본적인 삶의 조건을 보장하기 위해 사회적 약자에게 다양한 혜택을 제공하는 합리적 차별을 말한다.

11 제시된 내용은 문화 융합의 사례이다. 이는 서로 다른 두 개의 문화가 만나서 제3의 형태를 형성하는 것으로, 확산된 문화가 각 지역의 특성에 맞게 지역 문화와 섞이는 현상이기도 하다.

12 인류의 보편적 가치에 어긋나는 문화도 고유의 가치 있는 문화로 인정하는 태도는 극단적 문화 상대주의이다.
① 문화 절대주의: 어떤 특정 문화를 절대적 기준으로 삼고, 이를 기준으로 다른 문화를 평가하고 우열을 가리려는 태도이다.
② 문화 사대주의: 자신의 문화는 부정적으로 평가하고, 다른 특정 사회의 문화를 가치 있고 우수한 것으로 여기는 태도이다.
③ 자문화 중심주의: 자기 문화만을 우수한 것으로 믿고, 다른 문화를 부정적으로 평가하는 태도이다.

13 개인이나 민간단체를 회원으로 하는 국제 사회의 행위 주체는 국제 비정부 기구이다. 그린피스, 국제 사면 위원회, 국경 없는 의사회 등이 이에 속하며, 국제적인 연대를 통해 지구촌 공동 문제를 제기하고 공동 노력을 이끌어 낸다.
① 정당: 정치적 주장이 같은 사람들이 정치적 이상을 실현하기 위해 조직한 단체이다.
② 국가 원수: 국가의 최고 지도자, 자국을 대표하는 주체이다.
④ 정부 간 국제기구: 각국 정부를 회원으로 한 국제 사회의 행위 주체로, 국가 연합(UN), 유럽 연합(EU), 국제 통화 기금(IMF) 등이 있다.

14 제시된 사례에는 자연과 인간이 상호 공존을 모색하여 생태계의 균형과 안정을 위해 노력하는 모습이 나타나 있으므로 이와 관련된 자연관은 생태 중심주의이다.
① 인간 중심주의: 자연을 인간의 이익이나 필요에 의해 평가·고려하는 관점이다.
③ 개인주의 가치관: 개인의 가치와 성취, 자유와 권리를 강조하는 가치관이다.
④ 이분법적 세계관: 인간을 자연과 구별되는 가치 있는 존재로 인식하는 것으로, 인간 중심주의의 특징이기도 하다.

15 도시화로 인해 1차 산업(농업, 목축업, 임업, 어업 등) 종사자의 비율은 감소하였다.

도시화로 가져온 변화

생활 공간의 변화	• 도시 지역: 상업 시설 증가, 집약적 토지 이용, 신도시 개발 등 • 촌락 지역: 지역 성장 잠재력 감소, 인구의 노령화
생태 환경의 변화	인공 건축물 증가, 환경 문제 증가
생활 양식의 변화	도시성 확산, 직업의 분화 및 전문화

16 컴퓨터와 인터넷, 인공위성 등의 발달로 각종 통신 기기를 상용할 수 있게 됨에 따라 정보화 사회가 되었고, 이는 전자 상거래와 원격 근무의 활성화를 가져왔다. 또한, SNS의 보편화로 인한 정치 참여 기회 확대, 원격 수업과 원격 진료의 실시 등 생활 양식의 다양한 변화들을 가져왔다.

17 겨울이 길고 몹시 추운 지역은 한대 기후 지역으로, 그중 순록 유목, 털가죽 의복, 폐쇄적 가옥 구조의 생활 양식이 특징인 곳은 북극 문화권이다. 따라서 C 지역에 해당한다.

18 태양광, 풍력, 연료 전지, 지열 등은 모두 신·재생 에너지에 해당한다. 이는 기존에 사용하지 않았던 새로운 에너지이거나 재생 가능한 에너지를 의미하는 것으로, 미래의 자원 고갈에 대비하고 지속 가능한 발전을 위해 필요하다.
① 사물 인터넷: 인터넷을 기반으로 모든 사물을 연결하여 정보를 서로 소통하는 지능형 기술 및 서비스를 말한다.
② 브렉시트(Brexit): 영국의 유럽연합(EU)의 탈퇴를 뜻하는 말이다.
④ 지리 정보 시스템(GIS): 각종 지리 정보들을 데이터베이스화하여 실생활에 다양하게 활용될 수 있도록 만든 시스템이다.

19 판과 판의 경계에서 자주 발생되는 자연재해는 지진이다. 판과 판의 섭입 및 발산에 의해 일어나는데 건물이 무너지고 땅이 흔들리며, 건축물과 도로가 붕괴되는 등의 피해를 일으킨다.

20 힌두교는 인도에서 고대부터 전해 내려오는 브라만교가 민간신앙과 융합하여 발전한 종교로, 수많은 신들이 새겨진 사원이 존재한다. 힌두교인들은 소를 신성시하여 소고기를 먹지 않으며, 갠지스 강에서 목욕 의식을 갖는다.

21 ㉠ 편재성: 자원의 특성 중 자원이 지구상에 고르게 분포하지 않고 특정한 지역에 치우쳐 분포하는 것이다.
예 석유는 서남아시아, 희토류는 중국에 집중되어 있다.
㉡ 자원 민족주의: 자민족이나 자국의 이익을 위해 자국이 보유하고 있는 자원을 전략적으로 사용하는 것이다.
예 석유 수출국 기구(OPEC) 결성 등

자원의 특성

유한성	대부분의 자원은 매장량이 제한되어 있어서 언젠가는 고갈될 수 있다.
가변성	자원의 가치는 고정된 것이 아니라 시간의 흐름과 기술 발달 수준에 따라서 변화한다.
편재성	자원은 지구상에 고르게 분포하지 않고 특정 지역에 집중하여 분포되어 있다.

22 특정 지역이 그 지역의 고유한 전통이나 특성을 살려 세계적인 경쟁력을 갖추려고 노력하는 것은 지역화이다. 지역화는 지역 경제의 활성화 및 지역 경쟁력 강화에 영향을 주고 있다.

23 이스라엘과 주변 이슬람교 국가들 간의 민족·종교·영토 등의 문제가 얽힌 분쟁 지역은 팔레스타인이다.
① 난사 군도: 남중국해의 남부 해상에 있는 군도(群島)이다. 대부분 산호초로 되어 있으며, 중국, 베트남 등 인근 여러 국가들의 영토 분쟁 지역이다.

② 쿠릴 열도: 러시아 동부 사할린주에 속한 열도(列島)로, 캄차카 반도와 일본의 홋카이도 사이에 56개의 섬과 바위섬들이 줄지어 분포하고 있다. 일본-러시아 간의 영유권 분쟁이 있는 지역이다.

③ 카슈미르: 히말라야 산맥 안에 있는 고지로서, 인도와 파키스탄 및 인도와 중국 간의 영유권 분쟁이 있는 지역이다.

24 ㉠은 고령화, ㉡은 저출산이다. 정년 연장, 노인 복지 시설 확충, 노인 연금 제도 등은 평균 수명 연장에 따른 고령화의 문제를 해결하기 위한 방안에 해당한다. 출산과 양육 지원, 양성 평등을 위한 고용 문화 확산 등은 저출산에 따른 유소년층 인구 비율 감소를 해결하기 위한 방안에 해당하다.

25 몬트리올 의정서와 파리 기후 변화 협약은 모두 국제 환경 문제 해결을 위해 체결된 국제 협약이다.
• 몬트리올 의정서(1987): 오존층 보호를 위해 염화플루오린화탄소 등의 사용 금지 및 규제 등을 위한 협약
• 파리 기후 변화 협약(2015): 기후 변화에 따른 피해에 취약한 국가를 돕고자 2025년까지 온실가스 배출량을 '0'으로 목표한 협약

제5교시 과학

01 ④	02 ③	03 ①	04 ③	05 ②
06 ④	07 ③	08 ②	09 ①	10 ③
11 ①	12 ④	13 ③	14 ④	15 ①
16 ②	17 ②	18 ④	19 ④	20 ①
21 ③	22 ①	23 ④	24 ②	25 ②

01 특정 온도 이하에서 전기 저항이 0이 되는 물질은 초전도체이다. 또한, 초전도체는 임계온도보다 낮은 온도에서 주변 자기장을 밀어내 자석 위에 뜨는 특징이 있으며, 이를 자기 부상 열차에 이용한다.

02 태양광 발전은 빛에너지를 전기 에너지로 전환하여 이용하는 것으로 태양의 빛에너지가 태양 전지에 닿으면 전기의 흐름이 발생한다. 또한, 비가 오거나 구름이 많이 낀 날씨에서는 태양광이 줄어들어 발전량이 줄어들게 되므로 날씨의 영향을 받는다.
ㄷ. 우라늄을 연료로 사용하는 것은 태양광 발전이 아닌 핵발전에 관한 설명이다. 우라늄이 핵분열할 때 발생하는 열로 물을 끓이고, 발생한 수증기로 터빈을 돌릴 수 있는데, 터빈의 회전으로 전기를 생산하는 원리이다.

03 수평 방향으로 던진 물체의 운동에서 공기 저항을 무시할 때, 수평 방향으로는 힘이 더 이상 작용하지 않아 속도가 일정한 등속 직선 운동을 하므로 ㉠의 값은 5이다. 연직 방향으로는 물체에 중력이 작용하여 속도가 일정하게 증가하는 등가속도 운동을 하는데, 중력 가속도가 10 m/s^2이라고 주어졌으므로 이 물체는 연직 방향으로 매 초당 10 m/s씩 속도가 증가하여 ㉡의 값은 30이 된다. 따라서 ㉠ + ㉡의 값은 35이다.

04 코일 근처에서 자석을 움직일 때 코일에 전류가 흐르는 전자기 유도 현상이 발생한다. 발전기는 전자기 유도를 이용하여 전기 에너지를 생산하는 장치이다. 자석 사이에서 코일을 회전시키면 코일을 통과하는 자기장이 변하여 전자기 유도에 의해 코일에 유도 전류가 흐른다.
ㄴ. 자석을 코일 속에 넣었다 뺐다 하면 유도 전류의 방향이 계속 바뀌므로 검류계의 바늘은 좌우 방향으로 움직인다.

05 충격량은 물체가 받은 충격의 정도를 나타내는 물리량으로 물체에 작용한 힘과 힘이 작용한 시간의 곱 또는 운동량의 변화량으로 나타내며, 단위로 $N \cdot S$ 또는 $kg \cdot m/s$를 사용한다. 운동량은 질량에 속도를 곱한 값이며, 운동량의 변화량은 나중 운동량에서 처음 운동량을 뺀 값으로 구한다.
질량이 3 kg인 물체가 4 m/s의 일정한 속도로 운동하였으므로 처음 운동량은 두 값을 곱한 $12 \text{ kg} \cdot m/s$이고, 나중 운동량은 벽에 충돌하여 정지하였으므로 3 kg에 0 m/s을 곱한 $0 \text{ kg} \cdot m/s$이다. 물체가 벽으로부터 받은 충격량의 크기는 이 두 값의 차이인 $12 \text{ kg} \cdot m/s = 12 \text{ N} \cdot S$이다.

06 수소와 산소의 화학 반응을 이용한 연료 전지에서의 에너지 전환은 화학 에너지가 전기 에너지로 전환하는 과정이다.

07 소금의 주성분은 염화나트륨이며 화학식은 $NaCl$이다. 염화나트륨은 나트륨 이온과 염화 이온의 결합으로 이루어져 있으며, 이 중 금속 원소는 나트륨이다. 수소를 제외한 1족 원소를 알칼리 금속이라 하는데, 나트륨, 리튬, 칼륨이 이에 해당한다.
①·②·④ 수소, 질소, 아르곤은 모두 비금속 원소이다.

08 산소를 얻거나 전자를 잃는 것을 산화라 하고, 산소를 잃거나 전자를 얻는 것을 환원이라 한다. 주어진 화학 반응식에서 Cu는 전자를 잃어 Cu^{2+}이 되었으므로 산화된 반응 물질이다.
① $2Ag^+$은 전자를 얻어 $2Ag$가 되었으므로 환원된 반응 물질이다.
③·④ Ag와 Cu^{2+}은 반응 생성 물질이다.

09 산의 이온화는 산이 물에 녹아 수소 이온(H^+)과 음이온으로 나누어지는 것을 의미한다. 문제에 주어진 HCl(염산), H_2SO_4(황산), CH_3COOH(아세트산) 모두 물에 녹아 수소 이온(H^+)을 내놓는 물질이며, 산의 공통적인 성질은 수소 이온(H^+) 때문에 나타난다.

10 플루오린 원자의 전자 배치가 주어져 있으므로 가장 바깥 전자 껍질의 전자 개수를 세어 주면 되는 문제이다. 가장 바깥 전자 껍질의 전자의 개수는 7개이다.

11 연소 반응에는 산소가 필요하다. 수소(H_2)의 연소 반응을 나타 낸 화학 반응식이라 하였으므로 ㉠은 O_2(산소 기체)이다.
②·③·④ F_2는 플루오린 기체, Cl_2는 염소 기체, N_2는 질소 기체이다.

12 주기율표의 같은 족(같은 세로줄)에 속하는 원소들은 화학적 성 질이 비슷하므로, 임의의 원소 A~D 중 화학적 성질이 비슷한 원소는 같은 17족에 있는 B와 D이다.
주기율표의 같은 주기(같은 가로줄)에 속하는 원소들끼리는 전 자 껍질의 개수가 동일하다.

13 생명체 내에서 일어나는 화학 반응에는 활성화 에너지 이상의 에너지가 필요한데, 효소는 이 활성화 에너지를 낮추어 반응이 빠르게 일어날 수 있도록 도와 생체 촉매라고도 불린다. 생명 체에서 일어나는 모든 화학 반응에는 생체 촉매(효소)가 관여 한다.
① 물은 인체의 66 %를 구성하며 물질 운반을 담당한다.
②·④ 녹말과 셀룰로스는 탄수화물로, 포도당이 연결된 상태 에 따라 구분한다.

14 크기가 매우 작은 산소와 이산화 탄소는 인지질 2중층을 직접 통과하고, 포도당, 아미노산 등은 막단백질을 통해 이동한다.
ㄱ. 세포막은 인지질과 막단백질로 구성되어 있다.

15 A(핵)에는 유전 정보를 저장하고 있는 DNA가 있어 세포의 생명 활동을 조절한다.
② B(리보솜): 작은 알갱이 모양으로 단백질이 합성되는 장소 이다.
③ C(소포체): 납작한 주머니 모양으로 리보솜에서 합성된 단 백질을 운반한다.
④ D(세포막): 세포를 둘러싸는 막으로 세포 안팎으로 물질이 출입하는 것을 조절한다.

16 ㉠은 규소(Si)이다. 규산염 사면체는 규소 1개와 산소 4개가 공유 결합을 한 구조이다.
①·③·④ Mg는 마그네슘, Ca는 칼슘, Fe는 철의 원소 기 호이다.

17 지하수의 용해 작용(수권)으로 석회 동굴이 형성된 것(지권)과 파도의 침식 작용(수권)으로 해안선의 모양이 변한 것(지권)은 수권과 지권의 상호 작용이다.

18 에너지 피라미드는 먹이 사슬에서 각 영양 단계에 속하는 생물 의 에너지양을 하위 영양 단계부터 상위 영양 단계로 쌓아 올린 것이다. ㉠은 생산자이며 광합성을 하여 생명 활동에 필요한 양 분을 스스로 만든다. 생산자에 해당하는 생물은 식물 플랑크톤 이다.
①·②·③ 멸치, 상어, 오징어는 스스로 양분을 만들 수 없어 다른 생물을 잡아먹는 소비자에 해당한다.

19 모든 생물은 생태계에서 유기적인 관계를 맺고 살아가므로 생 태계 평형을 유지하기 위해서는 생물 다양성을 보전해야 한다. 멸종 위기종 보호, 생태 통로 설치, 하천 복원 사업 등은 생물 다양성 보전을 위한 노력에 해당한다.
①·②·③ 생태계 평형을 깨뜨리는 요인이다.

20 질량이 태양의 약 10배 이상인 별은 가장 내부에서 안정된 원소 인 철을 생성한다. 철은 가장 무겁고 안정된 원소로 더 이상 핵 융합 반응이 일어나지 않기 때문이다. 따라서 중심부 ㉠에 생성 된 금속 원소는 철이다.

21 중생대에 판게아가 분리되며 대서양과 인도양이 형성되었고 공 룡과 겉씨식물이 번성하였다.
① 선캄브리아 시대: 남세균의 광합성 증가로 대기 중 산소량이 증가하였다. 단세포 생물과 원시 해조류가 출현하였고, 후 기에 최초의 다세포 생물이 출현하였다.
② 고생대: 대기 중 산소 농도 증가로 오존층이 두꺼워져 생물 종의 수가 급격히 증가하였다.
④ 신생대: 현재와 비슷한 수륙 분포가 형성되었고, 포유류와 속씨식물이 번성하고 최초의 인류가 출현하였다.

22 핵산의 종류로는 DNA와 RNA가 있는데, 주어진 자료는 단일 가닥이고 유라실(U) 염기를 가지므로 RNA에 해당한다.
② 지방: 1 g당 9 kcal를 낼 수 있는 에너지원으로, 남는 에너 지를 저장하는 역할을 한다.
③ 단백질: 물 다음으로 몸의 구성 비율이 높은 물질로 효소, 호르몬, 항체의 주성분이다.
④ 탄수화물: 주된 에너지원으로서 포도당의 결합 형태에 따라 셀룰로스, 녹말 등으로 구분한다.

23 지구에는 대륙과 해양의 분포, 위도, 기온, 강수량, 계절 등의 차이로 인해 열대 우림, 갯벌, 습지, 사막, 해양 등 다양한 생태 계가 존재하는데, 생물 서식지의 다양한 정도를 생태계 다양성 이라고 한다.
① 내성: 반응에 대한 저항성이 커져 이전과 동일한 효과를 얻 으려면 사용량이나 활동의 빈도를 늘려야 하는 것을 말한다.
② 개체군: 같은 종의 개체들이 일정한 지역에 모여 사는 무리 이다.
③ 분해자: 생물의 사체나 배설물을 분해하여 영양분을 얻는 생 물이다.

24 지권의 층상 구조는 가장 바깥쪽 층부터 지각(A), 맨틀(B), 외핵(C), 내핵(D)으로 이루어져 있다. 맨틀은 지구 전체 부피의 약 80 %를 차지하는 부분으로 고체 상태이지만 유동성이 있어 대류가 일어난다.
① 지각(A): 지구의 겉 부분으로 고체 상태이다.
③・④ 외핵(C)과 내핵(D): 철과 니켈 등 무거운 물질로 이루어져 있어 밀도가 크며 외핵은 액체 상태, 내핵은 고체 상태이다.

25 4개의 수소 원자핵이 결합하여 1개의 헬륨 원자핵이 되는 과정에서 감소한 질량이 에너지로 전환되며, 빛의 형태로 우주 공간에 방출된다. 수소 핵융합 반응으로 에너지를 방출하는 별을 주계열성이라고 한다.

제6교시 한국사

01	③	02	①	03	④	04	④	05	①
06	②	07	③	08	④	09	④	10	③
11	②	12	③	13	②	14	④	15	①
16	②	17	④	18	①	19	③	20	②
21	④	22	①	23	②	24	④	25	①

01 고인돌은 청동기 시대의 대표적 유물로 권력을 가진 군장의 등장과 이에 따른 계급이 존재하였음을 알려 준다. 고조선은 청동기 문화를 기반으로 건국되었으며, 청동제 유물인 비파형 동검과 고인돌 등의 분포를 통해 그 문화 범위를 추정할 수 있다.

02 원효는 통일 신라의 대표적 승려로 모든 것은 한 마음에서 나온다는 일심 사상과 불교 종파의 화합을 이루기 위한 화쟁 사상을 주장하였다. 또한, 아미타 신앙을 전파하여 불교의 대중화에 기여하였다.

03 고려 후기 지방 향리의 자제나 중소 지주 출신인 신진 사대부는 공민왕의 개혁 정치를 통해 정계에 진출하였다. 이들은 권문세족의 부정부패와 사회 모순을 비판하고 성리학을 기반으로 고려를 개혁하고자 하였다.
① 6두품: 통일 신라 말 혼란한 사회 상황 속에서 성장한 6두품 세력은 골품제를 비판하고 새로운 정치 이념과 사회상을 제시하였다.

04 개화 정책으로 인한 세금 증가와 신식 군대인 별기군과의 차별 대우로 인해 구식 군인이 봉기하여 임오군란이 일어났다. 이로 인해 흥선 대원군이 재집권하여 개혁을 시도하였으나 민씨 정권의 요청으로 청군이 개입하면서 흥선 대원군은 청으로 압송되고 군란이 진압되었다.

05 조선 선조 때 일본이 조선을 침략하면서 임진왜란이 발발하였다(1592). 선조는 의주로 피란하였으며, 곽재우, 정문부 등이 전국 각지에서 의병을 일으켜 왜군을 격퇴하였다. 이순신은 옥포, 사천, 한산도 등에서 승리하여 전라도 곡창 지대를 방어하였다.
② 살수 대첩(1612): 수 양제의 113만 대군이 고구려를 공격하자 을지문덕이 이들을 살수로 유인하여 대승을 거두었다.
③ 만적의 난(1198): 고려 최씨 무신 정권 때 최충헌의 노비인 만적이 신분 차별에 항거하는 반란을 도모하였으나 사전에 발각되어 실패하였다.
④ 봉오동 전투(1920): 홍범도의 대한 독립군을 포함한 연합 부대가 봉오동에서 일본군을 상대로 승리를 거두었다.

06 광해군은 농민의 공납 부담을 줄이기 위해 공납을 토지 1결당 쌀 12두 또는 삼베, 무명, 돈 등으로 거두는 대동법을 실시하였다. 경기도에서 처음 시행되었으며 점차 확대되어 숙종 때는 평안도와 함경도 등을 제외하고 전국적으로 실시하였다.
① 골품제: 골품제는 신라의 특수한 신분 제도로, 사회 활동과 정치 활동까지 제한하였다.
③ 단발령: 을미개혁의 일환으로 단발령이 추진되었다.
④ 진대법: 고구려 고국천왕은 국상 을파소의 건의에 따라 진대법을 실시하여 먹을거리가 부족한 봄에 곡식을 빌려주고 겨울에 갚게 하였다.

07 병인양요와 신미양요를 극복한 흥선 대원군은 외세의 침입을 경계하고 서양과의 통상 수교 거부 의지를 알리기 위해 전국 각지에 척화비를 세웠다.

08 조선이 외국과 맺은 최초의 근대적 조약인 강화도 조약은 치외법권과 해안 측량권을 인정한 불평등 조약으로, 조선은 일본의 요구에 따라 부산・원산・인천을 개항하였다.
① 간도 협약: 을사늑약 이후 일본은 남만주의 철도 부설권 등을 얻는 대가로 간도 지역을 청에게 넘겨주는 간도 협약을 체결하였다.
② 전주 화약: 동학 농민 운동 당시 농민군은 청과 일본의 군대 개입을 우려하여 정부와 전주 화약을 맺고 집강소를 설치하여 개혁을 실시하였다.
③ 텐진 조약: 갑신정변 이후 일본과 청이 맺은 조약으로, 조선에서 일본과 청의 양국 군대를 철수하고, 추후 군대 파견 시 상대국에 알리도록 규정하였다.

09 고려 몽골 침입 때 불교의 힘으로 몽골군을 물리치기를 기원하면서 16년에 걸쳐 팔만대장경판을 제작하였다. 이는 현재 합천 해인사에 보관 중이며 세계에서 가장 우수한 대장경으로 인정받아 2007년에 유네스코 세계 기록 유산으로 지정되었다.

10 대한 제국은 일제의 강압으로 을사늑약을 체결하고, 외교권을 박탈당하였다. 이에 따라 통감부가 설치되었고, 초대 통감인 이토 히로부미가 파견되었다.

11 조선 숙종 때 동래에 살던 안용복이 독도에 왕래하는 일본 어부들을 쫓아내고 일본에 건너가 우리나라의 영토임을 확인받았다. 이후 정부 차원에서 독도에 관리를 파견하고 주민을 이주시켰다. 대한 제국 시기에는 울릉도를 군으로 승격시켜 독도를 관할하기도 하였다. 러일 전쟁 중에 일본은 우리 정부와 어떠한 논의도 없이 독도가 주인 없는 땅임을 주장하며 시마네현 고시를 발표하고 자국 영토로 불법 편입하였다.

12 개항 이후 조선 정부는 알렌의 건의를 받아들여 최초의 서양식 병원인 광혜원을 설립하였다. 이후 광혜원은 제중원을 거쳐 세브란스 병원으로 개칭되었다.

13 갑오개혁 이후 공사노비법이 혁파되어 신분제가 폐지되었으나 일제 강점기 때 백정에 대한 차별은 더욱 심해졌다. 이에 백정들은 이러한 사회적 차별을 철폐하기 위해 조선 형평사를 결성하고 형평 운동을 전개하였다.

14 1910년대 일제는 조선 총독부를 설치하고 헌병 경찰을 통한 무단 통치를 실시하였다. 일반 관리와 학교 교원에게까지 제복을 입히고 칼을 차게 하였으며, 헌병 경찰에게 즉결 처분권을 부여하였다. 또한, 조선 태형령을 제정하여 조선인에게만 태형을 적용하였다.

15 3·1 운동은 각계각층의 사람들이 참여한 대규모 독립운동으로, 이를 계기로 대한민국 임시 정부가 수립되었으며, 중국의 5·4 운동, 인도의 독립운동에도 영향을 주었다. 또한, 일제는 3·1 운동으로 기존의 무단 통치의 한계를 깨닫고 통치 체제를 문화 통치로 바꾸었다.

16 청산리 대첩은 1920년 김좌진이 이끄는 북로 군정서군과 홍범도가 이끄는 대한 독립군 등이 주축이 된 독립군 연합 부대가 만주 청산리 일대에서 일본군과 전투를 벌여 크게 승리한 사건이다.

17 중일 전쟁과 태평양 전쟁을 일으킨 일본은 국가 총동원법을 제정하여 우리 민족을 인적·물적으로 수탈하였다. 학생들과 젊은 청년들을 징집하여 전쟁터와 건설 현장에 강제로 동원하고, 여자 정신대 근무령을 공포하여 젊은 여성들을 전쟁터로 끌고 가 일본군 '위안부'로 삼는 만행을 저질렀다.

18 1948년 김구와 김규식 등은 남북 협상(남북 지도자 회의)을 통해 통일 정부를 수립하기 위해 김일성에게 회담을 제의하였다. 이 회담에서 남한 단독 정부 수립 반대, 미·소 양군 철수 등을 요구하는 내용의 결의문이 채택되었으나 미국과 소련이 합의안을 수용하지 않고, 김구가 피살되면서 남북 협상은 중단되었다.

19 3·1 운동을 계기로 조직적인 독립운동을 추진하기 위해 대한민국 임시 정부가 수립되었다. 대한민국 임시 정부는 국외 거주 동포들에게 독립 공채를 발행하여 독립운동 자금을 마련하였으며, 1940년대에는 한국 광복군을 창설하고 미국의 협조로 국내 진공 작전을 준비하였다.

20 제헌 국회는 친일파 청산을 위해 반민족 행위 처벌법을 제정하였다. 이에 따라 반민족 행위 특별 조사 위원회(반민 특위)를 설치하여 일제 강점기에 반민족 행위를 일삼았던 사람들을 광범위하게 조사하고 체포하였다. 그러나 반민족 행위자 처벌보다 반공을 더 중요하게 여긴 이승만 정부의 비협조로 친일파 청산 노력이 좌절되었다.

21 북한의 남침으로 6·25 전쟁이 발발하였다. 전쟁 초기 낙동강 방어선까지 밀렸던 국군은 유엔군의 파병과 인천 상륙 작전의 성공으로 압록강 근처까지 진격하였으나 중공군의 개입으로 인해 1·4 후퇴를 하게 되면서 서울을 다시 함락당하였다.

22 1960년에 이승만과 자유당 정권의 3·15 부정 선거에 대한 항의로 4·19 혁명이 발발하였다. 그 결과 이승만이 하야하였고, 이후 수립된 허정 과도 정부는 부정 선거를 단행한 자유당 간부들을 구속하였으며, 국회는 내각 책임제와 양원제를 골자로 한 개헌안을 통과시켰다.

23 박정희 정부는 국가 주도의 경제 개발을 추진하여 경제 개발 5개년 계획을 실시하고, 베트남 파병, 한일 국교 정상화, 외국 차관의 도입 등을 통해 경제 개발 5개년 계획의 재원을 마련하고자 하였다. 1970년대에는 유신 헌법을 제정하고, 농촌 환경 개선과 소득 증대를 목표로 새마을 운동을 추진하였다. 이후 집권층 내에서 YH 무역 사건을 계기로 발생한 부마 민주 항쟁 진압 문제를 두고 대립하던 도중 박정희가 피살당하면서 유신 체제는 붕괴하였다.

24 6월 민주 항쟁은 박종철 고문치사 사건과 4·13 호헌 조치가 원인이 되어 발생하였다. 시민들은 호헌 철폐와 독재 타도 등의 구호를 내세워 민주적인 헌법 개정을 요구하였고, 정부는 5년 단임의 대통령 직선제를 선언하는 6·29 민주화 선언을 발표하였다.

25 김영삼 정부 때 외환 위기로 인해 국제 통화 기금(IMF)로부터 구제 금융을 받게 되어 기업 구조 조정, 대규모 실업 등의 사태가 발생하였다. 이후 김대중 정부 시기에는 이를 극복하기 위해 국민들이 자발적으로 금 모으기 운동을 전개하였다.

제7교시 | 도덕

01 ②	02 ④	03 ②	04 ①	05 ②
06 ②	07 ①	08 ③	09 ②	10 ①
11 ③	12 ①	13 ④	14 ①	15 ④
16 ③	17 ③	18 ③	19 ①	20 ④
21 ②	22 ③	23 ④	24 ③	25 ④

01 기술 윤리학은 도덕적 관습이나 풍습 등을 조사하여 객관적으로 서술하고 그 인과 관계를 설명하는 것을 주된 목표로 한다.
① 규범 윤리학: 인간이 어떻게 행동해야 하는가에 대한 보편적 원리를 탐구한다.
③ 메타 윤리학: 도덕 언어의 의미를 분석하고 도덕 추론의 타당성을 검토하여 윤리학의 학문적 성립 가능성을 모색한다.
④ 실천 윤리학: 이론 윤리학을 활용하여 현대 사회의 다양한 윤리 문제를 해결하는 데 목표를 둔 학문이다.

02 칸트의 의무론은 보편적 윤리의 확립과 인간 존엄성을 중시한다. 그리고 이에 부합하는 도덕 법칙을 준수할 것을 강조한다.
① 정언 명령의 형식을 중시한다.
② 도덕성 판단에 있어 행위의 결과보다는 동기를 강조한다.
③ 도덕 법칙에 따른 행동을 강조한다.

03 윤리적 소비는 경제성을 넘어 환경, 인권, 복지, 노동 조건, 경제 정의 등 인류의 보편적 가치를 실천하는 소비를 말한다. 따라서 윤리적 소비로 옳은 것은 ㄱ, ㄹ이다.

04 맹자는 누구에게나 주어져 있다는 선한 마음인 사단(四端)을 바탕으로 수양하면 도덕적으로 완성된 인간인 성인(聖人)과 군자(君子)가 된다고 주장하였다.

맹자의 사단(四端)
• 측은지심(惻隱之心): 남을 불쌍히 여기는 마음
• 수오지심(羞惡之心): 자신의 잘못을 부끄러이 여기고, 남의 잘못을 미워하는 마음
• 사양지심(辭讓之心): 겸손하고 양보하는 마음
• 시비지심(是非之心): 옳고 그름을 가리는 마음

05 도덕 원리가 다른 사람 처지에서도 받아들여질 수 있는지 다른 사람의 입장을 취해 보고 검토하는 것은 역할 교환 검사에 해당한다.
① 포섭 검사: 도덕 원리가 넓은 범위의 상위 원리에 포함되는지 검토해 보는 것이다.
③ 반증 사례 검사: 원리 근거에 맞지 않은 새로운 사례를 들어 반박하는 것이다.
④ 사실 판단 검사: 참인지 거짓인지 판단해 보는 것이다.

06 주제가 종교 갈등의 극복 방안이므로 (가)에는 '종교 간 적극적인 대화와 협력'이 들어가는 것이 가장 적절하다.
①·③·④ 종교 갈등을 유발하는 요인이다.

07 프롬이 제시한 사랑의 4요소는 존경, 책임, 이해, 보호이다. 따라서 ㉠에 들어갈 용어는 존경이다.

프롬이 제시한 사랑의 4요소

존경	사랑하는 사람을 소유하고 지배하는 것이 아니라, 있는 그대로 받아들이며 존경하는 것이다.
책임	사랑하는 사람의 요구를 배려하면서 자신의 행동에 책임을 지는 것이다.
이해	사랑하는 사람에 대해 깊이 이해하는 것이다.
보호	사랑하는 사람의 생명과 성장에 관심을 가지고 보호하는 것이다.

08 시민 불복종은 자기 이익을 배제하고 정의의 원리를 따른다는 신념을 전제로 해야 한다.

09 노자는 대표적인 도가 사상가로, 인위적인 것을 버리고 의도적으로 조작하지 않은 무위(無爲)의 삶을 강조하였다.
• "으뜸이 되는 선(善)은 물과 같다." → 물은 낮은 곳에 머물면서 만물을 이롭게 하고 남들과 다투지 않기 때문에 도(道)에 가장 가까운 것이다.
• "도(道)는 자연을 본받아 어긋나지 않는다." → 도(道)는 자연과 같이 인위적 목적도 없고, 인위적이지 않다.

10 정보 공유를 강조하는 입장(= 정보 공유론)에서는 정보에 대한 자유로운 접근을 허용하고, 정보를 공동의 이익을 위해서 사용해야 한다고 주장한다.

정보 공유론(copyleft)과 정보 사유론(copyright)

정보 공유론	• 정보는 개인의 자산인 동시에 인류 공동의 자산이므로 더 많은 사람이 쉽게 사용할 수 있도록 무료로 공유해야 한다. • 정보를 공유할 때 정보의 질적 발전이 가능하다.
정보 사유론	• 창작자의 정보 생산에 대한 노력의 대가를 충분히 제공하도록 해야 한다. • 정보를 사유화할 때 창작자의 창작 의욕과 정보의 질을 높일 수 있다.

11 자연법 윤리는 언제 어디서나 유효하며, 보편적이고 불변적인 도덕 법칙이 있다고 본다. 또한, 자연법 윤리는 '선은 행하고 악은 피하라.'라는 윤리를 핵심 명제로 강조하며, 자연의 질서에 어긋나는지, 부합하는지를 검토하도록 한다. 그리고 자연의 원리에 의해 도출된 의무에 따르는 행위를 옳은 행위로 본다.

12 요나스(Jonas, H.)는 과학 기술 시대의 새로운 윤리적 관점으로 책임 윤리를 제시하였다. 요나스는 책임 범위를 현세대로 한정하는 전통적 윤리관을 비판하고, 윤리적 책임의 범위를 확대해 인간뿐만 아니라 자연, 미래의 결과에 대한 책임까지 고려해야 한다고 주장하였다.

13 생명 중심주의는 인간뿐만 아니라 살아있는 모든 생명체가 내재적 가치를 지닌다고 보며, 도덕적 고려 범위를 모든 생명체로 확대하여 생명체의 고유한 가치를 일깨우고자 하였다.
① 자연을 인간을 위한 수단일 뿐이라고 여기는 것은 인간 중심주의의 관점이다.
② 도덕적 고려 범위에 무생물을 포함하는 것은 생태 중심주의의 관점이다.
③ 이성적 존재만이 도덕적 존중의 대상이라고 보는 것은 인간 중심주의의 관점이다.

14 공자는 유교를 체계화하고, 인(仁)과 예(禮)의 실천을 강조한 중국 춘추시대 대표적 사상가이다.
② 장자: 도가의 사상가로, 만물이 나와 하나라는 물아일체(物我一體)를 강조하였다.
③ 순자: 중국 전국시대 사상가로, 유물론적 경향의 유가(儒家), 성악설(性惡說)을 주장하였다.
④ 묵자: 중국 전국시대 초기 사상가로, 비공(非攻)과 겸애(兼愛)를 주장하였다.

15 음식물 원산지 표시 제도는 소비자의 알 권리를 보장하고, 공정한 거래를 유도하고자 하는 것으로 우대 정책과는 무관하다.
우대 정책
특정 집단이 겪어 온 차별을 바로잡기 위해 다양한 방면에서 혜택을 제공하는 것으로, 대학의 농어촌 특별 전형 제도, 지역 균형 선발 제도, 장애인 의무 고용 제도 등이 해당한다.

16 기업가는 사회적 책임을 다하여 공익을 추구하고 윤리 경영을 실천해야 할 의무가 있다.

17 동물 중심주의 사상가 싱어(Singer, P.)는 동물을 인간의 수단으로 여기는 것에 반대하며, 동물의 복지와 권리를 향상해야 한다고 주장하였다. 또한, 공리주의에 근거하여 동물도 쾌락과 고통을 느끼므로 도덕적 고려의 대상이라고 하였고, 동물 해방론 및 종 차별주의 반대를 주장하였다.
생태계 전체가 도덕적으로 고려해야 하는 대상이라고 보는 관점은 생태 중심주의로, 대표적 사상가는 레오폴드, 네스가 있다.

18 공리주의 관점에서는 행위의 결과를 중시하며, 쾌락과 행복을 가져다주는 행위가 옳은 행위이고, 고통과 불행을 가져다주는 행위는 그릇된 행위라고 보았다.

19 불교의 석가모니는 죽음을 다음 생으로 이어지는 윤회(輪廻)의 한 과정으로 보았으며, 도가 사상의 장자는 죽음을 기(氣)의 흩어짐으로 정의하고 삶과 죽음을 사계절의 변화처럼 자연의 끝없는 순환 과정으로 보았다.
• 해탈(解脫): 불교에서 인간의 속세적인 모든 속박에서 벗어나 자유롭게 되는 상태를 의미한다.
• 오륜(五倫): 유교에서의 5가지 기본 실천 덕목이다.

20 롤스(Rawls, J.)는 해외 원조를 정의 실현을 위한 의무이며, 질서 정연하지 못한 사회를 질서 정연한 사회가 되도록 돕는 것이라고 주장하였다. 여기서 질서 정연하지 못한 사회는 독재나 착취와 같은 불합리한 사회 구조나 제도를 가진 사회이며, 이것이 개선되어 정치적 전통이나 법, 규범 등이 적정한 수준에 이른 사회가 질서 정연한 사회이다.

21 미적 가치와 윤리적 가치의 관련성을 강조하고, 예술이 도덕적 교훈이나 모범을 제공해야 한다고 보는 것은 도덕주의 관점이다.

22 사회 통합을 위해서는 개인의 이익을 우선시하기보다는 공동 목표를 향해 개인 및 집단이 서로 협력하고 신뢰를 바탕으로 결속해 나가야 한다.

23 국수 대접 이론은 주류의 고유 문화가 중심 역할을 하되, 이주민의 문화는 그 안에서 문화적 정체성을 유지하면서 공존해야 한다는 입장이다.
① 용광로 이론: 모든 것을 녹이는 용광로처럼 다양한 이주민의 문화를 주류 사회에 융합시키는 정책이다.
② 동화주의 이론: 이민자들의 다양한 문화를 기존의 문화에 융합하고 흡수하는 정책으로, 용광로 이론도 동화주의 이론에 속한다.
③ 샐러드 볼 이론: 다양한 채소와 과일이 샐러드 볼 안에서 조화를 이루듯, 국가라는 샐러드 볼 안에서 여러 문화가 서로 조화롭게 공존하는 정책이다.

24 하버마스는 시민은 누구나 자유롭고 평등하게 소통에 참여할 자격이 있다고 강조하였다. 또한, 의사소통의 합리성을 실현하기 위한 이상적 담화 조건을 제시하였다.

25 통일 편익은 통일을 통해 얻을 수 있는 편리함과 이익으로, 통일 이후 지속적으로 발생할 경제적·비경제적 보상과 혜택을 말한다.

통일 편익의 종류

경제적 편익	• 군사비, 안보비 등 분단 비용의 제거 • 국토의 효율적인 이용 • 동북아시아의 교통과 물류 중심지로 부상 • 남북한 경제의 통합으로 인한 시장의 확대와 교역 증가, 규모의 경제 실현
비경제적 편익	• 이산가족의 고통 해소 • 북한 주민의 인권 문제 해결 • 전쟁 위협의 소멸과 평화 실현 • 통일 한국의 위상을 국제적으로 제고할 수 있음

제1교시 국어

01 ④	02 ③	03 ④	04 ①	05 ②
06 ①	07 ③	08 ④	09 ②	10 ①
11 ③	12 ②	13 ④	14 ②	15 ①
16 ③	17 ④	18 ③	19 ③	20 ①
21 ④	22 ①	23 ③	24 ②	25 ④

01 대화에서 '영준'은 '마음이 복잡하겠네.'와 같이 '정우'의 기분을 고려하였고, 정우의 고민에 대한 위로를 전하고 있다.

02 '겸양의 격률'은 말하는 사람의 입장에서 자신을 칭찬하는 표현은 최소화하고, 자신을 낮추는 표현은 최대화하는 대화의 원리이다. ③은 자신에 대한 칭찬을 최소화하고 낮추어 표현한 것이다.
①·②·④ 자신의 칭찬을 인정하고 자신을 높여 표현한 것이다.

03 제시된 규정은 '구개음화'에 대한 설명이다. 구개음화는 받침 'ㄷ, ㅌ'이 조사나 접미사, 즉 형식 형태소와 결합되는 경우에 발생한다. '밭이랑'은 실질 형태소 '밭'과 '이랑'이 결합한 합성어로, 구개음화가 실현되지 않으며, [반니랑]으로 발음한다.
① '끝'에 형식 형태소(주격 조사) '-이'가 결합하여 [끄치]로 발음한다.
② '굳-'에 형식 형태소(접미사) '-이'가 결합하여 [구지]로 발음한다.
③ '여닫-'에 형식 형태소(접미사) '-이'가 결합하여 [여다지]로 발음한다.

04 한글 맞춤법에 의하면 어미 '-ㄹ게'는 된소리로 소리가 나더라도 '-ㄹ께'와 같이 소리 나는 대로 적지 않는다.
② '왜인지'가 줄어든 말로, '왠지'로 써야 한다.
③ '어떻게 해'가 줄어든 말로, '어떡해'로 써야 한다.
④ 과거의 어떤 상태를 나타내는 어미인 '-던'을 사용하여 '덥던지'로 써야 한다.

05 (가)에서 설명하는 것은 '현재 시제'이다. 발화시와 사건시가 일치하는 것은 ㉠, ㉢이다. ㉠은 현재 시제 선어말 어미 '-ㄴ-'을 사용하였고, ㉢은 현재 시제 관형사형 어미 '-는'을 사용하였다.
①·③·④ ㉡은 과거 시제 관형사형 어미 '-던'을 사용하였고, ㉣은 미래 시제 선어말 어미 '-겠'을 사용하였다.

06 (나)의 3문단에서 궁중 요리였던 떡볶이가 대중 음식이 되고, 시대가 변화함에 따라 조리 방식이 바뀌거나 다양한 소스·메뉴가 개발되는 등 여러 차례 변모하였음을 알 수 있다. 따라서 (가)의 ⓐ에 들어갈 적절한 내용은 ①이다.

07 ㉢의 '-는데'는 뒤 절에서 어떤 일을 설명하기 위해 그 대상과 상관되는 상황을 미리 말할 때에 쓰는 연결 어미이다. 떡볶이가 한국을 대표하는 먹거리가 된 일을 설명하기 위해 프랜차이즈 시스템을 미리 말한 것으로, 그 쓰임이 적절하다.

> **작품 해설** 『월인석보(月印釋譜)』
> • 갈래: 언해
> • 성격: 불교적, 종교적
> • 제재: 석가불의 공덕
> • 주제: 석가모니의 일대기
> • 특징
> – 세종이 지은 「월인천강지곡」과 수양대군이 지은 「석보상절」을 합한 책임
> – 받침 없는 한자음에 'ㅇ' 종성을 사용함

08 중세 국어에서는 ㉣과 같이 음절의 첫머리에 서로 다른 둘 이상의 자음이 올 수 있는 어두 자음군이 사용되었다.

> **작품 해설** 정호승, 「슬픔이 기쁨에게」
> • 갈래: 자유시, 서정시
> • 성격: 현실 비판적, 교훈적
> • 제재: 타인의 고통에 무관심한 이기적인 삶
> • 주제: 소외된 이웃에 대한 사랑과 관심의 촉구
> • 특징
> – '슬픔'을 시적 화자로 설정하여 청자인 '기쁨'에게 말하는 형식을 취함
> – 슬픔과 기쁨에 일상적 의미에서 벗어난 새로운 의미를 부여하여 주제를 전달함

09 이 글은 일반적으로 부정적으로 여겨지는 '슬픔'을 '사랑보다 소중'하다고 역설적으로 표현하였다. 모순되는 표현을 통해 어려운 이웃을 위한 관심과 사랑의 중요성을 강조하고 있다.

10 이 글의 화자는 무관심하고 이기적인 태도를 버리고, 도움을 필요로 하는 이웃과 더불어 사는 삶을 추구하고 있다.

11 ⓒ은 소외된 이웃을 위해 눈물을 흘릴 줄 모르는 무관심하고 이기적인 대상을 의미한다.
①·②·④ 어려움을 겪고 슬픔을 느끼고 있는 소외된 이웃을 의미한다.

> **작품 해설** 박완서, 「엄마의 말뚝 2」
> • 갈래: 중편 소설, 연작 소설
> • 성격: 회고적, 사실적
> • 제재: 전쟁으로 인한 상처
> • 주제: 6·25 전쟁의 비극과 극복 의지
> • 특징
>   – 전쟁 당시를 회상하는 역순행적 구조를 취하고 있음
>   – 서술자를 딸로 설정하여 어머니가 지녀 온 한국 전쟁의 시대적 상처를 형상화함
>   – 세 편의 독립된 이야기가 완결성을 지니면서 서사적으로 연결되는 연작 소설임

12 이 글은 작품 속 주인공 '나'가 현재의 시점에서 전쟁으로 인해 죽게 된 '오빠'를 화장하는 과정과 '어머니'의 모습을 회상하며 서술하고 있다.

13 이 글에서 '올케'가 '오빠'의 죽음을 자신의 탓으로 생각하거나, '어머니'와 합하는 것을 반대하였다는 내용은 찾을 수 없다.
① '어머니'는 '나'에게 '오빠'의 뼛가루를 뿌린 개풍군 땅에 '어머니'의 뼛가루도 똑같이 뿌려줄 것을 부탁하였다.
② '누가 뭐라든 ~ 부탁하는 거다.'라는 '어머니'의 말을 통해 유언을 지킬 사람이 '나' 뿐이라는 것을 알 수 있다.
③ '올케'는 일찍 아버지를 잃은 아들들에게 무덤이라도 있어야 한다고 생각하여 '오빠'를 공동묘지로 이장할 것을 주장하였다.

14 '어머니'는 아들의 뼛가루를 고향 땅으로 날려보낼 때에도 방금 출전하는 용사처럼 씩씩하고 도전적인 모습을 보인다. 이를 통해 ㉠은 분단이 가져온 비극에 맞서려는 의지를 의미한다는 것을 알 수 있다.

> **작품 해설** 황진이, 「동짓달 기나긴 밤을」
> • 갈래: 평시조, 단시조
> • 성격: 감상적, 애상적, 서정적
> • 제재: 연모의 정
> • 주제: 임에 대한 그리움과 사랑
> • 특징
>   – 추상적인 개념인 시간을 구체적 사물로 표현함
>   – 음성 상징어를 사용하여 우리말의 묘미를 잘 살려냄

15 이 글은 추상적인 대상인 '동짓달 기나긴 밤', 즉 시간을 '베어 내어', '넣었다가', '펴리라' 등과 같이 사물로 구체화하여 표현하였다.

16 이 글의 화자는 '동짓달 기나긴 밤'이라는 시간을 가지고 있다가 사랑하는 임이 오는 날 밤에 펴고자 한다. 이는 임과 함께 더 많은 시간을 보내고자 하는 화자의 소망을 나타낸 것이다.

> **작품 해설** 이규보, 「이옥설」
> • 갈래: 설, 고전 수필
> • 성격: 교훈적, 유추적, 경험적
> • 제재: 행랑채를 수리한 일
> • 주제: 잘못을 빨리 고쳐나가는 자세의 필요성
> • 특징
>   – 구체적인 경험(사실)과 깨달음(의견)의 구성 방식을 취함
>   – 유추의 방법으로 글을 전개함

17 이 글은 글쓴이의 행랑채를 수리하게 된 일로부터 체험한 내용을 바탕으로 '잘못을 미리 알고 이를 고쳐나가는 자세의 중요성'이라는 교훈을 드러내고 있다.

18 ㉮는 행랑채에 비가 샌지 오래된 것을 알았음에도 곧 고치지 않은 글쓴이의 경험이다. ㉡은 ㉮의 경험을 인간사에 적용한 것이고, ㉣은 ㉮를 정치로 확장한 것으로 의미가 유사하다고 볼 수 있다.

19 이 글은 나쁜 습관을 빨리 고치는 자세의 중요성을 강조하고 있다. 따라서 나쁜 습관이 우연히 좋은 결과를 가져오기도 한다는 ③의 반응은 적절하지 않다.

작품 해설 전남일, 「공간이 달라지면 사는 풍경도 달라질까」

• 갈래: 설명문
• 성격: 비판적, 성찰적
• 제재: 과거와 현대의 주거 문화
• 주제: 삶과 공간의 관계 성찰의 필요성
• 특징
  – 과거의 주거 공간과 현대의 주거 공간을 비교하여 설명함
  – 현대의 주거 문화를 비판적 시각으로 바라보고 있음

20 이 글은 2~3문단에서 과거의 주거 공간에 대해 설명하고, 4~5문단에서 현대의 주거 공간을 설명하며 둘을 대조하고 차이를 드러내고 있다.

21 아파트는 '사이 공간'이 없는 주거 형태로, 주택의 외관만 보면 모두 같은 공간에 사는 유사한 집단처럼 보이지만 생활 모습을 공유하지는 않는다.
  ① '사이 공간'은 통행보다는 주민들 사이 사적 관계를 형성하는 데에 목적을 둔 공동의 영역이다.
  ② 과거에는 개인의 집과 집 사이의 거리가 가까워서 공동의 영역이 많았으며, 친밀한 사회적 관계 형성이 가능하였다.
  ③ 아파트의 등장으로 '사이 공간'이 사라져 이웃과 가까워질 기회가 사라져버렸다.

22 과거 개인의 생활 공간과 일을 하는 공간이 가까워서 사람들이 두 곳을 오가며 다양한 경험을 할 수 있었다는 내용이므로 앞의 내용을 그대로 이어 주는 순접의 접속어 '그래서'가 가장 적절하다.
  ②·③ 앞의 내용을 반대되는 관계로 이어 주는 역접의 접속어이다.
  ④ 앞의 내용과 뒤의 내용을 원인과 결과의 관계로 이어 주는 인과의 접속어이다.

작품 해설 구본권, 『로봇 시대, 인간의 일』

• 갈래: 논설문
• 성격: 해설적, 시사적
• 제재: 인공지능과 인간의 관계
• 주제: 인공지능 시대에 인간과 기계가 공존·공생하는 길
• 특징
  – 전문가의 말을 인용하여 문제를 제기함
  – 문제 해결의 방안을 로봇에 대한 것과 인간에 대한 것으로 나누어 접근함
  – 인류 문명과 역사에 대한 유추를 통해 미래 사회의 문제를 해결하기 위한 접근법을 모색함

23 인간은 인공지능이 가지고 있지 않은 '감정과 의지'가 있기 때문에 인공지능이 인간의 의식 현상을 구현하더라도 구분될 수 있다.
  ① '생각하는 기계'인 인공지능은 인간에게 도움을 줄 수도, 인간을 대체할 수도 있다는 점에서 축복 또는 재앙이 될 수 있다.
  ② 입법적 차원에서 로봇이 지켜야 할 도덕적 기준을 만들어 통제하는 방법이 있다.
  ④ 인류는 결핍과 고통으로 인한 감정을 동력으로 유연성과 창의성을 발휘하여 어려움을 이겨내고 생존해 왔다.

24 '통제'는 일정한 방침이나 목적에 따라 행위를 제한하거나 제약함을 의미한다. 힘으로 으르고 협박함은 '위협'의 사전적 의미이다.

25 이 글은 마지막 문단에서 인간만의 고유한 속성인 감정과 의지를 바탕으로 인간의 가치를 높이고, 유연성과 창의성을 활용하여 인공지능 시대에 대응할 필요성을 강조하고 있다.

제2교시 | 수학

01 ③	02 ③	03 ④	04 ①	05 ②
06 ④	07 ③	08 ②	09 ④	10 ①
11 ②	12 ②	13 ③	14 ①	15 ②
16 ④	17 ①	18 ③	19 ④	20 ②

01
$$A - B = 2x^2 + x - (x+1)$$
$$= 2x^2 + x - x - 1$$
$$= 2x^2 - 1$$

02 $x^2 + ax - 2 = x^2 + 5x + b$ 가 x에 대한 항등식이므로
$a = 5,\ b = -2$
$\therefore\ a + b = 5 + (-2) = 3$

03 $f(x) = x^3 + 3x + 4$ 라 하자.
나머지정리에 의해 다항식 $f(x)$를 $x - 1$로 나누었을 때의 나머지는 $f(1)$이므로
$f(1) = 1^3 + 3 \times 1 + 4 = 8$

04 인수분해 공식 $(x+a)^3 = x^3 + 3ax^2 + 3a^2x + a^3$에 의해
$$x^3 + 6x^2 + 12x + 8 = x^3 + 3 \times 2 \times x^2 + 3 \times 2^2 \times x + 2^3$$
$$= (x+2)^3$$
따라서 구하는 상수 a의 값은
$a = 2$

05 복소수 $3-2i$의 켤레복소수는 $3+2i$이므로
$a=2$

06 이차방정식 $x^2+5x+4=0$의 두 근이 α, β이므로 이차방정식의 근과 계수의 관계에 의해
$\alpha\beta=4$

07 이차함수 $y=-(x-1)^2+3$에 대하여
$x=-1$일 때, $y=-(-1-1)^2+3=-1$
$x=1$일 때, $y=-(1-1)^2+3=3$
$x=2$일 때, $y=-(2-1)^2+3=2$
이므로 $x=1$일 때 최댓값 3을 갖는다.

08 삼차방정식 $x^3+ax^2-3x-2=0$의 한 근이 1이므로 $x=1$을 대입하여 풀면
$1^3+a\times1^2-3\times1-2=0$, $1+a-3-2=0$
$\therefore a=4$

09 연립방정식 $\begin{cases} x+y=4 & \cdots\cdots ㉠ \\ x^2-y^2=a & \cdots\cdots ㉡ \end{cases}$에 대하여
$x=3$, $y=b$를 ㉠에 대입하여 풀면 $3+b=4$
$\therefore b=1$
$x=3$, $y=1$을 ㉡에 대입하여 풀면
$3^2-1^2=9-1=a$
$\therefore a=8$
$\therefore a+b=8+1=9$

10 $|x-3|\le3$에서
$-3\le x-3\le3$
$\therefore 0\le x\le6$
이것을 수직선 위에 나타내면

$\therefore a=0$

11 좌표평면 위의 두 점 $\mathrm{A}(-3, -2)$, $\mathrm{B}(1, 4)$에 대하여 선분 AB의 중점을 $\mathrm{M}(x, y)$라 하면
$x=\dfrac{-3+1}{2}=\dfrac{-2}{2}=-1$
$y=\dfrac{-2+4}{2}=\dfrac{2}{2}=1$
$\therefore \mathrm{M}(-1, 1)$

12 구하는 직선의 방정식을 $y=ax+b$라 하자.
직선 $y=x-1$에 수직이므로
$1\times a=-1$
$\therefore a=-1$

또, 이 직선이 $(0, 3)$을 지나므로 $x=0$, $y=3$을 대입하여 풀면 $b=3$
따라서 구하는 직선의 방정식은
$y=-x+3$

13 원의 반지름의 길이를 r라 할 때
$r=\sqrt{3^2+(-1)^2}=\sqrt{10}$
따라서 구하는 원의 방정식은
$(x-3)^2+(y+1)^2=(\sqrt{10})^2$,
즉 $(x-3)^2+(y+1)^2=10$

14 좌표평면 위의 점 $(3, 4)$를 x축의 방향으로 -1만큼 이동한 점의 x좌표는
$3-1=2$
좌표평면 위의 점 $(3, 4)$를 y축의 방향으로 -3만큼 이동한 점의 y좌표는
$4-3=1$
따라서 구하는 점의 좌표는 $(2, 1)$이다.

15 두 집합 $A=\{1, 2, 3, 4\}$, $B=\{3, 4, 6\}$에 대하여
$A-B=\{1, 2\}$
$\therefore n(A-B)=2$

16 명제 '$x=2$이면 $x^3=8$이다.'의 대우는 '$x^3\ne8$이면 $x\ne2$이다.'이다.

17 함수 $f:X\to Y$가 문제에 주어진 그림과 같을 때
$f(1)=5$, $f(3)=9$, $f(5)=7$, $f(7)=3$
$\therefore f^{-1}(5)=1$

18 유리함수 $y=\dfrac{1}{x}$의 그래프를 x축의 방향으로 a만큼 평행이동한 유리함수의 그래프는
$y=\dfrac{1}{x-a}$ $\cdots\cdots ㉠$
이때 ㉠은 유리함수 $y=\dfrac{1}{x-1}$의 그래프와 일치하므로
$a=1$

19 구하는 경우의 수는 서로 다른 4개에서 3개를 골라 일렬로 나열하는 순열의 수와 같으므로
$_4\mathrm{P}_3=4\times3\times2=24$

20 구하는 경우의 수는 서로 다른 5개에서 3개를 선택하는 조합의 수와 같으므로
$_5\mathrm{C}_3=\dfrac{5\times4\times3}{3\times2\times1}=10$

제3교시 영어

01 ②	02 ③	03 ①	04 ③	05 ①
06 ②	07 ④	08 ②	09 ④	10 ②
11 ②	12 ①	13 ③	14 ③	15 ②
16 ①	17 ④	18 ③	19 ④	20 ①
21 ③	22 ③	23 ④	24 ①	25 ④

01 밑줄 친 'confidence'는 '자신감, 신뢰'라는 뜻이다.
① logical power
③ doubt
④ creativity
• need to: ~을 할 필요가 있다, ~해야 한다
• have confidence: 자신감을 갖다

> 영어를 잘 말하기 위해서, 너는 자신감을 가져야 한다.

02 밑줄 친 'deal with'는 '처리하다, ~을 다루다'라는 뜻이다.
① produce
② delay
④ enlarge
• have to: ~해야 한다
• food shortage: 식량 부족

해석
> 그 국가는 식량 부족 문제를 처리해야만 하였다.

03 밑줄 친 'as a result'는 '그 결과'라는 뜻이다.
② in fact
③ for example
④ unfortunately
• sunlight: 햇빛, 햇살
• come in through: ~을 통해 들어가다

해석
> 햇빛이 창문을 통해서 들어가서, 그 결과 집이 따뜻해진다.

04 밑줄 친 'bitter(맛이 쓴)'와 'sweet(달콤한, 단)'는 ①, ②, ④와 같이 서로 반의어 관계인데, fine(좋은) – good(좋은)은 유의어 관계이다.
① 새로운 – 오래된
② 깨끗한 – 더러운
④ 쉬운 – 어려운
• patience: 인내
• fruit: 과일, 열매

> 인내는 쓰지만 그 열매는 달다.

05 지문은 축제 안내문으로, 장소(Gimchi Museum), 행사 내용(Learning to make gimchi, Tasting various gimchi), 입장료(5,000 won)는 나와 있는데, 날짜는 언급되어 있지 않다.
• festival: 축제, 기념제
• museum: 박물관, 미술관
• tasting: 맛보기
• various: 여러 가지의, 각양각색의
• traditional: 전통의

> **김치 축제**
> **장소**: 김치 박물관
> **행사 내용**
> ○ 김치 만드는 법 배우기
> ○ 여러 가지 김치 맛보기
> **입장료**: 5,000원
> 오셔서 전통적인 한국 음식을 맛보세요!

06 첫 번째 문장의 빈칸 다음에 장소(in front of the restaurant)가 나오므로 문맥상 빈칸에는 '만나다'를 뜻하는 'meet'이 적절하다. 두 번째 문장의 빈칸 다음에 목적어(guest's needs)가 나오므로 문맥상 빈칸에는 '(필요·요구 등을) 충족시키다'를 뜻하는 'meet'이 적절하다.
① 잠수하다
③ 입고 있다
④ 발생하다, 벌어지다
• in front of: ~의 앞쪽에, 앞에
• hotel manager: 호텔 지배인
• do one's best: 최선을 다하다
• guest: 손님, 투숙객
• need: 필요, 요구

> ○ 식당 앞에서 2시에 만나자.
> ○ 그 호텔 지배인은 손님들의 요구를 충족시키기 위해 최선을 다하였다.

07 첫 번째 문장의 빈칸 다음에 'are you going to come home(집에 올 예정이니?)'라고 하였으므로 문맥상 빈칸에는 시간을 물어보는 'when(언제)'이 적절하다. 두 번째 문장의 빈칸 앞에서 '음악을 듣는 것이 도움이 될 수 있다'고 하였고, 빈칸 다음에 'you feel bad'가 나오므로 문맥상 빈칸에는 'when(~할 때)'이 적절하다.
• be going to: ~할 것이다, ~할 셈이다
• listen to music: 음악을 듣다
• helpful: 도움이 되는

08 첫 번째 문장에서 빈칸 다음의 you로 미루어 문맥상 빈칸에는 '~를 위해서'를 뜻하는 전치사 'for'가 적절하다. 두 번째 문장에서 빈칸 다음에 bus가 있고 wait for는 '~를 기다리다'의 뜻이므로 빈칸에는 전치사 'for'가 적절하다.
• welcome: 맞이하다, 환영하다
• spend: (시간을) 보내다[들이다]
• almost: 거의
• wait for: ~를 기다리다

09 대화문에서 A가 도움이 필요한 아이들을 위해서 무언가 하기를 원하는데 쉽지 않을 것 같다고 걱정하자 밑줄 친 문장 앞에서 B가 걱정하지 말라고 하였으므로 문맥상 밑줄 친 표현의 의미로 적절한 것은 ④이다.
① Everything has its seed.
② A healthy mind in a healthy body.
③ A man is known by the company he keeps.
• in need: 어려움에 처한, 궁핍한[하여]
• sell: 팔다
• journey: 여행, 여정, 이동
• start with: ~와 함께 출발하다
• single: 단 하나의, 단일의
• step: (발)걸음

10 대화에서 번지 점프를 처음 하는 B가 'I'm really nervous(너무 떨려).'라고 하자 A가 번지 점프는 안전하다고 하면서 괜찮을 거라고 안심시키고 있다. 그러자 마지막에 B가 '~ but I'm still not sure if I want to do it(~ 하지만 내가 그것을 하고 싶은지 아직 모르겠어.)'라고 하였으므로 대화에서 알 수 있는 B의 심정으로 가장 적절한 것은 '불안'이다.
• do bungee jumping: 번지 점프를 하다
• nervous: 불안해하는, 초조해하는, 두려워하는

11 대화에서 A가 'I'm looking for a dinner table for my house (우리 집에 놓을 식탁을 찾고 있어요).'라고 하자, B가 'What type would you like(어떤 타입으로 하시겠어요)?'라고 하였으므로 대화가 이루어지는 장소로 가장 적절한 것은 '가구점'이다.
• look for: 찾다, 구하다
• dinner table: 식탁, 밥상
• Come this way, please.: 이리 오십시오.
• type: 유형, 종류
• round: 동그란, 원형의
• show: 보여 주다

12 지문의 첫 문장에서 'A donation is usually done for kind and good-hearted purposes(기부는 보통 친절하고 마음씨 좋은 목적으로 행해진다).'라고 하였고, 밑줄 친 It이 있는 문장에서 그것은 많은 다양한 형태를 취할 수 있다고 한 다음에, 돈, 식량 혹은 의료를 그 예로 들고 있으므로 밑줄 친 It(it)이 가리키는 것으로 가장 적절한 것은 'donation(기부)'이다.
② 자연
③ 사람들
④ 고통
• donation: 기부, 기증
• good-hearted: 마음씨가 고운
• purpose: 목적
• form: 종류, 유형, 방식[형태]
• for example: 예를 들어
• medical care: 의료, 건강 관리
• suffer from: ~로 고통 받다
• natural disaster: 자연 재해

13 대화에서 A가 Mary의 생일이 다가오고 있다고 하자, B가 폰 케이스를 주는 것은 어떠냐고 물었으므로 문맥상 대화의 빈칸에 들어갈 말로 가장 적절한 것은 'Why don't we buy her a gift(그녀에게 선물을 사주는 게 어때)'이다.
① 그게 뭔데
② 그거 어디서 구했니
④ 너는 방과 후에 보통 무엇을 하니
• good idea!: 좋은 생각이야!
• what about ~?: ~하는 게 어때?(제안을 나타냄)
• phone case: 휴대폰 케이스
• how about ~?: ~는 어때요?(제의를 할 때 씀)
• mug: 머그잔

> **[해석]**
>
> A: Mary의 생일이 다가오고 있어. <u>그녀에게 선물을 사주는 게 어때?</u>
> B: 좋은 생각이야. 그녀에게 휴대폰 케이스를 주는 건 어때?
> A: 그녀는 방금 새것이 생겼어. 커피 머그잔 어때?
> B: 완벽해! 그녀는 커피 마시는 것을 좋아해.

14 대화에서 A가 'What do you do for a living(어떤 일을 하세요)?'라고 물었으므로 그에 대한 대답으로 가장 적절한 것은 'I teach high school students(나는 고등학생들을 가르쳐요)'이다.
① 나는 여름보다 겨울을 더 좋아해
② 그건 내가 원하던 게 아니었어
④ 해변까지 가는 데 한 시간 걸릴 거야
• What do you do for a living?: 어떤 일을 하세요?
• prefer to: ~보다 선호하다
• get to: ~에 도착하다
• beach: 해변, 바닷가

> **[해석]**
>
> A: 어떤 일을 하세요?
> B: <u>나는 고등학생들을 가르쳐요.</u>

15 대화에서 A가 어떤 직업을 가져야 할지 모르겠다고 하자 B가 이에 도움이 되는 내용을 제안해 주고 있으므로 대화의 주제로 가장 적절한 것은 '진로 선택을 위한 조언'이다.
• career: 직업, 경력
• experience: 경험
• participate: 참가하다
• sure: 확신하는

> **[해석]**
>
> A: 앞으로 무슨 직업을 갖고 싶은지 모르겠어.
> B: 다양한 분야에서 경험을 쌓아보는 게 어때?
> A: 음. 어떻게 하면 그럴 수 있을까?
> B: 직업 체험 프로그램에 참여하는 게 어때? 도움이 될 거라고 확신해.

16 첫 번째 문장에서 'We would like to ask you~(여러분이 ~하기를 부탁드리고 싶습니다)'라고 한 다음, 이어서 일부 방문객들의 부주의한 행동으로 인해 공원을 청결하게 유지하는 데 어려움을 겪고 있다고 그 이유를 설명하고 있으므로 글을 쓴 목적으로 가장 적절한 것은 '요청하려고'이다.
• put: 놓다
• trash: 쓰레기
• trash can: 쓰레기통
• have difficulty in: ~하는 데 어려움이 있다
• keep: 계속하다, 유지하다
• careless: 부주의한
• visitor: 방문객
• cooperation: 협력

> **[해석]**
>
> 저희는 여러분이 공원에서 쓰레기를 쓰레기통에 넣기를 부탁드리고 싶습니다. 일부 방문객들의 부주의한 행동으로 인해 공원을 청결하게 유지하는 데 어려움을 겪고 있습니다. 여러분들의 협조가 필요합니다. 감사합니다.

17 마지막 문장에서 'Every child should bring a swim suit and lunch each day(모든 어린이는 매일 수영복과 점심을 가져와야 합니다).'라고 하였으므로 안내문의 내용과 일치하지 않는 것은 ④이다.
① 첫 번째 문장에서 'Fun and safe sports programs for children aged 7~12'라고 하였으므로 안내문의 내용과 일치한다.
② 두 번째 문장에서 'From August 1st to August 7th'라고 하였으므로 안내문의 내용과 일치한다.
③ 세 번째 문장에서 'What you will do: Badminton, Basketball, Soccer, Swimming'이라고 하였으므로 안내문의 내용과 일치한다.
• fun: 재미있는
• program: 프로그램
• children: 어린이들(child의 복수)
• aged: (나이가) ~살의
• basketball: 농구
• every: 모든
• swim suit: 수영복

> **[해석]**
>
> **여름 스포츠 캠프**
> ○ 7~12세까지 어린이 대상의 즐겁고 안전한 스포츠 프로그램
> ○ 8월 1일부터 8월 7일
> ○ 여러분이 하실 것들: 배드민턴, 농구, 축구, 수영
> * 모든 어린이는 매일 수영복과 점심을 가져와야 합니다.

18 네 번째 문장에서 'Our student reporters will evaluate your articles(저희 학생 기자들이 여러분의 기사들을 평가할 것입니다).'라고 하였으므로 학교 신문 기자 모집에 대한 설명과 일치하지 않는 것은 ③이다.
• look for: 찾다
• reporter: 기자
• submit: 복종하다, 제출하다
• school life: 학교 생활
• evaluate: 평가하다
• deadline: 마감 시간, 최종 기한
• September: 9월

> **해석**
> 학교 신문 기자를 찾고 있습니다. 관심이 있으면 학교 생활에 대한 세 가지 기사를 제출해 주십시오. 각각의 기사는 500단어 이상이어야 합니다. 저희 학생 기자들이 여러분의 기사들을 평가할 것입니다. 마감일은 9월 5일까지입니다.

19 첫 번째 문장에서 'Gestures can have different meanings in different countries(제스처는 나라마다 다른 의미를 지닐 수 있다).'라고 하였고, 프랑스에서 OK 신호가 의미하는 내용을 예로 들고 있으므로 글의 주제로 가장 적절한 것은 '국가별 제스처의 의미 차이'이다.
• gesture: 제스처, 몸짓
• meaning: 의미
• sign: 신호, 기호
• mean: ~을 의미하다
• however: 그러나

> **해석**
> 제스처는 다른 나라들에서는 다른 의미를 지닐 수 있다. 예를 들어, 대부분의 나라에서 OK 신호는 "좋아" 또는 "괜찮아"를 의미한다. 그러나 프랑스에서는 같은 제스처가 "제로(영)"를 의미한다. 프랑스 사람들은 아무것도 없다고 말하고 싶을 때 그것(OK 신호)을 사용한다.

20 첫 문장에서 발전소는 석탄이나 가스 같은 화석연료를 연소함으로써 에너지를 생산한다고 하였고, 빈칸 앞에서 이것이 대기오염을 야기한다고 하였으므로 문맥상 빈칸에는 화석 연료 연소의 결과에 대한 내용이 와야 한다. 따라서 빈칸에 들어갈 말로 가장 적절한 것은 'environment(환경)'이다.
② 물질
③ 제품
④ 무게
• power plant: 발전소
• produce: 생산하다
• air pollution: 대기오염
• influence: 영향을 미치다
• choose: 선택하다
• energy-efficient: 에너지 효율이 좋은

> **해석**
> 많은 발전소는 석탄이나 가스 같은 화석연료를 연소함으로써 에너지를 생산한다. 이것은 대기오염을 야기하고 환경에 영향을 미친다. 그러므로 에너지 효율이 좋은 제품을 선택함으로써 더 적은 에너지를 사용하려고 노력하자. 그것이 지구를 구하는 데 도움이 될 것이다.

21 빈칸 앞에서 개인 정보가 온라인에서 쉽게 도용될 수 있다는 말과 빈칸 다음의 목적어(your information)를 통해 문맥상 빈칸에 들어갈 말로 가장 적절한 것은 'protect(보호하다, 지키다)'임을 알 수 있다.
① 취소하다
② 파괴하다
④ 환불하다
• steal: 훔치다(steal-stole-stolen)
• way: 방법, 방식
• set: 설정하다
• unknown: 알려지지 않은

> **해석**
> 인터넷은 우리 생활을 더 편리하게 해 준다. 우리는 인터넷에서 청구 요금을 지불하고 쇼핑을 할 수 있다. 그러나, 개인정보는 온라인에서 쉽게 도용될 수 있다. 여러분의 정보를 지킬 여러 방법들이 있다. 첫째, 강력한 비밀번호를 설정하라. 둘째, 알지 못하는 링크를 절대 클릭하지 마라.

22 주어진 문장은 요즘에는 지도가 사진으로 만들어지기 때문에 더 정확하다는 내용으로 'But'으로 시작하므로 서로 반대되는 내용 사이에 들어가야 한다. 이전 문장에서 수천 년 전에 사람들은 지도를 그려서 만들었으며 그 지도들은 종종 정확하지 않은 정보를 갖고 있었다고 하였다. 반면 그 다음 문장에서 '이 사진들은 비행기나 인공위성들로부터 찍힌다.'라고 하였으므로 주어진 문장이 들어가기에 적절한 곳은 ③이다.
• nowadays: 요즘에는
• accurate: 정확한
• photograph: 사진
• draw: 그리다(draw-drew-drawn)
• incorrect: 틀린
• satellite: 인공위성

> **해석**
> 수천 년 전에 사람들은 새로운 장소에 가면 지도를 만들었다. 그들은 바닥이나 동굴의 벽에 지도를 그렸는데 그것은 종종 부정확한 정보를 가지고 있었다. 그러나 요즘에는 지도가 사진으로 만들어지기 때문에 더 정확하다. 이 사진들은 비행기나 인공위성에서 찍힌다.

23 세 번째 문장에서 '그러면 어떻게 적절하게 사과할 것인가?'라고 한 후, 다음 문장에서 '여기 여러분이 미안하다고 말할 때 고려해야 할 세 가지가 있다.'라고 마무리 짓고 있으므로 바로 뒤에 이어질 내용으로 적절한 것은 '사과할 때 고려해야 할 것들'이다.

- hurt: ~를 다치게 하다
- feeling: 느낌, 기분
- even if: ~에도 불구하고
- happen: 발생하다
- apologize: 사과하다
- properly: 제대로, 적절하게
- consider: 숙고하다, 고려하다

해석

때때로 우리가 의도하지 않았는데 다른 사람들의 기분을 상하게 한다. 이런 일이 발생하면 사과해야 한다. 그러면 어떻게 적절하게 사과할 것인가? 여기 여러분이 미안하다고 말할 때 고려해야 할 세 가지가 있다.

[24~25]

- have trouble ~ing: ~하는 데 어려움이 있다
- asleep: 잠이 든, 자고 있는
- effect: 결과, 영향

해석

많은 사람들이 잠드는 데 어려움을 겪기 때문에 충분히 수면을 취하지 못한다. 그것은 고혈압 같이 건강에 해로운 영향을 미칠 수 있다. 여러분이 이 규칙들을 따르면 수면 문제를 예방할 수 있다. 첫째, 밤에는 카페인이 든 음료를 마시지 마라. 둘째, 자기 전에 스마트폰을 사용하지 않도록 노력해라. 이것들이 여러분이 쉽게 잠드는 데 도움이 될 것이다.

24 빈칸에서 많은 사람들이 잠드는 데 어려움을 겪고 있다고 한 후, 다음 문장에서 '고혈압(high blood pressure)'을 일례로 들고 있으므로 빈칸에 들어갈 말로 적절한 것은 'harmful(해로운)'이다.
② 도움이 되는
③ 긍정적인
④ 평온한

25 세 번째 문장에서 'You can prevent sleeping problems if you follow these rules(여러분들이 이 규칙들을 따르면 수면 문제를 예방할 수 있다).'라고 한 다음에 수면 문제에 도움이 되는 방법들을 말하고 있으므로 주제로 가장 적절한 것은 '수면 문제를 예방하는 방법'이다.

제4교시 사회

01 ③	02 ②	03 ③	04 ③	05 ④
06 ②	07 ①	08 ②	09 ④	10 ②
11 ①	12 ④	13 ④	14 ④	15 ①
16 ③	17 ④	18 ②	19 ④	20 ②
21 ③	22 ①	23 ②	24 ①	25 ①

01 정주 환경이란 우리가 살아가는 주거 공간과 다양한 주변 환경을 의미하는데, 질 높은 정주 환경을 위해서는 생존에 위협을 받지 않는 안락한 주거 환경이 필요하다.

02 인권은 타인에게 양도하거나 포기할 수 없는 권리이다.

인권의 특징

기본성 (천부성)	인간으로서 누려야 할 기본적이며 필수적인 권리
보편성	성별, 신분, 인종, 종교에 상관없이 모든 사람이 가질 수 있는 권리
불가침성	다른 사람에게 양도하거나 포기할 수 없고, 다른 사람의 인권을 침해할 수 없는 권리
항구성	영구적으로 권리가 보장되는 권리

03 문화를 이해하는 태도 중 합리적인 이유 없이 자기 사회의 문화는 우월하고 다른 사회의 문화는 열등하다고 여기는 태도는 자문화 중심주의이다.
① 문화 사대주의: 자신의 문화는 부정적으로 평가하고, 다른 특정 사회의 문화를 가치 있고 우수한 것으로 여기는 태도이다.
② 문화 상대주의: 문화를 그 사회의 특수한 환경과 역사적 맥락을 고려하여 그 사회의 입장에서 이해하고 존중하는 태도이다.
④ 극단적 문화 상대주의: 인류의 보편적 가치를 해치는 행위에 대해서도 문화 상대주의를 적용하는 태도이다.

04 ㉠에 들어갈 용어는 사회적 소수자이다. 사회적 소수자의 차별은 인간의 존엄성을 훼손하고, 사회적 갈등 등을 유발하여 사회 통합을 저해한다. 따라서 편견이나 고정 관념을 타파하고 배려와 신뢰의 자세를 갖추는 등 개인적 및 사회적 차원의 해결 방안을 모색해야 한다.

05 법원의 제청에 의한 법률의 위헌 여부 심판과 법률이 정하는 헌법 소원에 관한 심판을 관장하는 기관은 헌법 재판소이다. 헌법 재판소는 이 밖에도 탄핵의 심판, 정당의 해산 심판, 국가기관 상호 간, 국가기관과 지방자치단체 간 및 지방자치단체 상호 간의 권한쟁의에 관한 심판을 담당하며, 9명의 재판관으로 구성된다.

06 제시된 설명은 기회비용에 대한 것이다. 기회비용은 명시적 비용과 암묵적 비용으로 구성되는데, 명시적 비용은 선택의 대가로 지불되는 현금을 의미하며, 암묵적 비용은 이 선택을 하지 않고 차선의 선택을 하였을 때 얻을 수 있었던 이익에 해당한다.
① 편익: 선택으로 얻어지는 경제적 이득이나 심리적 만족감을 의미한다.
③ 매몰비용: 이미 발생하여 되돌릴 수 없는 비용으로, 선택의 번복 여부와 무관하게 회수할 수 없는 비용이다.
④ 물가 지수: 물가의 변화를 측정하기 위해 작성되는 통계수치이다.

07 ㉠에 해당하는 것은 공공재이다. 공공재는 시장에 맡길 경우 공급 부족이 나타날 수 있으며, 반대로 과소비할 경우 자원이 고갈되어 공공재의 공급이 중단될 수 있다.

08 주식회사가 사업 자금 조달을 위해 발행하는 것은 주식이다. 주식은 시세차익과 배당수익을 통해 이익을 실현할 수 있지만, 자산 변동이 심해서 다른 금융 자산에 비해 안전성이 낮은 특징을 갖고 있다.
시세차익과 배당수익
• 시세차익: 시장에서 물건 가격이 변동함에 따라 얻게 되는 이익금이다.
• 배당수익: 주식회사가 회사를 운영하면서 얻은 이익금의 일부를 현금이나 주식의 형태로 자본금을 낸 주주들에게 나누어 주는 이익금이다.

09 제시된 사회 복지 제도는 사회 보험이다. 이는 국민에게 발생하는 사회적 위험(질병, 노령, 실업, 사망, 재해 등)을 사전에 대비하고자 하는 것으로, 국민 건강 보험, 고용 보험, 국민연금 등이 있으며, 강제 가입, 상호 부조, 수혜자, 국가, 기업 부담, 능력별 부담 등의 특징을 가진다.
① 개인 보험: 개개인이 각자의 생명, 재산, 배상 책임 등에 관한 경제적 보장을 위해 임의로 이용하는 보험이다.
② 공공 부조: 생활 유지 능력이 부족한 사람들의 최저 생활 보장과 자립 지원을 위한 것으로 직접 금품을 제공하거나 무료·감면 혜택을 주는 것이다.
③ 기초 연금: 65세 이상의 어르신 중 선정 기준에 맞춰 생활의 기초가 되는 연금을 제공하는 제도이다.

10 제시된 설명은 발명에 대한 것이다. 발명의 예로는 전화, 컴퓨터, 안경 등이 있다.
① 발견: 문화 변동의 내재적 요인 중 하나로, 존재했지만 알려지지 않은 문화 요소를 뒤늦게 찾아낸 것이다.
③ 간접 전파: 문화 변동의 외재적 요인 중 하나로, 텔레비전, 인터넷, 인쇄물 등의 매체를 통해서 이루어지는 문화 전파를 말한다.
④ 직접 전파: 문화 변동의 외재적 요인 중 하나로, 두 문화 간의 직접적인 접촉을 통해서 이루어지는 문화 전파이다.

11 규모의 경제는 기업 입장에서 재화 및 서비스의 생산량이 증가할수록 생산의 평균비용이 감소하는 현상으로, 이로 인해 기업은 더 큰 이익을 얻을 수 있다.

12 샐러드 볼 정책은 다양한 채소와 과일이 샐러드 볼에서 조화를 이루듯이 서로 다른 문화가 각각의 정체성을 유지하면서 조화롭게 공존하도록 하는 정책이다.
① 뉴딜 정책: 미국의 루스벨트 대통령이 경제 공황에 대처하기 위하여 시행한 경제 부흥 정책이다. 종래의 무제한적인 경제적 자유주의를 수정하여 정부가 경제 활동에 적극적으로 개입해서 경기를 조정해야 한다는 기본 방침하에 시행되었다.
② 셧다운 정책: 정부가 필수 기능만 남기고 업무, 공장, 사업 비즈니스 등의 업무를 정지시키는 정책이다.
③ 용광로 정책: 용광로가 철광석을 녹이듯 기존의 문화에 여러 문화를 녹여 융합시키려는 정책이다.

13 자유주의적 정의관은 국가가 간섭을 최소한으로 줄이고 개인의 자유와 권리를 최대한 보장해야 한다는 관점이다.
자유주의적 정의관의 특징
• 국가가 개인의 자유와 권리를 최대한 보장하는 것이 사회 공익적 차원에서 더욱 효율적인 결과를 도출한다.
• 개인의 자유로운 선택과 자율성을 최대한으로 허용한다.
• 자유 경쟁을 통해 공정하게 얻어진 개인의 이익을 보장한다.
• 지나친 사익 추구로 타인이나 사회 공동체의 이익을 침해하여 사회적 갈등을 유발할 수 있다.

14 지구의 허파라 불리는 열대림 지역은 적도 부근의 아마조니아 지역으로, D 지역이다. 이 지역은 대량의 수목이 밀집되어 있는 지역으로, 광합성으로 인해 발생한 대량의 산소를 지구에 공급한다. 그러나 최근에는 벌목 등 무분별한 개발로 동식물의 서식지가 파괴되고 있으며, 생물 종 다양성이 감소되고 있다.

15 제시된 현상은 도시화이다. 도시화로 인해 농경지는 감소하였다.

16 ㉠에 들어갈 종교는 이슬람교이다. 이슬람교도들은 매일 다섯 번씩 메카를 향해 기도하는 종교적 특징을 가지고 있다. 모스크는 이슬람교의 예배당에 해당한다.

17 열대 기후 지역은 연중 고온 다습하다. 따라서 얇고 간편한 의복, 기름·향신료를 사용한 음식, 개방적 가옥 구조, 벼농사, 이동식 화전 농업 등의 생활 양식을 가진다.
ㄱ. 순록 유목은 한대 기후 지역의 생활 양식이다.
ㄴ. 오아시스 농업은 건조 기후 지역의 생활 양식이다.

18 제시된 지역은 북극해이다. 북극해는 지구 온난화 등의 기후 변화로 인해 빙하가 녹으면서 접근이 용이해지고 석유, 천연가스 등 막대한 심해 자원의 개발 가능성이 대두되고 있는 지역으로, 이와 접해 있는 주변 국가들의 영유권 갈등이 나타나고 있다.

19 제시된 설명은 지속 가능한 발전에 대한 것으로, 미래 세대가 필요로 하는 자원과 환경을 훼손하지 않는 범위에서 현재 세대의 필요를 충족시키는 발전 방향을 의미한다. 이러한 지속 가능한 발전은 생태계의 유지, 경제 성장의 회복 그리고 기술의 발전 등의 내용을 담고 있다.

20 인간과 자연환경이 조화를 이루며 공생할 수 있는 체계를 지향하는 도시는 생태 도시이다. 브라질의 쿠리치바는 심각한 환경 오염을 겪는 도시였으나 다양한 친환경 정책들로 세계적인 녹색 도시이자 생태 도시로 탈바꿈하였으며, 스웨덴의 예테보리 역시 시민들의 자발적 참여를 통한 친환경적 수변 재개발로 생태 도시로 거듭났다.

21 인간 중심주의 자연관은 자연을 인간의 이익이나 필요에 의해 평가·고려하는 관점이고, 생태 중심주의 자연관은 인간을 자연의 일부로 인식하며, 생태계의 균형과 안정을 중시하는 관점이다.

22 석유는 화석 에너지 자원으로, 고갈 위험이 있으며, 환경 문제를 일으킨다.
② 18세기 산업 혁명의 원동력이 된 것은 석유, 석탄과 같은 화석 연료 에너지이다.
③ 석유는 태양광에 비해 고갈 위험이 높다.
④ 태양광은 석유보다 세계 에너지 소비 비중이 낮다.

23 ㉠에 해당하는 내용은 저출산이다.

저출산 문제

원인	여성의 사회 진출, 결혼·출산에 대한 가치관 변화 등
해결 방안	• 출산 및 육아 비용 지원 • 양육 및 보육 시설 확충 • 유급 출산 휴가 기간의 연장 • 여성의 사회 활동 보장을 위한 법과 제도 마련

24 자연 재해 중 강한 바람과 많은 비를 동반하여 피해를 주는 열대 저기압은 태풍이며, 지각판의 경계에서 주로 발생하고, 땅이 갈라지고 흔들리면서 도로 등이 붕괴되는 것은 지진이다.
• 화산: 지형적 요인에 의한 자연 재해로, 용암 및 화산재의 분출이 일어난다.
• 한파: 기후적 요인에 의한 자연 재해로, 겨울철 급격한 기온 하강을 일으키는 현상이다.
• 황사: 기후 및 지형적 요인에 의한 자연 재해로, 작은 모래나 먼지가 바람을 타고 이동하다 떨어지는 현상이다.

25 주권 국가들을 구성원으로 하고 있으며, 다양한 국제 사회의 문제를 조정하는 역할을 하는 정부 간 국제기구는 국제연합(UN)이다. 정부 간 국제기구에는 국제연합(UN)를 비롯하여 유럽 연합(EU), 세계 무역 기구(WTO), 경제 협력 개발 기구(OECD), 국제 통화 기금(IMF) 등이 있다.
② 그린피스: 국제 비정부 기구로, 환경 보호 단체이다.
③ 다국적 기업: 세계 각지에 자회사를 두고 생산·판매 활동 등을 국제적 규모로 수행하는 기업이다.
④ 국경 없는 의사회: 국제 비정부 기구로, 의료 구호 단체이다.

제5교시 과학

01 ②	02 ③	03 ①	04 ③	05 ③
06 ④	07 ②	08 ②	09 ④	10 ①
11 ①	12 ②	13 ④	14 ③	15 ④
16 ②	17 ③	18 ④	19 ③	20 ②
21 ②	22 ①	23 ③	24 ①	25 ②

01 수평 방향으로 던진 물체의 경우, 수평 방향으로는 힘이 작용하지 않는다.
① 수평 방향으로 힘이 작용하지 않으므로 수평 방향으로는 속력이 일정한 등속 직선 운동을 한다.
③ 연직 아래 방향으로는 중력이 작용하므로 속력이 점점 증가하는 등가속도 운동을 한다.
④ 연직 아래 방향으로는 지구에 의해 계속 중력이 작용한다.

02 물체가 받은 충격량은 운동량의 변화량과 같다.

> 충격량 = 운동량의 변화량
> = 나중 운동량 − 처음 운동량

따라서 이 물체가 받은 충격량은 나중 운동량에서 처음 운동량을 뺀 $3 \, kg \cdot m/s = 3 \, N \cdot s$이다.

03 열기관의 열효율(%) $= \dfrac{\text{열기관이 한 일}(W)}{\text{공급한 열에너지}(Q)} \times 100$이므로
공급된 열이 $200 \, J$이고 이 열기관이 외부에 한 일이 $40 \, J$일 때, 이 열기관의 열효율(%)은 $\dfrac{40 J}{200 J} \times 100 = 20 \, \%$이다.

04 전력 수송 과정 중 변전소에서는 전압을 변화시킨다. 초고압 변전소에서 전압을 높여 송전하고, 1·2차 변전소를 거쳐 전압을 낮춘 후 최종적으로 주상 변압기를 거쳐 가정으로 전력을 공급한다. 송전 과정에서 송전선의 저항에 의해 열이 발생하므로 전기 에너지의 일부가 손실된다.
ㄴ. 송전 전압을 높게 해야 전력 손실을 줄일 수 있다.

05 핵발전은 우라늄과 같은 방사성 원소를 핵분열시켜 발생하는 열에너지를 이용하여 뜨거운 증기를 만들고, 그 힘으로 터빈을 돌려 전기를 생산한다. 핵발전은 방사능 누출에 대비해야 하며, 발전 과정에서 발생하는 방사능 폐기물 처리가 어렵다.
ㄷ. 화력 발전과 달리 이산화 탄소를 거의 배출하지 않는다.

06 태양 전지를 이용하여 태양의 빛에너지를 전기 에너지로 직접 전환하는 발전 방식은 태양광 발전이다.
① 수력 발전: 물의 위치(퍼텐셜) 에너지 → 운동 에너지 → 전기 에너지
② 풍력 발전: 바람의 운동 에너지 → 전기 에너지
③ 화력 발전: 석탄 등 화학 에너지 → 열에너지 → 운동 에너지 → 전기 에너지

07 원소 (가)는 2주기 1족 원소이므로 리튬(Li)이며, (나)는 2주기 17족 원소이므로 플루오린(F)이다. (가)와 (나) 모두 같은 2주기 원소들이다.
① (가)는 1족, (나)는 17족이다.
③ (가)의 원자 번호는 3, (나)의 원자 번호는 9이다.
④ (가)는 금속 원소, (나)는 비금속 원소이다.

08 염화 나트륨(NaCl)은 물에 녹으면 양이온(Na^+)과 음이온(Cl^-)으로 나누어진다.
ㄱ. 염화 나트륨(NaCl)은 양이온과 음이온이 연속적으로 결합한 이온 결합 물질이다.
ㄴ. 염화 나트륨(NaCl)은 고체 상태에서는 전기 전도성이 없으나, 액체 상태와 수용액 상태에서는 전기 전도성이 있다.

09 그래핀은 탄소(C) 원자가 육각형 벌집 모양으로 연결되어 평면적인 구조를 이루고 있다. 그래핀은 전기 전도성이 있으며 단단하면서도 유연성이 있어 휘어지는 디스플레이, 차세대 반도체 소재 등에 이용된다.
ㄱ. 그래핀은 탄소(C) 원자로 이루어져 있다.

10 MgO은 생성물, Mg과 O_2는 반응물이다.
② 반응물은 Mg(마그네슘)과 O_2(산소) 2가지이다.
③ Mg은 산소와 결합하므로 산화된다.
④ O_2는 전자를 얻어 환원된다.

11 HCl(염산)은 물에 녹아 수소 이온(H^+)을 내놓으므로 산성을 나타낸다.
② $KOH \rightarrow K^+ + OH^-$
③ $NaOH \rightarrow Na^+ + OH^-$
④ $Ca(OH)_2 \rightarrow Ca^{2+} + 2OH^-$

12 단백질의 단위체는 아미노산이다.

단백질

구성 단위체	아미노산
형성 과정	20여 종의 아미노산이 펩타이드 결합으로 연결되어 형성된다.
기능 및 역할	• 근육, 뼈 등을 구성한다. • 세포막의 구성 성분이다. • 항체의 주성분으로, 몸을 방어한다. • 효소의 주성분으로, 생체 촉매 역할을 한다. • 호르몬의 주성분으로, 생리 작용을 조절한다. • 에너지원으로 사용된다.

13 빛에너지를 흡수하여 포도당을 합성하는 것은 D(엽록체)이다.
① A(핵): 세포의 생명 활동을 조절한다.
② B(리보솜): 단백질의 합성 장소이다.
③ C(세포벽): 세포를 보호하고 모양을 유지한다.

14 물질대사는 생명체 내에서 일어나는 모든 화학 반응으로, 생체 촉매(효소)가 관여한다. 세포 호흡은 물질대사에 속하며 효소는 생체촉매로, 물질대사에서 반응 속도를 변화시키는 물질이다.
ㄴ. 물질대사는 에너지의 출입이 반드시 일어난다. 에너지를 흡수하는 작용은 동화 작용, 에너지를 방출하는 작용은 이화 작용이다.

15 전사된 RNA는 DNA의 한쪽 가닥과 상보적인 염기 서열로 만들어진 것이다. 따라서 ㉠은 A(아데닌)와 상보적인 염기인 U(유라실), ㉡은 G(구아닌)와 상보적인 염기인 C(사이토신)에 해당한다.

핵산의 염기

DNA의 염기	RNA의 염기
아데닌(A), 구아닌(G), 사이토신(C), 타이민(T)	아데닌(A), 구아닌(G), 사이토신(C), 유라실(U)

상보 결합
항상 정해진 염기하고만 짝을 이루는 결합으로, DNA에서 아데닌(A)은 타이민(T)과, 사이토신(C)은 구아닌(G)과 상보적으로 결합한다. RNA의 염기에는 타이민(T)이 없고 유라실(U)이 있으므로 아데닌(A)에 상보적인 염기는 유라실(U)이 된다.

16 생물 다양성 중 유전적 다양성은 개체군 내 존재하는 유전자의 변이가 다양한 정도를 의미한다. 유전적 다양성이 높을수록 급격한 환경 변화에도 적응하여 살아남는 개체가 존재할 가능성이 높다.
ㄱ. 종 다양성은 동물뿐만 아니라 생태계에 존재하는 다양한 생물종에서 나타난다.
ㄴ. 생태계가 다양할수록 서식지와 환경 요인도 다양하므로 종 다양성도 높아진다.

17 온도에 따른 생물의 적응 현상에 해당한다. 사막은 덥기 때문에 사막여우는 열을 잘 방출하기 위해 몸집이 작고 몸의 말단부인 귀가 크다.

18 안정된 생태계는 상위 영양 단계로 갈수록 에너지 양이 줄어든다.
① 식물은 생산자에 해당한다.
② 안정된 생태계는 상위 영양 단계로 갈수록 생물량이 줄어든다. 따라서 생물량은 생산자가 가장 많다.
③ 초식동물은 1차 소비자에 해당한다.

19 적색 거성 중심부가 수축하여 밀도가 커지고 온도가 올라가면 헬륨(He)의 핵융합 반응으로 탄소 및 산소가 생성된다. 질량이 태양의 10배 이상인 별에서 핵융합 반응이 멈추면 초신성 폭발이 일어나 철보다 무거운 원소인 금, 구리, 우라늄 등이 생성된다.
ㄷ. 질량이 태양과 비슷한 별의 중심은 헬륨이 고갈되면 핵융합 반응이 중단되며, 바깥층은 팽창하여 행성상 성운이 되고, 중심부는 수축하여 백색 왜성이 된다.

20 식물(생물권)이 이산화 탄소를 대기(기권)로부터 흡수하는 과정은 생물권과 기권의 상호 작용에 해당한다.

21 삼엽충이 번성한 시기는 B(고생대)이다.
① A: 선캄브리아대
③ C: 중생대
④ D: 신생대

22 A는 지각과 상부 맨틀의 일부를 포함한 암석권(＝판)이다.
② B: 대륙 지각이다.
③ C: 연약권으로, 고체이지만 맨틀 물질이 부분적으로 녹아 유동성이 있다.
④ D: 해양 지각이다.

23 A는 혼합층으로, 바람에 의해 해수가 잘 섞이므로 깊이에 따른 수온 변화가 거의 없다. B는 수온약층으로, 깊이가 깊어질수록 수온이 급격히 낮아진다. C는 심해층으로, 태양 복사 에너지가 거의 도달하지 못하여 수온이 매우 낮다.
ㄷ. 수온은 A에서가 C에서보다 높다.

24 빅뱅 우주론에 따르면, 우주는 계속 팽창하면서 온도가 낮아진다.
ㄴ·ㄷ. 빅뱅 이후 입자의 생성 순서는 기본 입자(쿼크, 전자) 생성 → 수소 원자핵(양성자), 중성자 생성 → 헬륨 원자핵 생성 → 수소 원자, 헬륨 원자 생성이다.

25 지구 온난화로 인한 빙하의 융해로 해수면의 평균 높이가 상승하였다. 지구 온난화로 인해 지구의 평균 기온은 상승하였다.
ㄷ. 빙하의 융해로 대륙 빙하의 분포 면적은 감소하였다.

제6교시 **한국사**

01 ①	02 ④	03 ③	04 ①	05 ④
06 ④	07 ③	08 ①	09 ①	10 ④
11 ③	12 ②	13 ③	14 ②	15 ①
16 ②	17 ③	18 ②	19 ①	20 ④
21 ③	22 ③	23 ①	24 ②	25 ④

01 주먹도끼는 구석기 시대의 대표적 뗀석기 유물로 찍개, 슴베찌르개 등과 함께 짐승을 사냥하거나 가죽을 벗기는 용도로 사용하였다.
② 발해
③ 청동기 시대
④ 신석기 시대

02 고구려 광개토 대왕은 '영락'이라는 독자적 연호를 사용하고, 신라의 요청으로 군대를 보내 신라에 침입한 왜를 격퇴하였다. 또한, 선비족과 부여, 말갈을 정벌하여 고구려의 영토를 요동 지방까지 크게 확대하였다.

03 식목도감과 함께 고려의 독자적인 정치 기구인 도병마사는 국방 및 군사 문제를 논의하던 임시 회의 기구이다. 이후 원 간섭기 충렬왕 때 도평의사사로 명칭이 바뀌면서 최고 정무 기구가 되었다.

04 조선 성종은 경연을 활성화하고, 집현전을 계승한 홍문관을 설치하였다. 또한, 조선 세조 때 편찬하기 시작한 조선의 기본 법전인 『경국대전』을 완성하여 반포하였다. 이에 조선 초기 국가 통치 방향과 유교적 통치 체제가 확립되었다.

05 경북 경주시에 위치한 석굴암은 통일 신라 시대에 불국사와 함께 만들어진 건축물로, 국보 제24호로 지정되어 있다. 내부에는 석굴암 본존불이 안치되어 있으며, 그 가치를 인정받아 유네스코 세계 문화유산으로 등재되었다.

06 고종이 어린 나이에 왕위에 오르면서 정치적 실권을 잡은 흥선 대원군은 혼란에 빠진 국가 체제를 정비하기 위해 각종 개혁 정책을 실시하였다. 국가의 재정을 악화시키고 백성을 수탈하는 전국의 서원을 47개를 제외하고 철폐하였으며, 양반에게도 군포를 부과하는 호포제를 시행하여 군정의 문란을 해결하고자 하였다. 또한, 왕실의 권위 회복을 목적으로 임진왜란 때 불탔던 경복궁을 중건하면서 이에 필요한 비용을 마련하고자 당백전을 발행하고, 원납전을 징수하였다.
조선 세종은 우리나라의 독창적인 문자인 훈민정음을 창제하고 반포하였다.

07 상평통보는 조선 인조 때 처음 주조 · 유통되다가 중지되었고, 숙종 때 허적의 건의에 따라 다시 주조하기 시작하였다. 상평통보가 점차 전국적으로 유통되자 공식 화폐로 지정하고 화폐의 사용을 장려하기 위해 죄를 지은 사람들의 벌금이나 세금을 상평통보로 받았다. 상업이 발달한 18세기 후반부터는 일상생활에서 널리 쓰이게 되었다.

08 다음 사건은 강화도에 대한 설명이다. 고려 시대 최씨 무신 정권기에 몽골이 침략하자 최우는 수도를 강화도로 옮기고 장기 항쟁을 준비하였다. 조선 시대에는 병인박해를 빌미로 로즈 제독이 이끄는 프랑스 군대가 강화도 양화진을 침략하여 병인양요가 발생하였다. 이때 프랑스 군대는 외규장각을 불태우고 의궤 등을 약탈하였다.

09 갑신정변 이후 미국에서 돌아온 서재필은 정부의 지원을 받아 우리나라 최초의 민간 신문인 독립신문을 창간하였다. 이는 최초의 한글 신문이었으며, 외국인을 위한 영문판도 제작되었다.

10 전라도 고부 군수 조병갑의 횡포에 견디다 못한 농민들이 동학교도인 전봉준을 중심으로 동학 농민 운동을 일으켰다. 이들은 황토현 전투에서 승리한 후 전주성을 점령하였다. 이후 정부와 전부 화약을 맺고 집강소를 설치하여 개혁을 추진하였으나 일본의 개입으로 인해 우금치 전투에서 패배하면서 해산되었다(1894).

11 서상돈, 김광제 등이 제안하여 대구에서 시작된 국채 보상 운동은 일본에서 도입한 차관을 갚아 경제 주권을 회복하고자 하였다. 국채 보상 운동은 각종 계몽 단체와 언론 기관의 지원을 받아 전국으로 확산되었으나 통감부의 탄압으로 인해 큰 성과를 거두지는 못하였다.

12 광복 이후 유엔 총회는 한반도에서 인구 비례에 따른 총선거를 실시하고, 유엔 한국 임시 위원단 파견을 결의하였으나 소련이 이들의 38선 이북 지역 입북을 거부하였다. 이에 유엔 소총회는 선거 실시가 가능한 지역에서만 선거를 실시하도록 하여 남한에서 5 · 10 총선거가 실시되었고, 제헌 국회가 구성되었다. 제헌 국회는 국호를 '대한민국'으로 정하고 대통령 중심제를 근간으로 하는 제헌 헌법을 공포하였다. 대통령 선거는 국회에서 간선제 방식으로 치러져 초대 대통령에 이승만, 부통령에 이시영이 당선되면서 1948년 8월 15일에 대한민국 정부의 수립을 국내외에 선포하였다.

13 1910년대 조선 총독부는 토지 조사령을 발표하고 토지 조사 사업을 실시하여 일정 기간 내 토지를 신고하도록 하였다. 신고하지 않은 토지는 총독부에서 몰수하여 일본인에게 헐값으로 불하하였다.

14 민족 해방 운동 진영은 민족주의 세력과 사회주의 세력이 합작하여 민족 유일당 운동의 일환으로 신간회를 결성하였다. 신간회는 1929년 광주 학생 항일 운동에 대해 진상 조사단을 파견하여 지원하기도 하였다.

15 3 · 1 운동은 미국 대통령 윌슨이 주창한 민족 자결주의와 도쿄 유학생들이 발표한 2 · 8 독립 선언의 영향을 받아 국내에서 전개되었다. 이는 각계각층의 사람들이 참여한 대규모 독립운동으로, 대한민국 임시 정부 수립의 계기가 되었다.

16 1894년에 김홍집을 중심으로 한 군국기무처를 통해 제1차 갑오개혁이 실시되었다. 이에 따라 청의 연호를 폐지하고 개국 기원을 사용하였으며, 과거제와 신분제를 폐지하였다.

17 일제는 민족 말살 통치기에 내선일체의 구호를 내세워 황국 신민화 정책을 실시하였다. 이러한 정책의 일환으로 창씨개명과 황국 신민 서사 암송, 신사 참배 등을 강요하였다.

18 1960년대 급속한 산업화로 인해 노동자들은 저임금과 열악한 노동 환경에서 고통을 겪었다. 이에 1970년 11월 전태일은 '근로 기준법을 준수하라', '우리는 기계가 아니다' 등의 구호를 외치고 분신하며 비인간적인 노동 현실을 고발하였다.

19 김영삼 정부는 탈세와 부정부패를 뿌리 뽑기 위해 금융 실명제를 실시하여 경제 개혁을 추진하고, 지방 자치제를 시행하여 지방 자치 단체장까지 국민들이 선거로 직접 뽑도록 하였다. 정부 말기에는 외환 위기의 발생으로 국제 통화 기금(IMF)으로부터 구제 금융 지원을 받게 되어 기업 구조 조정, 대규모 실업 등의 사태가 발생하기도 하였다.

20 1943년 연합국은 제2차 세계 대전 종전을 앞두고 카이로 회담을 열어 전후 처리를 논의하였다. 이 회담에서 처음으로 한국의 독립을 약속한 카이로 선언이 발표되었다.

21 1980년 신군부의 비상계엄 확대에 대항하여 광주에서 발생한 5 · 18 민주화 운동은 신군부가 공수 부대를 동원하여 무력으로 진압에 나서자 학생과 시민들이 시민군을 결성하여 대항하며 확대되었다. 5 · 18 민주화 운동은 1980년대 우리나라 민주화 운동의 밑거름이 되었고, 2011년에 관련 기록물이 유네스코 세계 기록 유산으로 등재되었다.

22 나철 등이 창시한 대종교는 단군 숭배를 통해 민족의식을 고취하였다. 또한, 간도에서 중광단, 북로 군정서군 등을 조직하여 적극적인 항일 투쟁을 전개하였다.

23 북한의 남침으로 인해 6 · 25 전쟁이 발발하였다. 전쟁 초기 낙동강 방어선까지 밀렸던 국군은 유엔군의 파병과 인천 상륙 작전의 성공으로 압록강 근처까지 진격하였으나 중공군의 개입으로 1 · 4 후퇴를 하게 되면서 서울은 다시 함락당하였다.

24 김원봉을 중심으로 만주 지역에서 결성된 의열단은 신채호가 작성한 조선 혁명 선언을 기본 행동 강령으로 하여 직접적인 투쟁 방법인 암살, 파괴, 테러 등을 통해 독립 운동을 전개하였다.

25 박정희 정부는 남북 간의 교류를 제의하여 1972년 7월 4일에 서울과 평양에서 7·4 공동 성명을 발표하였다. 이는 남북이 분단 이후 최초로 통일에 관련한 합의를 발표한 성명으로, 자주·평화·민족 대단결의 통일 원칙을 제시하였다.

제7교시 도덕

01 ③	02 ②	03 ③	04 ②	05 ①
06 ①	07 ④	08 ①	09 ③	10 ③
11 ④	12 ②	13 ③	14 ②	15 ①
16 ④	17 ④	18 ②	19 ④	20 ③
21 ①	22 ③	23 ①	24 ②	25 ②

01 실천 윤리학에 대한 설명이다. 이론 윤리학이 도덕 행위의 근본 원리를 밝히는 것이라면 실천 윤리학은 도덕 문제에 대한 해결 방안을 제시하여 문제를 해결하고자 하는 것이다.
　① 기술 윤리학: 도덕적 관습이나 풍습 등을 조사하여 기술하고 그 인과 관계를 설명하고자 하는 것이다.
　② 메타 윤리학: 도덕 언어의 의미를 분석하고 도덕 추론의 타당성을 검토하여 윤리학의 학문적 성립 가능성을 모색하고자 하는 것이다.
　④ 진화 윤리학: 도덕성을 진화의 관점에서 설명하고 하는 것으로, 인간의 이타적 행동 및 도덕적 성품은 자연 선택을 통한 진화의 결과라고 본다.

02 의무론, 선의지, 정인 명령, 도덕 법칙과 관련된 윤리 사상가는 칸트이다.

03 도가에서는 우주 만물의 근원인 도(道)에 따라 인위적으로 강제하지 않고 자연스러움을 따르는 무위자연(無爲自然)의 삶을 강조한다. 또한, 도를 깨달아 모든 차별이 소멸된 정신적 자유의 경지에 이른 지인(至人), 진인(眞人), 신인(神人) 등을 이상적 인간상으로 제시한다. 도가의 대표적인 사상가에는 노자, 장자가 있다.

04 동물 실험을 반대하는 관점에만 표시한 학생은 B이다. 동물 실험을 반대하는 관점은 인간의 편리를 위해 고통을 느끼는 생명체를 희생시켜서는 안 되며, 인간과 동물은 생물학적으로 차이가 있으므로 동물 실험을 통해 얻은 결과를 인간에게 그대로 적용시킬 수는 없다는 입장이다.

05 공리주의 입장에서는 유용성을 먼저 계산한 후, 최대의 유용성을 산출하는 행위를 추구한다.
　② 행위의 동기보다는 결과를 중시한다.
　③ 행위자 내면의 품성보다 행위의 효용을 강조한다.
　④ 개인의 행복 추구도 중요하지만 더 많은 사람이 행복이 누리는 최대 다수의 최대 행복이 바람직하다고 본다.

06 (가)는 자유주의 관점이다. 자유주의 입장에서는 성에 대한 자유로운 선택이 중요하고, 자발적 동의에 따라 다른 사람에게 피해를 주지 않는 한 성적 관계가 허용될 수 있다고 본다.

성과 사랑의 관계에 대한 관점

보수주의	• 성은 부부간의 신뢰와 사랑을 전제로 할 때만 도덕적이다. • 결혼을 통해 이루어지는 성적 관계만이 정당하며, 혼전이나 혼외 성적 관계는 부도덕하다.
중도주의	• 성과 사랑을 결혼과 결부시키지 않으며, 사랑을 동반한 성적 관계는 허용될 수 있다. • 사랑이 결부된 성적 관계는 인간의 육체적·정신적 교감이 이루어지게 한다는 점에서 긍정적이다.
자유주의	• 성숙한 성인들의 자발적 동의로 이루어지는 성적 관계를 옹호한다. • 성에 대한 자유로운 선택이 중요하고, 자발적 동의에 따라 다른 사람에게 피해를 주지 않는 한 성적 관계가 허용될 수 있다.

07 국가는 시민의 생명과 재산 및 인권 보호, 사회 보장과 복지 증진, 공공재의 효율적인 관리와 제공 등 시민의 정당한 요구에 관심을 갖고 실현을 위해 노력해야 한다.

08 생태 중심주의의 대표적인 이론은 레오폴드(Leopold, A.)의 대지 윤리이다. 이 이론에서는 인간을 대지의 한 구성원으로 바라보며, 도덕 공동체의 범위를 동식물과 물, 흙을 비롯해 대지까지 확대해야 한다고 본다.

09 사형 제도의 찬성 입장에서는 사형 제도를 응보적 정의 실현을 위한 수단이라고 본다.

사형 제도에 대한 찬반 입장

찬성	• 국민의 안전을 지키기 위해 피해자의 생명을 앗아간 범죄자의 생명권을 제한해야 한다. • 범죄 비례성의 원칙에 따라 사형 제도는 극악한 범죄에 대한 처벌로 적합하다. • 사형 제도는 범죄 예방 효과가 크다. • 형벌의 목적은 근본적으로 인과응보적 응징에 있다.
반대	• 사형은 근본적으로 인간의 존엄성을 훼손하는 것이다. • 범죄자의 생명권도 보장해야 한다. • 사형 제도가 예방 효과가 없는 처벌이라는 점에서 적합한 처벌이 아니다. • 오판의 가능성이 있으므로 사형 제도는 폐지되어야 한다.

10 윤리적 성찰은 자신의 행동 또는 가치관과 정체성에 대해 윤리적 관점에서 깊이 반성하고 살피는 태도이므로 어른들의 말씀을 무조건 비판 없이 받아들이기보다는 윤리적 관점에서 비판적으로 성찰하고 살피는 태도를 가져야 한다.

11 정약용은 『목민심서』에서 '청렴은 목민관의 본무요, 모든 선의 근원이요, 덕의 바탕이니 청렴하지 않고서는 능히 목민관이 될 수 없다.'라고 언급하며 목민관의 청렴을 강조하였다.

12 학생 2의 대답은 과학 기술 혐오주의 입장이다.

과학 기술을 바라보는 관점

과학 기술 지상주의	• 과학 기술이 사회의 모든 문제를 해결할 수 있다고 보는 입장이다. • 과학 기술의 부정적 측면을 간과하여 인간의 반성하는 사고 능력을 훼손하는 문제가 있다.
과학 기술 혐오주의	• 과학 기술의 부정적 측면을 강조하는 입장이다. • 과학 기술의 비인간적이며 비윤리적인 측면을 부각하여 점점 많은 문제가 발생하고 궁극적으로 인간 소외 사회가 될 것이라고 주장한다. • 과학 기술의 혜택과 성과를 전면 부정한다는 점에서 현실을 반영하지 못한다.

13 통일 편익은 통일을 통해 얻을 수 있는 편리함과 이익으로, 통일 이후 지속적으로 발생할 경제적·비경제적 보상과 혜택을 말한다.

14 예술 지상주의는 예술은 예술 그 자체를 목적으로 한다는 입장으로, 예술의 유일한 목적은 예술 자체 및 미(美)에 있으며, 도덕적·사회적 또는 그 밖의 모든 효용성을 배제해야 한다고 주장한다.
① 예술의 자율성과 무상성(無償性)을 강조한다.
③ 예술은 미적 가치를 추구하는 것일 뿐, 도덕적 공감 및 가치를 기준으로 예술을 판단하는 것은 잘못이라고 본다.
④ 예술에 대한 윤리적 규제에 반대한다.

15 안락사는 불치병으로 극심한 고통을 겪는 환자의 요구에 따라 인위적으로 개입하여 생명을 단축하는 의료적 행위이다. 이는 생명의 존엄성과 관련하여 심각한 윤리적 문제를 발생시킬 수 있기 때문에 찬성과 반대 입장으로 나뉘어 윤리적 쟁점이 되고 있다.

16 공정한 절차를 통해 발생한 결과는 정당하다고 보는 정의관은 절차적 정의에 해당한다. 이는 분배의 결과보다는 분배를 위한 공정한 순서나 방법을 강조하는 관점으로, 합의 과정의 투명성과 공정성에 초점을 둔다.

17 시민 불복종은 정의롭지 못한 법이나 정부 정책을 변혁시키려는 목적으로, 의도적으로 법을 위반하여 저항하는 행위이다. 미국의 노예 제도와 멕시코 전쟁에 반대한 헨리 데이비드 소로의 세금 납부 거부 운동과 영국 정부의 불평등한 소금법에 저항한 간디의 소금법 폐지 행진은 시민 불복종의 대표적인 사례에 해당한다.

18 영국의 윤리 사상가 벤담에 대한 설명이다.

벤담의 공리주의
• 행위의 선악은 그 행위의 결과에 의해 판단할 수 있다고 보았다.
• 최대 다수의 최대 행복: 사회는 개인의 집합체로, 개인의 행복과 사회 전체의 행복은 연결되어 있으므로 더 많은 사람이 행복을 누리는 것이 바람직하다.
• 쾌락은 질적으로 동일하며, 양적 차이만 있어서 쾌락을 계산할 수 있다고 보았다.

19 정보 주체가 온라인상에서 자신과 관련된 정보에 대한 삭제 및 확산 방지를 요구할 수 있는 권리는 잊힐 권리이다. 이는 정보 기술 발달에 따른 개인의 사생활 침해를 보호하기 위해 등장한 것으로, 자기 결정권 및 통제 권리를 뜻한다.

20 유교의 공자가 제시한 이상 사회는 대동(大同) 사회이다. 이는 재화가 고르게 분배되어 모든 사람이 더불어 잘 사는 사회로, 인륜(人倫)이 실현된 사회이다.

21 (가)는 합리적 소비, (나)는 윤리적 소비에 대한 내용이다.

22 불교에서는 죽음을 다음 생으로 이어지는 윤회(輪廻)의 한 과정으로 보았다. 또한, 선행과 악행이 윤회 과정에서 죽음 이후의 삶을 결정한다고 보았다.
① 불교에서는 죽음 이후의 또 다른 세계가 존재한다고 보았다.
② 죽음을 통해 영혼이 이데아의 세계로 들어간다고 보는 것은 플라톤의 견해이다.
④ 죽음은 개별 원자로 흩어져 영원히 소멸되는 것이라고 보는 것은 에피쿠로스의 견해이다.

23 직업 윤리 중 장인 정신에 대한 설명이다.

직업 윤리의 필요성
• 개인의 자아실현과 사회의 발전에 기여할 수 있다.
• 직업 생활에서 일어날 수 있는 부정부패를 막아 건강한 공동체를 유지할 수 있다.

24 국가 간의 힘의 논리를 통한 세력 균형보다 소통과 대화를 중시하는 관점은 이상주의에 해당한다.

국제 관계를 바라보는 관점

현실주의	• 인간의 이기적 본성으로 자국의 이익만을 극대화하려는 정책으로 인해 갈등과 분쟁이 생긴다. • 국가 간 세력의 균형을 통해 전쟁을 방지한다. → 국제 평화는 힘의 논리를 벗어날 수 없다.
이상주의	• 인간의 본성은 선하며 대화와 협력이 가능한 이성적 존재이다. → 분쟁은 잘못된 제도로 인한 것이다. • 국제기구나 국제법, 국제 규범 등을 통해 잘못된 제도를 바로잡아야 한다.
구성주의	• 국제 관계는 국가 간의 상호 작용을 통해 구성된다. • 자국과 상대국이 서로 어떻게 상호 작용할 것인지에 따라 국익이 좌우되므로 분쟁 해결을 위해서는 서로 긍정적인 상호 작용을 해야 한다.

25 공직자는 국민을 위한 봉사의 자세를 지니는 것이 바람직하다.
① 공사를 구분하고, 공익을 실현하기 위해 노력해야 한다.
③ 개인의 합법적인 재산 소유는 공직자 윤리에 어긋나지 않는다.
④ 위임받은 권한을 남용하지 않아야 하며, 직무를 통해 부당한 이득을 취하지 않아야 한다.

배우기만 하고 생각하지 않으면 얻는 것이 없고, 생각만 하고 배우지 않으면 위태롭다.

- 공자 -

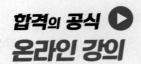

고등학교 졸업학력 검정고시 답안지

문항번호	1교시 국어	2교시 수학	3교시 영어	4교시 사회	5교시 과학	6교시 한국사	7교시 선택
1	①②③④	①②③④	①②③④	①②③④	①②③④	①②③④	①②③④
2	①②③④	①②③④	①②③④	①②③④	①②③④	①②③④	①②③④
3	①②③④	①②③④	①②③④	①②③④	①②③④	①②③④	①②③④
4	①②③④	①②③④	①②③④	①②③④	①②③④	①②③④	①②③④
5	①②③④	①②③④	①②③④	①②③④	①②③④	①②③④	①②③④
6	①②③④	①②③④	①②③④	①②③④	①②③④	①②③④	①②③④
7	①②③④	①②③④	①②③④	①②③④	①②③④	①②③④	①②③④
8	①②③④	①②③④	①②③④	①②③④	①②③④	①②③④	①②③④
9	①②③④	①②③④	①②③④	①②③④	①②③④	①②③④	①②③④
10	①②③④	①②③④	①②③④	①②③④	①②③④	①②③④	①②③④
11	①②③④	①②③④	①②③④	①②③④	①②③④	①②③④	①②③④
12	①②③④	①②③④	①②③④	①②③④	①②③④	①②③④	①②③④
13	①②③④	①②③④	①②③④	①②③④	①②③④	①②③④	①②③④
14	①②③④	①②③④	①②③④	①②③④	①②③④	①②③④	①②③④
15	①②③④	①②③④	①②③④	①②③④	①②③④	①②③④	①②③④
16	①②③④	①②③④	①②③④	①②③④	①②③④	①②③④	①②③④
17	①②③④	①②③④	①②③④	①②③④	①②③④	①②③④	①②③④
18	①②③④	①②③④	①②③④	①②③④	①②③④	①②③④	①②③④
19	①②③④	①②③④	①②③④	①②③④	①②③④	①②③④	①②③④
20	①②③④	①②③④	①②③④	①②③④	①②③④	①②③④	①②③④
21	①②③④	①②③④	①②③④	①②③④	①②③④	①②③④	①②③④
22	①②③④	①②③④	①②③④	①②③④	①②③④	①②③④	①②③④
23	①②③④	①②③④	①②③④	①②③④	①②③④	①②③④	①②③④
24	①②③④	①②③④	①②③④	①②③④	①②③④	①②③④	①②③④
25	①②③④	①②③④	①②③④	①②③④	①②③④	①②③④	①②③④

[이 답안지는 마킹 연습용 모의 답안지입니다.]

고등학교 졸업학력 검정고시 답안지

[이 답안지는 마킹 연습용 모의 답안지입니다.]

교시 과목 / 문항번호	1교시 국어	2교시 수학	3교시 영어	4교시 사회	5교시 과학	6교시 한국사	7교시 선택
1	① ② ③ ④	① ② ③ ④	① ② ③ ④	① ② ③ ④	① ② ③ ④	① ② ③ ④	① ② ③ ④
2	① ② ③ ④	① ② ③ ④	① ② ③ ④	① ② ③ ④	① ② ③ ④	① ② ③ ④	① ② ③ ④
3	① ② ③ ④	① ② ③ ④	① ② ③ ④	① ② ③ ④	① ② ③ ④	① ② ③ ④	① ② ③ ④
4	① ② ③ ④	① ② ③ ④	① ② ③ ④	① ② ③ ④	① ② ③ ④	① ② ③ ④	① ② ③ ④
5	① ② ③ ④	① ② ③ ④	① ② ③ ④	① ② ③ ④	① ② ③ ④	① ② ③ ④	① ② ③ ④
6	① ② ③ ④	① ② ③ ④	① ② ③ ④	① ② ③ ④	① ② ③ ④	① ② ③ ④	① ② ③ ④
7	① ② ③ ④	① ② ③ ④	① ② ③ ④	① ② ③ ④	① ② ③ ④	① ② ③ ④	① ② ③ ④
8	① ② ③ ④	① ② ③ ④	① ② ③ ④	① ② ③ ④	① ② ③ ④	① ② ③ ④	① ② ③ ④
9	① ② ③ ④	① ② ③ ④	① ② ③ ④	① ② ③ ④	① ② ③ ④	① ② ③ ④	① ② ③ ④
10	① ② ③ ④	① ② ③ ④	① ② ③ ④	① ② ③ ④	① ② ③ ④	① ② ③ ④	① ② ③ ④
11	① ② ③ ④	① ② ③ ④	① ② ③ ④	① ② ③ ④	① ② ③ ④	① ② ③ ④	① ② ③ ④
12	① ② ③ ④	① ② ③ ④	① ② ③ ④	① ② ③ ④	① ② ③ ④	① ② ③ ④	① ② ③ ④
13	① ② ③ ④	① ② ③ ④	① ② ③ ④	① ② ③ ④	① ② ③ ④	① ② ③ ④	① ② ③ ④
14	① ② ③ ④	① ② ③ ④	① ② ③ ④	① ② ③ ④	① ② ③ ④	① ② ③ ④	① ② ③ ④
15	① ② ③ ④	① ② ③ ④	① ② ③ ④	① ② ③ ④	① ② ③ ④	① ② ③ ④	① ② ③ ④
16	① ② ③ ④	① ② ③ ④	① ② ③ ④	① ② ③ ④	① ② ③ ④	① ② ③ ④	① ② ③ ④
17	① ② ③ ④	① ② ③ ④	① ② ③ ④	① ② ③ ④	① ② ③ ④	① ② ③ ④	① ② ③ ④
18	① ② ③ ④	① ② ③ ④	① ② ③ ④	① ② ③ ④	① ② ③ ④	① ② ③ ④	① ② ③ ④
19	① ② ③ ④	① ② ③ ④	① ② ③ ④	① ② ③ ④	① ② ③ ④	① ② ③ ④	① ② ③ ④
20	① ② ③ ④	① ② ③ ④	① ② ③ ④	① ② ③ ④	① ② ③ ④	① ② ③ ④	① ② ③ ④
21	① ② ③ ④		① ② ③ ④	① ② ③ ④	① ② ③ ④	① ② ③ ④	① ② ③ ④
22	① ② ③ ④		① ② ③ ④	① ② ③ ④	① ② ③ ④	① ② ③ ④	① ② ③ ④
23	① ② ③ ④		① ② ③ ④	① ② ③ ④	① ② ③ ④	① ② ③ ④	① ② ③ ④
24	① ② ③ ④		① ② ③ ④	① ② ③ ④	① ② ③ ④	① ② ③ ④	① ② ③ ④
25	① ② ③ ④		① ② ③ ④	① ② ③ ④	① ② ③ ④	① ② ③ ④	① ② ③ ④

수험번호

0	1	2	3	4	5	6	7	8	9
⓪	①	②	③	④	⑤	⑥	⑦	⑧	⑨

주의
올바른표기: ●
잘못된표기: ✓ ⊗ ◐ ○

성명

필적: A / B

감독위원 확인 (인)

응시자 유의사항

1. 답안지 작성 필기구는 반드시 컴퓨터용 수성 사인펜을 사용하여야 함
2. 문제지 유형을 정확하게 표기하지 않은 답안지는 무효 처리됨
3. 수험번호는 상단에 아라비아 숫자로 기입하고 하단에 정확히 표기하여야 함
4. 감독위원이 날인이 없는 답안지는 무효 처리됨
5. 질문은 거수에 의하여 인세 식물 여부에 대해서만 해야 할 수 있으며, 문제 내용에 관한 질문은 일제 할 수 없음
6. 시험을 마치는 종이 울리면 감독위원의 지시에 따라, 문제지와 답안지를 함께 제출하여야 하며, 문제지 미제출자는 0점 처리함

고등학교 졸업학력 검정고시 답안지

수험번호

0	⓪	⓪	⓪	⓪	⓪	⓪
1	①	①	①	①	①	①
2	②	②	②	②	②	②
3	③	③	③	③	③	③
4	④	④	④	④	④	④
5	⑤	⑤	⑤	⑤	⑤	⑤
6	⑥	⑥	⑥	⑥	⑥	⑥
7	⑦	⑦	⑦	⑦	⑦	⑦
8	⑧	⑧	⑧	⑧	⑧	⑧
9	⑨	⑨	⑨	⑨	⑨	⑨

과목 문항	1교시 국 어	2교시 수 학	3교시 영 어	4교시 사 회	5교시 과 학	6교시 한국사	7교시 선 택
1	①②③④	①②③④	①②③④	①②③④	①②③④	①②③④	①②③④
2	①②③④	①②③④	①②③④	①②③④	①②③④	①②③④	①②③④
3	①②③④	①②③④	①②③④	①②③④	①②③④	①②③④	①②③④
4	①②③④	①②③④	①②③④	①②③④	①②③④	①②③④	①②③④
5	①②③④	①②③④	①②③④	①②③④	①②③④	①②③④	①②③④
6	①②③④	①②③④	①②③④	①②③④	①②③④	①②③④	①②③④
7	①②③④	①②③④	①②③④	①②③④	①②③④	①②③④	①②③④
8	①②③④	①②③④	①②③④	①②③④	①②③④	①②③④	①②③④
9	①②③④	①②③④	①②③④	①②③④	①②③④	①②③④	①②③④
10	①②③④	①②③④	①②③④	①②③④	①②③④	①②③④	①②③④
11	①②③④	①②③④	①②③④	①②③④	①②③④	①②③④	①②③④
12	①②③④	①②③④	①②③④	①②③④	①②③④	①②③④	①②③④
13	①②③④	①②③④	①②③④	①②③④	①②③④	①②③④	①②③④
14	①②③④	①②③④	①②③④	①②③④	①②③④	①②③④	①②③④
15	①②③④	①②③④	①②③④	①②③④	①②③④	①②③④	①②③④
16	①②③④	①②③④	①②③④	①②③④	①②③④	①②③④	①②③④
17	①②③④	①②③④	①②③④	①②③④	①②③④	①②③④	①②③④
18	①②③④	①②③④	①②③④	①②③④	①②③④	①②③④	①②③④
19	①②③④	①②③④	①②③④	①②③④	①②③④	①②③④	①②③④
20	①②③④	①②③④	①②③④	①②③④	①②③④	①②③④	①②③④
21	①②③④	①②③④	①②③④	①②③④	①②③④	①②③④	①②③④
22	①②③④	①②③④	①②③④	①②③④	①②③④	①②③④	①②③④
23	①②③④	①②③④	①②③④	①②③④	①②③④	①②③④	①②③④
24	①②③④	①②③④	①②③④	①②③④	①②③④	①②③④	①②③④
25	①②③④	①②③④	①②③④	①②③④	①②③④	①②③④	①②③④

고등학교 졸업학력 검정고시 답안지

교시 과목 문항 번호	1교시 국 어	2교시 수 학	3교시 영 어	4교시 사 회	5교시 과 학	6교시 한국사	7교시 선 택
1	① ② ③ ④	① ② ③ ④	① ② ③ ④	① ② ③ ④	① ② ③ ④	① ② ③ ④	① ② ③ ④
2	① ② ③ ④	① ② ③ ④	① ② ③ ④	① ② ③ ④	① ② ③ ④	① ② ③ ④	① ② ③ ④
3	① ② ③ ④	① ② ③ ④	① ② ③ ④	① ② ③ ④	① ② ③ ④	① ② ③ ④	① ② ③ ④
4	① ② ③ ④	① ② ③ ④	① ② ③ ④	① ② ③ ④	① ② ③ ④	① ② ③ ④	① ② ③ ④
5	① ② ③ ④	① ② ③ ④	① ② ③ ④	① ② ③ ④	① ② ③ ④	① ② ③ ④	① ② ③ ④
6	① ② ③ ④	① ② ③ ④	① ② ③ ④	① ② ③ ④	① ② ③ ④	① ② ③ ④	① ② ③ ④
7	① ② ③ ④	① ② ③ ④	① ② ③ ④	① ② ③ ④	① ② ③ ④	① ② ③ ④	① ② ③ ④
8	① ② ③ ④	① ② ③ ④	① ② ③ ④	① ② ③ ④	① ② ③ ④	① ② ③ ④	① ② ③ ④
9	① ② ③ ④	① ② ③ ④	① ② ③ ④	① ② ③ ④	① ② ③ ④	① ② ③ ④	① ② ③ ④
10	① ② ③ ④	① ② ③ ④	① ② ③ ④	① ② ③ ④	① ② ③ ④	① ② ③ ④	① ② ③ ④
11	① ② ③ ④	① ② ③ ④	① ② ③ ④	① ② ③ ④	① ② ③ ④	① ② ③ ④	① ② ③ ④
12	① ② ③ ④	① ② ③ ④	① ② ③ ④	① ② ③ ④	① ② ③ ④	① ② ③ ④	① ② ③ ④
13	① ② ③ ④	① ② ③ ④	① ② ③ ④	① ② ③ ④	① ② ③ ④	① ② ③ ④	① ② ③ ④
14	① ② ③ ④	① ② ③ ④	① ② ③ ④	① ② ③ ④	① ② ③ ④	① ② ③ ④	① ② ③ ④
15	① ② ③ ④	① ② ③ ④	① ② ③ ④	① ② ③ ④	① ② ③ ④	① ② ③ ④	① ② ③ ④
16	① ② ③ ④	① ② ③ ④	① ② ③ ④	① ② ③ ④	① ② ③ ④	① ② ③ ④	① ② ③ ④
17	① ② ③ ④	① ② ③ ④	① ② ③ ④	① ② ③ ④	① ② ③ ④	① ② ③ ④	① ② ③ ④
18	① ② ③ ④	① ② ③ ④	① ② ③ ④	① ② ③ ④	① ② ③ ④	① ② ③ ④	① ② ③ ④
19	① ② ③ ④	① ② ③ ④	① ② ③ ④	① ② ③ ④	① ② ③ ④	① ② ③ ④	① ② ③ ④
20	① ② ③ ④	① ② ③ ④	① ② ③ ④	① ② ③ ④	① ② ③ ④	① ② ③ ④	① ② ③ ④
21	① ② ③ ④		① ② ③ ④	① ② ③ ④	① ② ③ ④	① ② ③ ④	① ② ③ ④
22	① ② ③ ④		① ② ③ ④	① ② ③ ④	① ② ③ ④	① ② ③ ④	① ② ③ ④
23	① ② ③ ④		① ② ③ ④	① ② ③ ④	① ② ③ ④	① ② ③ ④	① ② ③ ④
24	① ② ③ ④		① ② ③ ④	① ② ③ ④	① ② ③ ④	① ② ③ ④	① ② ③ ④
25	① ② ③ ④		① ② ③ ④	① ② ③ ④	① ② ③ ④	① ② ③ ④	① ② ③ ④

수 험 번 호

0	1	2	3	4	5	6	7	8	9
⓪	①	②	③	④	⑤	⑥	⑦	⑧	⑨
⓪	①	②	③	④	⑤	⑥	⑦	⑧	⑨
⓪	①	②	③	④	⑤	⑥	⑦	⑧	⑨
⓪	①	②	③	④	⑤	⑥	⑦	⑧	⑨
⓪	①	②	③	④	⑤	⑥	⑦	⑧	⑨
⓪	①	②	③	④	⑤	⑥	⑦	⑧	⑨
⓪	①	②	③	④	⑤	⑥	⑦	⑧	⑨

주의

올바른표기: ●
잘못된표기: ⊘ ⊗ ◍ ○

성 명

점수 Ⓐ Ⓑ

감독위원 확인 (인) (인)

응시자 유의사항

1. 답안지 작성 필기구는 반드시 컴퓨터용 수성 사인펜을 사용하여야 함
2. 문제지 유형을 정확하게 표기하지 않은 답안지는 무효 처리됨
3. 수험번호는 상단에 아라비아 숫자로 기입하고 하단에 정확히 표기하여야 함
4. 감독위원이 넣어이 없는 답안지는 무효 처리됨
5. 질문은 거수에 의하여 인쇄 식별 여부에 대해서만 할 수 있으며, 문제 내용에 관한 질문은 일제 할 수 없음
6. 시험을 마치는 종이 울리면 감독위원의 지시에 따라 문제지와 답안지를 함께 제출하여야 하며, 문제지 미제출자는 0점 처리함

[이 답안지는 마킹 연습용 모의 답안지입니다.]